国家重点研发计划项目(2016YFC0501100)资助
煤炭开采水资源保护与利用国家重点实验室资助

大型煤电基地生态损伤规律与生态安全协调机制研究

李全生 等 著

科学出版社

北 京

内 容 简 介

区域生态安全是大型煤电基地科学开发的重大难题,系统认知开发生态影响规律则是有效控制生态损伤和提升生态安全水平的科学与实践基础。本书针对大型煤电基地生态系统,围绕高强度开发生态(气、水、土、植等)损伤机理、生态累积效应和区域生态安全协调机制等科学问题,以东部草原区大型煤电基地为样区,提出以多尺度(区域–矿区–采区)生态影响观测体系、生态累积效应及生态健康评价指标体系、生态影响定量信息提取、生态安全风险评估等为核心的大型煤电基地生态影响分析方法;通过系统分析大型煤电基地高强度开发多要素生态响应,明确了大型煤电基地区域生态安全驱动力,揭示了地表生态累积时空效应和影响、矿区生态稳定性和景观生态健康维持、煤电基地和区域安全协调等机制;提出了大型煤电基地多尺度生态稳定性维持和区域生态安全调控方法,为科学认识大型煤电基地开发的生态损伤水平及"源头减损"重点,实现大型煤电基地开发与区域生态安全协同提供理论与方法。

本书具有较强的理论性和实用性,可作为生态、矿业、环境等学科的科研人员、高校教师和相关专业的高年级本科生和研究生,以及从事相关工作的工程技术人员的参考书,对研究我国大型煤电基地区域生态安全、大型煤炭基地减损开采和草原区生态恢复等具有重要参考价值。

审图号:蒙 S(2023)018 号

图书在版编目(CIP)数据

大型煤电基地生态损伤规律与生态安全协调机制研究 / 李全生等著. —北京:科学出版社,2023.12
ISBN 978-7-03-074890-4

Ⅰ. ①大… Ⅱ. ①李… Ⅲ. ①煤炭工业–区域生态环境–安全管理–研究 Ⅳ. ①F426.21

中国国家版本馆 CIP 数据核字(2023)第 031078 号

责任编辑:王 运 / 责任校对:何艳萍
责任印制:肖 兴 / 封面设计:北京图阅盛世

科学出版社 出版
北京东黄城根北街 16 号
邮政编码:100717
http://www.sciencep.com

北京建宏印刷有限公司 印刷
科学出版社发行 各地新华书店经销

*

2023 年 12 月第 一 版 开本:787×1092 1/16
2023 年 12 月第一次印刷 印张:25
字数:600 000
定价:358.00 元
(如有印装质量问题,我社负责调换)

Supported by the National Key Research and Development Project (2016YFC0501100)

Supported by the State Key Laboratory of Water Resource Protection and Utilization in Coal Mining

Ecological Damage Law and Ecological Security Coordination Mechanism of Large Coal-Power Bases

Li Quansheng et al.

Abstract

Regional ecological security is a major problem in the scientific development of large-scale coal and electricity bases. Systematically recognizing the ecological impact of development is the scientific and practical basis for effectively controlling ecological damage and improving the level of ecological security. Aiming at the large-scale coal and electricity bases, the book focuses on the damage mechanism, ecological cumulative effect, regional ecological security coordination mechanism and other scientific issues of high-intensity development of ecology (gas, water, soil, plants, etc.), and takes the large-scale coal and electricity bases in the eastern grassland area as the sample area. It proposes multi-scale (region-mining area-mining area) ecological impact observation system, ecological cumulative effect and ecological health evaluation index system, and quantitative information extraction of ecological impact ecological impact analysis methods for large-scale coal and electricity bases with ecological security risk assessment as the core. Through the systematic analysis of the multi factor ecological response to the high-intensity development of large-scale coal and electricity bases, the driving force of regional ecological security of large coal power bases is clarified, and the mechanisms such as the temporal and spatial effects and impacts of surface ecological accumulation, the ecological stability of mining areas and the maintenance of landscape ecological health, and the coordination between coal and electricity bases and regional security are revealed. The multi-scale ecological stability maintenance and regional ecological security regulation and control methods for large coal power bases are proposed, which provides theories and methods for scientific understanding of the level of ecological damage and the focus of "damage reduction in sources" in the development of large-scale coal and electricity bases, and realizing the coordination between the development of large-scale coal and electricity bases and regional ecological security.

This book is highly theoretical and practical, and can be used as a reference book for scientific researchers, college teachers, senior undergraduates and postgraduates of related majors, as well as engineering and technical personnel engaged in related work in ecology, mining, environment and other disciplines. It has important reference value for the study of regional ecological security of large-scale coal and electricity bases, damage reduction mining of large-scale coal and electricity bases, ecological restoration of grassland areas, etc.

本书主要作者名单

李全生　　张建民　　张　凯　　付　晓

陆兆华　　杜文凤　　毕银丽　　雷少刚

曹志国　　郭俊廷　　李　晶　　韩　煜

包玉英　　柳彩霞　　董霁红　　赵春虎

吴振华　　张　萌　　王豪伟　　张利忠

王海清　　陈维民　　刘　勇　　徐祝贺

周保精

List of Lead Authors

Li Quansheng	Zhang Jianmin	Zhang Kai	Fu Xiao
Lu Zhaohua	Du Wenfeng	Bi Yinli	Lei Shaogang
Cao Zhiguo	Guo Junting	Li Jing	Han Yu
Bao Yuying	Liu Caixia	Dong Jihong	Zhao Chunhu
Wu Zhenhua	Zhang Meng	Wang Haowei	Zhang Lizhong
Wang Haiqing	Chen Weimin	Liu Yong	Xu Zhuhe
Zhou Baojing			

序

习近平总书记强调，要立足国情，以煤为主是我们的基本国情，实现碳达峰必须立足这个实际。这为我们能源开发利用指明了方向。煤炭清洁高效开发利用是我国一定时期能源安全保供的重要基础。科技创新是实现煤炭安全高效开发利用与生态保护修复相协调的可靠支撑。

蒙东地区是我国东北能源安全保障的重要基地，也是"三区四带"生态安全战略的重要组成部分。该地区以草原生态为主，在酷寒、半干旱、土壤瘠薄等生态脆弱本底条件下，进行煤炭大规模露天开发，煤炭开采与生态保护的矛盾更加突出。李全生同志1987年从中国矿业大学采矿工程专业毕业后，即跟我攻读了硕士、博士学位，长期从事煤炭开采岩层控制与生态保护修复相协调的研究，提出了开采源头生态减损与系统修复的理念，作为国家重点研发计划项目"东部草原区大型煤电基地生态修复与综合整治技术及示范"（2016YFC0501100）负责人，围绕煤炭开发生态影响机理和累积效应、生态脆弱区生态修复技术与修复模式等问题，组织项目团队经过5年多的科技攻关，研究揭示了煤电基地农牧矿多因素生态时空影响机理和累积效应，系统研发了露天煤矿开采工艺减损与控损、生态型地层重构、土壤提质增容、植被优选、矿井疏干水及季节性降水的生态储用、近自然地貌景观重塑等关键技术，提出了区域生态稳定性评价及调控模式。研究成果开创了我国煤矿区生态保护修复由损伤后被动修复到主动控损与系统修复研究的先河。研究成果按照基础理论、关键技术、应用示范三个方面进行系统总结，对推进煤炭工业绿色发展具有重要意义。

作为一名煤炭科技战线的老同志和煤炭绿色开采理念的提出者，我对协调矿区资源高效开发与生态保护矛盾的技术充满期待。《大型煤电基地生态损伤规律与生态安全协调机制研究》一书的问世，科学解答了开采对生态影响范围的问题，揭示了矿区生态影响的累积效应机制，获取了人类活动与自然因素影响权重问题，并针对酷寒草原区创建了源头减损、水土植系统修复的技术体系和示范应用模式。该书成果集我国矿业、生态、地质、测绘、水文、管理等专业的高水平科研院所和生产单位的众贤所能，在实践的基础上，集系统性与实用性于一体。

我相信该书研究成果在解决我国煤炭开采与生态保护矛盾问题上必将发挥重要作用。

钱鸣高

2022 年 5 月 17 日

前　　言

（一）

　　能源是经济社会发展和国家安全的重要保障，能源的开发也带来一些生态和环境问题。21世纪以来，我国把生态文明建设和环境保护置于更加重要的国家战略位置，特别是国家提出的《"十三五"生态环境保护规划》，构建了环境保护的全新总体战略布局，明确了目标任务和具体政策措施，"以提高环境质量为核心，实施最严格的环境保护制度，打好大气、水、土壤污染防治三大战役，提高生态环境管理系统化、科学化、法治化、精细化和信息化水平"，为我国生态安全和生态文明建设指明方向。

　　大型煤电基地是我国能源集约化开发的重要模式，具有煤炭开采强度大、矿区开发链条长、高效发电清洁化、基地开发周期长的显著特点。同时，大型煤电基地开发引发的生态问题（地下水位下降、土地破坏、土壤沙化、植被退化、景观破损等）导致煤电规模化开发与区域生态安全产生突出矛盾。东部草原区大型煤电基地是我国重要能源基地之一，处于我国生态安全"三区四带"的北方防沙带，和内蒙古东部重要的能源开发区与生态功能区，具有酷寒、半干旱、土壤瘠薄等生态脆弱特征，而煤炭高强度开采与煤电开发引发的生态环境问题直接影响着区域生态安全。

　　国内外关于煤矿开采区生态保护的研究与探索由来已久。国外于20世纪20年代左右开始对废弃矿区进行土地复垦，德国和美国最早开展这方面工作，主要经历了实验、综合种植、物种多样化与分阶段种植等三个阶段。美国于20世纪30年代制定了相关法律，使土地复垦逐步科学化，随后，英国、澳大利亚、苏联、法国、日本、加拿大、丹麦、匈牙利等国也做了大量的研究。我国在矿区土地复垦方面的工作最早是借鉴苏联的相关经验，并于20世纪80年代颁布了《土地复垦规定》和《中华人民共和国环境保护法》，其后相关工作逐步规范化、科学化。特别是2011年新《土地复垦条例》的发布实施，使我国土地复垦与矿山生态保护具有更强的法律约束力，矿区生态保护研究得到了长足发展。在我国，北方露天矿植被恢复领域的研究主要集中在植被物种筛选、影响植被恢复的环境因子（土壤pH、土壤肥力、N、P、有机质、重金属等）、植被与土壤质量关系、景观恢复、采矿影响区植被变化、植被及土壤与微生物关系等方面，主要表现为采后影响的生态及植被生存环境的被动修复，缺乏事前的主动生态保护与减损保障措施研究，尤其是缺乏极端及本底生态脆弱条件下的研究。

　　为此，科技部基于国家能源发展需求和区域生态安全要求，2016年设立了针对大型煤电基地可持续开发的重点研发项目"东部草原区大型煤电基地生态修复与综合整治技术及示范"，旨在以东部草原区为生态典型区和大型煤电基地为样区，揭示高强度开采与煤电开发对区域生态的影响机理及累积效应，研发生态恢复关键技术，创建煤电开发与区域生态安全调控模式，为我国大型煤电基地区域生态安全提供科技支撑。

（二）

本书针对我国大型煤电基地可持续开发面临的区域生态安全保障需求，依托国家重点研发计划项目（2016YFC0501100），以东部草原区煤电基地为对象，通过研究大型煤电基地长期高强度开发对草原生态（水、土壤、植被）的影响机理及生态累积效应、大型煤电基地生态稳定性与区域生态安全协调机制等科学问题，重点解决煤电规模化开发的生态影响规律、生态退化机理、生态协同机制等问题，从而为大型煤电基地开发与区域生态安全保障协同提供科学认识和分析方法。本书作为现阶段重要成果，具有以下特色：

（1）为实现大型煤电基地开发与生态环境建设协调发展，综合运用多种研究手段开展了系统性研究，通过研究揭示了东部草原区煤电开发生态影响规律，研发了生态修复关键技术，建设了重点示范工程，创建了煤电基地生态修复关键技术体系和区域生态安全协调控制模式，保障东部草原区煤电基地区域生态安全，为国家能源安全供应和生态文明建设提供科技支撑。

（2）大型煤电基地生态损伤规律与生态安全协调机制研究涉及采矿工程、岩石力学、地质力学、水文地质、环境科学、生态学等学科。通过采矿工程等相关学科研究优化开采设计与开采工艺，实现源头减损；通过水文地质等相关学科开展地下水流场、水位监测等研究；通过环境科学、生态学等学科开展草原煤电基地景观生态健康评价、景观生态修复、土壤微生物群落变化等研究。

（3）大型煤电基地生态损伤规律与生态安全协调机制研究分别在宏观（盟市）、中观（城矿）和微观（矿区）等尺度开展。建成了国内首个大型煤电基地露天矿群地下水多参数自动监测网；构建了基于环境物联网的首个大型煤电基地生态参数实时远程监测平台；研发了基于多源传感的大型煤电基地关键生态参数时空变化监测技术，首次实现了矿区尺度 $400~km^2$ 航空高光谱监测，为矿区尺度土壤质量、地表粉尘扩散等影响规律研究奠定了基础。

（4）采用多学科理论与方法、数值模拟分析与实验、现场试验与研究以及示范工程应用等方法，协同开展大型煤电基地生态损伤规律与生态安全协调机制研究。创建了煤电基地开发生态累积效应定量化分析与评价方法，获得了大型煤电基地开发生态影响规律和累积效应，创建了煤电基地生态稳定性维持机制与区域生态安全评价方法等；通过数值模拟分析首次量化揭示了东部草原区大型煤电基地地下水变化特征等；通过示范工程应用建设了胜利露天矿示范区、敏东一矿井工矿示范区、宝日希勒露天矿示范区。

（三）

本书是我国第一部将规模化能源开发–区域生态安全相结合的跨学科理论研究成果，

涵盖大型煤电基地开发生态损伤规律、生态累积效应、生态安全协调机制等内容。全书共10章，其中：第1章针对大型煤电基地高强度开发区域生态响应问题，界定了大型煤电基地生态系统，分析了对煤炭高强度开采的响应特征、东部草原区植被长时序变化与驱动力、东部草原区典型煤电基地生态环境要素的变化特征；第2章为厘清煤电基地开发草原生态系统影响机理，研究了煤电基地高强度开发对草原生态环境的影响机制，分析了露天高强度开采和井工高强度开采对草原区土壤、植被的影响；第3章为得出煤电基地高强度开采驱动下微生态系统变化规律，研究了开采驱动下草原植被时空变化规律、微生态演变规律及其系统响应机理与生态累积效应；第4章为评估大型煤电基地开发区域生态累积效应，开展了高强度开采区域土地累积影响确定、植被影响边界确定、开发区域空气污染影响、累积效应评估及阈值模型分析方法研究等；第5章针对草原区大型露天矿高强度开采污染累积效应，论述了典型污染场地特征和信息，随后开展了高强度开采场地–污染区域–矿区累积效应变化监测、高强度开采的矿区生态累积效应评估研究，并以宝日希勒露天矿为例进行草原区大型露天矿生态累积风险综合评估；第6章针对煤炭开采驱动下地下水系统影响与累积效应评价问题，以水资源研究为核心，开展了露天矿和井工矿地下水流场变化规律研究，揭示了煤炭高强度开采条件下地下水扰动机理，阐明了地下水变化特征和地下水作用边界，进行了露天矿区地下水生态影响综合评价；第7章总结了高强度开采驱动下景观生态影响机理与主控因素，系统介绍了景观生态退化评估方法，按照景观生态健康评价框架，进行草原煤电基地景观生态健康评价，诊断景观生态退化程度与生态敏感区；第8章针对草原区煤电基地生态稳定性，综合、全面地考虑了各因素对大型煤电基地生态稳定性的影响，从自然环境、土地整治、土壤重构、植被恢复、景观格局五个方面构建大型煤电基地生态稳定性评价体系，为大型煤电基地生态稳定性提升和生态保护修复提供科学依据；第9章以我国东部草原区大型煤电基地为研究对象，从生态承载力、生态安全概念出发，构建了基于生态承载力的生态安全评价方法，从矿区、城矿和区域三种尺度开展生态安全评价研究，为大型煤电基地生态安全调控和保障提供理论支撑；第10章为评估大型煤电基地开发区域生态安全监测与风险，开展了草原区大型煤电基地开发生态安全风险因子识别与评估方法、大型煤电基地生态安全监测系统架构和模型及草原区大型煤电基地生态安全风险评估与预警研究。

　　本书作为集体智慧结晶，由李全生和张建民提出总体构思和主要内容，张凯、曹志国和周保精协调组织，郭俊廷和徐祝贺具体协助，在一批中青年科研骨干和专家积极参与下完成的。其中，主要执笔者如下：前言，李全生、张凯、郭俊廷、徐祝贺；第1章，付晓、张建民、柳彩霞、李晶、孟淑英、张轶群、曹飞飞、贾天下；第2章，韩煜、付晓、李晶、温建忠、韩兴、佘长超；第3章，毕银丽、包玉英、张延旭、徐军、解琳琳、郭海桥、王党朝；第4章，李晶、付晓、杨超元、闫萧萧、郭俊廷；第5章，董霁红、吉莉、房阿曼、赵银娣、石美；第6章，杜文凤、赵春虎、赵伟、赫云兰、王强民、温建忠；第7章，雷少刚、吴振华、李恒、贺晓；第8章，陆兆华、张萌、张琳、付战勇；第9章，陆兆华、张萌、杨兆青、张琳、王菲；第10章，付晓、王豪伟、赵纯源、张永霖、白璐、王菲、张利忠、王海清、陈维民、刘勇；全书由郭俊廷和徐祝贺编辑，张建民统稿，李全生总审定。此外，中国矿业大学（北京）郭楠、赵义博、杨星晨、袁明杨、肖能文、荣正阳、王晓、李笑阳、余丽娜、刘宪伟、赵雅琦、史娜娜等也参与了编写。

　　本书作为我国第一部系统地阐述大型煤电基地生态损伤与生态安全协调问题的专著，集成了历史研究成果和现阶段相关研究认识，涉及生态损伤和生态安全协调的理论和方法的诸多方面。由于作者水平有限和相关生态问题复杂，书中谬误在所难免，恳请读者批评指正。我们希望本书的出版，不仅能为煤炭开发和矿区生态建设协调发展提供借鉴和参考，同时也能对中国乃至世界大型煤电基地生态损伤与生态安全协调研究与治理实践有所贡献。

目　　录

Contents

第1章 大型煤电基地高强度开发区域生态响应研究

大型煤电基地建设是我国能源战略的重要举措，推进煤电一体化开发有利于发展循环经济、方便集中治理、降低燃煤发电带来的污染物排放和缓解资源紧张，同时要协调发展生态环境建设。充分认识大型煤电基地系统所包含要素及其关联性，厘清大型煤电基地的生态损伤规律和解决生态安全问题，揭示大型煤电基地开发的影响机制，从而为实现能源开发、经济发展、生态保护奠定基础。本章开宗明义，首先界定大型煤电基地的定义和内涵，以及煤电基地生态系统的定义和内涵，再应用统计分析方法、残差趋势分析法、NPP定量区分方法，开展东部草原区植被长时序变化研究与驱动力分析，最后分析东部草原区典型煤电基地生态环境要素的变化特征。通过研究明确了大型煤电基地及大型煤电基地生态系统的界定，分析了基于NPP的典型草原区生态系统变化及东部草原区NPP变化的驱动力，分析了东部草原区大型煤电基地生态环境中的空气、地形、地貌、地表植被、土壤等要素的变化特征及时空累积特征。

1.1 大型煤电基地生态系统的界定及其对煤炭高强度开采的响应特征分析

1.1.1 东部草原区大型煤电基地的界定

1.1.1.1 我国东部草原区大型煤电基地分布及界定

大型煤电基地是在《能源发展战略行动计划（2014—2020年）》中明确提出的国家能源战略布局和能源安全保障的重要内容。作为现代煤基能源开发的重要形式，大型煤电基地可确定为"根据国家能源战略布局，依托丰富煤炭资源产区和煤矿规模化生产方式，按照煤电一体化生产模式，集中建设一批大型现代化煤矿和先进高效环保机组，形成具有煤基电能集中持续生产和输出能力的区域"。与我国传统的煤炭–运输–电站的分布式煤–电开发模式相比，其有如下三个特点。

1. 地域性

大型煤电基地是在一定地域内（煤田区域控制范围内）的煤基电能集中开发活动区。该区以煤炭开采和电力生产为主，配置必要的土地资源、水资源和城镇环境，具有较大规划煤炭开采（如大型煤炭基地）和发电能力，也是采用煤电一体化集约化开发模式的能源产业集中区。

2. 先进性

大型煤电基地是基于规模化开采-高效清洁发电的煤电集群化生产方式，集中建设的一批大型现代化煤矿群，通过配备先进高效环保机组，形成规模化的电力生产和输出能力。相比一般煤炭产区，突出"三高"（生产集中度高、生产效率高、资源配置效率高）的特点，相比传统的煤-运-电生产模式，提高了煤电产业集中度和协调度，推行先进安全绿色开采和清洁生产技术，成为煤基能源开发最佳效率区。

3. 功能性

大型煤电基地作为规模化电能生产和输出区，承担着国家能源安全保障与促进区域社会经济发展的重要功能。目前，依托 14 个大型煤炭基地基础建设的锡林郭勒、鄂尔多斯、晋北、晋中、晋东、陕北、哈密、准东、宁东等 9 个千万千瓦级大型煤电基地，对提升我国能源区域供给能力和保障国家能源安全，支撑区域产业（牧业、农业、林业等）经济与社会可持续协调发展具有重要作用。

我国是一个草原资源大国，是世界上第二大草原国，拥有草原近 4 亿 hm^2，约占国土总面积的 41.7%，草原是我国面积最大的陆地生态系统，是我国森林面积的 2.5 倍。草地具有维持生态系统平衡、促进物质能量循环等多种生态功能，包括养分供给、水土保持、涵养水源、固沙、固碳、氧气释放等。草原作为一种重要的自然资源，不仅维持着陆地生态系统的物质循环和能量循环，发挥着重要的生态系统服务功能，还在保障国家生态安全、维护社会和谐、促进经济发展等方面起到了至关重要的作用。

内蒙古地处欧亚大陆内部，东西狭长，连接我国东北、华北和西北地区，面积 118.3 万 km^2，约占我国总面积的 12.3%。内蒙古拥有独特的草场资源，包含锡林郭勒草原、呼伦贝尔草原、科尔沁草原、鄂尔多斯草原和乌兰察布草原共 5 片牧区草原，总计 13.2 亿亩，占全国草原面积的 22.6%。内蒙古大草原是我国最为重要的陆地生态系统之一，不仅是众多动植物的栖息地，更是我国北方重要的生态屏障。

大型煤电基地的开发，极大地提高了能源利用效率，是我国当前社会经济发展情况下能源开发利用方式的必然选择，"十四五""十五五"时期还将会是我国能源的主体供给。内蒙古草原地区是矿产资源蕴藏丰富的地区，尤其以煤炭资源最为丰富。以锡林郭勒草原、呼伦贝尔草原为主的东部草原区是我国大型煤电基地集聚区，大型煤矿和发电厂等产业链的开发推动了地区经济与社会的发展，但同时也给区域生态系统造成了影响。

1.1.1.2　大型煤电基地的基本构成

大型煤电基地是以煤、电规模化开发为核心的煤基能源开发系统工程，是人类活动、能源生产、自然资源与区域环境相结合的复杂系统，其基本构成包括自然与环境资源、能源开发活动和其他人类活动［图 1.1（a）］。

1. 自然与环境资源

自然与环境资源包括煤炭资源、土地资源、水资源和生态资源等。其中，自然资源（煤炭、土地、地下水、地表水等）是煤电开发活动中资源基本要素，生态资源（林、草、水、土壤等）是煤电开发、区域人类居住和活动的生态保障要素。

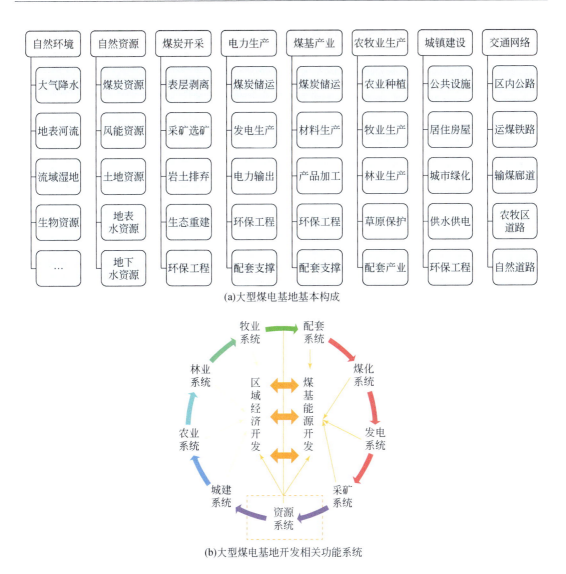

(a)大型煤电基地基本构成

(b)大型煤电基地开发相关功能系统

图1.1 大型煤电基地系统构成及主要功能子系统

2. 能源开发活动

指与能源开发密切相关的采矿、发电及相关的煤基产业生产（煤制气、煤制油、煤制烯烃、煤基肥料等），是人类获取能源维持社会经济发展的生产行为。

3. 其他人类活动

是指大型煤电基地区域中维持人类基本生存和社会发展的生产活动，以及与能源开发存在交互作用的人类活动，如农业、牧业、城建、交通等。其中，农牧业属于周期性生产活动；城建开发用于人类居住，属于能源和水资源消耗区；交通网络是区域人类活动配套设施。

1.1.1.3　大型煤电基地系统结构与内在关系

大型煤电基地是国家能源开发行为与区域经济发展行为相结合形成的社会经济运行系统，依据系统功能可细分为区域经济开发系统和煤基能源开发系统，基于产业功能特点可细分为 10 个子系统［图 1.1（b）］。从大型煤电基地开发过程中行为与作用对象互动影响说，具有 3 类主要关系。

1. 行为–要素的作用关系

指大型煤电基地开发过程中人类行为（能源开发与其他人类活动）对自然资源要素（如煤炭、水资源等）持续作用（如索取、占用、改造、替换等）驱动自然环境发生变化的关系。如人驱动行为对自然资源要素的作用强度、范围和方式决定了对大型煤电基地开发区域生态环境的影响效果。人工驱动力包含生态负作用（如高强度开采、过度放牧、农业种植、城镇扩张等）和正作用（如绿色开采、禁草禁牧、良性种植等），自然驱动力（如自然降雨、干旱气候等）属于生态环境的不可控因素。

2. 行为–功能互耦关系

大型煤电基地能源开发与人类生活行为方式影响着内部子系统的功能和作用。大型煤电基地作为区域经济发展的重要组成部分，科学的开发行为不仅促进子系统功能提升，亦能促进大型煤电基地科学发展，提升大型煤电基地开发区域的资源保障功能和生态承载能力。

3. 行为–行为互动关系

指大型煤电基地开发过程中人类活动行为在大型煤电基地系统中的相互间影响关系，"互促"有助于提升大型煤电基地发展质量。如煤电开发占用土地资源缩小草原可牧区域，城镇和人口扩张加大城市污染规模和强度等加重生态环境压力，而建设绿色矿山和零排放电厂、科学放牧、建设清洁绿色城市等行为减轻大型煤电基地开发区域的生态负荷，通过减与增互补提升大型煤电基地开发的生态效益。

1.1.2　大型煤电基地生态系统

大型煤电基地开发是依托区域自然资源和生态环境条件进行的规模化能源生产行为，在人类索取自然资源过程中形成能源开发行为与自然生态系统的"耦合"关系，引发各种自然生态要素变化，影响自然生态系统结构和功能，进而改变自然生态系统状态。从系统学视角研究建立大型煤电基地开发行为扰动下的生态系统，有助于深入分析能源开发产生的生态系统状态变化规律及趋势。

1.1.2.1　大型煤电基地生态系统界定

大型煤电基地开发活动通过对自然生态系统的影响作用改变其环境组成、内部关系和稳定状态，形成了自然生态系统和大型煤电基地相结合的复合型系统，即大型煤电基地生态系统（简称"煤电生态系统"），具体定义为：在大型煤电基地开发区域，将人类能源开发行为与自然生态系统相结合，融合自然生态要素与能源开发要素及相互作用和影响关系，以区域社会经济可持续发展和生态安全为约束所建立的复合型生态系统。其主要内涵：一是大型煤电基地生态系统是在大型煤电基地开发时空影响范围内的复合生态系统；二是大型煤电基地生态系统多类型生态系统的集合（表1.1），不同子系统之间、生态要素间（气、水、土、植）存在相互依存和相互影响的复杂关系；三是大型煤电基地生态系统是以能源开发为主导，以区域生态安全为约束的行为控制型复合生态系统。

表1.1　大型煤电基地生态系统构成及土地资源利用形式

分类	生态系统	土地利用单元类型	主要功能	生态影响作用
人工生态系统	采矿生态系统	采排区、未绿化区、复垦绿化区	生产煤炭为主	水土资源占用，废弃物排弃
	煤–化–电生态系统	生产厂区、辅助生产区	生产电、化产品为主	排放废气、废水和废渣
	城市生态系统	交通运输用地、建设用地	提供物流服务	排放生活污水、垃圾
	农田生态系统	种植农作物的土地	主要提供食品	水土资源占用、污染
自然生态系统	森林生态系统	林地、灌木林地和其他林地	保持水土、防风固沙、涵养水源、调节气候	提供生态系统服务
	草地生态系统	天然牧草、人工牧草和其他草地	复垦区、涵养水源、保护生物多样性	提供生态系统服务
	荒漠生态系统	沙地、裸地等其他用地	土壤保育、固碳、沙尘生物地球化学循环	提供生态系统服务
	湿地生态系统	湖泊、河流和水库等	水文调节、保护生物多样性和生物生产力	提供生态系统服务

1.1.2.2　大型煤电基地及其生态系统的主要特征

煤电基地是以煤矿区为基础，以煤炭资源开采和火电厂群开发为主导产业，带动经济和社会发展，在各种不同尺度不同周期的因素联合扰动下的多维、动态、连续的生态空间载体。煤电基地具备以下特性。

1. 时空外延

煤电基地的规划和集中开发，一般是以行政区域或者以煤田范围为边界，然而从煤电基地生态环境研究的角度出发，明确的研究边界并不适宜。生态系统在空间上并没有明确的边界，煤电基地开发所带来的生态效应在空间上不仅包括矿山和电厂区，还包括周围受到影响的区域，如露天矿的剥离产生的粉尘、火电厂的废气排放、煤矿和电厂的废水排放等，其空间影响范围远远超过开发边界。同时，煤电基地的开发，具有一个较长的时间周期，但是无论是矿山还是电厂都有自己的运行周期，都会随着煤炭资源的逐渐枯竭而终结，但是其对环境的影响却依然存在，需要持续修复，否则会留下不可逆的环境效应。

2. 煤炭资源主导

煤电基地生态区域虽是以煤炭开采、电厂开发和城镇发展为三大扰动源，但电厂的运行依赖煤炭资源。煤炭资源是城镇发展的动力和基础，在煤电基地开发过程中具有主导作用。

3. 周期扰动叠加

煤电基地对生态环境的影响主要来源于煤矿开采和电厂开发，而按照开发规划，每一座煤矿和电厂都有自己的生命周期，开发阶段不同，对生态环境的影响也不同，且不同阶段的扰动互相叠加，互相作用，最终形成综合生态效应。

4. 社会变迁

煤电基地是社会的组成部分，具有社会的许多特性，会随着煤炭资源的开发而发展、进步、停滞甚至倒退、人口聚集与转移、城镇发展与退化增加了煤电基地研究的复杂性，社会变迁也是生态环境的重要影响因素。

大型煤电基地生态系统是人类行为与自然生态系统相互作用且具有耗散结构的开放系统。如将人工驱动力（能源开发与社会经济发展活动等）视为对 NES（自然生态系统）的开发"影响"行为，生态系统要素、结构和状态变化则具有"响应行为"，大型煤电基地生态系统与其他自然生态系统相比有几个显著特征。

第一，"影响源"多态化。"影响源"概括了对生态系统变化产生作用的各种开发行为的"时–空"特征。与自然驱动力相比，人工驱动力的影响源呈现不同空间分布状态（分散和集聚态）、不同空间形态"点源"（电厂排放、城市排污）、"线源"（铁路、公路）、"面源"（采煤区、农业种植区）和"体源"（井采面、含水层），不同的源强度和作用周期不同。

第二，"影响方式"多样性。"影响方式"是指各种开发行为与生态要素构成的行为–要素的耦合关系。与自然驱动力作用方式相比（如水–土、水–植物耦合等），影响行为多态化（耦合方式、传导作用、辐射方式）显现影响源驱动作用、影响 NES 路径的多样性。

第三，"影响响应"多维度。各种开发行为的生态响应体现在空间聚集效果、时间累积过程、生态要素耦合和不同尺度与方向等多维度。与自然驱动力影响相比，生态响应显现在采区、矿区、区域等多尺度，生态影响作用体现在生态损伤的负向影响作用和生态修复的正向影响作用。

第四，"影响响应"多时相。"影响"作用下 NES 呈现的状态因影响行为时间（起始和持续时间）差异性，导致"影响响应"呈现"多时相"并存状态。如大型煤电基地生态系统未受开发活动影响区处于"原生态"，"影响"区处于"扰动态"，不同"时相"的影响行为增加了生态影响比较难度。

1.2　东部草原区植被长时序变化研究与驱动力分析

归一化植被指数（normalized difference vegetation index，NDVI）作为目前国际上最常用的植被指数之一，能够很好地表征绿色植被的健康程度、生长状况等，可用于长时间监测绿色植被年际或者季节性的变化。NDVI 是通过近红外和红光波段反射率之间的比值运算得到的，大大减少了不同时期影像间多种形式的乘性噪声。为分析东部草原区多年的植被变化规律及其主要影响因子，从宏观尺度上研究大型煤电基地开发对区域生态系统变化的总体影响趋势和作用范围，本研究利用 NDVI 表征研究区域的草原植被绿度，采用遥感和大数据云计算等技术对东部草原区煤电基地周边草原植被绿度变化进行分析。

基于数据的可获得性和研究精度的需要，研究采用 1981 年 7 月到 2010 年 12 月的 GIMMS NDVI 3g 数据，该数据来源于美国 NASA 发布的基于 NOAA 气象卫星数据全球数据集，采用经过辐射校正和几何粗校正的 NOAA-AVHRR 数据源，进一步对每日、每轨图像进行几何静校正、除坏线、除云等处理，进而进行 NDVI 计算及合成，得到东部草原区 30 年内 720 幅 NDVI 半月合成的影像。该 NDVI 数据集的时间分辨率为 16 d，空间分辨率为 8 km。利用遥感大数据云平台 Google Earth Engine 调用 MOD13Q1.006 Terra Vegetation Indices 16-Day Global 250m 基于像元的植被指数数据，使用 NDVI 图层，研究和分析 2000~2020 年东部草原区植被绿度变化，在 Google Earth Engine 平台中进行数据的前期处理：首先调用锡林郭勒盟和呼伦贝尔市行政区划内的 MOD13Q1 数据集，对 2000~2020 年内的该数据集做基于像元的取最大值操作，可以得到每个研究年份内的最大 NDVI 合成数据，该数据可以表示研究年份内植被长势最好时期的情况，以 5 月至 8 月的植被生长季为例，计算出植被生长季的 NDVI 平均值，该数据可以表示研究年份内植被生长季的平均情况，根据以上数据的年际空间变化表征得出锡林郭勒盟和呼伦贝尔市整体的植被绿度变化。该产品空间分辨率 250 m，时间分辨率为 16 天。NDVI 的取值范围为 -1~1，一般认为大于 0 为有植被覆盖区域。

1.2.1 1985~2020 年东部草原区植被绿度变化趋势研究

1985~2010 年呼伦贝尔市和锡林郭勒盟 GNDVI（绿色归一化植被指数）线性拟合斜率的灰度影像见图 1.2。

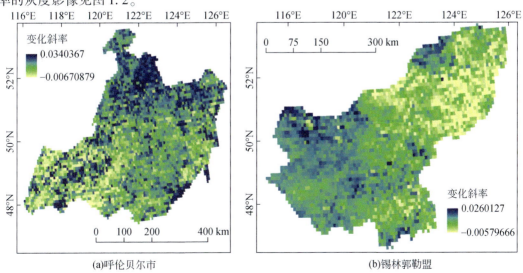

(a)呼伦贝尔市 (b)锡林郭勒盟

图 1.2 1985~2010 年东部草原区绿度变化

　　将获得的影像进行分级统计，以 0 为界分为两级。其中呼伦贝尔市 GNDVI 线性拟合斜率的取值范围为 -0.007 ~ 0.034，斜率大于 0 的区域占总面积的 40.84%，斜率小于 0 的占 59.16%，绿度变化总体上为减少趋势，小于 0 的区域相对比较集中，主要分布在呼伦贝尔市的西部和东南部地区；锡林郭勒盟拟合斜率的取值范围为 -0.006 ~ 0.026，斜率大于 0 的区域占总面积的 26.87%，小于 0 的区域占总面积的 73.13%，植被绿度减少非常明显，退化严重，小于 0 的区域主要分布于锡林郭勒盟北部和东南部。可以看出，无论是呼伦贝尔市还是锡林郭勒盟，植被绿度整体上均呈下降趋势，锡林郭勒盟植被绿度下降尤为严重，东部草原区植被退化明显。

　　将草原绿度的斜率划分为 5 个等级（表 1.2、表 1.3），做成的分布图如图 1.3 所示，可直观看出东部草原区 25 年间植被绿度变化情况。

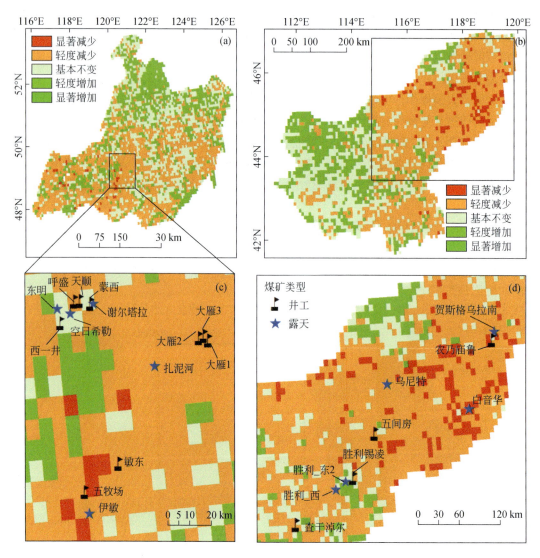

图 1.3　东部草原区植被 GNDVI 时空变化分布

表 1.2 呼伦贝尔市 GNDVI 斜率分级统计

斜率/10⁻³	变化等级	像元数	所占百分比/%
<−3	显著减少	35	0.765
−3 ~ <−0.3404	轻度减少	1912	41.83
−0.3404 ~ <0.3404	基本不变	1392	30.45
0.3404 ~ 3	轻度增加	1213	26.54
>3	显著增加	19	0.415

表 1.3 锡林郭勒盟 GNDVI 斜率分级统计

斜率/10⁻³	变化等级	像元数	所占百分比/%
<−3.758	显著减少	133	4.31
−3.758 ~ <−0.758	轻度减少	1575	51.00
−0.758 ~ <0.2242	基本不变	707	22.90
0.2242 ~ 3.2242	轻度增加	670	21.70
>3.2242	显著增加	3	0.09

由图 1.3 可知，东部草原区植被绿度总体呈现减少的趋势。其中，呼伦贝尔市在 1985 ~ 2010 年的 25 年间，植被绿度减少（显著减少和轻度减少）的像元所占百分比分别为 0.765% 和 41.83%，减少的像元散落在呼伦贝尔市各个方位，植被绿度增加（轻度增加和显著增加）的像元所占百分比分别为 26.54% 和 0.415%；锡林郭勒盟 25 年间植被绿度减少（显著减少和轻度减少）的像元所占百分比分别为 4.31% 和 51%，主要分布在锡林郭勒盟东部和北部，植被绿度增加（轻度增加和显著增加）的像元所占的百分比分别为 21.7% 和 0.09%，增加的区域主要分布在锡林郭勒盟的西北部。锡林郭勒盟减少的像元多于呼伦贝尔市减少的像元，增加的像元少于呼伦贝尔市增加的像元所占百分比，说明锡林郭勒盟的植被绿度情况要比呼伦贝尔市的植被绿度情况差。

通过对锡林郭勒盟和呼伦贝尔市行政区内 2000 ~ 2020 年整体的植被绿度变化进行分析，可以看出近 21 年锡林郭勒盟和呼伦贝尔市草原植被绿度总体呈缓慢上升趋势，草原生态环境在逐渐改善。从植被绿度变化趋势图（图 1.4）可看出：

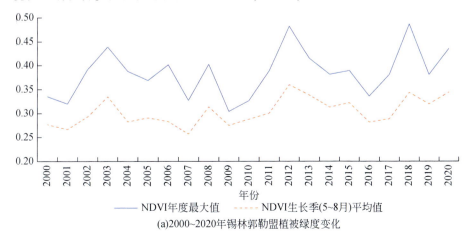

(a)2000~2020年锡林郭勒盟植被绿度变化

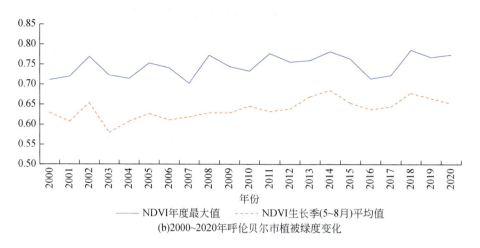

(b)2000~2020年呼伦贝尔市植被绿度变化

图1.4　2000～2020年东部草原区整体植被绿度变化

以锡林郭勒盟生长季（5～8月）NDVI平均值为例，2001～2003年为上升趋势，2003年开始下降，2003～2007年呈急剧下降趋势，从2003年的0.3349下降到2007年的0.2571，下降比例高达23.23%，过去20年间生长季NDVI最小平均值出现在2007年。2007～2012年呈波动式上升趋势，过去20年间生长季NDVI最大平均值出现在2012年，2012～2016年为急剧下降状态，从2012年的0.3598下降到2016年的0.2819，下降比例高达21.65%，2016～2020年为波动式上升状态。年NDVI最大值变化呈相似的趋势，但最大值出现在2018年，最小值出现在2009年。

呼伦贝尔市总体的植被绿度要优于锡林郭勒盟，以呼伦贝尔市生长季（5～8月）NDVI平均值为例，2000～2003年呈波动式下降趋势，从2000年的0.6293下降到2003年的0.58，下降比例为7.83%，过去20年间生长季NDVI最小平均值出现在2003年。2003～2014年为波动式上升状态，过去20年间生长季NDVI最大平均值出现在2014年。2014～2020年呈波动式下降趋势，但下降比例并不明显。2018年NDVI值最大，2007年值最小。

从2000～2020年植被绿度变化的空间分布（图1.5）上看，锡林郭勒盟主要变差的区域集中在西部的苏尼特左旗、二连浩特市，西南部的苏尼特右旗、镶黄旗、正镶白旗，以及中部锡林浩特市的小部分地区。呼伦贝尔市主要变差的区域集中在西南部的新巴尔虎右旗、新巴尔虎左旗，中部的陈巴尔虎左旗，东部的莫力达瓦达斡尔族自治旗、阿荣旗，以及鄂伦春自治旗和扎兰屯市等小部分地区。

以5年为一个时间单位来分析植被绿度变化的空间分布，可以看出锡林郭勒盟（图1.6）2000～2004年NDVI变差的区域主要集中在西部的苏尼特左旗，东北部的东乌珠穆沁旗；2005～2009年NDVI变差的区域主要集中在东部的西乌珠穆沁旗，南部的正镶白旗和太仆寺旗；2010～2014年NDVI变差的区域主要集中在西南部的苏尼特右旗和二连浩特市；2015～2020年NDVI变差的区域主要集中在西南部的苏尼特右旗和二连浩特市，西部的苏尼特左旗，以及中部的阿巴嘎旗和锡林浩特市。

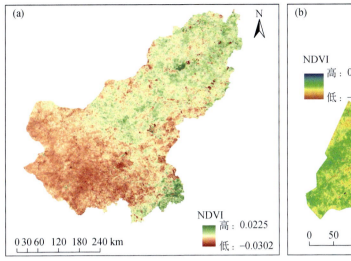
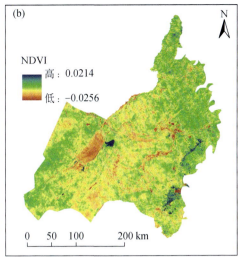

图 1.5　2000～2020 年研究区植被绿度变化空间分布

（a）锡林郭勒盟；（b）呼伦贝尔市

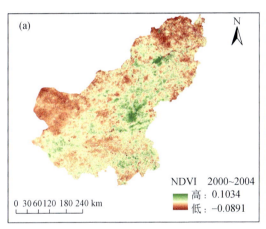
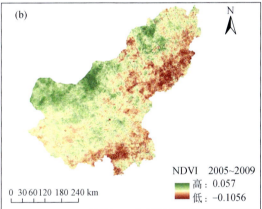
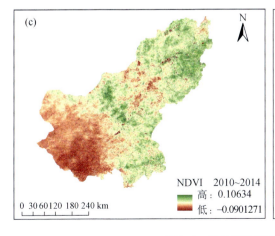
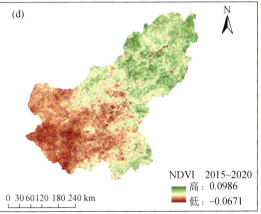

图 1.6　锡林郭勒盟植被绿度变化空间分布

由此可见，2000～2009 年期间，锡林郭勒盟东部的西乌珠穆沁旗部分地区有植被绿度连续下降的趋势，其他区域没有明显变化；2010～2020 年期间，西部的苏尼特左旗、西南部苏尼特右旗和二连浩特市，以及中部的阿巴嘎旗和锡林浩特市部分地区，均有植被绿度连续下降趋势。

呼伦贝尔市（图 1.7）2000～2004 年 NDVI 变差的区域主要集中在西南部的新巴尔虎右旗，东部的鄂伦春自治旗和阿荣旗；2005～2009 年 NDVI 变差的区域主要集中在西南部的新巴尔虎右旗、新巴尔虎左旗，西北部的额尔古纳市，以及陈巴尔虎旗的部分地区；

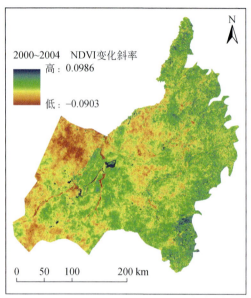

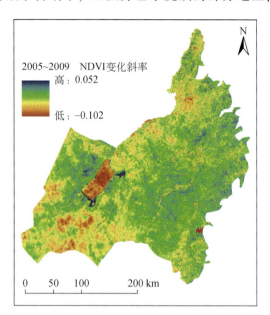

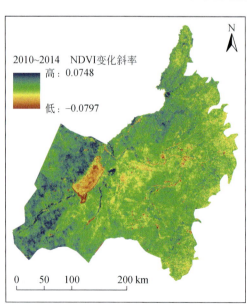

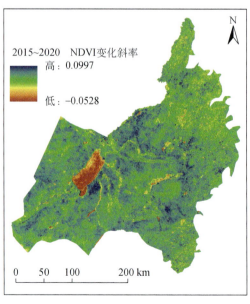

图 1.7 呼伦贝尔市草原区植被绿度变化空间分布

2010～2014 年 NDVI 变差的区域主要集中在东部的鄂伦春自治旗和莫力达瓦达斡尔族自治旗，中部的牙克石市，以及陈巴尔虎旗和新巴尔虎左旗的部分地区；2015～2020 年 NDVI 变差的区域主要集中在北部的额尔古纳市、根河市、鄂伦春自治旗的部分地区，但下降幅度并不明显。

由此可见，2000～2009 年期间，呼伦贝尔市西南部的新巴尔虎右旗、新巴尔虎左旗部分地区有植被绿度连续下降的趋势；2010～2020 年期间，没有任何区域存在植被绿度连续下降的现象，无明显变化规律。

1.2.2　草原生态系统变化驱动力量化分析方法

众所周知，自然压力和人为干扰对全球的生态系统造成了巨大的压力。中国草原面临着严重的退化，造成草原生态系统结构、过程、功能变化的驱动因素众多，可归纳为气候变化、自然灾害、人类活动和国家的生态修复政策等（表 1.4）。

表 1.4　草原生态系统结构功能变化的驱动力

分类	驱动力	主要内容	影响
自然因素	气候和灾害	降水、气温、光照、土壤、风沙、蝗虫、鼠害	在时空上影响草原植被群落的组成分布，草地类型多样化，对草原生态系统结构功能的复杂影响
人类干扰	草原资源消耗	违反禁牧休牧规定放牧和超载过牧；采集草原野生植物	过度开发消耗草地资源，草地优势物种改变，生物量损失严重，退化指示物种显现，牧草质量下降，草地退化
	污染累积	工业排放污染、垃圾倾倒、草原旅游	有毒有害物质的大量排放，大气、水体、土壤中污染物浓度超标，生态系统自我修复与净化功能减弱，生态系统服务功能衰减
	空间占用	开垦草原，临时占用、矿产开采、工程建设、城镇扩张	改变土地利用方式，重要的生态功能区被占用，最终导致生态系统类型改变，生境丧失，生态系统服务功能衰减
管理政策	生态修复工程	退耕还林还草、三北防护林、风沙源治理工程、退牧还草、禁牧和草畜平衡政策	减缓人为压力，为草地的恢复提供缓冲，改善植被群落结构和植被生产力，提升草地生态系统服务功能

影响草地变化的气候因素很多，主要为降水和气温变化。降水和气温是植被生长的重要影响因子，降水和气温的直接和相互耦合作用对土壤水分、有机质、植被群落的组分分布、生产力产生了复杂的影响。中国草地类型的多样化主要是受水热条件空间差异的影响，且长时间序列上的降水气温的变化影响草地的生长和生产力的积累。据研究报道，温度升高 2～4℃和降水减少双重作用下会导致草地生产力降低 40%～90%。过去几十年，气候暖干化造成干旱半干旱区草地生产力持续下降。同时干旱化会导致蝗虫、鼠害频率增加，对草地植被和土壤产生重大破坏，加速了草地的退化。

当放牧的牲畜数量超过草原承载力时，就会产生过度放牧，这是普遍认同的草原退化的人为因素。过度放牧对草原资源的过度消耗，通过家畜的选择性采食、践踏和排泄物影响着草原土壤的理化与微生物特性，草原植被群落的动态发展，导致植被个体小型化，生产力下降，同时伴随着结构上群落物种组成、物种丰富度，养分循环分配的变化，导致种群生态位的转移，优势物种的更替，最终导致草原退化。

草原的空间占用，导致草地土地利用的剧烈变化，由于人类需求，自然草地转变为耕地或建设用地等，造成重要的生态功能区被占用，最终导致生态系统类型改变，生境丧失，生态系统服务功能衰减。天然草地开垦为农田后，土壤表层覆被消失，土壤养分通过水蚀和风蚀被大量带走，土壤养分的流失，导致植被生物量减少，最后形成了流动沙地，进而导致土地严重沙漠化。此外，半干旱草原因其丰富的煤炭资源成为支撑我国经济社会长期发展的国家能源战略基地，矿产资源开发在带动当地经济发展的同时，对草原生态系统产生了严重的破坏。矿产资源开发导致草地的完整性与平整性被破坏，草地景观遭到破坏。且矿产资源开发所产生的地表沉陷、水资源消耗污染、粉尘污染和土壤性状的变化对草原生态系统产生一系列的影响。

区分和量化自然和人为因素对生态系统影响，对适应和缓解未来气候变化，优化人为管理具有重要意义，已逐渐成为研究热点。通过对目前研究文献的总结，定量方法主要包括统计分析方法和遥感方法。其中残差趋势法和基于 NPP 的定量区分方法得到了广泛的研究与应用。

1.2.2.1　统计分析方法

统计分析方法是指采用一系列统计模型（如回归模型、因子分析、主成分分析等）研究自然–社会–经济驱动因子与生态系统变化之间的关系。Davies 等（2006）运用回归模型分析了人类人口密度，国内生产总值以及农业和城市土地面积对物种灭绝风险的影响。Ma 等（2007）以华北干旱区民勤县为重点研究区域，选择了 9 个人为因素变量和 5 个自然因素变量通过因子分析方法分析了影响土地荒漠化的主要因素。Li 等（2007）使用遥感、GIS 和统计方法，重建了 1959～2003 年海南岛西部荒漠化的时空演变，并使用因子分析方法量化了自然因素和人为因素的相对贡献。王冬梅等（2012）采用主成分分析方法量化了自然因素和人为因素对武都区植被覆盖度动态变化的贡献，得出人为因素尤其是人口因素主导该区域植被覆盖度的动态变化。王子玉等（2014）基于 NDVI 数据结合气候和社会经济数据，通过线性回归模型定量分析了气候变化和人类活动对内蒙古植被变化的影响。统计分析方法虽得到广泛应用，但也存在一定局限，线性回归模型难以模拟驱动因素与草地退化的非线性关系，导致结果的不可靠，而因子分析与主成分分析只针对区域整体研究，无法实现区域的空间可视化和差异性分析，不利于政策的针对性开展。

随着遥感技术的发展，应用遥感技术实现生态系统质量变化与驱动力空间区分和量化得到广泛关注。其中残差趋势法和基于 NPP（净初级生产力）的定量区分方法得到了广泛的研究与应用。

1.2.2.2　残差趋势法

残差趋势法是建立代表植被生产力的植被指数和降水之间的关系，通过实际的植被指数与模型预测的植被指数的残差趋势来量化人为因素对植被的影响。Geerken 和 Ilaiwi（2004）以叙利亚草原比十里山地区为例，利用残差趋势法定量分析了人为活动导致的草地退化。Wessels 等（2007）以南非为案例，利用残差趋势法量化分析了人为导致的土地退化。张翀等（2014）基于 NDVI 的残差趋势空间量化了人类活动对三江源地区植被覆盖的积极作用。阿荣等（2019）应用 NDVI 残差趋势法量化了人类活动和气候变化对锡林郭勒盟草原植被变化的影响，在总体上肯定了人类活动的积极作用。但是，残差趋势法主要适用于长时间序列数据的分析，而且在建立 NDVI 指数与气候因子的关系时无法排除人为因素影响。

1.2.2.3　NPP 定量区分方法

另一种方法是以直接反映植被状态的植被净初级生产力（NPP）为指标，通过比较仅由气候因素驱动的潜在 NPP 与气候和人为活动双重影响的实际 NPP 的差异来衡量人类活动对净初级生产力的影响。净初级生产力（NPP）是指植被在单位面积和时间上积累的太阳能量，它是生态系统能量和物质量以及碳固存能力的重要表征指标。以 NPP 为指标不仅在生态学上意义明确，而且易于与遥感数据结合实现时空上的表达，因而得到广泛的研究和应用。通过对潜在与实际 NPP 的比较，发现 2000 年全球陆地生态系统人类占用的净初级生产力为 15.6 Pg C·a^{-1}，占潜在净初级生产力的 23.8%（Haberl et al.，2002，2007）。O'Neill 等（2006）利用该方法计算了加拿大新斯科舍区的净初级生产力的人类占用，发现人类通过林业和农业收获及土地利用覆盖占用净初级生产力超过了 25% 的潜在可用生产力。Mao 等（2014）基于遥感估算的潜在和实际净初级生产力，构建人类活动相对影响贡献率指数（RICI），量化了人类活动对东北沼泽湿地 NPP 的时空影响。此外，一些学者采用潜在 NPP 与实际 NPP 的变化趋势，基于不同的情景设置衡量两者对生态系统植被动态的影响，在中国得到了广泛应用。Xu 等（2010）基于实际 NPP、潜在 NPP 以及人为 NPP（潜在 NPP 与实际 NPP 的差值）变化趋势，结合不同的情景设置量化了气候变化和人类活动在鄂尔多斯高原沙漠化变化中的贡献。Gang 等（2014）基于潜在 NPP 和人为 NPP 的趋势变化的不同情景设置，评估了气候变动和人类活动对全球草地退化的相对作用，发现气候变化和人类活动的贡献分别为 45.51% 和 32.53%。

综上所述，在全球和中国陆地生态系统驱动力量化评估方面开展了较多的实践，基于空间可视化的遥感数据（植被指数、NPP）在这一过程中发挥了重要作用，这些研究方法更多侧重于植被动态变化，且由于 NPP 指标的表征性、对气候和人类活动的敏感性，空间识别性逐渐成为主要的研究方法。

1.2.3　基于 NPP 的典型草原区生态系统变化

1.2.3.1　数据来源

1. NPP 数据

使用 MOD17A3HGF 逐年数据（2000～2020 年）。该数据可以表示呼伦贝尔市西部草原区的年实际净初级生产力（ANPP）。该数据包含两个波段，其中第一个波段表示 NPP（单位：kg C/m²），第二个波段表示 NPP 像元质量信息。MOD17A3HGF V6 产品提供 500 m 空间分辨率的年净初级生产力信息。年 NPP 来自给定年份的所有 8 天净光合作用（PSN）产品（MOD17A2H）的总和。PSN 值是总初级生产力（GPP）和维持呼吸（MR）（GPP-MR）的差值。

2. 气象数据

气象数据采用中国气象科学数据共享服务网和内蒙古气象局提供的 2000~2015 年锡林郭勒盟内及其周边 33 个标准气象站点的月平均温度、月降水量数据，呼伦贝尔市西部草原区及周边 9 个气象站点的 2000~2020 年逐月平均降水量（单位：mm）和平均气温数据（单位：℃）。根据数据中提供的气象站点及经纬度信息，运用地理信息系统软件 ArcGIS，将站点坐标矢量化，为其赋予 WGS 84/Albers Equal Area Conic 投影，应用 ArcGIS 的空间统计模块，对月平均气温、降水量数据进行 Kriging（克里金）插值，获取气象数据栅格图像。用于计算年潜在净初级生产力（PNPP），PNPP 可以表示理想状态下植被的净初级生产力。

3. 统计数据

所有统计数据，包括人口密度、GDP（一、二、三产业）、年末牲畜头数（头）、围栏面积（km²）、城市人口比例（%）、煤炭产量（t）、牲畜棚和畜栏（m²）以及围栏草原面积（km²），农作物面积均来自锡林郭勒盟统计年鉴（2000~2015 年）。通过普通最小二乘回归确定每个县的牲畜数量、牲畜棚和畜栏的动态变化，并以行政区域为单位进行空间分配。

1.2.3.2 研究方法

1. 变化相关性分析

选取气候因素，主要包括降水、气温、风速、高度、坡度。人类活动的因素，包括人口密度、GDP（一、二、三产业），城镇化率、农作物面积、年末牲畜量、围栏面积、畜棚畜圈面积。用皮尔逊相关性分析方法分析气候和人类活动与草原生态系统健康（包括活力-组织力-恢复力-生态系统服务）之间的关系。这些数据均以县域为统计单元，在 SPSS 软件中进行分析。

2. 净初级生产力评估

植被净初级生产力（NPP）是指单位时间与单位面积上，植被通过光合作用所累积太阳能，它是生态系统能量大小和固碳能力的重要表征指标。本研究采用数据易于获得的 CASA 模型进行计算。该模型是在 1993 年被提出的光能利用率模型，基于资源平衡理论，由光合有效辐射（APAR）因子和光能利用率因子共同驱动。具体的计算公式为

$$\text{NPP}(x,t) = \text{APAR}(x,t) \times \varepsilon(x,t) \tag{1.1}$$

式中，$\text{APAR}(x, t)$ 为像元 x 在 t 月吸收的光合有效辐射（$\text{MJ} \cdot \text{m}^{-2} \cdot \text{month}^{-1}$）；$\varepsilon(x, t)$ 为像元 x 在 t 月的光能利用率（$\text{gC} \cdot \text{MJ}^{-1}$）。$\text{APAR}(x, t)$ 和 $\varepsilon(x, t)$ 计算公式为式（1.2）、式（1.3）：

$$\text{APAR}(x,t)=\text{SOL}(x,t)\times\text{FPAR}(x,t)\times0.5 \tag{1.2}$$

式中，$\text{SOL}(x,t)$ 为 t 月份在像元 x 处的太阳总辐射量（$\text{MJ}\cdot\text{m}^{-2}\cdot\text{month}^{-1}$）；常数 0.5 表示可被植被利用的光合有效辐射的比例（波长范围为 $0.38\sim0.71~\mu\text{m}$）；$\text{FPAR}(x,t)$ 为植被层对入射光合有效辐射的吸收比例，这些参数更详细的介绍参考朱文泉等（2006）的研究。由于锡林郭勒盟辐射站点较少，SOL 的计算基于日照时数和经纬度信息的 Angstrom-Prescott 模型计算得出，更详细的介绍参见毛德华的研究。

$$\varepsilon(x,t)=T_{\varepsilon1}(x,t)\times T_{\varepsilon2}(x,t)\times W_{\varepsilon}(x,t)\times\varepsilon_{\max} \tag{1.3}$$

式中，$T_{\varepsilon1}(x,t)$ 和 $T_{\varepsilon2}(x,t)$ 分别为低温和高温对光能利用率的胁迫作用；$W_{\varepsilon}(x,t)$ 为水分胁迫影响系数；$\varepsilon_{\max}$ 为理想条件下的最大光能利用率（$\text{g C}\cdot\text{MJ}^{-1}$），针对不同的植被类型，$\varepsilon_{\max}$ 的取值有所不同，直接采用朱文泉等（2006）的研究成果进行设置。

3. 基于 NPP 的植被变化定量分析

草地退化是指草地生产力下降和生态系统条件恶化的过程，主要表现为植物高度、覆盖率、生物量的减少或不可食杂草和有毒草的增加。植被生产力的下降是草地退化的最直接、最重要的表现。因此，净初级生产力（NPP）是评估草地生态系统质量和健康状况的良好指标，并且易于通过遥感动态监测。此外 NPP 的变化对气候和人类活动较为敏感，已被广泛用于区分气候变化和人类活动的相对作用。人类活动对 NPP 的影响定义如下：

$$\text{HNPP}=\text{PNPP}-\text{ANPP} \tag{1.4}$$

其中，HNPP 为潜在净初级生产力 PNPP 与实际净初级生产力 ANPP 的差值，表示人类活动对 NPP 的影响，当 HNPP 为正值，表明人类活动造成植被净初级生产力的损失；当 HNPP 为负值时，人类活动促进植被净初级生产力的增加。ANPP 是实际净初级生产力，表示实际情况下气候变化和人类活动共同影响的 NPP，直接来源于上一节 CASA 模型的计算。PNPP 是潜在净初级生产力，表示在没有人为干扰下的具有实际气候条件下的生产力，PNPP 采用 Thornthwaite 纪念模型。该模型是根据迈阿密模型中使用的数据建立的，但经过修改后包含了 Thornthwaite 的潜在蒸发模型。具体公式为

$$\text{PNPP}=3000\times\left[1-e^{-0.0009695(V-20)}\right] \tag{1.5}$$

$$V=\frac{1.05~r}{\sqrt{1+\left(1+\dfrac{1.05~r}{L}\right)}} \tag{1.6}$$

$$L=3000+25t+0.05t^3 \tag{1.7}$$

式中，PNPP 为理想状态下植被的净初级生产力（$\text{g C}\cdot\text{m}^{-2}\cdot\text{a}^{-1}$）；$L$ 为年最大蒸散量（mm）；r 为年降水量（mm）；t 为年平均温度（℃）。

4. 草原动态变化分析

ANPP 是真实条件下的植被生产力，受气候和人类活动的综合影响。通过计算像元尺度上的 ANPP 变化斜率描述锡林郭勒盟草地植被的动态变化。本研究采用最小二乘法实现每个像元尺度上的线性变化趋势分析，每个像元的变化斜率定义如下：

$$S_{\text{A}}=\frac{n\times\sum_{i=1}^{n}i\times\text{ANPP}-\sum_{i=1}^{n}i\times\sum_{i=1}^{n}\text{ANPP}}{n\times\sum_{i=1}^{n}i^2-\left(\sum_{i=1}^{n}i\right)^2} \tag{1.8}$$

其中，S_A 为像元尺度上 ANPP 的斜率；n 为研究年限（$n=16$）。S_A 值为正，表示生产力提升；反之 S_A 值为负，表明生产力下降。通过统计 F 检验分析了 ANPP 变化趋势的显著性。该公式可以表示为

$$F = U \times \frac{N-2}{Q} \tag{1.9}$$

$$U = \sum_{i=1}^{n} (\hat{y}_i - \bar{y})^2 \tag{1.10}$$

$$Q = \sum_{i=1}^{n} (y_i - \hat{y}_i)^2 \tag{1.11}$$

其中，U 为回归平方和；Q 为误差平方和；y_i 为第 i 年的实际 ANPP；$\bar{y}$ 为研究期间的 ANPP 平均值；$\hat{y}_i$ 为第 i 年的回归值。如果相关系数通过显著性检验（$p<0.01$ 或 $p<0.05$），则认为 ANPP 的年际动态呈现"极显著"或"显著"增加或减少趋势。

为了确定研究期间 NPP 是增加还是减少，我们使用以下等式估算每个像素的 NPP 变化：

$$\Delta NPP = (n-1) \times S_A \tag{1.12}$$

5. 驱动力定量分析

基于 S_A 的结果定义草原质量变化，然后通过比较 PNPP 和 HNPP 的斜率 S_P 和 S_H，以区分气候变化和人为活动对草原质量变化的影响。当 S_A 为正值时，研究期间草原处于恢复状态，为负值时表明研究期间草原净初级生产力下降，草原处于退化状态。S_P 用于衡量气候变化对草原动态的影响。S_P 为正值，表示气候变化对草地恢复有积极影响，而 S_P 为负值，表示气候变化不利于草原植被的生长并加速草原的退化。S_H 可用于评估人为活动对草原 NPP 的影响。如果 S_H 为正，则表明在研究期间由人为活动引起的 NPP 损失增加，人为活动导致草地生产力下降。相反，S_H 值为负表示人为活动对草地的影响减弱，这有利于植被的生长。在这项研究中，为草原 NPP 变化的原因设置了 6 种可能的情景（表 1.5）。

表 1.5　基于 S_A，S_P 和 S_H 的草原 NPP 动态变化及原因的情景设置

草原动态		S_P	S_H	草原状态变化原因	贡献比例
草原修复（$S_A>0$）	情景 1	>0	>0	仅由气候引起的草原修复	气候_ 100%，人类_ 0%
	情景 2	<0	<0	仅由人类引起的草原修复	气候_ 0%，人类_ 100%
	情景 3	>0	<0	气候和人类共同导致的草原恢复	$Climate = \frac{\|\Delta PNPP\|}{\|\Delta PNPP\| + \|\Delta HNPP\|} \times 100\%$ $Human = \frac{\|\Delta HNPP\|}{\|\Delta PNPP\| + \|\Delta HNPP\|} \times 100\%$
草原退化（$S_A<0$）	情景 4	<0	<0	仅由气候导致的草原退化	气候_ 100%，人类_ 0%
	情景 5	>0	>0	仅由人类导致的草原退化	气候_ 0%，人类_ 100%
	情景 6	<0	>0	气候和人类共同导致的草原退化	$Climate = \frac{\|\Delta PNPP\|}{\|\Delta PNPP\| + \|\Delta HNPP\|} \times 100\%$ $Human = \frac{\|\Delta HNPP\|}{\|\Delta PNPP\| + \|\Delta HNPP\|} \times 100\%$

1.2.3.3　东部草原区 PNPP 和 ANPP 年际动态和空间格局

2000～2020 年的草地 PNPP 和 ANPP 值均呈上升趋势（图 1.8～图 1.10）。2012 年发现最高 PNPP 值（443.62 g C·m^{-2}·a^{-1}），最低值出现在 2005 年（286.73 g C·m^{-2}·a^{-1}）。2012 年的 ANPP 值最高（273.67 g C·m^{-2}·a^{-1}），2007 年的 ANPP 值最低（156.20 g C·m^{-2}·a^{-1}）。

在空间上，锡林郭勒盟草原的 PNPP 平均值为 353.17 g C m^{-2}·a^{-1}，范围为 224.66～554.32 g C m^{-2}·a^{-1}，ANPP 值为 0～860.06 g C m^{-2}·a^{-1}，平均值为 208.92 g C m^{-2}·a^{-1}。PNPP 和 ANPP 具有明显的空间异质性，从东向西逐渐减小，与植被类型的水平分布相对应。草甸草原、典型草原和荒漠草原的 PNPP 平均值和 ANPP 平均值分别为 418.10 g C·m^{-2}·a^{-1}、

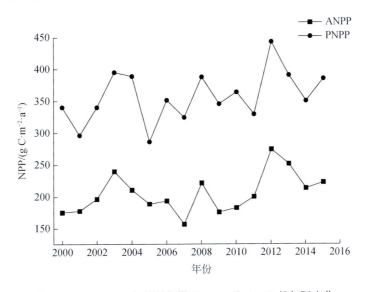

图 1.8　2000～2016 年锡林郭勒盟 PNPP 和 ANPP 的年际变化

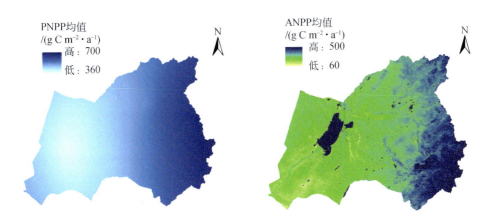

图 1.9　呼伦贝尔草原区 2000～2020 年平均 PNPP 和 ANPP 空间分布

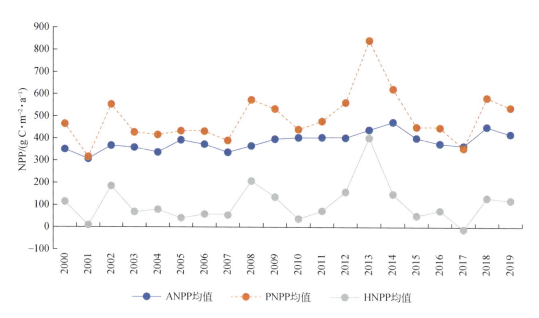

图 1.10 呼伦贝尔草原区 2000～2020 年平均 ANPP、PNPP、HNPP 时间变化

362.36 g C · m^{-2} · a^{-1}、266.75 g C m^{-2} · a^{-1}和 344.31 g C m^{-2} · a^{-1}、216.91 g C · m^{-2} · a^{-1}、95.27 g C · m^{-2} · a^{-1}。

1.2.4 东部草原区 NPP 变化的驱动力分析

1.2.4.1 东部草原 NPP 动态变化及其驱动力

根据 2000～2020 年锡林郭勒盟草原和呼伦贝尔草原 ANPP 的趋势分析（图 1.11），这期间 ANPP 斜率为 3.08，表明锡林郭勒盟草原整体趋势好转，处于恢复状态。草地恢复面积为 142944.61 km^2，占锡林郭勒盟草地总面积的 85.36%，草地退化面积为 24516.77 km^2，占比为 14.64%。根据 S_A 的斜率 F 检验，ANPP 显著减少和极显著减少的区域零星分布于西乌珠穆沁旗和东南部农牧交错带，仅占草地总面积的 0.18%。ANPP 轻微减少区域主要分布于锡林郭勒盟西部和南部，包括苏尼特左旗、苏尼特右旗、镶黄旗、正镶白旗，占草地总面积的 14.23%。相反，ANPP 轻微增加区域在锡林郭勒盟广泛分布，占草地总面积的 71.37%。显著增加区域占总面积的 9.56%，主要分布于锡林郭勒盟中北部区域，包括东乌珠穆沁旗西北部、锡林浩特中部和阿巴嘎旗中部区域。极显著增加区域仅占草地总面积的 4.65%，主要位于东乌珠穆沁旗西北部、锡林浩特、阿巴嘎旗和多伦部分区域。

2000～2020 年针对锡林郭勒盟草原的退化与恢复，气候变化主导草原恢复（贡献率为100%）所占面积为 83645.10 km^2，主要分布在锡林郭勒盟北部、中西部区域，包括阿巴嘎旗、苏尼特左旗、苏尼特右旗。人类活动主导的草原恢复（贡献率为100%）所占面积为 1689.50 km^2，主要分布在东南部的农牧交错区，包括多伦、太仆寺旗。另外，气候和人类活动共同作用促进草原恢复占有相当大的比例，所占面积为 57610.01 km^2，其中气

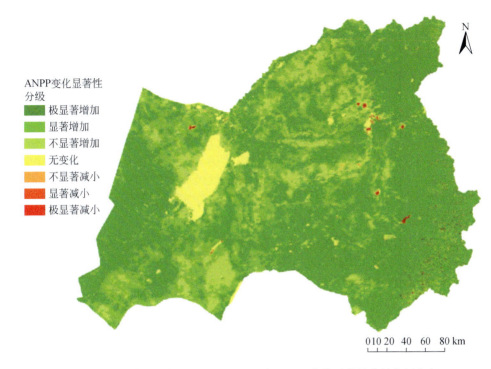

ANPP变化显著性
分级

■ 极显著增加
■ 显著增加
■ 不显著增加
■ 无变化
■ 不显著减小
■ 显著减小
■ 极显著减小

0 10 20　40　60　80 km

图 1.11　呼伦贝尔草原区 2000～2020 年 ANPP 变化显著性分级空间分布

候变化和人类活动贡献比例分别为 84.15% 和 15.85%，主要分布在锡林郭勒盟中北部区域，包括东乌珠穆沁旗、西乌珠穆沁旗、锡林浩特、阿巴嘎旗、正蓝旗。针对草原退化区域，人类活动是草原退化的主导因素。人类活动导致的草原退化（贡献率为 100%）面积为 22848.48 km²，分布在苏尼特左旗、苏尼特右旗、镶黄旗、正镶白旗、西乌珠穆沁旗。气候变化和人类活动共同作用导致的草地退化面积较小，面积为 1668.29 km²，主要分布于镶黄旗部分区域。

1.2.4.2　气候变化对典型草原区 NPP 时空变化的影响

利用相关系数计算年均降雨、气温与植被净初级生产力空间相关性。通过相关分析和显著性检验，NPP 的年际变化与降水的变化整体呈强正相关，与温度的相关性为负且不显著。降水与 NPP 呈极显著正相关区域面积占比为 66.98%，相关系数为 0.755，广泛分布于锡林郭勒盟的大部分地区。显著正相关的区域所占面积比例为 19.04%，相关系数为 0.56，主要分布在东南部的农牧交错区和东北部区域，降水与 NPP 呈不显著区域所占面积的比例为 13.93%，相关系数为 0.31，主要分布在东北部的东乌珠穆沁旗和西乌珠穆沁旗，以及东南部的农牧交错区，包括镶黄旗、正镶白旗、多伦、正蓝旗。气温与 NPP 不显著相关的区域所占比较大，所占比例为 93.13%，广泛分布于锡林郭勒盟的大部分区域，而呈显著负相关的区域所占比例为 6.28%，零散分布在锡林郭勒盟南部和西部，主要包括苏尼特右旗、镶黄旗、阿巴嘎旗、东乌珠穆沁旗区域。

从时空变化上来看，气候变化对 NPP 的影响首先体现在 NPP 空间格局分布上。一些研究表明 NPP 的空间格局主要受由降水影响的土壤水分和温度梯度的影响，锡林郭勒盟草原 PNPP 和 ANPP 的空间分布格局验证了这一观点。该草原 NPP 分布的异质性大多对应于不同的草地类型，反映了土壤水分和温度的变化。锡林郭勒盟东部草甸草原区域，PNPP 与 ANPP 值较高，主要由于该区域属于半湿润、半干旱的过渡区域，气温相对较低，降雨相对充沛导致土壤水分充足。锡林郭勒盟的西部荒漠草原区域 PNPP 与 ANPP 值较低，主要由于该区域处于干旱、半干旱过渡区，降雨稀少、气温较高，导致土壤水分少而地表蒸发大。

草地恢复主要由于气候变化的影响，降水因素可能是 NPP 年际增长的主导因素。通过相关性分析，得出 NPP 年际变化与降水量之间呈强正相关，但与温度呈负相关且不显著。在研究期间，整个锡林郭勒盟草原经历了更湿热的气候变化，年降水量和平均温度分别年增长 4.81 mm 和 0.0087 ℃。从空间上来看，除西南和南部地区外（包括镶黄旗和正镶白旗、苏尼特右旗部分区域），大部分地区的年总降水量增加，尤其在东乌珠穆沁旗和锡林浩特市降水增加较为明显，东北和南部地区的平均温度升高，主要包括东乌珠穆沁旗和镶黄旗、正镶白旗、苏尼特左旗和苏尼特右旗，而中部和东南部的平均温度降低。中部和东南部区域降水增加，年均气温降低，表明地表蒸发潜力降低，土壤水分增加，有利于植被的生长。我们的研究发现，2000～2015 年草地恢复面积中，气候主导所占比例为 58.51%，气候和人类活动共同作用促进草地修复的面积比例为 40.30%。这种模式表明，气候因素，尤其是降水，在锡林郭勒草原的 NPP 动态中起着至关重要的作用。

1.2.4.3　土地利用变化对 NPP 的影响

土地利用变化是人类活动的一种主要形式，不仅影响草地的 NPP，而且对生态系统其他服务功能有重大影响。为了解决草地退化问题，锡林郭勒盟实施了包括退耕还林还草和京津风沙源治理的众多生态修复工程，这些项目导致了大量的土地利用和土地覆盖变化。根据京津风沙源治理的报告，到 2015 年底，人工造林、空中播种造林、固沙和退耕还草等措施使流动和半流动沙地减少了 705300 hm²。许多研究表明，这些政策有效地促进了具有高生态价值的草地和林地的扩张，促进了植被生产力和生态系统其他服务功能的提升。在锡林郭勒盟，新增加的草地以浑善达克沙地和南部农牧区的荒漠、裸地和农田改造为主，使草原 NPP、土壤保持量、水源涵养量、防风固沙量增加了 311.26 Gg C、132.46 万 t、5414.31 万 m³、1471.64 万 t。这些改进可能是退耕还林还草和京津风沙源等项目努力的结果。

2000～2015 年锡林郭勒盟一级生态系统主要分为林地、草地、水域、湿地、农田、荒漠、裸地、建设用地。该区域大部分是以草地为主，2000～2015 年所占面积在 16.83～16.96 万 km²，草地面积占总面积的 84% 左右。其次为荒漠和裸地，荒漠所占面积为 7677.76～8901.76 km²，所占比例约为 4%，裸地面积为 6594.69～6954.24 km²，所占比例在 3.3% 左右，荒漠和裸地主要分布在南部的浑善达克沙地和西南部的苏尼特左旗和苏尼特右旗。2000～2015 年农田面积在 5688.86～5905.21 km²，所占比例约为 2.9%，农田主要分布在东南部的农牧交错区以及西乌珠穆沁旗和锡林浩特部分区域。湿地面积 5516.50～5764.15 km²，所占比例约为 2.8%，主要集中在锡林郭勒盟的北部的东乌珠穆沁旗和东南部的正蓝旗区域。林地、水域、建设用地面积较少，东部及北部区域有部分林地，水域零星分布于东乌珠穆沁旗、阿巴嘎旗、苏尼特左旗和苏尼特右旗区域，建设用地以各城市为中心，呈点状聚集分布。

2000~2015 年锡林郭勒盟土地利用类型随着社会和经济的发展不断变动，其中草地、水域、湿地、农田面积呈减少趋势，林地、建设用地、荒漠、裸地面积表现出不同程度的增加。土地利用类型的转换主要是从草地、水体、湿地和农田向林地荒漠、裸地和建设用地的转移（表1.6）。

表 1.6　2000~2015 年锡林郭勒盟土地利用转移矩阵　　　（单位：km²）

土地利用类型	林地	草地	水域	建设用地	荒漠	湿地	裸地	农田	损失面积
林地	3214.67	32.84	0	0.28	0.22	0	0.58	3.61	-37.53
草地	64.64	167474.32	62.49	522.04	922.13	28.76	337.31	210.84	-2148.20
水域	0	77.95	1153.50	1.09	354.88	100.00	104.8	0.34	-639.06
建设用地	0	0.81	0	695.75	0	0.03	0	0.46	-1.30
荒漠	0.02	801.25	7.38	12.58	6854.11	0.33	1.86	0.18	-823.60
湿地	0.10	171.16	144.08	20.17	3.48	5348.94	23.11	2.78	-364.88
裸地	0.40	174.22	71.92	25.44	2.90	33.43	6286.36	0.02	-308.33
农田	2.59	357.04	0.51	19.34	4.72	5.01	0.15	5470.63	-389.36
增加面积	67.75	1615.27	286.38	600.94	1288.33	167.56	467.81	218.23	4712.27

根据其转移特点和方向，将土地利用类型的转移特征总结为以下几点：

（1）建设面积迅速扩张，城市发展十分迅速。草地是城镇面积扩张的主要来源（522.04 km²）。相反，建设用地的转出几乎为零，这也是建设用地的显著特点之一。在15年间，仅有约1.30 km² 的土地由建设用地转变为其他用地类型。

（2）农田面积略有减少。15 年间农田转出面积为389.36 km²，同时转入面积为218.23 km²，草地是农田转换的主要类型。

（3）荒漠、裸地化加剧。15 年间荒漠转出面积823.60 km²，同时转入面积约1288.33 km²，草地、水域转化为荒漠、裸地是其主要来源，而荒漠、裸地向草地的转换主导了荒漠、裸地面积的减少。

（4）水域、湿地面积锐减。15 年间，水域减少面积为639.06 km²，湿地减少面积为364.88 km²，而转入面积有限，水域转入面积为286.38 km²，湿地转入面积为167.56 km²。水域向荒漠和裸地的转换是其损失的主要原因，湿地向草地的转变是其损失的主要原因。

总之，15 年间，建设用地面积持续迅速扩张，进一步侵占自然生态用地空间。具有重要生态价值的水体、湿地面积缩减严重，而草地荒漠化和裸地化面积持续增加，锡林郭勒盟草地退化、沙化、裸地化仍然严峻。尽管生态措施促进了草原的扩张和生态系统服务功能的增加，但锡林郭勒盟草原却经历了严重的草原损失和生态系统服务量的减少。草地向荒漠和裸地的转化是造成生态系统服务损失的主要原因，草地面积减少了1259.44 km²，生态系统服务损失量（土壤保持量、水源涵养量、NPP、防风固沙量）分别为87.26 万 t、4838.24 万 m³，196.43 Gg C 和1161.55 万 t。这些不利的变化主要分布在荒漠草原和农牧交错区，可能是由相对干旱的气候条件和高强度的畜牧业生产方式造成。受荒漠草原上苏尼特羊品牌影响和半农半牧的高强度土地利用的影响，再加上恶劣的自然条件，这些区域内覆盖度较低的植被逐渐退化为荒漠和裸地，进而导致草地生态系统服务功能损失。此外，草地向建设用地的转换是造成草地生态系统服务损失的另一主要因素，该区域主要集中在城镇和草原的交界处。在研究期间，锡林郭勒经历了快速的城市化发展。快速的城市化将伴随着道路建设，能源和运输以及建筑领域的巨大基础设施繁荣。锡林郭勒盟的城市人口比例以及道路建设都迅速增加，煤炭生产在 2000～2015 年间呈指数增长（图1.12），采矿业已成为重要行业和发展优先领域。

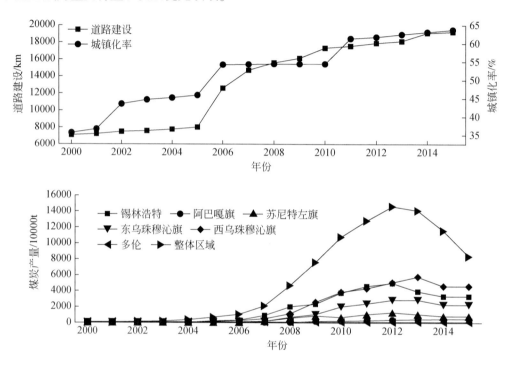

图1.12　2000～2015年锡林郭勒盟城镇化建设和煤炭产量的变化

　　快速的城市化可以将土地从生产力高的自然植被转变为低产建成土地，从而大大降低了草地的生产力和保土、固沙、涵养水源的功能。因此，生态恢复项目引起的草地扩张确实改善了植被生产力和其他功能的提升，但锡林郭勒盟的草地荒漠化和侵占仍然是主要的生态问题，造成了严重的草地减少和生态系统服务功能的损失。

1.2.4.4　放牧管理对草地动态的影响

　　放牧是草原最主要的人类活动。过度放牧被认为是草原退化和植被NPP下降的主要原因。政府在锡林郭勒草原实施了旨在减轻放牧压力的多种管理措施。根据锡林郭勒盟统计年鉴（2000～2015年），除了苏尼特右旗外，大多数地区的牲畜数量明显减少，而所有行政区域畜棚和畜圈所占的面积均增加。这些数字意味着放牧压力降低了，且草地的使用方式正从自由放牧转向室内饲养。通过增加大型牲畜（例如牛、马和驴）和减少小型牲畜（例如山羊）来优化牲畜结构。同时，从2000年至2015年，锡林郭勒盟围栏草地面积迅速增加。

　　自2001年以来，锡林郭勒盟在全盟范围内实施广泛的季节性休牧政策，草原总面积的88%被围起来以使植被在春季生长。这些多样化的放牧管理方式释放了放牧压力，避免牧草被过早啃食，延长了草地植被恢复的时间，从而改善了植被群落结构和植被生产力。大量研究证明，这些放牧管理措施对恢复植被和增加植被NPP产生了积极的作用。我们的研究发现，人类活动促进草地恢复的面积为59299.51km^2，所占面积比例为40.30%，人类活动贡献比例为15.85%。放牧管理对锡林郭勒盟大面积的草原恢复起到积极的作用。

　　但是，锡林郭勒盟14.64%的草地仍在退化，主要分布在西南部的荒漠草原区域和农牧交错区和西乌珠穆沁旗部分区域。人类活动是其退化的主导因素。一方面，荒漠草原和农牧区严重退化，且自然条件恶劣，植被较难恢复。尽管牲畜数量下降，但大多数地区仍然存在过载问题。苏日娜等（2017）研究结果表明，内蒙古草原在2011~2013年间过度放牧，过载率分别为75.92%、57.53%和57.38%。另一方面，由于严重退化地区的禁牧政策，可放牧的区域减少，放牧压力转移到了其他未退化的地区，导致了新的草原退化。因此，应根据每个地区的情况定制最佳的管理措施。在荒漠草原和农牧交错区持续退化区域，应进一步释放放牧压力，并应实行放牧禁令，有必要进行人工干预，实施人工种草，种植高产牧草，严格控制放牧压力转移导致的新的退化。

1.3　东部草原区典型煤电基地生态环境要素的变化特征

1.3.1　空气

1.3.1.1　呼伦贝尔宝日希勒矿区

1. 季节变化特征

　　研究区内露天矿开采区、工业区、居民区、农田统计范围内粉尘污染程度的各季节均值，如图1.13所示。除农田外，其他区域的粉尘污染程度的季节变化特征均呈"夏季>春季>冬季>秋季"，而农田则在春季受粉尘污染程度最高，生长季最低。

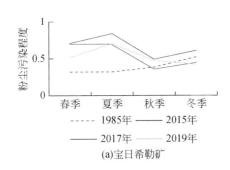

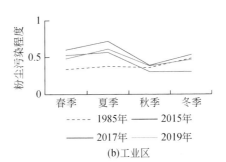

(a)宝日希勒矿　　　　　　　　　　　(b)工业区

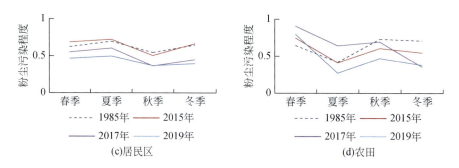

图 1.13 各用地类型区粉尘污染程度季节变化曲线

2. 年际变化特征及类型区差异

研究区不同分区范围内粉尘污染程度的年均值如图 1.14 所示。居民区受粉尘污染程度在 2015 年之前基本与露天矿开采之前（1985 年）保持一致，均高于 0.6，往后呈下降趋势，2019 年降至 0.432；农田区无明显的年际变化特征，受粉尘污染程度在 0.6 左右波动；工矿区粉尘污染程度受露天矿开采影响，2013~2015 年粉尘污染程度远高于开采前，最高达到了 0.673，而 2017 年之后也呈现出下降趋势。此外 2013~2019 年各类型区的粉尘污染程度数据的离散程度逐年增大。与开采前相比，露天矿的开采给周边环境带来了一定影响，但由于近年来环保意识提升防尘措施落实，粉尘污染程度总体呈上升再下降的趋势，居民区得到显著改善。

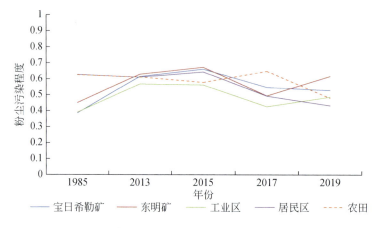

图 1.14 研究区各年份粉尘污染程度季节性变化曲线

3. 产尘面积比

由于矿坑内存在已复垦的排土场，故计算矿坑内露天开采面积，将粉尘影响面积/露天开采面积的结果定义为产尘面积比，统计露天矿的各年份的最大产尘面积和常年产尘面积如表 1.7 所示，计算产尘面积比结果如表 1.8 所示。宝日希勒矿最大产尘面积逐年下降，影响面积远小于矿区面积，最高产尘面积比均低于同时期的东明矿，2019 年常年影响面积不足开采面积的 1%。

表 1.7　2013～2019 年露天矿产尘面积

年份	最大产尘面积/km²		常年产尘面积/km²	
	宝日希勒矿	东明矿	宝日希勒矿	东明矿
2013	11.914	5.080	0.733	0.206
2015	8.782	8.016	1.372	0.694
2017	7.119	5.964	0.937	0.358
2019	7.799	5.621	0.080	0.100

表 1.8　2013～2019 年露天矿产尘面积比

年份	最大产尘面积比/%		常年产尘面积比/%	
	宝日希勒矿	东明矿	宝日希勒矿	东明矿
2013	119.95	143.12	20.65	5.81
2015	95.41	213.86	14.90	18.52
2017	75.94	148.83	9.99	8.93
2019	72.46	130.15	0.75	2.31

4. 空间分布特征

将一年内各季节的高粉尘污染（>0.95）区域提取出来，得到季节粉尘影响范围，对一年内的季节性影响范围相叠加，求并集得到最大影响范围，求交集得到常年影响范围。1985 年之前只有农田释放的粉尘，2013～2015 年粉尘污染扩展至露天矿、井工矿周边及煤炭运输道路。2019 年宝日希勒矿的煤粉尘污染影响范围基本在矿坑边界以内。

1.3.1.2　锡林郭勒胜利矿区

1. 季节变化特征

对研究区内露天矿范围的粉尘污染进行各个季节的统计，结果如图 1.15 所示。露天矿的粉尘污染有明显的季节性特征。在 2015 年到 2020 年间，研究区粉尘污染总是夏季最高，每年均高于 0.75，其中 2015 年夏季最高，达到了 0.776，其他季节相接近，在 0.55 左右波动，不会超过 0.65，其中 2020 年冬季最低，为 0.527。针对此研究结果，可以在夏

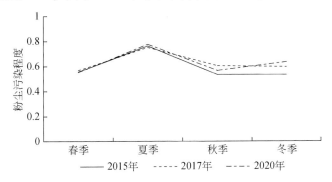

图 1.15　研究区粉尘污染程度季节变化曲线

季对露天矿及其周边地区加强防尘措施，以达到更好的降尘效果。

2．时序变化特征

如表1.9所示，对2015年、2017年、2020年的研究区露天矿产生的粉尘面积进行统计，在这5年间胜利矿的产尘面积无明显的规律。定义每吨煤产尘量为一年内的最大产尘面积（单位：m^2）与煤炭产量（单位：t）的比值，结合胜利矿的各年煤炭产量得到每吨煤产尘量，可知每吨煤产尘量呈逐年下降趋势，从2015年的2.16 m^2/t下降到了2020年的1.76 m^2/t。说明相对于煤炭的开采量来说，露天矿产生粉尘的影响在逐年降低。

表1.9 胜利矿产尘面积及每吨煤产尘统计表

年份	常年产尘面积/m^2	最大产尘面积/m^2	煤炭产量/t	每吨煤产尘量/（m^2/t）
2015	8476376	26111703.24	12089000	2.1600
2017	7162711.71	39628429.38	19205000	2.0634
2020	8058533.24	37006104.7	21070300	1.7563

3．空间分布特征

按照同样的方法可得到锡林郭勒胜利矿区常年影响范围。

露天矿粉尘污染基本在矿坑内，最远至矿坑外1.8 km处。东二矿西南侧煤矸石粉尘污染向外扩散最大直径为1.2 km。

1.3.2 地形、地貌

宝日希勒露天煤矿2017年1月2日至2019年9月25日地面沉降速率和地表累积形变量分别如图1.16、图1.17所示，该区域最大下沉速度达到330.7 mm/a，最大累积形变量达到808.5 mm。

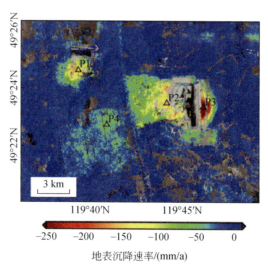

图1.16 宝日希勒矿区2017～2019年地表沉降速率

为直观了解地表形变，选取 4 个样点对地形累积变化进行详细说明。P1 在东明露天矿区内，P2、P3 点在开采活动较为剧烈的宝日希勒矿区，P4 点位于宝日希勒矿区西南方向上的农田内。P1 ~ P4 点 2017 年 1 月 2 日至 2019 年 9 月 25 日的位移时间序列如图 1.18 所示。

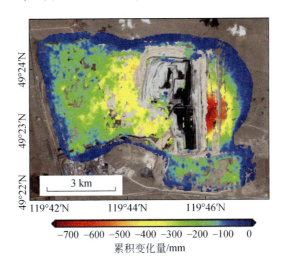

图 1.17　宝日希勒矿区 2017 ~ 2019 年累积沉降量

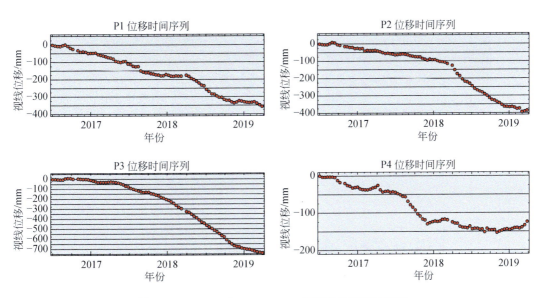

图 1.18　P1 ~ P4 点 2017 ~ 2019 年地形位移时间序列

P1 累积沉降量达到 356.8 mm，该点所在东明矿区的沉降速度大致在 50 ~ 160 mm/a，靠矿区中心的沉降速度最高达到 180 mm/a，矿区边缘沉降速度在 20 ~ 80 mm/a。P4 累积沉降达到 123.8 mm，该点所在区域位移量较小，形变缓慢，区域沉降速度约为 50 mm/a。

P2 位于宝日希勒矿区主要开采区西侧，累积沉降达到 386 mm。P3 位于主要开采区东侧，累积沉降达到 741.2 mm。宝日希勒矿区东侧沉降速率较大，最大下沉速度达到

330.7 mm/a，2017年1月至2019年9月累积沉降量最高达808.5 mm。宝日希勒矿区西侧沉降速度较东侧平缓，速率在50～170 mm/a，靠近主要开采区中部的少数区域沉降速度达到170 mm/a。

运用自然断裂点法将宝日希勒矿区2017～2019年开采形变累积影响边界内的形变结果分为4个等级（图1.19），各等级占比情况见图1.20。除因相干性而无法检测到的区域外，宝日希勒矿区地表形态累积影响边界内中度沉降区（131.98～258.62 mm）面积最大，为7.31 km²，占开采影响区域的比例为22%。其次依次为轻微沉降区（43.93～131.98 mm）、较严重沉降区（258.62～463.68 mm）和严重沉降区（463.68～808.48 mm），对应面积分别为6.22 km²、4.82 km²和0.65 km²，占开采影响区域的比例分别为19%、14%和2%。

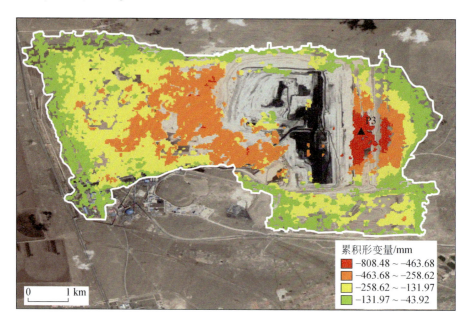

图1.19　宝日希勒矿区开采累积形变量等级图

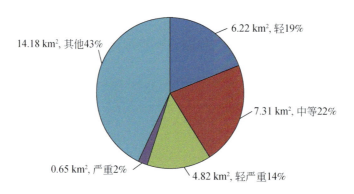

图1.20　宝日希勒矿区形变等级占比情况

1.3.3　地表植被变化

草原矿区的煤炭开采，势必对矿区周边一定范围内的草原造成影响，如开采及运输过程中扬起大量的粉尘，随风力作用下在草原上形成降尘，覆盖在植被表面，进入土壤中，在一定程度上抑制了植被生长等。

草原矿区的煤炭开采，最直观的影响区域是采坑的周边，尤其是露天矿周边的植被、土壤系统遭到严重损坏，生态功能基本丧失。其次矿区周边的缓冲区因长期受到采矿及运输过程中的粉煤灰等扬尘影响，土壤理化性质、植物群落特征等受到干扰，随着距离采坑中心越来越远，这种空间异质性可能表现出一定的空间分布规律，以矿区为中心，在矿区周边建立 10 km 的环形缓冲区，研究 2000～2020 年各矿区缓冲区内草原植被绿度的变化规律。

1.3.3.1　锡林郭勒煤电基地

综合分析 5 个不同时期（2000 年、2005 年、2010 年、2015 年、2020 年）锡林郭勒盟各矿区周边 10 km 缓冲区内草原 NDVI 年平均值随缓冲区距离增加的变化规律（图 1.21），可得出：

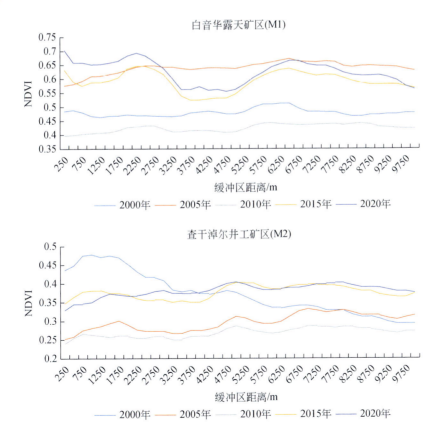

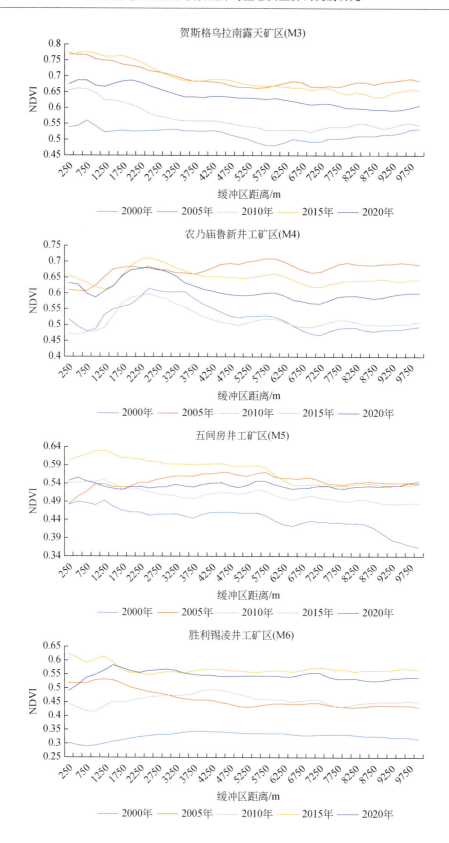

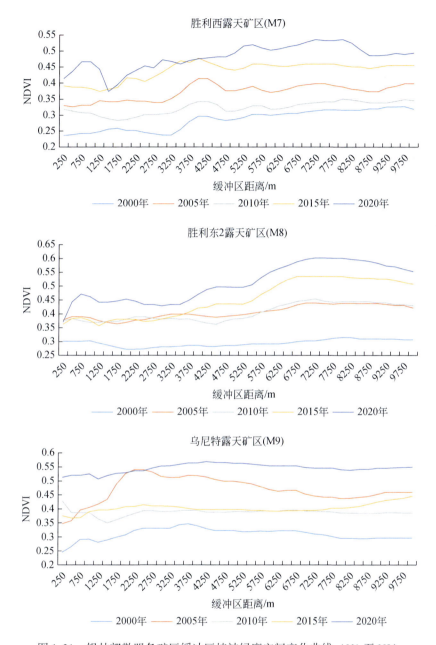

图 1.21   锡林郭勒盟各矿区缓冲区植被绿度空间变化曲线（M1 至 M9）

（1）农乃庙鲁新井工矿区（M4）植被绿度在 5 个不同年份的表现趋势较为一致，均为 0～2.5 km 范围内波动较大，NDVI 呈上升趋势；

（2）胜利西露天矿区（M7）植被绿度在 5 个不同年份的表现趋势较为一致，均为 0～4 km 范围内波动较大，NDVI 呈波动式上升趋势；

（3）胜利东 2 号露天矿区（M8）植被绿度在 2005 年、2010 年、2015 年、2020 年 4 个年份的表现趋势较为一致，0～3.75 km 范围内植被绿度较低，此范围外 NDVI 呈缓慢上升趋势，0~3.75 km 范围内扰动最为强烈；

（4）乌尼特露天矿区（M9）植被绿度 2005 年的波动最为剧烈，0~2.25 km 范围内波动较大，NDVI 呈急剧上升趋势，其他 4 个年份的趋势较为一致，均为 0~3.75 km 范围内波动较大，NDVI 呈缓慢上升趋势；

（5）其他矿区对周边草原的扰动范围及变化规律不明显。

由此可见，锡林郭勒盟煤电基地的矿群中，露天矿对周边草原的影响更大，0~3.75 km 范围内的扰动较为强烈；井工矿对周边草原的扰动规律相对不明显，只有农乃庙鲁新井工矿对周边草原的扰动较强，扰动范围为 0~2.5 km。

1.3.3.2　呼伦贝尔煤电基地

综合分析呼伦贝尔市各矿区 5 个不同时期缓冲区（周边 10 km）草原 NDVI 平均值变化规律，如图 1.22 所示，具体变化为：

（1）东明露天矿区（M10）植被绿度 2010 年、2015 年、2020 年的波动较为强烈，0~3.25 km 范围内波动较大，NDVI 呈急剧上升趋势，其他 2 个年份波动不明显；

（2）宝日希勒露天矿区（M11）植被绿度 2010 年、2015 年、2020 年的波动较为强烈，0~3.5 km 范围内波动较大，NDVI 呈急剧上升趋势，其他 2 个年份波动不明显；

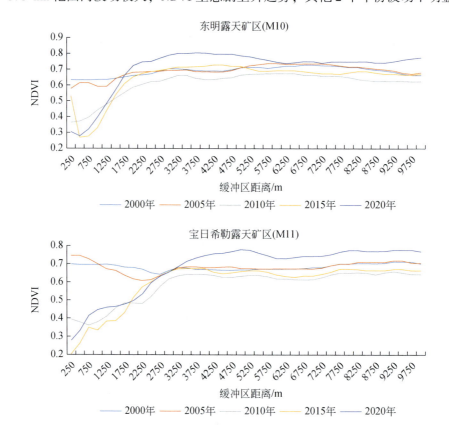

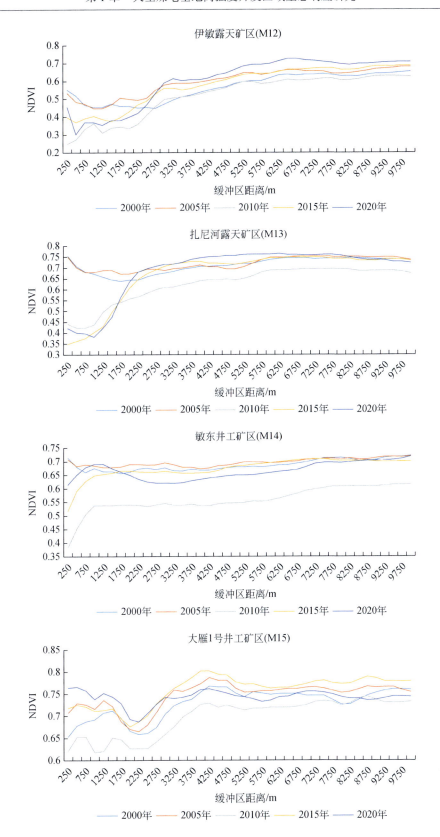

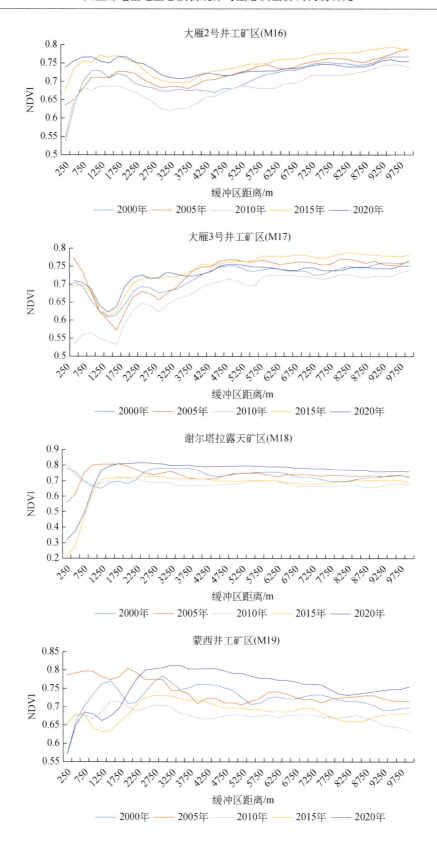

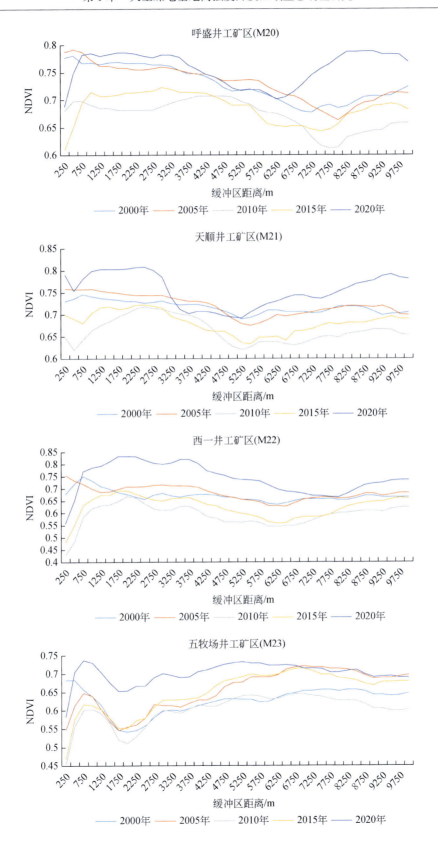

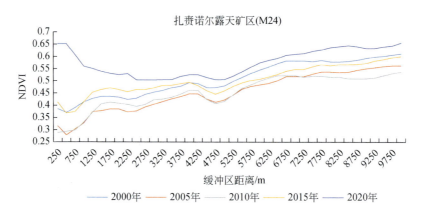

图 1.22　呼伦贝尔市各矿区缓冲区植被绿度空间变化曲线（M10 至 M24）

（3）伊敏露天矿区（M12）植被绿度在 5 个不同年份的表现趋势较为一致，均为 0～3 km 范围内 NDVI 波动式急剧上升，0～3 km 范围内扰动最为强烈；

（4）扎尼河露天矿区（M13）植被绿度 2010 年、2015 年、2020 年的波动较为强烈，0～3 km 范围内 NDVI 呈急剧上升趋势，其他 2 个年份波动不明显；

（5）谢尔塔拉露天矿区（M18）植被绿度 2005 年、2015 年、2020 年的波动较为明显，0～2 km 范围内 NDVI 呈急剧上升趋势，其他 2 个年份波动不明显；

（6）扎赉诺尔露天矿区（M24）植被绿度 2000 年、2005 年、2010 年、2015 年的表现趋势较为一致，0～2.75 km 范围内 NDVI 呈急剧上升趋势。

井工矿区的具体变化情况为：

（1）敏东井工矿区（M14）植被绿度 2010 年、2015 年、2020 年的波动较为明显，0～1.5 km 范围内 NDVI 呈急剧上升趋势，1.75～3.5 km 范围内先下降、后上升，可能与井工开采导致的地表沉陷有关系，其他 2 个年份波动不明显；

（2）大雁 1 号井工矿区（M15）和 3 号井工矿区（M17）植被绿度在 5 个不同年份的表现趋势较为一致，分别在 0～3.75 km 和 0～2.25 km 范围内 NDVI 波动较为强烈，先下降后上升，可能与井工开采导致的地表沉陷有关系；

（3）大雁 2 号井工矿区（M16）植被绿度在 5 个不同年份的表现趋势较为一致，均为 0～2.5 km 范围内 NDVI 逐渐升高；

（4）蒙西井工矿区（M19）植被绿度 2000 年、2010 年、2015 年、2020 年的表现趋势较为一致，0～2.5 km 范围内波动剧烈，呈波动式上升趋势；

（5）呼盛井工矿区（M20）植被绿度 2015 年、2020 年的波动较为明显，0～1 km 范围内 NDVI 呈急剧上升趋势，其他 3 个年份波动不明显；

（6）西一井工矿区（M22）植被绿度 2010 年、2015 年、2020 年的波动较为明显，0～2 km 范围内 NDVI 呈急剧上升趋势，其他 2 个年份波动不明显；

（7）五牧场井工矿区（M23）植被绿度 2005 年、2010 年、2015 年、2020 年的表现趋势较为一致，均为 0～0.75 km 范围内急剧上升，0.75～2.75 km 范围内先下降后上升，以 0～0.75 km 范围内扰动最为强烈；

（8）天顺井工矿区（M21）对周边草原的扰动范围及变化规律不明显。

由此可见，呼伦贝尔市煤电基地的矿群中，露天矿对周边草原的影响更大，其扰动范围以 0～3.5 km 为主；井工矿对周边草原的扰动范围以 0～2.5 km 范围内的扰动最为明显。但多数井工矿都存在周边植被绿度先增大后减小的波动情况，而且波动出现的距离范围不等，这可能与开采导致周边的地形沉降有直接关系。

大型煤电基地的开发是东部草原区植被受损的因素之一，煤矿周边的草原都受到了开采的影响，并且扰动强度与采坑的距离有相关性。离开采区越近，草原受扰动程度越剧烈，植被受损越严重。通过对锡林郭勒盟和呼伦贝尔市 2000～2020 年行政区、24 个矿区周边 10 km 缓冲区内草原植被绿度变化的分析，得出以下结论：

（1）近 21 年锡林郭勒盟和呼伦贝尔市草原植被绿度总体呈上升趋势，草原生态环境在逐渐改善。锡林郭勒盟草原主要变差的区域集中在西部的苏尼特左旗、二连浩特市，西南部的苏尼特右旗、镶黄旗、正镶白旗，荒漠草原和农牧交错区及部分牧区，中部锡林浩特市的小部分地区。呼伦贝尔市草原主要变差的区域集中在西南部的新巴尔虎右旗、新巴尔虎左旗，中部的陈巴尔虎旗。

（2）锡林郭勒盟露天矿群周边 10 km 缓冲区内草原植被绿度主要集中在 2005～2010 年、2012～2016 年区间内均有不同程度的下降，井工矿群缓冲区草原植被绿度主要集中在 2003～2009 年、2012～2017 年区间内均有不同程度的下降。呼伦贝尔市露天矿群周边 10 km 缓冲区内草原植被绿度主要在 2002～2007 年、2013～2017 年区间内均有不同程度的下降，井工矿群缓冲区草原植被绿度主要集中在 2013～2017 年区间内均有不同程度的下降。

（3）锡林郭勒盟煤电基地的矿群中，露天矿的扰动范围在 0～3.75 km 范围内较为强烈；井工矿对周边草原的扰动范围为 0～2.5 km。呼伦贝尔市露天矿对周边草原的扰动范围以 0～3.5 km 为主；井工矿对周边草原的扰动在 0～2.5 km 范围内最为明显。

（4）露天矿的开采引发大规模的土地挖损、占用及损坏，所以对周边草原的扰动影响更大，井工矿对周边草原的扰动稍小，但多数井工矿缓冲区内草原植被绿度都存在先增大后减小的波动情况，而且波动出现的距离和范围不等，这可能与井工开采导致的周边地形沉陷有直接关系。伴随草原煤矿开采活动离矿区中心越远，土壤污染逐步减少，植物生长开始恢复，植被覆盖度及绿度逐渐改善。

1.3.4　土壤质量

1.3.4.1　煤电基地露天高强度开采对草原土壤理化性质的影响研究

2017 年 5 月至 9 月，在植被返青期、生长期前往研究区进行野外调研，分别在胜利矿区选取不同退化程度的典型区，同时选择 1 个无影响对照点，设置 4～6 个样地进行土壤、植被调查，见图 1.23。

图 1.23　胜利煤田矿区分布及采样点布置

　　矿区背景资料调查：通过与现场相关人员交流及历史资料收集，了解矿区开采工艺及各矿区开采强度以及区域气象、水文状况。

　　土壤调查：在每个样地设置样方，分层采集土壤样品，调查土壤含水量、电导率、土壤养分（总氮、速效氮、总磷、速效磷、有机碳）等。

　　植被调查：在每个样地设置样方，调查样方内植物种类、数量、高度、盖度、频度。

　　煤田尺度：选择胜利煤田的西二号露天煤矿、西三号露天煤矿和东二号露天煤矿作为研究对象，在三个露天矿的采场北侧距采场边界 100 m、500 m 处各设一个样地；为比较城镇化建设对草原的影响，在市区东南 2.5 km 处设两个样地；背景样地选在位于锡林浩特市南 30 km 处围封多年没有人为干扰的白音锡勒牧场。样地基本情况见表 1.10，样点见表 1.11。

表 1.10　胜利煤田样地基本情况

样地编号	样地名称	海拔/m	土壤类型	植物盖度/%
S1	西二号露天煤矿 100 m	1123	风沙土	90
S2	西二号露天煤矿 500 m	1125	风沙土	75
S3	西三号露天煤矿 100 m	1021	风沙土	73
S4	西三号露天煤矿 500 m	1027	风沙土	71
S5	东二号露天煤矿 100 m	1074	风沙土	85
S6	东二号露天煤矿 500 m	1080	风沙土	88
S7	城镇区 1	1048	风沙土	90
S8	城镇区 2	1048	风沙土	85
S9	背景区	1072	风沙土	93

表 1.11　胜利矿区调查样点位置信息

样线编号	样点编号	取样位置	经纬度
样线 1	1	采场西侧边界（0～10 cm）	44°0′21.1″N，115°59′23.4″E
	2	采场西侧 0.25 km（0～10 cm）	44°0′15.3″N，115°59′16.1″E
	3	采场西侧 0.7 km（0～10 cm）	44°0′1.8″N，115°59′5.3″E
	4	采场西侧 1.5 km（0～10 cm）	43°59′39.8″N，115°58′48.1″E
样线 2	5	采场西南侧边界（0～10 cm）	44°0′10.3″N，115°59′41.3″E
	6	采场西南侧 0.5 km（0～10 cm）	44°0′2.9″N，115°59′53.0″E
	7	采场西南侧 3 km（0～10 cm）	43°59′20.1″N，115°57′52.0″E
样线 3	8	采场南侧边界（0～10 cm）	43°59′42.0″N，116°0′6.1″E
样线 4	9	北排土场北侧 0.7 km（0～10 cm）	44°2′10.6″N，116°1′57.1″E
	10	北排土场北侧 3 km（0～10 cm）	44°3′33.0″N，116°0′42.3″E
样线 5	11	沿帮排土场北侧 0.5 km（0～10 cm）	44°2′1.8″N，115°59′5.0″E
	12	沿帮排土场北侧 3.5 km（0～10 cm）	44°3′17.3″N，115°56′29.6″E
样线 6	13	沿帮与北排土场之间距采场 1.5 km（0～10 cm）	44°1′59.3″N，116°1′18.1″E
	14	沿帮与北排土场之间距采场 3 km（0～10 cm）	44°2′22.5″N，116°0′47.2″E

　　矿区尺度：在胜利矿区（西一号露天煤矿）的采煤干扰区和未干扰区设置样线、样点进行植被和土壤调查，以采场为中心，向南、西和北三个辐射方向各设置 1 条样线，采场东侧为内排土场未设置样线。根据矿区实际情况，在矿区西向（开采推进方向）样线上距采场外围边界 0 km、0.25 km、0.5 km、3 km 处各设置 1 个调查样地，在其余方向样线上距采场外边界 0 km、0.5 km、3 km 处各设置 1 个调查样地（图 1.24），同时在对照区设置 1 个调查样地。

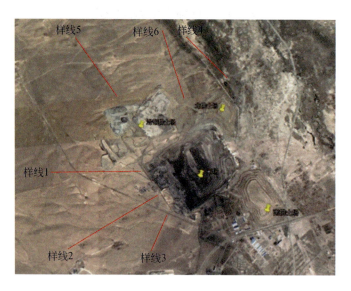

图 1.24　胜利矿区样线布置

在每个 5 m×5 m 调查样地随机设置 3 个 1 m×1 m 样方，在每个样方用仪器测定 10 cm 处土壤含水量和电导率，平行测定 3 次，每个样方用直径 5 cm 土钻按梅花法采集 0 ~ 10 cm 混合土样，同时调查样方的植物种类、数量、盖度、高度。

1. 露天开采对土壤水分和电导率的影响

1）煤田尺度

由表 1.12 可知，露天矿区土壤含水量均值为 4.34%，比背景区增加了 5.0%。三个露天矿土壤含水量的变化很大，与背景区相比，西二矿和东二矿含水量分别减少了 1.9% 和 14.0%，西三矿增大了 63.6%。方差检验可知，露天矿区和背景区土壤含水量差异显著，三个露天矿之间差异显著，说明土壤含水量的空间变异性较大。城镇区土壤含水量均值为 2.92%，比对照区下降了 29.6%，表明城镇建设比露天矿开采对土壤水分的影响更大，城镇化引起土地利用的改变，导致草原生态系统退化，从而造成土壤水分的下降。

表 1.12　不同样地土壤含水量和养分含量

样地编号	土壤含水量/%	有机质/%	全氮/(g/kg)	全磷/(g/kg)	全钾/(g/kg)	碱解氮/(mg/kg)	速效磷/(mg/kg)	速效钾/(mg/kg)
S1	3.83±0.63b	0.72±0.20ab	0.04±0.01ab	0.21±0.03b	16.14±0.08bc	7.58±0.38b	1.45±0.50	77.84±4.78b
S2	3.81±1.06b	0.93±0.06ab	0.05±0.01ab	0.38±0.31b	16.30±0.59b	6.71±0.99b	1.76±0.22	163.57±36.50a
S3	6.80±1.72a	0.47±0.20b	0.02±0.02b	0.23±0.10b	16.30±0.06b	5.92±1.44b	1.41±0.30	97.01±27.36b
S4	6.78±1.67a	1.05±0.66a	0.05±0.03ab	0.23±0.08b	16.49±0.06b	8.13±0.95b	2.21±0.49	125.21±40.61ab
S5	1.84±0.18c	0.64±0.18ab	0.03±0.01b	0.65±0.02a	15.82±0.03c	5.61±1.39b	1.56±0.16	144.39±18.64a
S6	2.99±0.48bc	0.99±0.18a	0.06±0.00a	0.58±0.02ab	15.65±0.09c	10.66±0.47b	1.30±0.57	163.57±29.57a
S7	3.02±0.30bc	0.30±0.08b	0.02±0.01b	0.67±0.15a	15.58±0.02c	17.37±2.64ab	1.56±0.77	76.71±24.95b

样地编号	土壤含水量/%	有机质/%	全氮/(g/kg)	全磷/(g/kg)	全钾/(g/kg)	碱解氮/(mg/kg)	速效磷/(mg/kg)	速效钾/(mg/kg)
S8	2.81±0.41bc	0.37±0.21b	0.02±0.01b	0.73±0.03a	15.85±0.39c	12.79±2.13ab	2.26±0.89	76.71±23.77b
S9	4.15±1.63b	0.78±0.15b	0.04±0.01b	0.63±0.04ab	17.52±0.06a	18.00±12.32a	1.41±0.29	80.09±7.04b

注：表中数据为平均值±标准差，a，b，c 表示不同样地之间的显著性（$p<0.05$），下同。

2）矿区尺度

采场周围土壤含水量平均值为 4.95%，对照区为 5.56%，与对照区相比，采场土壤含水量下降了 10.9%，方差比较可知，采场和对照区土壤含水量差异不显著。从采场不同方向土壤含水量变化可以看出（表 1.13），采场西侧土壤含水量最低，为 4.42%，其次是南侧，北侧为 6.1%，其值最高，西侧和南侧分别比北侧降低了 27.5% 和 21.3%，土壤含水量在不同方向差异不显著。

表 1.13　胜利矿区土壤含水量和电导率

方向	含水量/%				电导率/(S/m)				样本数量
	最大值	最小值	平均值	标准差	最大值	最小值	平均值	标准差	
采场西侧	6.91	0.32	4.42	2.10	45.10	0.90	17.06	11.48	36
采场南侧	8.72	0.55	4.80	1.97	40.20	11.80	19.92	8.12	27
采场北侧	8.08	1.27	6.10	1.99	46.70	6.70	20.29	12.70	27
对照区	7.63	3.13	5.56	1.52	76.30	7.50	35.41	26.33	9

采场周围土壤电导率均值为 18.75 S/m，对照区为 35.41 S/m，采场土壤电导率比对照区降低了 47.0%。方差检验表明，对照区和采场土壤电导率存在显著差异（$p<0.05$）。采场周围不同方向土壤电导率变异性较大（表 1.13），其值从大到小为北>西>南，西侧和南侧土壤电导率分别比北侧下降了 9.6% 和 36.1%，不同方向上差异不显著。

2. 露天开采对土壤养分的影响

1）煤田尺度

从表 1.14、表 1.15、表 1.16、表 1.17 可以看出，相比背景区，除有机质、速效磷和速效钾外，露天矿区的土壤养分含量均有所下降，露天矿区全氮、全磷、全钾和碱解氮含量均值分别降低了 20.0%、39.7%、6.3% 和 47.2%。方差分析表明，全钾、碱解氮在露天矿区和背景区差异显著，说明露天矿开采在一定程度上造成土壤养分的损失，使土壤全氮、全磷、全钾和碱解氮含量降低，尤其对全钾、碱解氮的影响较大。城镇区土壤有机质、全氮、全钾、碱解氮和速效钾含量低于背景区，而全磷和速效磷含量高于背景区，全钾含量在背景区和城镇区差异明显。可以看出城镇建设引起土壤养分的下降，而土壤磷元素有活化的趋势。

2）矿区尺度

（1）有机质。采场周围土壤有机质含量均值为 29.34 g/kg，比对照区降低了 5.1%。从采场不同方向分析，采场北侧有机质含量最低，其次是西侧，南侧最高，南侧比西、北增加了 14.1% 和 20.8%。方差检验表明，矿区与对照区有机质含量差异显著，矿区南侧和西、北差异明显，后二者差异不显著（$p<0.05$）。土壤有机质随距离的变化规律大体为先减小后增大，在 0.5 km 处有机质含量最低，在 3 km 处又有所上升，说明露天煤矿开采对土壤有机质的影响是局部的。

表 1.14　胜利矿区土壤有机质含量

距采场边界距离/km	土壤有机质含量/（g/kg）			
	采场南侧	采场西侧	采场北侧	对照区
0.00	31.60	30.11	28.48	
0.25		28.49		
0.50	30.75	27.85	25.34	
3.00	35.31	29.23	28.46	
平均值	32.55	28.52	26.95	30.91

（2）全钾。矿区全钾含量均值为 18311.44 mg/kg，对照区为 19314.41 mg/kg，采场比对照区减少了 5.2%。采场南侧全钾最低，西侧最高，南侧比西侧、北侧下降了 3.9%、0.8%。方差分析显示，全钾在采场和对照区差异不明显，采场不同方向之间差异也不显著（$p<0.05$）。全钾随距离的变化为距矿区越远，其含量有上升的趋势。

表 1.15　胜利矿区土壤全钾含量

距采场边界距离/km	土壤全钾含量/（mg/kg）			
	采场南侧	采场西侧	采场北侧	对照区
0.00	17851.60	18652.78	18571.02	
0.25		18706.04		
0.50	18096.98	18407.39	17372.68	
3.00	18095.92	19146.18	19940.15	
平均值	18014.84	18753.20	18166.29	19314.41

（3）全磷。矿区全磷含量均值为 773.00 mg/kg，比对照区增加了 7.0%。采场北侧全磷含量最低，西侧最高。方差结果表明，全磷在采场和对照区差异不明显，采场不同方向之间差异也不显著（$p<0.05$）。全磷随距离的变化趋势和全钾一致，距采场越远，含量有所升高。

表 1.16　胜利矿区土壤全磷含量

距采场边界距离/km	土壤全磷含量/(mg/kg)			
	采场南侧	采场西侧	采场北侧	对照区
0.00	672.07	696.49	657.89	
0.25		1285.51		
0.50	687.50	695.47	581.74	
3.00	809.82	779.63	747.21	
平均值	723.13	920.20	675.66	722.24

（4）全氮。矿区全氮含量均值为 0.08%，对照区为 0.07%，矿区比对照区增加了 9.3%。从不同方向分析，采场南侧最高，其次是北侧，西侧最低。由方差检验可知，矿区与对照区全氮含量差异显著，采场南、西、北三个方向两两差异显著（$p<0.05$）。全氮在西、北向随距离的变化规律为先减小后增大，最小值分别出现在 0.25 km、0.5 km 处；在南侧表现为距采场越远，全氮有增大的趋势。

表 1.17　胜利矿区土壤全氮含量

距采场边界距离/km	采场南侧/%	采场西侧/%	采场北侧/%
0.00	0.10	0.08	0.05
0.25		0.05	
0.50	0.12	0.07	0.04
3.00	0.11	0.08	0.07
平均值	0.11	0.07	0.05

1.3.4.2　煤电基地井工开采对草原区土壤理化性质的影响

2017 年 5 月和 7 月，分别在植物返青期、生长期前往敏东一矿进行野外调查和采样，在采煤干扰区（沉陷区、开采区）和未干扰区（对照区）设置样地进行植被和土壤调查。

地表沉陷后出现的盆地具有明显的分区特征，从沉陷边界至中心依次为坡顶（地表沉陷边界附近）、坡中（沉陷边缘区）、坡底（沉陷中心区）。选择下垫面状况相似的 2 个盆地作为研究区，这 2 个盆地平均高度为 3.0～3.5 m，坡度 32°～34°，植被类型相同，植被盖度为 27%～30%。其中，一个为自然形成的盆地，地下未采煤，设为对照区，另一个 2013 年发生沉陷，将沉陷后的盆地设为沉陷区。野外调查时分别在沉陷区与对照区的坡顶、坡中、坡底各布置 3 块样地（图 1.25、图 1.26），土壤取样以 20 cm 为一层，分三层进行取样，采用梅花五点法取混合样。植物群落调查采用样方法，在每个样地各设 3 个 1 m×1 m 样方，调查植物种类、盖度、数量、高度、频度。土壤含水量采用德国 TRIME-TDR 型土壤水分仪测定 15 cm 处的土壤体积含水量，每个样地平行测定 5 次，样点见表 1.18。

表 1.18　敏东一矿调查样点一览表

样地	编号	样地位置	取样深度/cm	经纬度
沉陷区	1	沉陷区坡底 1		48°46′04.7″N，119°57′26.7″E
	2	沉陷区坡底 2		48°46′04.7″N，119°57′27.0″E
	3	沉陷区坡底 3		48°46′04.5″N，119°57′27.3″E
	4	坡中非裂缝带 1		48.765375°N，119.950262°E
	5	坡中非裂缝带 2		48.76536°N，119.95043°E
	6	坡中非裂缝带 3		48.765310°N，119.95040°E
	7	坡中裂缝带 1		48.76515°N，119.94994°E
	8	坡中裂缝带 2		48.76501°N，119.95003°E
	9	坡中裂缝带 3		48.76482°N，119.95019°E
	10	沉陷区坡顶 1		48.76467°N，119.94809°E
	11	沉陷区坡顶 2	（0~20、20~40、40~60）	48.76465°N，119.94801°E
	12	沉陷区坡顶 3		48.76497°N，119.94782°E
开采区	13	起采面 1		48.67537°N，119.92168°E
	14	起采面 2		48.76540°N，119.62183°E
	15	起采面 3		48.76549°N，119.92192°E
	16	停采面 1		48.761255°N，119.938627°E
	17	停采面 2		48.761296°N，119.937344°E
对照区	18	停采面 3		48.76166°N，119.93635°E
	19	对照区坡底		48°46′46.7″N，119°57′27.0″E
	20	对照区坡中		48°46′45.26″N，119°57′27.50″E
	21	对照区坡顶		48°46′44.1″N，119°57′28.2″E

图 1.25　敏东一矿样地位置分布

1. 土壤含水量变化

由调查可知（图 1.27），沉陷区土壤含水量均值为 6.47%，对照区为 6.69%，沉陷区

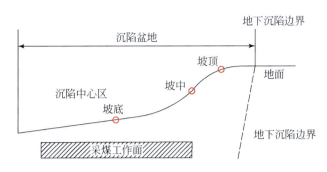

图 1.26　研究区剖面示意图

比对照区下降了 4.8%，采煤沉陷对土壤结构造成损坏，引起土壤水分的减少，沉陷区与对照区土壤含水量差异显著（$p<0.05$）。从不同坡位分析，沉陷区坡底、坡中和坡顶含水量分别比对照区相同坡位减少了 3.8%、8.4% 和 2.3%，不同部位的含水量差异不明显。沉陷区坡中土壤水分损失相对较多，可能是因为坡中裂缝多且宽度大，增大了土壤水分与空气的接触面积，从而加速了土壤水向大气水的转化，坡中水分因蒸发散失较多而造成土壤含水量降低。

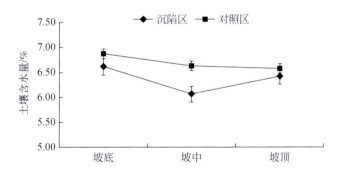

图 1.27　沉陷区和对照区不同坡位土壤含水量

沉陷区裂缝带土壤含水量均值为 7.25%，非裂缝带为 8.82%，见表 1.19，裂缝带比非裂缝带土壤含水量下降了 17.8%，二者差异显著（$p<0.05$）。由于裂缝（隙）的发育，潜水沿覆岩冒落带发生垂向渗漏，造成裂缝（隙）处土壤持水能力变差，加之土壤蒸发面积和蒸发强度的增大，从而导致土壤水分流失。

表 1.19　沉陷区裂缝带和非裂缝带土壤含水量

	平均值/%	标准差	变异系数/%
裂缝带	7.25	1.08	14.83
非裂缝带	8.82	0.61	6.89

2. 电导率变化

土壤电导率反映土壤的盐分状况，由于土壤浸出液中各种盐类一般均以离子的形式存在，所以总盐量也可以表示为土壤浸出液中各种阳离子和阴离子的量之和。沉陷区土壤电导率均值为 47.1 S/m，与对照区相比，沉陷区土壤电导率降低了 7.1%。从不同坡位分析，沉陷区坡底电导率与对照区相比下降最多，其次是坡顶，最后是坡中。方差分析表明，沉陷区与对照区电导率差异不显著，不同坡位之间差异不显著，见图 1.28。

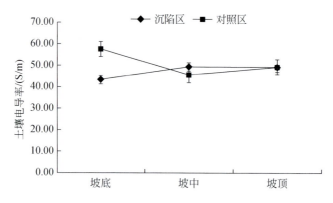

图 1.28　沉陷区和对照区不同坡位土壤电导率

沉陷区裂缝带土壤电导率均值为 7.5 S/m，非裂缝带为 8.67 S/m，裂缝带比非裂缝带土壤电导率降低了 13.5%，见表 1.20。

表 1.20　沉陷区裂缝带和非裂缝带土壤电导率

	平均值/（S/m）	标准差	变异系数/%
裂缝带	7.50	0.28	37.33
非裂缝带	8.67	0.41	47.31

通过相关性分析可知，土壤含水量和电导率呈极显著正相关（$p<0.01$），相关系数为 0.566。这是因为随土壤含水量的增加，土壤中可溶性盐类的离子含量增多，从而提高了土壤的导电性，见表 1.21 和图 1.29。

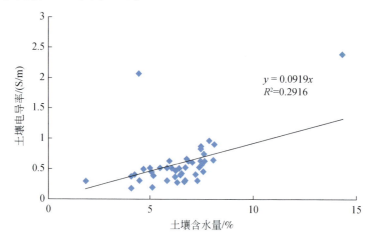

图 1.29　土壤含水量和电导率的线性关系

表 1.21　土壤含水量和电导率相关性检验结果

因子	土壤电导率
土壤含水量	0.566**
显著性检验结果	0.000

＊＊表示极显著相关（$p<0.01$），下同。

3. 土壤养分垂向分布规律

土壤养分为植物生长提供必要条件，全效养分反映土壤中各种形态矿物质营养成分的储量，速效养分表征土壤中能直接被植物吸收利用的养分。

从表 1.22 可以看出，土壤养分的垂直分布规律为：随着土壤深度的增加养分呈减少趋势，沉陷区和对照区土壤养分在垂向分布上变化一致。沉陷区表层（0～20 cm）土壤养分最高，全氮在 0～20 cm 养分含量比 20～40 cm、40～60 cm 分别高出了 66.7% 和 87.5%。方差分析表明，沉陷区表层全磷、全氮与其他层位差异显著，其余养分在不同层位差异不显著。与对照区相比，沉陷区全钾、全磷、全氮、有机质和速效钾含量均有不同程度的降低，速效磷有所增加。以全磷为例，沉陷区 0～20 cm、20～40 cm、40～60 cm 养分含量比对照区分别降低了 23.8%、19.8% 和 6.6%，速效磷含量是对照区的 1.32～2.27 倍，通过方差检验可知，沉陷区全磷、全氮、有机质和速效钾与对照区差异显著。

表 1.22　沉陷区和对照区不同深度土壤养分含量

样地	土壤深度/cm	全钾/%	全磷/%	全氮/%	有机质/%	速效钾/(mg/kg)	速效磷/(mg/kg)
沉陷区	0～20	2.12±0.07	0.09±0.01b	0.15±0.03b	4.01±1.47ab	41.77±13.77b	12.2±8.28
	20～40	2.08±0.07	0.08±0.01bc	0.09±0.02c	2.83±1.54b	30.07±3.7b	11.69±9.04
	40～60	2.08±0.08	0.07±0.01c	0.08±0.02c	2.02±1.12b	28.01±5.15b	18.08±15.06
对照区	0～20	2.09±0.18	0.11±0.02a	0.22±0.07a	6.35±3.91a	72.59±51.11a	23.53±29.9
	20～40	2.17±0.04	0.09±0.02ab	0.13±0.07bc	5.19±4.21ab	60.53±45.11ab	8.8±4.83
	40～60	2.13±0.06	0.08±0.03bc	0.1±0.05c	2.75±0.19b	53.67±43.7ab	7.95±2.3

注：表中字母 a、b、c 代表同列数据差异显著（$p=0.05$）。

1）全氮、全磷、全钾、有机质变化

沉陷区土壤全钾、全磷、全氮和有机质养分含量差异较大，其值分别为 2.06%～2.13%、0.078%～0.082%、0.09%～0.12% 和 1.52%～3.57%，全钾含量最高，其次是全氮，全磷最低。和对照区相比（图 1.30），沉陷区全钾、全磷、全氮和有机质均有不同程度的降低，其中全钾降低了 3.1%～4.1%，全磷下降了 0.6%～30.5%，全氮减少了 1.2%～41.4%、有机质下降了 46.4%～54.1%。全氮、全磷和有机质在沉陷区和对照区存在显著差异（$p<0.05$）。

从不同坡位来看（图 1.30），不同土壤养分在沉陷区与对照区随坡位的变化不一致。与对照区相比，沉陷区全钾、全磷和全氮在坡中降幅最大，降幅为 4.13%～29.65%，分析原因可能是坡中位于沉陷边缘区，地表不均匀沉降产生的裂缝影响了土壤养分的分解和转化，从而导致土壤全效养分的下降。而有机质、速效钾和速效磷在坡底减少最多，分别降低了 54.1%、64.1% 和 13.1%。推测原因是坡底位于沉陷中心区，地势较低，土壤水热条件好，调查时也发现该部位植物种类丰富，盖度较高，由于植物对土壤养分吸收利用程度高而造成速效养分降低。方差分析表明，沉陷区全氮在坡中与对照区差异显著，有机质和速效钾在坡底与对照区差异明显。

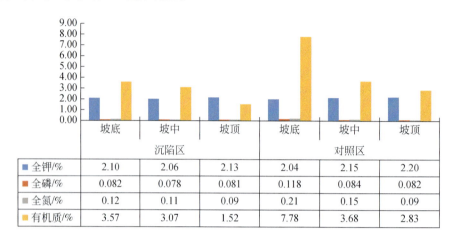

	坡底	坡中	坡顶	坡底	坡中	坡顶
	沉陷区			对照区		
■ 全钾/%	2.10	2.06	2.13	2.04	2.15	2.20
■ 全磷/%	0.082	0.078	0.081	0.118	0.084	0.082
■ 全氮/%	0.12	0.11	0.09	0.21	0.15	0.09
■ 有机质/%	3.57	3.07	1.52	7.78	3.68	2.83

图 1.30　沉陷区和对照区不同坡位土壤养分

为进一步明确裂缝对土壤养分的影响，对比分析了裂缝和非裂缝的土壤养分变化（图 1.31），除全钾外，全磷、全氮和有机质较非裂缝均有不同程度的降低，从 0～60 cm 养分均值来看，全磷、全氮和有机质分别降低了 0.1%、22.6% 和 37.3%。裂缝的产生和发育，损坏了土壤结构，改变了土壤养分运移和循环过程，使营养元素随着地表径流沿裂缝流入采空区，造成土壤持水保肥能力下降。

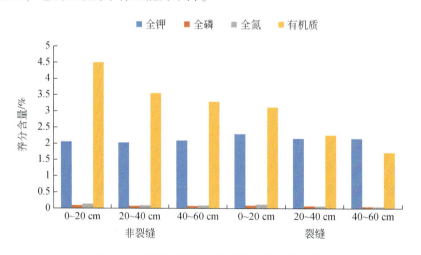

图 1.31　沉陷区裂缝和非裂缝土壤养分变化

2）速效磷、速效钾

由图 1.32 可知，沉陷区土壤速效钾和速效磷的均值为 33.29 mg/kg 和 13.99 mg/kg，与对照区相比，速效钾降低了 46.5%，而速效磷增加了 4.2%。速效钾在沉陷区和对照区之间存在显著差异（$p<0.05$），速效磷差异不明显。从不同坡位分析，沉陷区坡底的速效钾和速效磷比对照区减少最多，坡顶下降最少。方差检验表明，速效钾在坡底和对照区差异显著，其他坡位差异不显著，速效磷在不同坡位差异不明显。

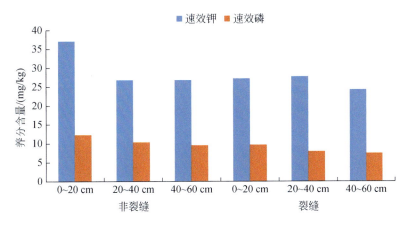

图 1.32　沉陷区和对照区土壤速效养分

由图 1.33 可知，与非裂缝相比，0 ~ 60 cm 土壤速效钾、速效磷均值分别下降了 12.8% 和 22.5%，土壤速效养分在裂缝处损失明显，这与全效养分的分析结果一致。从各个土层来看，0 ~ 20 cm、20 ~ 40 cm 和 40 ~ 60 cm 速效钾、速效磷比非裂缝相同土层分别降低了 26.6%、3.2%、9.7% 和 20.4%、24.5%、18.0%，裂缝对速效养分的影响随着土层深度的增加而减小，这是因为裂缝呈楔形，越向下裂缝宽度越小，土壤养分沿裂缝的损失逐渐降低。

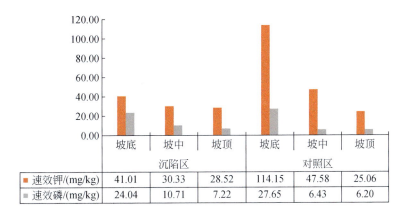

图 1.33　沉陷区和对照区土壤速效养分

1.3.5　煤电基地高强度开发对草原生态影响时空累积特征

基于各年土地利用分类结果，分别从扩张面积、扩张速率、转移方向和万吨煤挖损率等方面着重探究直接扰动区——开采区的时空累积变化情况。

1.3.5.1 胜利矿区

为探究人类活动对生态环境变化的影响，在胜利矿区土地利用分类结果的基础上进一步提取了开采区、居民点和道路等人类活动数据。

胜利矿区各年开采区面积及占比情况如图 1.34 所示。由图可知，1987～2020 年开采区面积及占比持续增加，面积由 1987 年的 107.82 hm² 增加至 2020 年的 6624.54 hm²，累计增加了 6516.72 hm²，占比由 0.16% 增加到 10.12%，其中 2007～2017 年间增加幅度较大。1987～2003 年期间开采区面积增加缓慢，16 年间累计增加 25.72 hm²。与矿井规划初期 2003 年相比，2020 年开采区面积累计增加 6493.14 hm²，扩张为原面积的 50.4 倍。

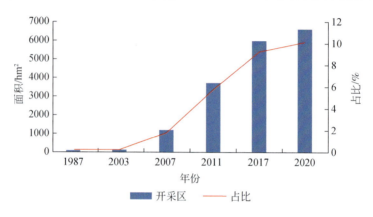

图 1.34 胜利矿区 1987～2020 年开采区面积

2003～2020 年不同时期开采区的扩张面积、速率及动态度如图 1.35 所示。开采区在 2003～2007 年的规划阶段以及 2017～2020 年两个研究时段扩张面积和扩张速率处于低值，扩张速率分别为 262.98 hm²/a 和 210.87 hm²/a。自 2006 年一号露天煤矿项目正式开始全面开工建设后，2007～2011 年的投产阶段开采区扩张处于面积增加最大且扩张速率最大的时期，扩张迅速，4 年间面积增加 2551.05 hm²，扩张速率达到 637.76 hm²/a。从动态度

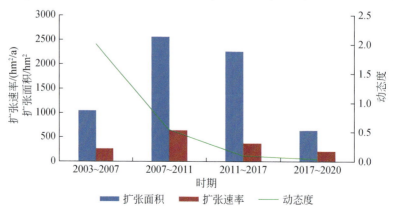

图 1.35 胜利矿区 2003～2020 年开采区扩张统计结果

来看，随着时间的推移呈现逐渐降低的趋势。

将2003年和2020年土地利用分类数据进行叠加分析，得到2003~2020年胜利矿区土地利用转移矩阵，可知，开采区的转入量最高，转入来源主要是草地。

通过各年度开采区面积与对应年份的原煤生产量的比值计算出历年的万吨煤挖损率，其变化情况见图1.36。煤炭开采初期的2007年万吨煤挖损率最大，在2011年前处于较高水平，2011年达到达产状态，大幅度降低至最低状态，但在2011年后升高。

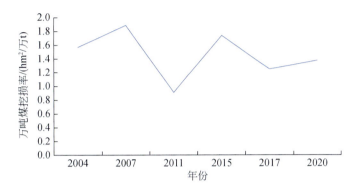

图1.36　胜利矿区历年万吨煤挖损率曲线

胜利矿区各年居民点和道路的面积情况见图1.37。可知，1987~2020年，居民点和道路面积均呈现逐年增大趋势。1987年草地占比约90%，居民点和道路面积较小，分别为30.11 hm^{2}和219.53 hm^2；至2020年面积增加到3867.57 hm^{2}和1077.52 hm^2，两者占比由0.05%增加到5.41%。

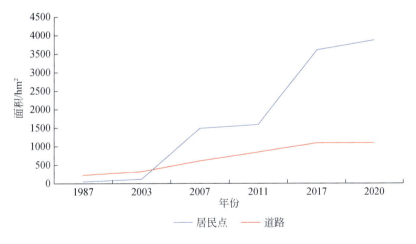

图1.37　1987~2020年胜利矿区居民点和道路面积

2003~2020年居民点的扩张面积、扩张速率和动态度计算结果如图1.38所示，整体来看居民点扩张速率为221.34 hm^2/a。通过对比4个时段间隔内的变化情况可知，居民点面积扩张过程和开采区扩张较一致。随着正式开采，周边居民点等建设用地发展迅速，开采初期居民点扩张速率和地类动态度较大，2003~2007年面积增加1361.34 hm^2，扩张速率为 340.34 hm²/a；2007～2011 年的过渡期期间表现为慢速变化；2011～2017 年的达产期阶段，居民点呈现快速扩张，城市化进程加快，扩张速率为 333.94 hm²/a。从动态度方面来看，2003～2007 年时间间隔内动态度较大，之后保持较低状态。

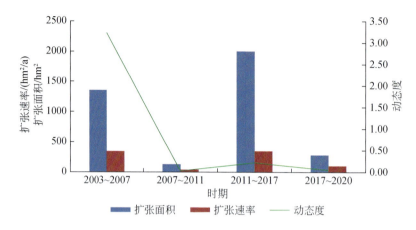

图 1.38　胜利矿区 2003～2020 年居民点面积变化

道路的扩张面积、扩张速率和动态度计算结果如图 1.39 所示。2003 年和 2020 年面积分别为 315.79 hm² 和 1077.52 hm²，这期间共增加 761.73 hm²，平均每年增加 44.81 hm²。矿区正式开采初期的 2003～2007 年面积增加较多，每年增加 70.14 hm²，高于平均水平。变化速率、变化面积和动态度均随时间逐渐降低，2017～2020 年期间几乎没有变化。

图 1.39　胜利矿区 2003～2020 年道路面积变化

1.3.5.2　宝日希勒矿区

1985 年矿区内主要土地利用类型为草地，耕地集中分布在东部，建设用地分散分布，未利用地和水体面积较少，不存在工矿用地。

根据宝日希勒矿区各年份的土地利用分类面积统计结果可知，2013～2015 年开采区面积由 2453.13 hm² 增加到 3129.30 hm²，增加 676.17 hm²，平均每年增加 338.08 hm²。

2015~2019 年开采区面积减少 1297.35 hm^2，平均每年减少 324.34 hm^2，与土地复垦工作的开展有关。

对于宝日希勒矿区，2013~2019 年居民点和道路面积增加 2545.20 hm^2，主要在研究区西部增加，平均每年增加 424.20 hm^2，变化动态度为 7.0%。2013~2015 年的变化速率（376.92 hm^2/a）低于 2015~2019 年（447.84 hm^2/a）。

第 2 章 煤电基地开发/开采扰动下草原生态系统退化机理

分析煤炭开采−复垦工艺特征,研究确定草原矿区煤炭开采对草原生态系统的作用形式及退化机制是研究确定草原矿区受煤炭开采影响范围的前提和基础。影响生态安全的直接原因是生态退化,使原生态系统因失衡而发生逆向变化。为提出防治生态退化的技术措施,需要了解草原生态的影响方式、影响途径,包括水、土、植物群落的变化规律,从而揭示煤电开发扰动下的生态系统退化机理。本章从露天和井工矿高强度开采对草原区土壤、植被的影响变化及植物群落的演替规律着手,开展煤电基地高强度开发对草原生态环境的影响机制、煤电基地露天高强度开采对草原区土壤和植被的影响、井工矿高强度开采对草原区土壤和植被的影响等内容的研究工作。明确了大型煤电基地开发对草原生态环境的影响作用方式、影响途径及影响机制;厘清了煤电基地露天矿和井工矿高强度开采条件下土壤水分和养分动态变化规律及草原植物群落演替规律,揭示了露天矿和井工矿高强度开采影响下的草原土壤−植被系统的相应机理。

2.1 煤电基地高强度开发对草原生态环境的影响机制

2.1.1 对草原生态环境的影响作用方式

煤炭开采包括井工和露天两种方式,不同的开采方式均会对矿区内生态环境各要素产生累积影响,但两种开采方式对生态环境造成累积影响的途径略有差异。不同的开采工艺、复垦方式,对生态环境的影响途径和影响形式也不同。如,露天矿开采导致地表土壤被直接剥离、压占,甚至造成地表塌陷、裂缝等地表形态的变化,改变了原有的地貌和水系,不可避免对地表的植被、土壤特性等造成影响。井工开采虽然相对露天开采对地表剥离面积较小,但对区域生态环境带来地表塌陷、地下水污染等影响。通过对煤炭开采−复垦工艺特征分析,确定草原矿区煤炭开采的作用形式是研究草原矿区煤炭开采影响范围的前提和基础。

东部草原区是典型的农牧交错区,人类活动较为聚集。因此,在煤炭开采区不仅包含单一的煤炭开采扰动,也可能包含工业广场、道路、城镇等其他形式的扰动。不仅如此,露天开采之初即剥离地表植被、土壤、上覆岩层等,开采过程中,剥离废弃物等形成排土场,外排土场还会压占和损坏草原植被,且未经处理的排土场在雨水和风力作用下,同样会造成周边草原生态与环境质量下降。同时,煤炭开发过程中产生的粉尘、扬尘等也会造成空气污染。在煤炭开采过程中,对区域造成的累积影响可作如下简要概括。

2.1.1.1　环境地质效应

在煤炭资源的开采过程中，地下开采、地上开采活动均可带来一定的环境地质效应。其中，在井工开采过程中，随着开采规模的不断扩大、采空区的大量形成，可表现为形成大面积的地面塌陷区（王双明等，2017）；无论井工或者露天开采，由于土地挖掘等活动损坏土地原有的结构，形成大面积的塌陷区以及矿坑，表现为煤矿区地形地貌的改变，矿井水、矿坑废水等的排放还会加剧土壤侵蚀。

2.1.1.2　环境水文效应

地下开采、地上开采活动均可导致一定程度的环境水文效应（王涛等，2012）。比如，地上或地下开采均会损坏地下含水层和地表径流，打破原有的水动力学平衡，损坏地表水与地下水之间的水循环过程；地下开采、地上开采等活动可能会导致地下水位下降；在上述途径的共同作用下，原有的地表水水系可能会遭受损坏，导致水流方向、流量等的改变，甚至还会导致水系退化（崔迪，2015；张发旺等，2007）。

2.1.1.3　环境污染效应

地下开采、矿井水排放、生产生活污水排放、煤矸石堆积、矿坑废水排放和地上开采等活动都将伴随着环境污染效应的产生。例如，矿井水以及矿坑废水的排放可能会污染地下水；生产生活污水的排放、煤矸石的淋滤可能会对地下水及地表水造成污染；采矿废水的排放及煤矸石的堆积还会造成土壤环境污染，进一步使土壤生产力降低；矿井废气及煤矸石自燃等过程会产生大量的硫氧化物、甲烷等污染性气体，开采过程中产生的粉尘等将会污染大气环境，加剧酸雨、温室效应等环境问题；基础设备的运行还会产生巨大的噪声污染等（Bell et al.，2001）。

2.1.1.4　资源消耗效应

煤炭开采过程中会对矿产资源产生巨大的消耗；开采过程还会损坏大量的土地，消耗大量的土地资源及地表植被资源；煤矸石的堆积也会占据大量的土地资源；此外，地下开采、生产生活用水、矿坑废水的产生和地上开采等活动都伴随着大量的水资源消耗。

2.1.1.5　生物效应

煤炭开采过程中的地下开采、矿井水排放、生产生活污水排放、煤矸石堆积、矿坑废水排放和地上开采等活动均会产生一定的生物效应（崔东等，2018）。随着煤炭资源开采规模的扩大，矿区水文（地表水、地下水）环境、土壤结构与地表生长环境、地表植被等矿区环境的损坏也随之加剧，引起矿区原有生境的损坏，致使区域生物多样性及生物量发生改变（Catford et al.，2012），可能会进一步导致矿区区域生态系统功能减弱及结构的改变（于昊辰等，2019）。

煤炭开采过程的特点决定了上述效应并不会以单一形式存在，不同的活动、效应可以在时空尺度上通过加和、协同等交互共同作用对生态系统各要素产生累积影响。例如，煤炭开采造成的地表塌陷及生产生活污水的排放，两者可协同导致土壤质量进一步下降；煤炭开采活动所导致的地形地貌的改变与采矿废水的排放造成的土壤污染，两者协同作用导致土壤结构和性质发生改变，导致土壤质量和功能的进一步衰退。

2.1.2　对草原生态环境的影响途径

露天开采过程中，随着地上开采活动的进行，对地表大规模挖掘造成大面积的矿坑，是损坏地形地貌以及地表植被的主要途径；井工开采过程中，随着煤矿开采活动的进行，矿井数量的增多，是造成开采区大面积的采空区域以及入地塌陷区的主要原因。露天开采方式中，矿坑废水的排放是污染煤矿开采区水环境的重要途径，同时开采过程对岩层以及含水层的损坏，会影响地下径流以及地表径流；井工开采过程的矿井废水的排放，可能会导致更大范围内的地下及地表水环境受到污染损坏。在煤矿开采区域内的生产、生活过程中排放的污水均可能对地下及地表水环境造成污染，同时还可对土壤环境造成潜在的影响。此外，气态或颗粒态污染物（如粉尘、甲烷等）则主要通过矿区煤矸石的堆放、自燃等途径进入大气，见图 2.1 所示。

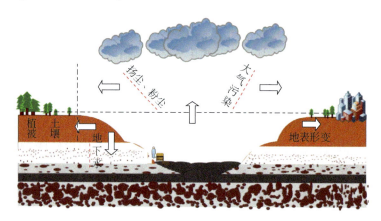

图 2.1　煤炭开发对生态的影响

2.1.3　对草原生态环境的影响机制

煤电开发对区域生态系统的影响行为主要包括：水、土地资源占用（如开采挖损和设施及建筑等占用、地下水排放等）、地表生态损伤（如土壤质量下降、植物根系受损和植被盖度降低、生物生境损坏和生物多样性下降）、废弃物排弃［如煤矸石、剥离排弃物、工业废气、城镇污水等排放（弃）］，各种行为共同对自然环境系统（水、土壤、植被、气）持续施加作用时建立了生态要素间相互作用方式（或生态影响机制），生态要素响应有机叠加后形成了生态累积和系统状态变化响应。

2.1.3.1　生态耦合机制

生态耦合是开发行为影响下自然生态系统生态影响传播方式。基于开发影响行为与生态要素间相互作用关系，生态耦合显现以下几种方式：

（1）融合耦合。指两种或多种生态要素间相互交融的影响作用方式。如，井工开采中地表裂缝，可引发土壤含水性下降和植物根系损伤，地表植物生长的包气带水和土壤环境变差，共同作用导致地表植被退化（陕永杰等，2001；王锐等，2016）。

（2）传导耦合。指生态要素损伤源通过接触关系与相邻空间生态要素相互影响作用方式。如，矿井涌水通过水力场传导作用、采区污染物通过地面污水的河流排放传递开采对周围生态要素的影响范围。

（3）辐射耦合。生态要素损伤源通过人工输运或空间介质转移等方式相互作用。如，采矿粉尘漂移至邻近区域导致土壤含水性和养分及植物光合能力的下降、电厂废气大气排放影响大气环境质量等。

2.1.3.2　生态累积特点

（1）生态累积多状态。开发激励行为通过大气质量变化、地表和地下水、土壤退化等环境变化和植物多样性减少等现象，显现复杂的生态要素耦合累积作用和多种生态累积状态，如单要素累积状态（如植被绿度变化）、多要素复合累积状态（如土壤综合质量变化）和协同累积状态（如地下水力场改变引发的地表植被变化）。

（2）累积空间多尺度。指生态累积呈现出局域（点状和带状）、矿区和区域的多尺度特征。如井工开采造成的采区局域生态损伤，矿井废水外排污染形成的流域尺度生态影响，电厂废气烟囱点源排放形成的区域性生态影响等。

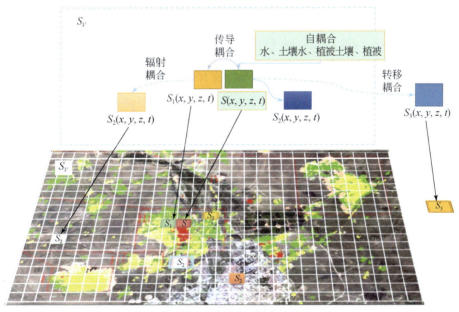

(a)基于体积元的行为–要素耦合关系

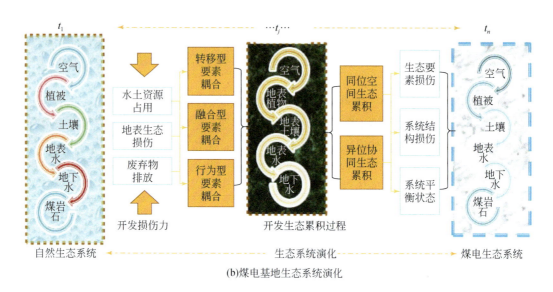

(b)煤电基地生态系统演化

图 2.2　煤电基地生态系统空间耦合关系与生态系统演化

（3）累积过程多阶段。生态累积是生态状态变化随时间持续叠加，如开采行为对土地的持续挖损、电厂废弃物（粉煤灰、废气等）持续排弃行为，持续影响周围生态环境。CEB（煤电基地）中相同区或不同区中因激励行为、生态要素的属性和两者耦合时空关系差异致使生态累积程度处于不同累积发展阶段。

简言之，CEBES（煤电基地生态系统）生态累积源于开发激励行为、始于空间单元体、经过行为-要素耦合（图 2.2a），影响大气、水、土壤和生物要素，致使 CEBES 持续的生态累积过程显示生态要素、系统结构和系统平衡的系统多层次，点态、线域、局域和区域等空间多尺度，生态累积状态的多阶段特征（图 2.2b）。

2.2　煤电基地露天高强度开采对草原区土壤、植被的影响

2.2.1　土壤水分动态变化

沿露天采场北侧距采场边帮 200 m（BW1）、500 m（BW2）、700 m（BW3）、1000 m（BW4）、2000 m（BW5）处和沿帮排土场北侧（对照）共布设 5 套土壤水分监测系统，分别在土层深度 5 cm、10 cm、20 cm、50 cm、100 cm 埋设水分探头（国产 C200A 型 FDR 土壤水分传感器，安装前已进行标定）连续观测土壤体积含水量，降水量采用胜利矿区气象监测站 2017 年 9 月~2018 年 7 月降水日均值。测点坐标见表 2.1，测点布置如图 2.3 所示。

表 2.1　胜利矿区土壤水分监测点坐标

点位编号	经度	纬度
BW1	116°1′4.0″	44°1′20.9″
BW2	116°0′56.3″	44°1′31.6″
BW3	116°0′59.1″	44°1′57.9″
BW4	116°0′45.9″	44°2′19.5″
BW5	115°59′5.34″	44°2′1.65″

图 2.3　胜利矿区土壤水分监测点位

　　图 2.4 为 2017 年 9 月~2017 年 12 月、2018 年 3 月~2018 年 7 月 1#监测点的土壤含水量日均值变化趋势。根据同期的降水量观测结果，2017 年 9 月~2018 年 7 月的降水量为 0.1~38.0 mm。相关资料显示，该区域有效降水为 3 mm，只有大于 3 mm 的日降水量才能对表层土壤起到湿润作用。由图 2.4 可知，2017 年 9~12 月降水量为 0.1~7.4 mm，除 10 月 18 日降水量大于 3 mm 外，其余降水量均小于 3 mm，这一期间土壤含水量随降水的变化不明显。虽然 10 月 18 日降水量大于有效降水，但是降水并未引起土壤含水量的变化，这主要跟降水的强度有关，分散发生的降水被植被冠层截留较多从而导致降水的有效性降低。2018 年 7 月 15~21 日，降水量为 4.2~38.0 mm，这一期间各层土壤含水量均在降水之后出现峰值，降水引起土壤含水量明显升高。

　　对降水量和土壤含水量进行相关性分析可以看出（表 2.2），降水量和各层土壤含水量均呈极显著正相关性，各层土壤含水量之间相关性也达到极显著水平（$p<0.01$），上层土壤通过水分下渗影响下层土壤含水量。

　　采用线性回归法对土壤含水量和降水量的分析结果表明，降水量与各层土壤含水量之间存在显著的正相关关系，降水量与 50 cm 土层土壤含水量的相关系数为 0.19，与其余各层土壤含水量的相关系数为 0.42~0.45，如图 2.5 所示。

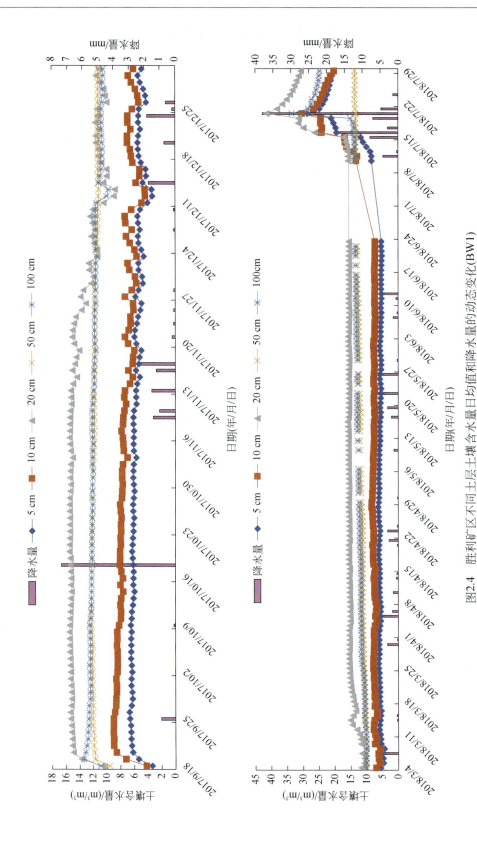

图2.4　胜利矿区不同土层土壤含水量日均值和降水量的动态变化(BW1)

表 2.2　降水量和土壤含水量相关性系数统计

		降水量	土壤含水量				
			5 cm	10 cm	20 cm	50 cm	100 cm
降水量		1					
土壤含水量	5 cm	0.452**	1				
	10 cm	0.461**	0.984**	1			
	20 cm	0.417**	0.957**	0.937**	1		
	50 cm	0.225**	0.605**	0.651**	0.654**	1	
	100 cm	0.409**	0.894**	0.853**	0.915**	0.668**	1

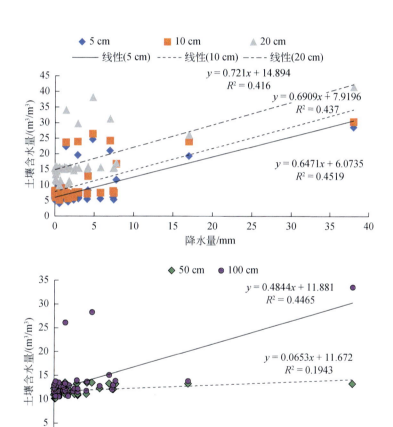

图 2.5　不同土层土壤含水量和降水量的线性关系（1#）

对不同点位的土壤含水量月均值分析可知，2017 年 9 月～2018 年 6 月各点位不同土层的土壤含水量月均值变化不大，因为这一时期的降水量和降水强度较小，降水对土壤的湿润作用有限，进入雨季（7 月）后，随着降水增多和雨强增大，土壤水分受降水作用明显，土壤含水量在 7 月开始大幅上升。

　　BW1 处 5 cm、10 cm 和 20 cm 土层土壤含水量月均值分别为 4.88 ~ 18.3 m³/m³、6.15 ~ 21.3 m³/m³ 和 13.83 ~ 28.05 m³/m³，50 cm 和 100 cm 为 10.4 ~ 13.43 m³/m³ 和 11.81 ~ 20.38 m³/m³。5 cm 土层土壤含水量最低，20 cm 处最高，表层（0 ~ 20 cm）土壤含水量大于深层（50 cm、100 cm）土壤。方差分析显示，不同土层土壤含水量差异显著（$p<0.01$），除 5 cm 和 10 cm 土层含水量相差不明显外，其余各土层的含水量两两之间差异显著（$p<0.01$）。

　　BW1 处 0 ~ 100 cm 土层土壤含水量的平均值为 11.38 m³/m³，BW2 为 9.42 m³/m³，BW3 最高，均值为 12.44 m³/m³，BW4 为 9.43 m³/m³。不同点位土壤含水量的垂直分布不同，BW1（图 2.6A）和 BW2（图 2.6B）土壤含水量随土层深度的增加先增大后减小，BW3（图 2.6C）和 BW4（图 2.6D）变化趋势为先上升后下降再上升。随着距露天采场距离的不同，土壤含水量的垂向分布发生变化。这可能是因为 BW1 和 BW2 距露天采场较近，采场疏干井排水引起地下潜水位降低和包气带水疏干，造成以潜水补给为主的深层土

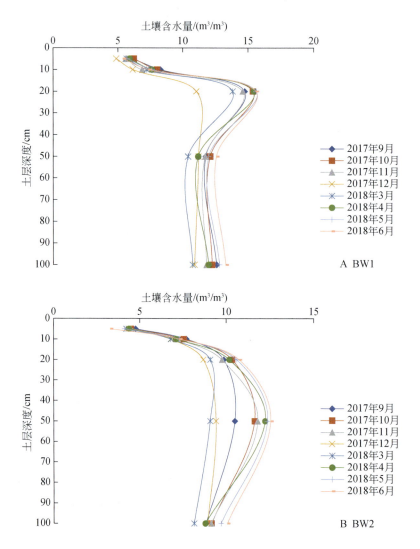

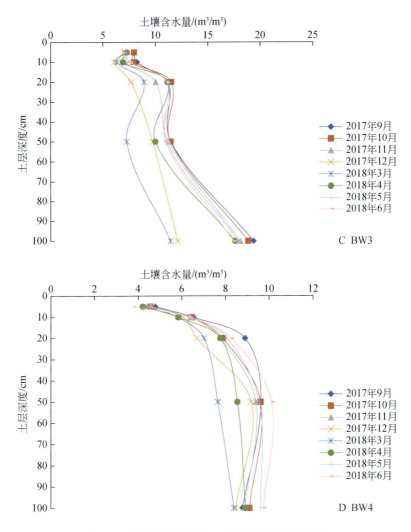

图 2.6　不同土层土壤含水量月均曲线动态变化

壤水分有所降低。由方差分析可知，不同点位的土壤含水量存在显著差异（$p<0.05$），多重比较结果表明，BW3 和 BW2、BW4 土壤含水量差异显著（$p<0.05$），其余点位两两差异不明显。

2.2.2　土壤养分动态变化

2017～2019 年，每年在生长期（5～9 月）前往胜利矿区进行野外调研，根据影响边界（核心区、缓冲区、对照区）和不同建种群设置 3 个胁迫梯度，进行为期三年的气候、土壤、植被调查。

2018 年，各监测样地土壤有机质、全磷、全钾、碱解氮含量与对照区相比有所下降，分别减少了 4.6%～35.2%、12.8%～58.8%、1.2%～1.7% 和 7.7%～27.7%；全氮、有效磷和速效钾含量要高于对照区，分别增加了 4.3%~18.7%、8.8%~109.0% 和 17.9%~55.0%。方差检验表明，监测样地的全磷含量比对照区明显降低（$p<0.05$），其余土壤养分在监测样地和对照区之间无显著差异。

2019 年，各监测样地与对照区相比，土壤有机质、全氮、全磷和全钾含量有所下降，碱解氮、有效磷和速效钾含量有所提高。土壤有机质、全氮、全磷和全钾含量分别比对照区减少了 4.2%~19.6%、3.5%~31.2%、20.0%~26.1% 和 0.6%~8.1%；碱解氮、有效磷和速效钾比对照区增加了 6.2%~86.9%、28.6%~76.0% 和 76.4%~165.7%。方差检验表明，监测样地的土壤养分与对照区差异均不明显（$p<0.05$），见表 2.3。

表 2.3 监测样地土壤养分含量变化实测结果

年份	监测点位	有机质/%	全氮/(g/kg)	全磷/(g/kg)	全钾/(g/kg)	碱解氮/(mg/kg)	有效磷/(mg/kg)	速效钾/(mg/kg)
	SW1	1.60	0.08	0.35	17.84	12.00	1.45	244.78
	SW2	1.32	0.08	0.48	17.13	9.08	3.07	208.69
2018	SW3	1.35	0.07	0.46	16.90	8.61	2.56	226.73
	SW4	1.45	0.07	0.23	16.81	9.48	1.60	186.13
	SW5	1.09	0.06	0.32	16.82	7.42	2.09	137.62
	SW1	1.82	0.06	0.55	16.50	10.90	1.20	419.63
	SW2	1.69	0.05	0.43	15.72	16.35	0.91	268.47
2019	SW3	1.53	0.05	0.44	17.00	19.19	0.87	374.51
	SW4	1.61	0.06	0.66	16.87	15.16	1.89	278.62
	SW5	1.35	0.05	0.41	16.95	12.32	2.59	91.37
对照区		1.68	0.07	0.55	17.11	10.27	1.47	157.92

从土壤养分的年际变化可知，与 2018 年相比，2019 年各监测样地土壤全氮、全钾和有效磷含量均值显著下降了 26.7%、2.9% 和 30.8%（$p<0.05$），而有机质、全磷、碱解氮和速效钾明显增加了 17.5%、35.6%、58.6% 和 42.7%（$p<0.05$）。

由现场调查可知，2018 年各监测样地放牧强度较轻，而 2019 年各监测样地放牧活动较重，植物的地上部分基本被牲畜啃食殆尽。可见，放牧对草地土壤养分的影响较大，总体来看，土壤全效养分有所下降，而有效养分有所增加。

2.2.3 露天开采过程中草原植物群落演替规律

2018 年，各监测样地的物种数量为 12~22 种，平均物种数量为 15 种，见表 2.4。SW1 重要值排在前五位的物种依次为银灰旋花、栉叶蒿、羊草、克氏针茅和虎尾草，SW2 为虎尾草、冷蒿、狗牙根、画眉草和克氏针茅，SW3 为虎尾草、羊草、画眉草、狗尾草和栉叶蒿，SW4 为画眉草、冷蒿、猪毛菜、银灰旋花和栉叶蒿，SW5 为画眉草、糙隐子草、冷蒿、栉叶蒿和银灰旋花。

表 2.4　监测样地群落物种组成及其重要值（2018 年）　　　　单位：%

植物种类	SW1	SW2	SW3	SW4	SW5
狗尾草	2.65	4.55	9.19	4.35	2.65
虎尾草	9.24	14.82	31.86	3.23	
猪毛蒿		1.06			
猪毛菜	8.74	3.77		9.96	8.00
扁蓄		5.31	1.89	1.52	1.45
羊草	12.50	3.06	15.80		
黄花苜蓿		5.23		3.03	3.71
画眉草	8.50	9.65	11.70	41.51	26.25
冷蒿		13.42		12.98	12.38
寸草		2.23			
银灰旋花	21.79	2.81		6.39	8.41
刺藜		2.16			3.86
洽草		2.34			
克氏针茅	10.37	6.42	3.46	1.29	2.46
糙隐子草	1.24	0.96		1.52	14.23
栉叶蒿	14.90	2.11	6.87	5.75	8.78
蒙古韭	1.33	0.92			
狗牙根	2.82	12.56	1.82		1.33
二裂委陵菜	4.67	4.00	4.69	2.92	3.98
射干鸢尾		0.88			2.53
阿尔泰狗娃花		0.88			
糙叶黄耆	1.24	0.88		1.52	
凹头苋			4.14		
紫花苜蓿			3.95	2.76	
早熟禾			4.63		
达乌里胡枝子				1.29	
物种数量	13	22	12	15	14

　　各样地群落类型依次为银灰旋花–栉叶蒿–杂类草群落（SW1）、虎尾草–冷蒿–杂类草群落（SW2 和 SW3）和画眉草–冷蒿–杂类草群落（SW4 和 SW5）。研究区属于典型草原区，地带性植被是以克氏针茅、羊草为建群种的群落类型，而样地中克氏针茅、羊草的重要值明显下降或已经消失，群落中优势种为银灰旋花、虎尾草、画眉草、栉叶蒿、冷蒿等，群落中旱生植物种类增多，植被生活型以一年生草本植物为主，草原退化趋势明显。

　　2019 年，各监测样地物种数量为 8 ~ 16 种，平均物种数量为 12 种，见表 2.5。SW1重要值排在前五位的物种依次为栉叶蒿、羊草、二裂委陵菜、银灰旋花和克氏针茅；SW2

为牛筋草、冷蒿、栎叶蒿、银灰旋花和克氏针茅；SW3 为狗牙根、羊草、二裂委陵菜、寸草和牛筋草；SW4 为冷蒿、牛筋草、栎叶蒿、寸草和阿尔泰狗娃花；SW5 为栎叶蒿、冷蒿、牛筋草、银灰旋花和刺藜，而对照区重要值排在前五位的是克氏针茅、糙隐子草、画眉草、羊草和细叶葱。与对照区相比，各样地中建群种克氏针茅的重要值均有所下降，栎叶蒿、冷蒿、银灰旋花等旱生物种数量增多，这些植物在群落中的重要值占比增加，并逐渐成为群落中的优势种，如栎叶蒿在 SW1 和 SW5 中的重要值最大，冷蒿在 SW4 中的重要值最大。各样地的群落类型由克氏针茅群落演替为以栎叶蒿、牛筋草和狗牙根为优势种的杂类草群落，草原生态系统发生退化。

表 2.5　监测样地群落物种组成及其重要值（2019 年）　　　　　　（单位:%）

植物种类	SW1	SW2	SW3	SW4	SW5	对照区
栎叶蒿	35.28	9.12	1.91	15.00	31.12	
克氏针茅	8.49	7.79	5.03	4.91	3.94	37.09
羊草	30.67	1.81	22.20	4.31		7.44
银灰旋花	8.99	8.64	1.84	1.29	9.65	
二裂委陵菜	9.00	2.74	9.45	3.19		5.30
阿尔泰狗娃花	2.37	3.58	2.47	7.33	5.51	1.66
并头黄芩	2.83	3.25	1.84			3.64
牛筋草	2.37	30.24	7.03	16.96	12.83	
冷蒿		19.49		21.94	16.81	
紫花苜蓿		1.81				
细叶葱		4.69		3.09		6.24
刺藜		3.01	1.84	1.44	9.29	5.10
糙隐子草		1.93		2.31		9.68
画眉草		1.93				9.68
洽草			5.62	1.70		
寸草			9.43	10.48	1.52	
狗牙根			27.59			
尖头叶藜			1.91			
扁蓄			1.84	1.80	4.35	
猪毛菜				2.98		1.66
砂珍棘豆				1.29	3.46	2.49
反枝苋					1.52	
野韭						1.55
北芸香						5.25
糙叶黄耆						1.55
冰草						1.66
物种数量	8	14	14	16	11	15

从群落物种数量变化可知，2019 年，监测样地的物种数量比 2018 年有所减少，平均

物种数量减少了 20%。从群落物种组成的年际变化可以看出，SW1 优势种由银灰旋花变为椒叶蒿，SW2 由虎尾草变为牛筋草，SW3 由虎尾草变为狗牙根，SW4 由画眉草变为冷蒿，SW5 由画眉草变为椒叶蒿。虽然各样地的物种组成发生了一定改变，但总体上仍是以旱生植物或一年生草本植物为优势种。

2019 年，监测样地的丰富度指数、多样性指数和优势度指数均低于对照区，均匀度指数和对照区相差不大，方差结果表明，群落多样性指数在监测样地和对照区差异不显著，见表 2.6。

表 2.6 各监测样地群落多样性指数

年份	监测样地编号	丰富度指数	多样性指数	优势度指数	均匀度指数
2018	SW1	1.70	1.66	0.72	0.71
	SW2	2.78	2.15	0.84	0.77
	SW3	1.95	1.60	0.71	0.73
	SW4	1.78	1.41	0.63	0.62
	SW5	2.02	1.81	0.75	0.75
2019	SW1	0.68	0.72	0.34	0.45
	SW2	1.63	1.51	0.67	0.70
	SW3	1.11	1.26	0.64	0.70
	SW4	1.84	1.70	0.75	0.74
	SW5	1.47	1.55	0.70	0.73
	对照区	1.67	1.59	0.72	0.74

与 2018 年相比，2019 年各监测样地的丰富度指数由 1.70~2.78 下降到 0.68~1.84，多样性指数由 1.41~2.15 下降到 0.72~1.70，优势度指数和均匀度指数变化不大。方差检验表明，2019 年各样地的丰富度指数和多样性指数比 2018 年显著下降（$p<0.05$）。

2.2.4 露天开采下草原土壤–植被系统响应机理

2.2.4.1 土壤与植被的交互影响及模型

将土壤环境因子（含水量、有机质、全氮、全磷、全钾、碱解氮、速效磷、速效钾）与植被盖度、丰富度指数、多样性指数、优势度指数和均匀度指数依次进行多元逐步回归分析，得到土壤环境因子与植被因子变化的回归拟合模型，见表 2.7。

逐步回归分析中偏回归方程标准化系数的大小代表对应自变量影响力的强弱，标准化系数的正负值分别代表该自变量对因变量起到促进或抑制的影响作用。由表 2.7 可知，以盖度为因变量，土壤因子为自变量，通过逐步回归分析，剔除无关变量后，筛选出全氮、速效钾、全磷和含水量的回归方程，说明除这四个因子外，其余土壤因子对盖度的变化无影响或影响不显著。其中，全氮和全磷对盖度的变化有正向促进作用，二者的标准化系数分别为 0.399 和 0.425，全磷对盖度的影响稍大于全氮；速效钾和含水量对盖度的影响是负向的，二者的标准化系数分别为 -0.615 和 -0.423。植被盖度的变化与全氮、速效钾、全磷和含水量拟合模型的相关系数 R^2 为 0.649，回归方程的显著性检验值为 0.001（$p<0.01$），说明建立的回归方程有效。

表 2.7　植被因子与土壤因子之间的逐步回归分析结果

因变量	自变量	标准化系数	相关系数（R^2）	回归模型	回归模型显著性检验（sig.）
盖度	全氮（x_1）	0.399	0.649	$y=407.376x_1-0.269x_2$ $+35.722x_3-4.024x_4+97.68$	0.001
	速效钾（x_2）	-0.615			
	全磷（x_3）	0.425			
	含水量（x_4）	-0.423			
丰富度指数	全氮（x_1）	0.411	0.626	$y=0.501x_1+9.98x_2-7.109$	0.0009
	全钾（x_2）	0.682			
多样性指数	全氮（x_1）	0.548	0.456	$y=0.204x_1+9.19x_2-2.204$	0.003
	全钾（x_2）	0.403			
优势度指数	全氮（x_1）	0.538	0.289	$y=3.403x_1+0.565$	0.01

以丰富度指数为因变量，土壤因子为自变量，通过逐步回归分析后，筛选出全氮和全钾的回归方程，其标准化系数分别为 0.411 和 0.628，说明全氮和全钾对丰富度指数的变化有正向作用，且全钾的影响要大于全氮。丰富度指数的变化与全氮和全钾拟合方程的相关系数 R^2 为 0.626，方程的显著性检验结果为 0.0009（$p<0.01$），说明建立的回归方程有效。

以多样性指数为因变量，土壤因子为自变量，通过逐步回归分析后，筛选出全氮和全钾的回归方程，其标准化系数分别为 0.548 和 0.403，说明全氮和全钾对多样性指数的变化有正向作用，且全氮的影响要大于全钾。多样性指数与二者（全氮、全钾）拟合方程的相关系数 R^2 为 0.456，方程的显著性检验结果为 0.003（$p<0.01$），回归方程有效。

以优势度指数为因变量，土壤因子为自变量，通过逐步回归分析后，筛选出全氮的回归方程，其标准化系数为 0.538，说明全氮对优势度指数的变化有正向作用，但是优势度指数的变化与全氮拟合方程的相关系数 R^2 为 0.289，小于 0.5，说明建立的回归方程误差较大，判定其无效。

通过逐步回归分析可知，在本研究所涉及的土壤因子中，用全氮、全磷、速效钾和含水量来解释植被盖度的变化较好；用全氮和全磷来解释植物群落结构的变化较好。

2.2.4.2　土壤-植被系统影响机理分析

煤矿露天开采是在剥离地表覆盖物后直接开采煤炭，将导致原有土地资源的挖损和压占，从而损坏矿区的地形地貌、土壤、植被和景观（于昊辰等，2019；Pandey et al.，2017；Bell et al.，2001）。本研究表明，三个露天矿中，西二矿和东二矿的土壤含水量均有下降，而西三矿有所升高。可见，露天矿开采对土壤含水量的影响是复杂的。这是因为土壤水分不仅与大气降水关系密切，还受包气带补给和下渗的影响。露天煤矿开采过程中要疏干地下水，长期开采会形成以露天采坑为中心的地下水下降漏斗，而潜水和包气带水具有水力联系，当第四系潜水被疏干后，将对包气带土壤水的运移产生影响（张发旺等，2007；姬广青等，2011），引起土壤水分的下降。因为西三矿地下水埋藏较深，该区域包气带水和潜水水力联系较弱，土壤水分主要接受大气降水补给而受潜水水量变化的影响不大，这可能是西三矿土壤含水量上升的原因。正是由于大气降水、包气带水和潜水之间的复杂关系，造成露天矿区土壤水分的空间变异性较大。

崔东等（2018）研究发现，煤矿开采活动会对土壤理化性质产生影响，使矿区以及矿区周边土壤养分含量降低。聂小军等（2018）也发现，矿区土壤养分与对照区相比有明显损失，土壤有机碳、全氮、全磷、碱解氮含量降低，而速效磷含量增加。

本研究表明，露天矿区土壤全氮、全磷和全钾含量均有下降，这与前人的研究结果相似。露天矿开采引起地下水位下降，导致地表土壤干旱，而土壤酶活性对环境变化非常敏感，干旱胁迫会使土壤酶活性下降，最终影响土壤碳、氮、磷等营养元素的转换和循环（王理德等，2016），从而造成土壤养分的下降。本研究中露天矿区速效磷和速效钾含量的增加可能与粉煤灰对土壤养分的调节有关，现场调研可知，西三矿和西二矿上风向有神华胜利电厂，东二矿有大唐锡林浩特电厂。有研究表明，粉煤灰中钾、磷含量及其有效性大致与土壤相似，在土壤中施用粉煤灰可以提高速效磷和速效钾含量（徐良骥等，2012；张立存等，2018；冯跃华等，2005）。

2.2.4.3　植被群落影响机理分析

露天煤矿开采会对植物群落组成和物种多样性产生影响，露天矿区物种数量减少，建群种羊草、克氏针茅比例下降或消失，旱生伴生种和一年生草本植物数量增加。此变化说明，露天矿开采导致植物群落逆向演替，典型草原干旱化、退化趋势比较明显，群落结构逐渐趋于简单化。群落物种数量的减少导致丰富度指数和多样性指数在露天矿区显著降低，这与前人的研究结论一致（乌仁其其格等，2016；刘孝阳，2018）。土壤水分和养分等环境因子的改变会使植物群落受到干扰，建群种和优势种因不能适应环境逐渐被新的先锋种替代，如果干扰过度，则先锋物种不能发展到演替后期，使物种多样性降低（Catford et al.，2012；Sheil，1999）。

2.2.4.4　土壤与植被的交互影响分析

土壤与植物因子的排序结果显示，全钾和全氮是影响群落结构的关键因子，其余土壤因子对植物群落特征的影响较小。因为土壤养分会影响植被的生长和植被生态系统的发展，表现为群落数量特征、种群动态和结构的改变（金立群等，2019；王锐等，2016；Yang et al.，2018）。研究区土壤肥力质量评价结果表明，远离露天采场的土壤养分状况要好于采场附近，局部区域土壤肥力质量略好于对照区，说明露天矿开采对土壤肥力质量的影响范围是有限的。

土壤因子与植被因子的多元回归分析表明，用全氮、速效钾、全磷和含水量来解释土壤因子对植被盖度的影响程度较好，全氮和全钾解释植被群落丰富度指数、多样性指数的变化较好。本研究显示，植被盖度和群落结构与土壤环境因子有关，其中对盖度影响最大的是全氮、速效钾、全磷和含水量，对群落结构影响最大的是全氮和全钾。究其原因，土壤养分不但影响土壤质量，而且对植被生长发育和群落结构的影响很大，氮素、钾素是影响植被发育的关键因子（王金满等，2012；王金满等，2013）。土壤质量越好，植被长势良好，盖度也随之增加，会使植被群落向丰富、稳定的结构发展。

综上研究和分析得到煤矿露天开采扰动下草原生态系统的退化机理，如图 2.7 所示。

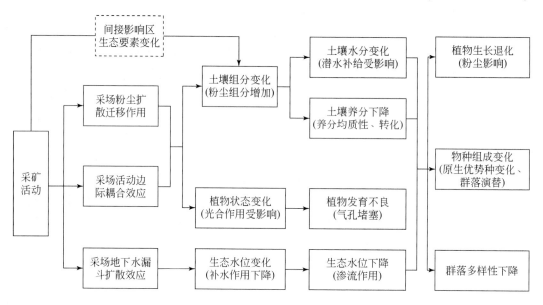

图 2.7　露天开采下草原生态系统退化机理

2.3　井工矿高强度开采对草原区土壤、植被的影响

2.3.1　土壤水分动态变化

沿开采工作面垂直方向在距开采中心线 0 m（SW1）、120 m（SW2）、240 m（SW3）、500 m（SW4）、1000 m（SW5）处布设土壤水分监测系统，分别在 5 cm、10 cm、20 cm、50 cm、100 cm 土层深度处理设水分探头（国产 C200A 型 FDR 土壤水分传感器，安装前已根据研究区土壤进行标定）连续观测土壤体积含水量，为获取同期的气象数据，在工业场地安装 1 台气象监测站（CaipoBase，澳大利亚 Caipos 公司生产），观测指标为降水、气温、相对湿度、蒸发量，各观测变量每小时取样 1 次，采用物联网基站进行数据传输，测点坐标见表 2.8，测点布置如图 2.8 所示。

表 2.8　敏东一矿土壤水分监测点坐标

点位编号	经度	纬度
SW1	119°55′22.45″	48°45′42.74″
SW2	119°55′22.18″	48°45′38.87″
SW3	119°55′22.02″	48°45′35.1″
SW4	119°55′21.57″	48°45′26.73″
SW5	119°55′20.74″	48°45′10.45″

图 2.8　土壤水分监测点位布置

2.3.1.1　土壤水分与降雨关系

2017 年 9 月 ~ 2017 年 12 月、2018 年 5 月 ~ 2018 年 10 月开采中心线处（SW1）的土壤含水量日均值变化趋势如图 2.9 所示。根据同期的降雨量观测结果，2017 年 9 ~ 10 月、2018 年 5 ~ 10 月均有降雨，降雨量为 0.5 ~ 29.0 mm。由图 2.9 可知，在 2017 年 9 ~ 10 月和 2018 年 5 ~ 10 月期间，土壤含水量的变化趋势和降雨过程基本一致，各层土壤含水量出现突变值是由降水影响导致。

从不同土层土壤含水量的变化可以看出，降雨对 0 ~ 10 cm 土壤含水量的影响较大，50 cm 深度含水量只有在降雨量较大（15.5 mm）时才受到影响，100 cm 深度含水量基本维持稳定，土壤水受降雨的影响很小。对降雨量和土壤含水量进行相关性分析可以看出（表 2.9），降雨量和 5 cm、10 cm 深度土壤含水量呈极显著正相关性，和其他土层含水量均无显著的相关性关系，各层土壤含水量之间相关性极显著，上层土壤通过水分下渗影响下层土壤含水量。

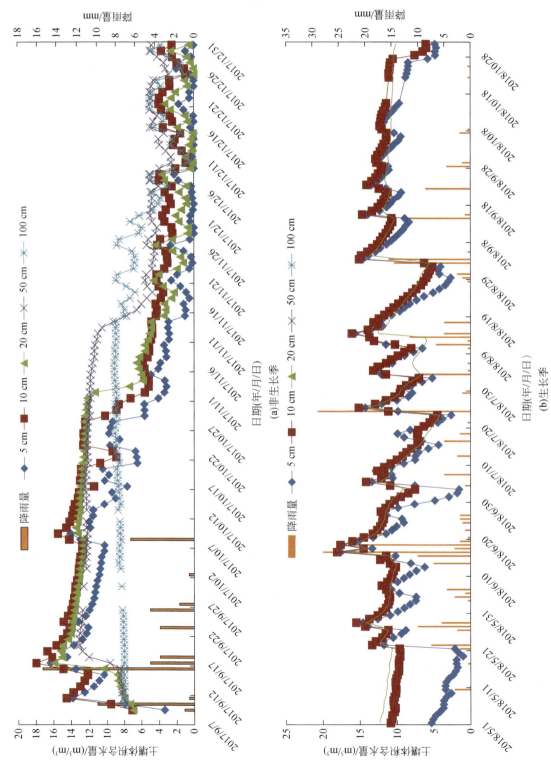

图2.9 敏东一矿不同土层土壤含水量日均值和降雨量的动态变化(SW1)

表 2.9　降雨量和土壤含水量相关性分析结果

		降雨量	土壤含水量				
			5 cm	10 cm	20 cm	50 cm	100 cm
降雨量		1.000					
土壤含水量	5 cm	0.300 **	1.000				
	10 cm	0.269 **	0.986 **	1.000			
	20 cm	0.179	0.918 **	0.946 **	1.000		
	50 cm	0.084	0.784 **	0.814 **	0.921 **	1.000	
	100 cm	0.106	0.588 **	0.640 **	0.721 **	0.807 **	1.000

对 2018 年 5 月 ~ 2018 年 10 月的降雨事件进行分析，将间隔大于 24 小时的降雨作为两次独立的降雨事件，并将降雨事件按降雨量分为 <2 mm、2 ~ 5 mm、5.1 ~ 10 mm、10.1 ~ 18 mm 及 >18 mm，共 5 个量级。由表 2.10 可知，2018 年共发生了 30 次降雨，年降雨量为 270.5 mm。其中以降雨量小于 10 mm 的小雨为主，该量级降雨次数占全年降雨次数的 76.66%。

表 2.10　降雨量和土壤含水量相关性分析结果

降雨量级/mm	降雨次数	累积降雨量/mm	降雨次数/总降雨次数/%
<2	10	8.5	33.33
2 ~ 5	7	27.5	23.33
5 ~ 10	6	45.5	20.00
10 ~ 18	3	41.5	10.00
>18	4	147.5	13.33
合计	30	270.5	100

为描述土壤水分对降雨的响应程度，本研究用土壤水分增量来表征降雨对土壤水分的补给能力。计算公式为：土壤水分增量 = 某次降雨后土壤含水量峰值 - 降雨前初始土壤含水量。

统计可知，30 次降雨中有 19 次降雨引起表层（0 ~ 10 cm）土壤含水量升高，有 8 次降雨引起 20 ~ 100 cm 土层土壤含水量升高。采用线性回归法对 0 ~ 10 cm 土壤水分增量和降雨量进行分析，结果表明，降雨量与土壤水分增量之间存在显著的正相关关系，5 cm 和 10 cm 土层含水量对降雨的响应较好，降雨量与 5 cm 土层土壤水分增量的相关系数为 0.46，与 10 cm 土壤水分增量的相关系数为 0.53，如图 2.10 所示。

2.3.1.2　土壤水分变化分析

1. 开采前

根据矿方提供的开采进度，5 号工作面于 2017 年 5 月初开采，2018 年 7 月结束开采，

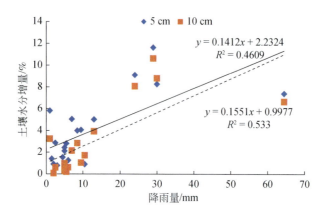

图 2.10　降雨量与 5 cm、10 cm 土层土壤水分增量的线性关系

采动面于 2017 年 10 月 7 日到达 SW1 点下方,对开采前(2017 年 9 月)、开采中(2018 年 5 月)、开采后 1 年(2019 年 5 月)各监测样地的土壤水分垂直分布特征进行分析,如图 2.11 所示。将监测样地按照开采深陷盆地的位置进行划分,SW1 位于盆底区、SW2 位于边缘区、SW3 位于边缘外围区、SW5 位于未开采区,在本研究中作为对照区。

开采前,SW1、SW2、SW3 和 SW5 平均土壤含水量分别为 11.57%、11.11%、12.07% 和 10.2%,盆底区、边缘区、边缘外围区的土壤含水量比对照区高了 0.91 ~ 2.07%,各监测样地土壤含水量差异不显著。从土壤含水量的垂直分布特征可以看出,土壤含水量在 0 ~ 10 cm 土层随着土壤深度增加而增大,在 10 ~ 50 cm 土层随深度增加而减小,在 50 ~ 100 cm 土层变化不大。造成 0 ~ 50 cm 土层含水量先增大后减小的原因可能是,研究区气候干燥,蒸发量大,土壤深度越浅蒸发量越大,10 cm 比 5 cm 处土层蒸发小而使含水量增大;10 ~ 50 cm 深度植物根系分布较多,由于根系的吸水作用使该土层含水量减小。

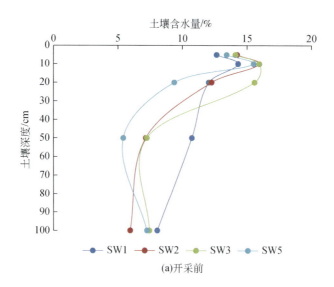

(a)开采前

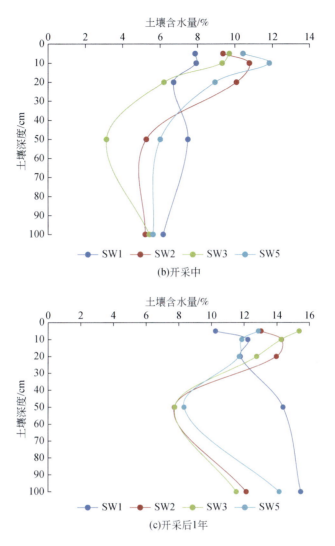

图 2.11　各监测样地土壤含水量垂直分布

2. 开采中

开采中，SW1、SW2、SW3 和 SW5 平均土壤含水量分别为 7.23%、8.14%、6.75% 和 8.56%，与对照区相比，盆底区、边缘区、边缘外围区土壤含水量分别减少了 1.33%、0.42%、1.81%。总体来看，采煤沉陷造成开采区土壤含水量下降。

盆底区 0~10 cm 含水量比对照区减少了 3.22%，随土壤深度增加而增大，10~50 cm 含水量先减小后增大，在 50 cm 处比对照区增大了 1.48%，50~100 cm 含水量大于对照区，且基本稳定。这可能是因为，沉陷使盆底区地表产生裂缝，土壤结构变疏松，孔隙度增大，表层土壤持水能力减弱，部分水分渗入深层，从而造成 50~100 cm 土层含水量上升至超过对照区水平。地表裂缝的出现，使土壤表面积增大，表层土壤蒸发量增加，也是造成表层含水量低于对照区的原因之一。

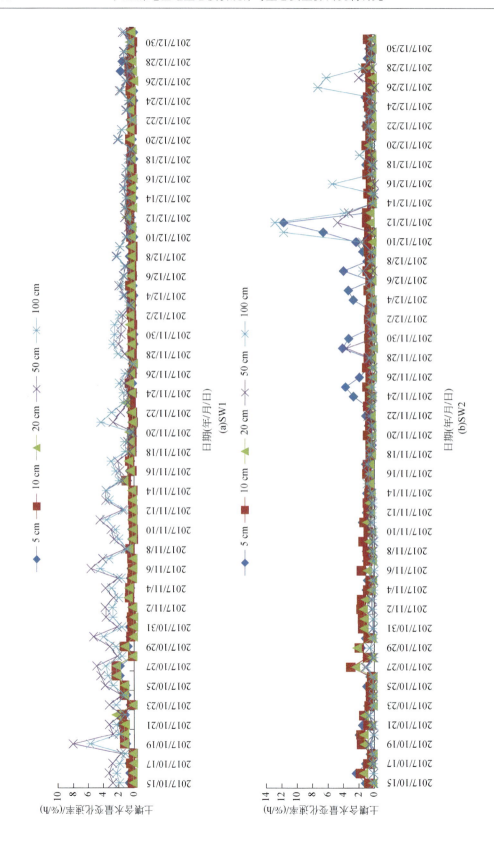

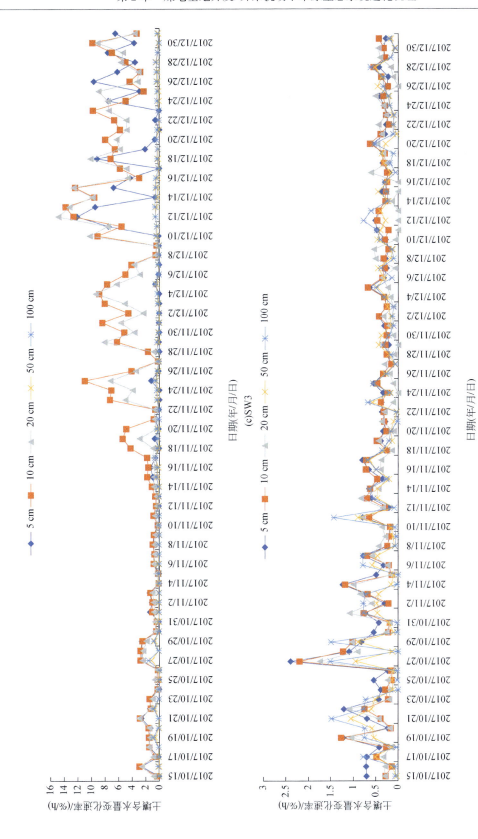

图2.12　土壤含水量变化速率的动态变化(2017年10月15日至12月31日)

边缘区 0~10 cm 含水量比对照区减少了 1.06%，10~100 cm 减少了 0.26%，边缘外围区 0~10 cm 含水量比对照区减少了 1.62%，10~100 cm 减少了 1.93%。与盆底区含水量变化不同的是，边缘及外围区 10~100 cm 含水量均小于对照区。分析原因可能是边缘及外围区产生的裂缝相比盆底区数量多、宽度大，使土壤水分蒸发增大，造成深层含水量也小于对照区。

对 2017 年 10~12 月每日土壤含水量变化速率（即每小时土壤含水量变化值）分析可知（图 2.12），SW1 处 0~20 cm 土壤含水量变化速率均值为 0.43%/h~0.50%/h，土壤含水量的变化速率波动不大，5 cm、10 cm 和 20 cm 土层变化趋势基本一致；而深层土壤含水量变化速率较表层土壤波动大，50 cm、100 cm 土层平均变化速率为 2.0%/h 和 1.86%/h，两者变化规律相似。产生此现象的原因可能是，该点位于工作面上方，采煤沉陷引起地表振动，使得土壤结构疏松，表层土壤持水能力减弱，部分水分渗入深层，从而导致 50 cm、100 cm 土层土壤含水量的变化较表层更加显著。

从不同点位土壤含水量的变化速率分析，SW2 位于工作面边缘，各土层土壤含水量变化速率的平均值为 0.52%/h~1.44%/h，0~20 cm 土层含水量的变化速率和 SW1 大致相同。SW3 位于工作面边缘外围，0~20 cm 土壤含水量变化速率均值 1.76%/h~3.85%/h，比 SW1 处 0~20 cm 土壤含水量变化速率增大了 3.1~6.7 倍，SW3 土壤含水量的变化明显不同于 SW1、SW2 处，这可能是因为，该监测点位于沉陷边缘区，产生的裂缝数量相对较多，且宽度较大，造成表层土壤水分蒸发量增大，从而使 0~20 cm 土壤含水量波动较大。SW5 为对照区，各层土壤水分变化趋势大体一致。

3. 开采后一年

盆底区含水量除 0~10 cm 低于对照区外，10~100 cm 深度均高于对照区，0~100 cm 平均含水量比对照区增加了 1.04%，与开采中相比，盆底区土壤含水量呈现出自我恢复，且有超过对照区的趋势。边缘区、边缘外围区 0~20 cm 含水量均高于对照区，50~100 cm 均低于对照区，可见边缘及外围区表层土壤含水量明显恢复，深层土壤水分恢复较慢。

2.3.2 土壤养分动态变化

和对照区（非采区）相比，2018 年各监测样地土壤养分均有不同程度的减少，见表 2.11。其中有机质、全氮、全磷、全钾、碱解氮、有效磷和速效钾含量分别下降了 34.8%~70.3%、18.2%~62.6%、25.1%~41.7%、0.8%~8.9%、3.0%~38.5%、4.0%~20.5% 和 49.8%~72.2%。

2019 年，各监测样地土壤有机质、全氮、全磷、全钾、碱解氮、有效磷和速效钾含量比对照区分别下降了 12.1%~28.5%、14.8%~33.5%、20.0%~58.7%、0.5%~7.7%、7.4%~16.4%、6.4%~32.4% 和 12.4%~38.2%。从不同样地来看，土壤养分含量在各样地的变化趋势基本相同，随着距采区越远，表现为先减小后增大，在 SW2 最低，SW4 最高。这是因为 SW2 位于开采区边界，受沉陷影响产生的裂缝较多，造成该区域土壤养分的渗漏损失最严重。SW3、SW4 和 SW5 距离采区较远，基本不受沉陷影响，土壤养分又有所增加。

表 2.11　各监测样地土壤养分含量实测结果

年份	监测样地编号	有机质/%	全氮/(g/kg)	全磷/(g/kg)	全钾/(g/kg)	碱解氮/(mg/kg)	有效磷/(mg/kg)	速效钾/(mg/kg)
2018	SW1	1.07	0.06	0.31	17.20	13.77	2.17	59.79
	SW2	0.98	0.05	0.34	17.20	9.82	2.25	100.77
	SW3	0.53	0.03	0.39	16.65	7.11	2.09	49.63
	SW4	1.17	0.06	0.40	18.09	14.24	2.10	83.47
	SW5	0.88	0.05	0.39	15.79	11.20	1.86	55.77
2019	SW1	1.54	0.06	0.35	17.38	12.63	2.19	175.97
	SW2	1.30	0.05	0.31	17.25	13.95	1.88	124.08
	SW3	1.44	0.06	0.32	16.61	9.66	2.43	158.68
	SW4	1.57	0.06	0.22	18.09	12.92	1.84	233.88
	SW5	1.28	0.05	0.42	16.00	10.69	1.58	153.04
对照区		1.79	0.07	0.53	17.33	11.55	2.34	200.79

从土壤养分的年际变化可以看出，2019 年各监测样地的土壤有机质、全钾、全氮、碱解氮和速效钾含量与 2018 年相比有所增加，其中，有机质和速效钾含量增长最明显，分别比 2018 年增加了 32.4% ~195.9% 和 23.1% ~371.2%；全磷和速效磷含量比 2018 年有所下降，全磷降低了 7.9% ~44.9%，速效磷降低了 12.1% ~16.3%。

由此可见，随着沉陷区的稳定和裂缝的回填，土壤养分含量有增加的趋势，有机质、全钾、全氮、碱解氮和速效钾恢复趋势明显，全磷和速效磷恢复较慢。

2.3.3　井工开采过程中草原植物群落演替规律

2.3.3.1　植物群落物种组成

通过对固定样地进行连续监测，各样地的群落物种组成差异较大。2018 年 SW1 重要值排在前五位的物种依次为糙隐子草、羊草、刺藜、日阴菅和冰草，SW2 为刺藜、糙隐子草、日阴菅、星毛委陵菜和贝加尔针茅，SW3 为贝加尔针茅、刺藜、日阴菅、糙隐子草和星毛委陵菜，SW4 为日阴菅、贝加尔针茅、糙隐子草、冰草和洽草，SW5 为刺藜、日阴菅、糙隐子草、洽草和北方庭荠，见表 2.12。

表 2.12　井工开采固定监测样地群落物种组成及其重要值（2018 年）　（单位:%）

植物种类	SW1	SW2	SW3	SW4	SW5
尖头叶藜	0.90				
野罂粟	2.28	1.35		2.48	2.19
小叶锦鸡儿	4.28	1.11	1.43		

续表

植物种类	SW1	SW2	SW3	SW4	SW5
菊叶委陵菜	1.92	2.31	4.10	3.58	4.90
冰草	10.46	4.77	2.37	9.13	
野韭	1.08			2.10	2.01
贝加尔针茅	5.26	5.82	13.78	14.27	4.75
羊草	14.95		3.29	5.15	
日阴菅	10.60	14.67	12.71	15.50	18.08
糙隐子草	15.19	16.15	12.06	11.57	10.77
刺藜	12.62	16.30	13.15	2.57	22.17
百里香	0.90	4.82	4.37		2.43
北方庭荠	5.98	4.71	5.81	5.57	5.23
白毛穗花	1.04				2.02
轮叶委陵菜	1.02				0.97
阿尔泰狗娃花	1.02				
茵陈蒿	0.90		2.35	1.38	
星毛委陵菜	2.28	13.95	10.87		4.57
射干鸢尾	1.80	2.14	1.14		
灰绿藜	2.24				
花旗杆	1.02				
洽草	0.97	4.79	8.70	8.34	8.20
麻花头	1.28	1.11	2.65	4.11	3.03
猪毛菜		1.51			
狼毒		1.19		1.20	
牛枝子		1.03			0.97
地梢瓜		1.21			
达乌里胡枝子		1.03			0.97
石竹			1.22		
大针茅				6.27	
狼毒大戟				3.74	1.31
展枝唐松草				1.01	1.05
花旗杆				1.01	
长叶车前				1.01	

续表

植物种类	SW1	SW2	SW3	SW4	SW5
旱麦瓶草					0.97
棉团铁线莲					1.05
鹤虱					1.05
并头黄芩					1.31
物种数	23	19	16	19	22

2019 年，SW1 重要值排在前五位的物种依次为日阴菅、冰草、刺藜、羊草和星毛委陵菜；SW2 为日阴菅、刺藜、星毛委陵菜、灰绿藜和贝加尔针茅；SW3 为星毛委陵菜、日阴菅、画眉草、贝加尔针茅和刺藜；SW4 为日阴菅、刺藜、画眉草、贝加尔针茅和冰草；SW5 为刺藜、画眉草、日阴菅、赖草和贝加尔针茅，见表 2.13。

表 2.13　固定监测样地群落物种组成及其重要值（2019 年）　　　（单位：%）

植物种类	SW1	SW2	SW3	SW4	SW5
冰草	11.59	1.78	5.36	6.38	1.79
野韭	1.75	1.07	1.32	4.34	2.64
日阴菅	25.17	22.91	19.00	17.04	11.16
刺藜	10.25	16.08	7.36	11.42	16.77
星毛委陵菜	6.86	11.39	19.86	0.89	2.28
贝加尔针茅	6.13	6.42	8.48	7.39	4.89
菊叶委陵菜	3.83	2.03	5.67	4.62	4.71
祁州漏芦	3.35	1.11	1.67	0.89	1.25
火绒草	1.13			0.82	1.15
堇菜	0.94				
狼毒大戟	3.43			6.11	4.00
羊草	7.60	2.20	5.18	4.46	
百里香	2.21	6.00	1.26		3.46
轮叶委陵菜	1.00	1.05	1.19		0.75
牛枝子	2.28	1.15			
达乌里芯芭	0.87				
北方庭荠	0.87			1.39	1.50
披碱草	2.06			1.46	
狼毒	1.95	1.05	1.19		0.99
小叶锦鸡儿	1.99	1.20		1.09	
榆	1.01				1.37
野罂粟	0.94	1.24		2.83	2.71

续表

植物种类	SW1	SW2	SW3	SW4	SW5
灰绿藜	1.93	10.17	5.44	3.15	3.30
猪毛菜	0.87				
茵陈蒿		3.40			0.75
洽草		4.37	6.54	5.10	3.88
蓬子菜		0.98			0.75
石竹		1.33			
糙隐子草		0.98		1.54	
麻花头		1.11		4.81	1.69
鹤虱			1.26		
画眉草			9.22	8.81	11.98
射干鸢尾				1.64	
赖草				2.48	6.50
花旗杆				1.33	0.75
二裂委陵菜					1.06
楔叶菊					1.70
小酸模					1.57
二裂叶荆芥					0.75
达乌里胡枝子					1.58
展枝唐松草					1.58
地梢瓜					0.75
物种数	24	22	16	23	31

从功能群组成来看，SW1、SW3 和 SW4 以禾本科为主，禾本科重要值大于 40%，SW2 和 SW5 以禾本科和藜科为主，二者重要值累计之和大于 45%，见表 2.14。

表 2.14　固定监测样地群落功能群及其重要值（2018 年）　　（单位：%）

功能群	SW1	SW2	SW3	SW4	SW5
禾本科	46.83	31.54	40.20	54.73	23.71
藜科	15.76	17.81	13.15	2.57	22.17
豆科	4.28	3.18	1.43	—	1.94
菊科	3.21	1.11	5.00	5.49	3.03
蔷薇科	5.22	16.26	14.98	3.58	10.44
杂类草	24.70	30.10	25.24	33.63	38.80

2018 年，监测样地的群落类型为糙隐子草-羊草-杂类草群落（SW1）、贝加尔针茅-日阴菅-杂类草群落（SW3 和 SW4）、刺藜-日阴菅-杂类草群落（SW2 和 SW5）。糙隐子

草–羊草–杂类草群落中优势种为糙隐子草，次优势种为羊草，伴生种有日阴菅、刺藜、冰草、北方庭荠等；贝加尔针茅–日阴菅–杂类草群落中建群种为贝加尔针茅或日阴菅，主要植物有糙隐子草、冰草、刺藜、星毛委陵菜、洽草等；刺藜–日阴菅–杂类草群落优势种为刺藜，次优势种为日阴菅或糙隐子草，伴生种为洽草、贝加尔针茅、北方庭荠、冰草、星毛委陵菜、菊叶委陵菜、麻花头等。从群落类型来看，SW3 和 SW4 为典型草甸草原群落，建群种为贝加尔针茅；SW1 中糙隐子草为优势种，而羊草为次优势种，植被群落发生逆向演替使伴生种糙隐子草取代羊草成为优势种，表明草原发生一定程度的退化；SW2 和 SW5 中建群种为刺藜，草甸草原的建群种贝加尔针茅和羊草均已消失，而一年生草本刺藜成为优势种，草原退化程度比 SW1 更严重。

2019 年，群落类型为日阴菅–冰草–杂类草群落（SW1）、日阴菅–刺藜–杂类草群落（SW2 和 SW4）、星毛委陵菜–日阴菅–杂类草群落（SW3）、刺藜–日阴菅–杂类草群落（SW5）。从 2018～2019 年各样地群落类型的变化可知，SW1 由糙隐子草群落演替为日阴菅群落，SW2 由刺藜群落演替为日阴菅群落，SW3 和 SW4 由贝加尔针茅群落演替为星毛委陵菜群落和日阴菅群落，SW5 没有发生变化。可见，SW1、SW2 群落有正向演替趋势，SW3 和 SW4 群落有退化趋势。这是因为矿方于 2019 年初对沉陷区进行了治理，治理措施为裂缝回填和平整，由于裂缝的封填，土壤水分状况得到了改善，植物群落在一定程度上得以自然恢复。

2.3.3.2　物种多样性

监测样地 2018 年、2019 年的群落多样性指数表明，2018 年，优势度指数和均匀度指数在 SW5 最小且达到显著水平（$p<0.05$），2019 年，优势度指数和均匀度指数在 SW2 最小，见表 2.15。群落多样性指数随距离的变化规律为：距开采中心线越远，多样性指数、优势度指数和均匀度指数的变化为先减小后增加，在 SW2 处最小，这是因为 SW2 位于采区的边界，处于地表沉陷盆地的边缘区，地表产生的裂缝数量较多，宽度较大，土壤结构和水分受沉陷影响最大，致使该区域的植物群落生长状况较差。

表 2.15　各监测样地群落多样性指数

年份	监测样地编号	丰富度指数	多样性指数	优势度指数	均匀度指数
2018	SW1	2.52	1.96	0.80	0.73
	SW2	2.54	1.88	0.77	0.74
	SW3	2.20	1.98	0.82	0.80
	SW4	2.64	2.23	0.86	0.85
	SW5	2.52	1.58	0.67	0.62
2019	SW1	2.71	1.97	0.80	0.73
	SW2	2.54	1.72	0.73	0.67
	SW3	2.35	2.05	0.83	0.85
	SW4	3.07	2.26	0.85	0.81
	SW5	3.43	2.21	0.82	0.78

与 2018 年相比, 2019 年各监测样地的群落丰富度指数有所增大, 优势度指数和均匀度指数变化不明显。可见, 随着沉陷区的稳定和治理, 群落物种多样性也表现出一定的恢复趋势。

2.3.4　井工开采下草原土壤-植被系统响应机理

2.3.4.1　土壤性质与植物群落关系

为了探索土壤性质与群落特征之间的关系, 基于 CANOCO 软件的线性冗余分析 (RDA) 方法, 见图 2.13, 对土壤因子和植物多样性指数进行排序研究。从表 2.16 可以看出, 土壤性质与植物多样性排序模型达到显著水平 ($p<0.05$), 说明土壤性质可以很好地解释植物多样性的差异。第一排序轴土壤性质对植物多样性的解释量为 98.2%, 几乎包含了所有的土壤与植物因子关系信息, 因此对第一排序轴进行深入分析。从各个因子与第一排序轴的相关系数大小 (表 2.17) 可知, 土壤全磷、全氮、有机质、速效钾和速效磷与 Margalef 指数、Shannon-Wiener 指数、Simpson 指数和 Pielou 指数呈正相关关系, 其中全磷、全氮、有机质和速效钾与多样性指数的相关系数均大于 0.5, 全钾和含水量与上述多样性指数呈负相关关系。土壤全氮、速效钾、全磷和有机质对群落物种多样性的影响较大。

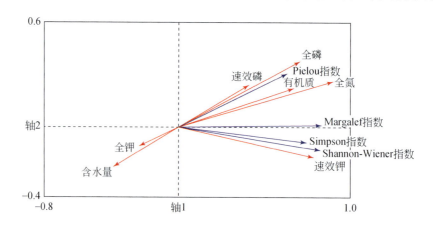

图 2.13　土壤性质与群落多样性指数 RDA 排序

土壤因子用带箭头的红色线段表示, 群落多样性指数用带箭头的蓝色线段表示, 箭头连线之间的夹角代表土壤因子与多样性指数的相关性关系, 线段长度代表土壤因子对植物群落影响程度的大小

表 2.16　土壤性质与群落多样性 RDA 分析结果

排序轴	轴 1	轴 2	轴 3	轴 4	总方差
特征值	0.645	0.010	0.002	0.000	1.000
物种-环境相关系数	0.820	0.812	0.248	0.555	
物种数据变化累计比例/%	64.5	65.5	65.6	65.6	
物种环境变化关系累计比例/%	98.2	99.8	100.0	100.0	

续表

排序轴	轴1	轴2	轴3	轴4	总方差
蒙特卡罗检验第一典范轴 p 值	0.046				
蒙特卡罗检验所有典范轴 p 值	0.046				

表 2.17　土壤性质与植物多样性的相关系数

指标	轴1	轴2	轴3	轴4
全钾	-0.1969	-0.0676	0.1293	-0.2989
全磷	0.5922	0.2404	0.1007	0.2244
全氮	0.7512	0.1665	0.0434	0.0797
有机质	0.561	0.1418	0.1429	0.0085
速效钾	0.6587	-0.1091	0.0891	0.1871
速效磷	0.3443	0.1528	-0.1981	0.145
含水量	-0.3222	-0.146	0.0504	0.2365

　　RDA 排序结果可以反映土壤因子与植物群落间存在的相关性,但它是土壤性质综合作用于群落多样性的关系。因此,利用 RDA 分析中的前向选择来筛选土壤因子中对植物群落特征变量影响最强的某一个或几个因子。应用前向选择分析时,每一个土壤因子作为环境解释变量,被逐一引入模型分析,并通过蒙特卡罗检验评价其对植物变量解释的显著性(表 2.18)。

表 2.18　环境因子作为解释变量的前向选择和蒙特卡罗检验

指标	条件影响	多元相关比率/%	p	F
全钾	0.03	4.55	0.382	0.84
全磷	0.02	3.03	0.454	0.67
全氮	0.5	75.76	0.002	15.97
有机质	0.01	1.52	0.508	0.56
速效钾	0.04	6.06	0.23	1.5
速效磷	0.01	1.52	0.928	0.05
含水量	0.05	7.58	0.242	1.61
总计	0.66	100.00		

　　前向选择分析结果表明,群落多样性变化的主要影响因子是土壤全氮,其单独解释量占土壤性质总解释量的 75.8% ($p=0.002$,$F=15.97$)。

2.3.4.2　土壤质量退化机理分析

1. 采煤沉陷对土壤水分的影响

井工矿开采会损坏煤层覆岩的力学平衡,导致覆岩发生垮落、裂隙和弯曲下沉(张发旺等，2003），使采空区上方地表发生沉陷。本研究显示，沉陷区土壤含水量比非采区有所减少，尤其在坡中（沉陷边缘区）最明显，这与已有研究结果基本一致（Bian et al.，2009；程林森等，2016；台晓丽等，2016）。土壤含水量受土壤水分补给和土壤持水性能的影响（Cosh et al.，2008；Deck et al.，2003）。沉陷使地表产生裂缝，土体结构遭到损坏，土壤结构变得疏松，孔隙度增大，导致土壤持水能力下降（王琦等，2013；Gates et al.，2011；Shukla et al.，2004），而且裂缝的出现增加了水分的垂向渗漏和侧向蒸发，减少了大气降水的有效补给，从而造成土壤含水量的下降。由于坡中产生的裂缝数量多且宽度大，土壤水分的下渗量和蒸发量也随之增大，致使坡中土壤水分减少最多。

2. 采煤沉陷对土壤养分的影响

土壤养分是反映土壤质量的重要指标。本研究初步表明，沉陷区全磷、全氮、有机质和速效钾含量较非采区均有显著下降，这一结论与张发旺（2001）、张丽娟等（2007）相似，但不同的是，速效磷含量有增加趋势，因为沉陷导致土壤中的粉粒和黏粒减少，使土壤沙化严重（Zhou et al.，2015；Chen et al.，2008），沙土对磷素的固定和缓冲能力差，除非活性磷外，其他形态磷可全部或部分释放到土壤中使速效磷增加（Zhang et al.，2002；Leinweber et al.，1999；Turner and Hayarth，2000），这一点与姚国征的结论基本吻合。土壤结构的改变与土壤养分运移密切相关，沉陷形成地表裂缝，使土壤中的营养元素沿裂缝渗漏至采空区，从而引起土壤养分的缺失。同时，本研究发现全氮在沉陷区坡中流失严重，有机质和速效钾在坡底减少最多，这是因为不同土壤养分的流失途径存在差别。坡中氮素沿裂缝淋溶至土壤深层发生损失，而坡底位于沉陷中心区，地势低洼，水热条件相对较好，调查时也发现该部位植物种类多，盖度高，可能由于植物对土壤养分吸收利用程度高而造成可利用养分相对于其他坡位低。

2.3.4.3　植被群落退化机理分析

沉陷区土壤水分和养分条件的改变会打破土壤与植被之间的动态平衡，从而对植物群落产生影响（Zhang et al.，2002）。本次调查可知，沉陷后植物种类有所减少，群落组成发生改变，原生植被羊草、贝加尔针茅优势地位下降，旱生植物种类和数量增多，植物群落发生逆向演替。地表下沉或裂缝的产生会使植物根系拉伤甚至断裂，从而导致其死亡，原有植物因抗沉陷干扰能力的不同而被其他物种取代。此外，由于沉陷区土壤水分减少和养分流失，使环境趋于干旱化，而埋在土壤中适合旱生条件的植物种子因生存环境适宜而萌发长成植株。沉陷区 Margalef 指数、Shannon-Wiener 指数、Simpson 指数和 Pielou 指数均低于对照区，受采煤沉陷的影响，群落的物种多样性有所下降，这也验证了生态学的中度干扰假说（Catford et al.，2012），若干扰过度，先锋种不能发展到演替中期，使物种多样性较低。

2.3.4.4　土壤–植被系统退化机理分析

土壤环境是植物群落生长的基础，但是土壤质量对植物多样性的影响尚不清楚。这可能是因为土壤理化性质和养分因子之间的关系本就复杂（Huang et al.，2013），其作用于物种多样性的耦合效应更为复杂，而且不同植物功能群对土壤质量的响应也不同。本研究表明，土壤因子与植物多样性的排序模型达到显著水平，其对植物多样性的解释量为98.2%。总体来看，土壤养分与物种多样性指数呈正相关关系，其中全氮、速效钾、全磷和有机质对群落物种多样性的影响较大。进一步研究发现，影响物种多样性变化的关键因子是全氮。土壤氮素是植物生产力的决定性因素，也是草原植物群落组成的主要因子（安超平等，2016）。沉陷区全氮的减少会使依赖于氮素的植物生长受限，在物种竞争中逐渐被淘汰，导致群落多样性降低。

土壤-植物系统的综合评价结果为：与对照区相比，采煤沉陷后土壤-植物系统发生退化。从各监测样地来看，2019 年各样地的植被和土壤综合指数均比 2018 年有所增加，植被群落和土壤质量均呈恢复趋势，但是未达到对照区水平。综合来看，开采后形成沉陷盆地，位于工作面边界附近的区域（SW2、SW3）受沉陷影响最大，这一部位的土壤质量和植被状况相对较差。

2.3.4.5 土壤与植被系统耦合协调性退化特征

植被生长对土壤质量下降的反应最敏感，沉陷引起土壤质量下降后表现为植被群落结构的退化。在沉陷发生后，受沉陷影响最大的开采工作面边界附近土壤-植被系统为濒临失调衰退类植被损益型，土壤-植被系统组合状态差，耦合度最低。沉陷 1 年后，随着沉陷区的稳定，植被群落逐渐适应土壤环境的改变，土壤-植被系统发展为勉强协调发展类植被土壤同步型。由耦合协调度模型还可以看出，对照区土壤-植被系统为良好协调发展类植被滞后型，说明该区域生态系统受放牧的影响，导致植被生长滞后于土壤环境。

综合以上研究和分析结果，得出煤矿井工开采扰动下草原生态系统的退化机理，如图 2.14 所示。

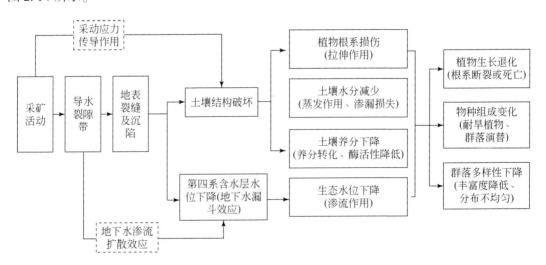

图 2.14 井工开采下草原生态系统退化机理

第3章 煤电基地高强度开采驱动下微生态系统变化规律

大型煤电基地高强度煤炭开采活动对矿区及其周边的生态系统产生了不利影响，特别是露天采煤直接破坏了地表植被和自然土壤生态系统，植被和土壤的扰动势必影响土壤微生物群落的特征和组成。另外，微生物群落的变化也会影响草原植被，使干旱条件进一步复杂化。微生物作为土壤重要的生物组成部分，是重要的环境监测仪，反映生态系统的受干扰状态。土壤微生物在特定生态系统的分解、养分循环和植物相互作用等生物过程中发挥着重要作用。这些影响对恢复生态系统功能和生物多样性至关重要。本章首先研究了高强度开采驱动下草原植被时空变化规律，在此基础上对煤炭开采驱动下微生态演变规律进行分析，最后明晰开采驱动下微生态系统响应机理与生态累积效应。分析了开采驱动下植被演替规律、草原土壤与植被养分循环变化过程、植物植被与土壤空间相关性，厘清了开采驱动下微生态系统响应机理、生态累积效应以及胁迫因素控制下微生态系统变化趋势。

3.1 高强度开采驱动下草原植被时空变化规律

3.1.1 开采驱动下植被演替规律

以内蒙古锡林郭勒盟锡林浩特市胜利矿区和呼伦贝尔市陈巴尔虎旗宝日希勒矿区周边距采矿区 0~2km 范围天然的草地作为研究区，根据草地放牧及围栏情况在两研究区与矿区垂直方向分别布设 4 条样线，且在每条样线上按照与矿区的不同距离布设固定样点，胜利矿区共 80 个样点，宝日希勒矿区共 120 个样点，探究在采煤等人为活动干扰下自然草地植被群落组成、植被多样性和土壤特性变化情况，分析矿区土壤特性与植被生长相关性、土壤养分空间异质性、植被多样性和土壤微生物多样性空间异质性以及矿区周边草地生态评价情况。

A 样线内各样点植物群落相似度、变异系数见表 3.1，A 样线正对矿坑中心，设在西北方向。从表 3.1 可以看出，A 样线植被群落有以下特点：A1 样点与其他样点的群落相似度，随着距离缩减，样点间的群落相似度变异系数随着距矿坑距离的增加有先降后升的趋势，降到 A4 样点后又升高。

表 3.1　A 样线内各样点植物群落相似度及变异系数

样点	A1	A2	A3	A4	A5	A6	2017 变异系数
A1	1						0.3103
A2	0.7333	1					0.2117
A3	0.5294	0.5294	1				0.2102
A4	0.4706	0.4706	0.5625	1			0.1044
A5	0.3333	0.4706	0.3333	0.5000	1		0.2434
A6	0.4000	0.4737	0.4000	0.5882	0.5789	1	0.1888

将各样点 5 个样方的数据进行多样性指数计算。A 样线内各样点植物群落多样性指数如表 3.2 所示。A1 样点的 Margale 多样性指数与其他样点差异较大；Simpson 多样性指数、Shannon-Wiener 多样性指数、Pielou 多样性指数各点之间差异不大；PIE 种间相遇机率 A5 与 A6 样点间差异较大。

表 3.2　A 样线内各样点植物群落多样性指数显著性差异

样点	Margale	Simpson	Shannon-Wiener	Pielou	PIE
A1	1.6018	0.5733	1.5413	0.7854	3.0450
A2	2.9403	0.7253	1.5734	0.8467	3.6736
A3	3.0769	0.7944	1.6588	0.8608	4.2798
A4	3.2478	0.7615	1.6875	0.8344	2.6170
A5	3.3580	0.7151	1.6279	0.7852	5.4390
A6	2.8385	0.7069	1.4883	0.8250	2.0810

由此可知，在 A 样线上 Shannon-Wiener 多样性指数、Pielou 多样性指数与距离矿坑的远近无显著性差异，Margale 多样性指数、Simpson 多样性指数、PIE 种间相遇机率与距离矿坑远近有一定显著性，即 A1 的 Margale 多样性指数、Simpson 多样性指数与其他的差异极显著，说明 A1 样点的群落是受到开矿影响的敏感区。

B 样线内各样点植物群落相似度、变异系数见表 3.3，B 样线正对排土场，设在排土场西北方向。从表 3.4 可以看出，B 样线 2017 年植被群落有以下特点：各样点的群落相似度仅有 B4 样点与 B1 的相似度最高，但相似度的变异系数 B4 的最低，反映出 B4 样点是各种干扰综合作用的拐点。变异系数随着距排土场距离的增加逐渐降低，到 B4 最低，然后升高。

表 3.3　B 样线内各样点植物群落相似度及变异系数

样点	B1	B2	B3	B4	B5	B6	2017 变异系数
B1	1						0.1516
B2	0.5333	1					0.1384

样点	B1	B2	B3	B4	B5	B6	2017 变异系数
B3	0.5625	0.7143	1				0.1139
B4	0.6667	0.6000	0.6250	1			0.0391
B5	0.4706	0.7143	0.6250	0.6250	1		0.1663
B6	0.4667	0.7500	0.5333	0.6429	0.7692	1	0.2091

B 样线内各样点植物群落多样性指数显著性见表 3.4。Margale、Simpson 多样性指数无显著性差异；Shannon-Wiener、Pielou、PIE 种间相遇机率多样性指数呈现显著性差异。在 B 样线上 Margale 多样性指数、Simpson 多样性指数等 5 个参数与矿坑距离均无显著性。

表 3.4　B 样线内各样点植物群落多样性指数显著性差异

样点	Margale	Simpson	Shannon-Wiener	Pielou	PIE
B1	2.6660	0.5775	1.1850	0.6892	3.1743
B2	2.6551	0.7001	1.3821	0.8296	1.9805
B3	2.8931	0.6854	1.4455	0.7886	2.5496
B4	2.7270	0.7105	1.4429	0.8232	3.0737
B5	2.9507	0.7363	1.5584	0.8414	2.9877
B6	2.9007	0.7460	1.5633	0.8510	2.9614

C 样线内各样点植物群落相似度、变异系数如表 3.5 所示。从表 3.5 看出，C 样线植被群落表现为沿样线设置的方向距离矿坑越远相似度先减小后增加再减小。

表 3.5　C 样线内各样点植物群落相似度及变异系数

样点	C1	C2	C3	C4	C5	C6	2017 变异系数
C1	1						0.2606
C2	0.3846	1					0.3731
C3	0.2500	0.5556	1				0.3487
C4	0.5000	0.3125	0.2857	1			0.2344
C5	0.4167	0.8000	0.5000	0.4000	1		0.3162
C6	0.3077	0.7000	0.5556	0.3333	0.7000	1	0.3679

经 SAS 分析，C 样线内各样点植物群落多样性指数显著性见表 3.6。

从表 3.6 可以看出，Margale 多样性指数呈显著性差异、Simpson、Shannon-Wiener、Pielou、PIE 种间相遇机率多样性指数均呈显著性和极显著性差异。

表 3.6　C 样线内各样点植物群落多样性指数显著性差异

样点	Margale	Simpson	Shannon-Wiener	Pielou	PIE
C1	2.5375	0.5951	1.1710	0.7269	1.8834
C2	2.5460	0.6402	1.2501	0.7606	2.4059
C3	2.2881	0.3947	0.7700	0.5395	1.5800
C4	4.4145	0.6845	1.4297	0.7526	2.6821
C5	2.7678	0.7352	1.5040	0.8724	3.0369
C6	2.7703	0.6108	1.2669	0.7070	2.2125

因此，在 C 样线上 Margale 多样性指数、Simpson 多样性指数、Shannon-Wiener 多样性指数、Pielou 多样性指数、PIE 种间相遇机率与距离矿坑的远近均具有显著性。

D 样线位于自然放牧区，设在矿坑西南方向。

由表 3.7 可知，D 样线植被群落有以下特点：距离矿坑越远，相似度越小，变异系数也越小。放牧对草原植被生长有一定程度的影响，损坏草层结构和土壤结构，引起草原退化，植物种类减少，生产力下降。

表 3.7　D 样线内各样点植物群落相似度及变异系数

样点	D1	D2	D3	D4	D5	D6	2017 变异系数
D1	1						0.1732
D2	0.4545	1					0.0999
D3	0.4737	0.5294	1				0.1976
D4	0.6667	0.5000	0.6429	1			0.1257
D5	0.5556	0.5625	0.4667	0.6429	1		0.1190
D6	0.6471	0.4444	0.3750	0.5333	0.6154	1	0.2183

D 样线内各样点植物群落多样性指数如表 3.8 所示。Margale、Pielou 多样性指数的变化不大；Simpson、Shannon-Wiener、PIE 种间相遇机率在各样点间的变化较大。

表 3.8　D 样线内各样点植物群落多样性指数显著性差异

样点	Margale	Simpson	Shannon-Wiener	Pielou	PIE
D1	3.3913	0.6483	1.4863	0.7200	3.5760
D2	3.0733	0.7216	1.5392	0.7000	1.9198
D3	3.3646	0.7589	1.7040	0.8200	2.5602
D4	3.3030	0.7132	1.5980	0.7800	2.2780
D5	2.7775	0.6456	1.3270	0.7500	2.7925
D6	2.5776	0.6304	1.2686	0.7668	3.2369

由表 3.9 可知，2018 年 Margale、Simpson 多样性指数无显著性差异；Pielou、Shannon-Wiener、PIE 种间相遇机率均呈显著性差异。

表 3.9　2018 年 D 样线内各样点植物群落多样性指数显著性差异

样点	Margale	Simpson	Shannon-Wiener	Pielou	PIE
D3	3.6287Aa	0.6846Aa	1.5484Aab	0.7119Aab	2.8346ABa
D4	3.6224Aa	0.6240Aa	1.4057Ab	0.5672Ab	1.3467Bb
D5	3.5846Aa	0.7305Aa	1.4769Aab	0.6789Aab	1.5325Bb
D6	3.3505Aa	0.7759Aa	1.7139Aa	0.8419Aa	3.6748Aa

胜利煤田地表植被属于内蒙古中东部地带性植被，植被类型为典型草原，属于我国北方草原退化区域，盖度约为 50%，大针茅（*Stipa grandis*）、克氏针茅（*Stipa krylovii*）和羊草（*Leymus chinensis*）为这一植物群落的优势种。

记录样地植物生长数据和分析不同方向设置的四条样线的植被群落特征，样线上间距不同的各样方为不同群落。分析发现距离矿坑越远，植物种数、生物量均有增加，而总体上相似度和变异系数均呈减小的趋势。由于空间异质性的增加，各群落中植物种数变化明显，群落中优势种发生更替。露天采煤和放牧对群落中植物生长有一定影响，其原因可能为煤炭长期高强度的开采，导致土壤污染、地下水系被损坏等，影响了地上植被和土壤生态系统等正常的更新，草原生态系统发生退化。另一个重要原因就是放牧。长期以来，内蒙古自治区的草原都处于过度放牧的状态，不合理的放牧制度会引起草原植物群落的退化，如牲畜的选择性采食和畜蹄践踏都会造成草地的生产性能下降。胜利煤田的植被群落结构简单，因此极易受到环境因子的制约。

多样性指数是反映植物群落演替过程的一个重要指标，包括 α 多样性、β 多样性、γ 多样性和 ε 多样性四个水平，可用于评价植物群落的生长状况，来反映群落发生演替的阶段。对于生物多样性与生态系统功能之间的关系，生物多样性与生产力的大小是相关的，一定范围内，生产力影响生物多样性，超出这个范围，生物多样性则影响生产力。在生态系统中相对较高生物多样性的植物群落内不同物种之间存在正相关关系，对生态系统的持续生产产生促进作用。也有学者在几种不同类型的生态系统中试验，结果也显示生物多样性指数较高的群落生产力、稳定性均良好。王长庭等（2004）在做长期的观测实验时，发现均匀度和多样性指数与生产力的关系为负二次函数关系，生物多样性为单峰曲线，最大时群落生产力水平为中等。

本次调查认为内蒙古自治区胜利露天矿周围植物的生长受开矿和放牧的影响。四条样线上各样点的相似度和变异系数距离矿坑越远，呈减小的趋势，空间异质性增加，植物群落优势种发生更替，群落趋于稳定。生物多样性指数方面，不同样线由于受到的环境因子制约不同，Margalef 丰富度指数、Shannon-Wiener 多样性指数、Pielou 均匀度指数与距离矿坑的远近不显著，Simpson 多样性指数、PIE 种间相遇机率指数与距离矿坑的远近具有显著性差异。

综合研究区 2018 年、2019 年野外植被调查情况，得到如下结果：不同样点群落组成物种重要值有很大差异（表3.10）。北电胜利矿区所处草原类型为典型草原克氏针茅+糙隐子草群落，在设置的研究样地内共调查到23个植物种类，分属12科20属，主要为禾本科、菊科。优势种克氏针茅、糙隐子草、大针茅的重要值在距离采矿区1900 m和对照区均最高，随着与采矿区距离的减小而降低。与对照区相比，旱生及退化草地指示种寸草苔和小画眉草重要值在距离采矿区100 m处均为最高。400～900 m范围，主要以小画眉草和糙隐子草重要值最大。说明矿区周边植物群落物种重要值存在明显差异，距离采矿区越远，植物群落接近天然草地，克氏针茅、糙隐子草、大针茅成为群落主要组成部分。随着与采矿区距离的减小，寸草苔、银灰旋花和小画眉草在植物群落中逐渐占据主要位置，杂类草在群落中逐渐占优势，草地出现退化现象，草地生产功能随之降低。

表3.10　胜利矿区周边各样点植被群落物种组成与重要值变化

植物种类		样点至矿区边界水平距离				CK
		100 m	400 m	900 m	1900 m	
粘毛黄芩	Scutellaria viscidula	9.21	10.09	9.64	2.07	—
克氏针茅	Stipa krylovii	10.26	14.20	13.69	15.88	18.53
银灰旋花	Convolvulus ammannii	7.19	5.14	2.79	4.24	—
糙隐子草	Cleistogenes squarrosa	14.05	8.40	19.41	22.42	11.09
猪毛菜	Salsola collina	2.30	3.34	1.66	1.97	—
羊草	Leymus chinensis	5.65	7.67	4.56	2.72	9.23
小画眉草	Eragrostis minor	13.51	—	18.29	8.46	—
大针茅	Stipa grandis	11.06	14.54	16.19	18.75	16.77
寸草	Carex duriuscula	14.15	—	—	6.23	1.54
草麻黄	Ephedra sinica	1.32	—	—	—	—
细叶鸦葱	Scorzonera pusilla	1.71	3.70	2.89	2.32	3.68
多根葱	Allium polyrhizum	—	—	—	4.21	2.03
棘豆属	Oxytropis	2.18	3.76	—	—	—
天门冬	Asparagus cochinchinensis	—	—	—	1.28	—
冷蒿	Artemisia frigida	—	4.41	—	—	—
冰草	Agropyron cristatum	—	13.31	5.84	3.30	3.78
阿尔泰狗娃花	Heteropappus altaicus.	—	5.28	—	—	—
乳白花黄耆	Astragalus galactites	—	6.16	2.10	2.24	5.12
藜	Chenopodium album	—	—	2.95	—	—
北芸香	Haplophyllum dauricum	—	—	—	0.83	7.70
细叶鸢尾	Iris tenuifolia	—	—	—	3.08	6.30
知母	Anemarrhena asphodeloides	—	—	—	—	1.73
无芒隐子草	Cleistogenes songorica	7.38	—	—	—	12.52

宝日希勒矿区所处草原类型为草甸草原贝加尔针茅+羊草群落，在设置的研究样地内共调查到 64 个植物种类，分属 15 科 42 属，主要为禾本科、菊科。W 线与 A 线以星毛委陵菜、寸草苔、糙隐子草为主，B 线主要以寸草苔、贝加尔针茅和羊草重要值最高，E 线以贝加尔针茅和羊草为主。与对照区相比，B、E 线与对照区植物优势种最为相似，均为贝加尔针茅和羊草，而其他杂类草在群落中所占比重逐渐降低。另外宝日希勒矿区周边群落植被组成与重要值变化与胜利矿区相比存在差异，胜利矿区植被群落变化主要体现在距离矿区远近，而宝日希勒矿区差异主要体现在矿区周边不同土地利用方式所导致矿区周边群落差异变化。

群落相似性系数的大小在一定程度上可反映群落的时空结构，不同样点植被群落受到干扰后群落相似性系数产生变化，与何芳兰对梭梭（*Haloxylon ammodendron*）林衰败过程中植被群落相似性研究结果相似。

距胜利采矿区 400 m 处植被群落与距采矿区 900 m 处植被群落相似性系数最高（相似性系数为 0.80）；离采矿区 100 m 处群落相似性系数与 1900 m 处植被群落相似性系数最低（相似性系数为 0.69）。距采矿区 100 m 和 400 m 处与对照区相比群落相似性系数最低（相似性系数为 0.38、0.54），距离采矿区 1900 m 处与对照区的群落相似性系数最高（相似性系数为 0.76），说明距采矿区最远处草地与对照区草地最为相似，且与距离采矿区最近处植被群落干扰差异最大（表 3.11）。

表 3.11　胜利矿区不同距离植物群落 Sorensen 相似性指数变化

样点	400 m	900 m	1900 m	CK
100 m	0.69	0.72	0.69	0.38
400 m		0.80	0.69	0.54
900 m			0.79	0.56
1900 m				0.76

宝日希勒矿区周边草地群落与对照区相似性最高的是 E 区（相似系数为 0.82），说明 E 区所受干扰较小，最接近自然群落。而 W 区与其他样区相似性最低，说明 W 区受干扰最大，群落产生差异最大。而 B 与 E 线的群落相似性也较高（相似系数为 0.69），说明 B 线与 E 线受干扰强度接近。矿区周边植被群落相似性产生差异可能原因是煤炭露天开采使整体环境发生了改变，导致优势物种替代率相对较高，环境异质性相对较大，草地退化程度较快。

矿区周边植被群落组成差异显著，说明矿区周边植被群落发生不同程度演替。研究表明，与对照区相比，东部草原露天矿区周边植被多样性与群落相似性均存在显著差异，这可能是在露天采煤的扰动下，矿区周边草地出现不同程度退化，不同物种对退化草地有一定适应能力。采煤过程中对植被的践踏、引起的扬尘，对矿区周边一定范围植物造成干扰，由于寸草苔、小画眉草、星毛委陵菜等植物可以更好地适应这些干扰，逐渐成为受干扰程度强烈区域的优势种。另外，露天采煤过程中土方的堆积形成的排土场，对部分物种的播种与繁殖产生一定的阻隔，造成区域植物多样性下降、物种单一化演替，动物对植物的选择性采食导致植被种群生长破碎化直接影响植物群落稳定，而植物群落也可能会通过增加植被种群密度的对策来维持其生存，逐渐适应放牧生境并进行种群更新，最终导致矿区周边逐渐形成群落单一化演替的趋势。总体来看，两矿区植被类型相似，均以禾本科和菊科为主，但宝日希勒矿区多样性总体来看高于胜利矿区，可能原因是宝日希勒矿区位于草甸草原区域，由于气候等原因导致两矿区草地类型不同，进而影响不同矿区周边物种数量，导致宝日希勒矿区物种数高于胜利矿区。胜利矿区植被变化随距离梯度差异显著，而宝日希勒矿区植被变化随矿区从西到东差异显著，原因是土地利用方式不同，宝日希勒矿区西侧除受采矿影响外，还受放牧影响。综上所述，两矿区植被群落演替均由外界干扰程度大小决定。总结露天矿区对外围植被的影响机制有以下几点：

（1）将胜利矿区植物群落划分为 3 个类型。距矿区 100 ~ 400 m 范围，以糙隐子草、寸草苔和小画眉草等杂草为主；400 ~ 900 m 范围，以小画眉草和糙隐子草为主；900 ~ 1900 m 植被群落物种组成与对照区草地最接近，以大针茅、糙隐子草和克氏针茅为主。

与胜利矿区不同的是，宝日希勒矿区周边植物群落沿矿区从西到东存在很大差异，可分为 3 个类型。位于宝日希勒矿区与东明煤矿中间区域，以星毛委陵菜、寸草苔、糙隐子草为主；矿区北侧有放牧存在，以星毛委陵菜、寸草苔、贝加尔针茅为主；矿区东侧接近自然群落，以贝加尔针茅、羊草、糙隐子草为主。

（2）胜利矿区周边草地随着与矿区距离的增加，群落相似性逐渐升高，而宝日希勒矿区沿矿区西侧到东侧，群落相似性逐渐递增。说明东部草原露天矿区周边草地受干扰影响因素不同，群落相似性变化主要由受干扰大小引起，受干扰较大区域与其他区域相比群落相似性较低。

（3）距离胜利矿区较近位置植物多样性指数相对降低，距离矿区较远位置植物多样性指数逐渐接近未干扰区。宝日希勒矿区周边植物群落多样性指数变化趋势与胜利矿区相似，受干扰较大区域植物多样性指数较低。另外除放牧外，草地类型、气候对矿区植被群落演替的影响也不能忽视。

（4）东部草原矿区周边草地植被群落受干扰程度差异动态演化明显，总体来看，随着干扰程度的增加，植被群落逐渐呈现退化趋势，且受土地利用方式影响，胜利研究区植被群落在与采矿区距离梯度上差异明显，宝日希勒研究区植被群落则沿矿区由西到东演替差异显著。

3.1.2　开采驱动下草原土壤与植被养分循环变化过程

东部草原煤炭露天开采往往挖掘局部地表土壤，导致地表出现巨大露天矿坑，加剧了水土流失，并且采掘出的地下深层土壤和矿石在地表堆积形成新的矿山景观，采掘过程中大型机械车辆的运行产生的扬尘等，同样对当地土壤环境进行损坏。矿区周边存在放牧，由于牲畜的采食与践踏，地表土壤逐渐疏松，降低土壤含水率，导致矿区水土流失更加重要。多年采矿、放牧等的干扰，造成草地土壤含水量、酸碱度、土壤养分、土壤酶活性等土壤特性产生差异。土壤环境与植被生长密不可分，研究矿区周边 0 ~ 2 km 范围天然草地土壤特性变化，对比分析土壤特性对采矿、放牧等干扰的空间动态响应，结合植被多样性变化，采用冗余分析（RDA）方法探究矿区植被群落演替与土壤特性的相互影响机制，为矿区的土地复垦与生态修复提供理论依据。

露天采煤选择高效的机械化工艺进行开采（Shrestha and Lal，2010），高效生产也会产生大量废弃物对生态造成影响，剥离地表土层和植被、挖掘地下 0~200 m 矿石、运输以及倾倒均会对土壤理化性质产生不同影响，此外重建的矿区生态景观也会导致土壤养分小尺度空间异质性，影响矿区水文状况，因此分析露天采煤对植被和土壤的影响已成为矿区生态恢复的关键问题。

植物多样性变化是反映群落变化进程中的一个重要指标（敖敦高娃等，2015），不仅能反映群落组成、结构、功能和动态等方面的异质性，也可反映不同自然地理条件与群落的相互关系（吴富勤等，2019）。国内外学者针对矿区植被变化进行了诸多研究，一般认为采煤对矿区植被具有明显且可持续影响。土壤因子的变化反映出采煤对土壤理化性质的影响，一般学者认为采煤对土壤养分具有明显的负面影响，干扰区的土壤有机质、N、P 等元素的含量显著低于未干扰区，采煤损坏了原土壤对碳、氮等元素的"源-汇"平衡功能（王琦等，2016）。植物群落多样性变化是植被与土壤相互适应与改造的过程，也是不同物种在土壤养分等资源互相竞争和替代的过程（赵韵美等，2014）。研究植物群落特征与土壤因子的关系是矿区生态恢复的重要方面。以往研究发现，植物多样性受速效钾、速效磷和土壤有机质等土壤因子影响（赵敏等，2019），土壤有机质是决定采煤矿区土壤质量和植物群落特征的关键因素，速效养分和酶类是影响植物群落生产力和多样性的主要因子（王双明等，2017）。以往关于植被与土壤因子关系的研究大多集中在高寒退化草地（刘育红等，2018）、黄土高原地区（刘娇等，2018）以及矿区复垦地（张兆彤等，2018），但针对露天采煤干扰下自然植被与土壤因子关系的研究较少。

研究采用野外生态学调查方法对矿区周边不同距离自然植物群落进行调查，采集 0~30 cm 土壤进行试验测试，在定量比较距采矿区不同距离草地与对照区的植被群落特征与土壤理化因子差异基础上，分析矿区周边植被群落特征与土壤因子在采煤扰动下变化规律。

采集的土样在野外封袋带回实验室，风干、研磨后在室内进行试验测定。土壤酸碱度（pH）、有机质（SOM）、铵态氮（NH_4^+-N）、硝态氮（NO_3^--N）、速效磷（AP）、速效钾（AK）、酸性磷酸酶（S-ACP）、碱性磷酸酶（S-ALP）、蔗糖酶（S-UE）的指标测定均参照《土壤农化分析》的方法进行测定。

数据采用 Excel 2016 进行处理，通过 SPSS 20.0 软件对植被多样性指数和土壤理化性质进行单因素方差分析。使用 ArcGIS10.5 软件地统计分析工具克里格（Kriging）插值法预测研究区土壤养分空间分布。使用国际标准生态学软件 Canoco 5.0 进行 RDA 数据运算，植物群落特征与土壤因子的关系应用 RDA 二维排序图进行表达。同时，在考虑采样及指标测试误差的基础上，采用格拉布斯（Grubbs）法对所得数据进行最严格的异常值识别和处理，剔除异常数值，后续相关计算分析均采用异常值处理后的数据进行（柴旭荣等，2007）。检验数据是否呈正态分布是进行克里格空间分析的基础，研究数据正态分布性检验在 SPSS 19.0 中完成，用 K-S 检验法进行非参数检验（$a=0.05$）；用手持 GPS 标记各采样点的坐标并分别导入 GS+9.0 和 ArcGIS 10.2 中，生成具有植被和土壤养分信息的采样点数据。采用 GS+9.0 完成空间自相关分析和半变异函数计算以及理论模型的拟合，并结合 ArcGIS 软件进行克里格插值，生成研究区植被密度和土壤养分的空间分布格局图。其中，半方差函数是空间异质性研究的最有效方法，是进行克里格空间插值的基础，其表达式如式（3.1）（柴旭荣等，2007）所示：

$$\gamma(h) = \frac{1}{2N(h)} \sum_{i=1}^{N(h)} [Z(x_i) - Z(x_i + h)]^2 \qquad (3.1)$$

式中，$\gamma(h)$ 为变异函数；$N(h)$ 为分割距离为 h 时的样本点对总数；$Z(x_i)$ 为 $Z(x)$ 在空间位置 x_i 处的实测值；$Z(x_i+h)$ 是 $Z(x)$ 在 x_i 处距离偏离 h 的实测值。为了定量化研究试验指标的空间自相关性及进行空间插值，使用最适理论模型高斯模型（Gaussian）、线形模型（Linear）、球状模型（Spherical）和指数模型（Exponential）进行半方差的最优拟合。

Margalef 指数反映群落物种丰富度，Shannon-Wiener 指数基于物种数量反映群落种类多样性，Simpson 指数表示物种优势度大小，Pielou 指数表示群落物种分布的均匀度。表 3.12 为对不同样点植物群落多样性指数进行比较。Margalef 指数、Shannon-Wiener 指数与 Simpson 指数随着与采矿区距离的增大均呈增加趋势，这与春风（2016 年）对内蒙古巴音华矿区植物群落多样性研究结果相似，且与对照区相比，距离采矿区 400 m、900 m、1900 m 处的植被多样性指数无显著差异，表明植物群落在距离采矿区 400 ~ 1900 m 范围与对照区相比多样性差异较小，群落多样性指数、丰富度指数变化较小。但内蒙古巴音华矿区植物群落 Pielou 指数随着与采矿区距离的增加降低，而研究中发现距采矿区不同距离群落 Pielou 指数并无明显差异，可能原因是胜利矿区位于典型草原，草地物种组成较少，群落均匀度指数变化并不明显。

表 3.12　不同距离植物多样性指数变化

多样性指数	样点至矿区边界水平距离				CK
	100 m	400 m	900 m	1900 m	
Margalef	1.35	2.56	3.46	3.07	2.57
Simpson	0.45	0.82	0.80	0.76	0.73
Shannon-Wiener	1.34	1.79	1.84	1.64	1.89
Pielou	0.73	0.89	0.87	0.88	0.89

表 3.13 为不同样点土壤基本理化性质。在研究区范围内，土壤含水量、有机质、铵态氮、速效钾和速效磷含量均随着与采矿区距离的增大而增加，其中土壤含水量和有机质分别增加了 68.87% 和 40.71%。距离采矿区 1900 m 处土壤含水量和有机质含量与对照区最为接近，距采矿区 900 m 处硝态氮含量与对照区最为接近且含量最高。说明距离采矿区较远土壤受到外力干扰减弱，土壤含水量、有机质、硝态氮流失量减少。土壤酸性磷酸酶含量随着与采矿区距离的增加而降低，碱性磷酸酶与蔗糖酶含量随着与采矿区距离的影响无明显变化。

表 3.13　土壤基本理化性质

测量指标	样点至矿区边界水平距离				CK
	100 m	400 m	900 m	1900 m	
土壤酸碱度（pH）	6.91	6.93	6.69	6.67	7.30
土壤含水量（WM）/%	11.30	11.33	15.93	36.30	39.25
有机质（SOM）/(g/kg)	20.87	29.54	27.63	35.20	34.45
铵态氮（NH_4^+-N）/(mg/kg)	1.50	1.26	1.45	1.69	1.61
硝态氮（NO_3^--N）/(mg/kg)	1.45	1.23	3.99	1.48	5.61±0.27
速效钾（AP）/(mg/kg)	7.46	4.64	7.69	7.72	4.09
速效磷（AK）/(mg/kg)	245.84	200.32	260.86	307.00	185.32
碱性磷酸酶（S-ALP）/(mg/g)	253.4	224.78	232.82	250.69	313.36
酸性磷酸酶（S-ACP）/(mg/g)	334.96	268.78	293.44	284.56	322.56
蔗糖酶（S-UE）/(mg/g)	0.29	0.27	0.26	0.27	1.35

通过对研究区土壤养分测试数据进行经典统计学分析，并对其进行克里格（Kriging）插值得到矿区周围土壤养分空间分布。土壤有机质、铵态氮、硝态氮、速效磷和速效钾含量总体分布均在距离采矿区最近位置含量最低，且在空间上呈现斑块状分布，说明露天采煤对土壤及景观的直接改变，致使煤矿区周围土壤养分呈现异质性。氨态氮、速效磷和速效钾含量在距采矿区 400 m 以外呈增多趋势，其原因可能是随着受采矿干扰的减弱，草地在 400 m 左右开始逐渐恢复。土壤中有机质来自植物的根系和凋落物，草地逐渐恢复后植被逐渐生长茂盛，根系与凋落物增多，土壤有机质含量增加（杨玉海等，2008），而矿区西北方向紧挨排土场，植物受采矿干扰较弱，有机质含量较多。而土壤氮素因子、磷素因子和钾素因子含量在距离采矿区越远处逐渐增多，分析其原因可能是距离采矿区越远，土壤持水能力越强使土壤微生物活性增强，且利于土壤养分的分解和转化循环、土壤肥力升高（王琦等，2014）。硝态氮含量在西南方向较多，西北方向含量降低，矿区周边草地硝态氮含量同样分布不均。

样点至矿区边界不同水平距离植物多样性特征、土壤因子冗余分析结果显示（图 3.1），冗余分析 RDA1 和 RDA2 两坐标轴能够解释 97.42% 的植被特征–土壤因子关系信息，说明排序结果可较好地反映植被群落特征与土壤因子之间的关系。土壤含水量、硝态氮、有机质、速效钾和速效磷均与植被特征指标呈正相关，说明土壤含水量、有机质、硝态氮、速效磷、速效钾的变化能在一定程度上反映植物多样性的变化。成正相关因子以土壤含水量为中心分布在纵轴左侧，表明这些土壤因子之间具有很强的相关性。有机质与 Shannon-Wiener 指数基本重合，表明相关性最大。土壤含水量、有机质、氮、磷、钾元素对植物反映群落生产力和物种多样性的影响非常明显，在影响植被生长的因子中比重较大，而土壤 pH 和酶类在矿区对植物群落特征的影响相对较小。

由表 3.14 可知，宝日希勒研究区内有机质含量范围为 14.92 ~ 113.78 g/kg，均值为

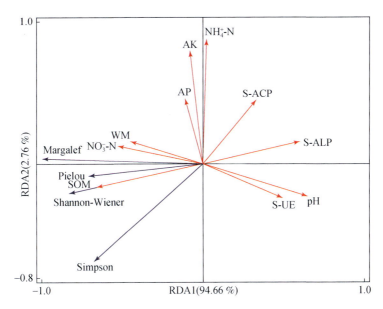

图 3.1　植被群落特征与土壤因子关系的 RDA 排序图

连线的长短表示植物群落特征与土壤因子关系的大小；箭头连线与排序轴的夹角表示该因子与排序轴
相关性的大小；箭头所指的方向表示该因子的变化趋势

56.44 g/kg；速效磷含量范围为 4.23～11.35 mg/kg，均值为 7.89 mg/kg；由表 3.15 可知，速效钾含量范围为 71.71～369.68 mg/kg，均值为 181.50 mg/kg。植被密度为 48～472 株/m²，每平方米植被密度平均为 198.13 株。根据第二次土壤普查养分分级标准，有机质含量属于第一级，为最高级别；速效磷含量属于第四级，处于中等级别；速效钾含量属于第二级，处于很高级别。

表 3.14　植被密度与土壤养分描述性统计特征值

项目	极小值	极大值	均值	标准差	偏度	峰度	K-S 检验	变异系数/%
有机质/(g/kg)	14.92	113.78	56.44	21.23	0.47	−0.54	0.20	37.62
速效磷/(mg/kg)	4.23	11.35	7.89	1.56	−0.11	−0.72	0.19	19.81
植被密度/(株/m²)	38.00	472.00	198.13	71.34	0.86	1.37	0.12	36.01

表 3.15　速效钾描述性统计特征值

速效钾	极小值/(mg/kg)	极大值/(mg/kg)	均值/(mg/kg)	标准差	偏度	峰度	K-S 检验	变异系数/%
转换前	71.71	369.68	181.50	61.16	1.04	0.91	0.00	33.70
转换后	4.27	5.91	5.15	0.32	0.16	0.02	0.29	6.25

变异系数反映区域化变量的离散程度。变异等级划分标准为 CV<10%，为弱变异；

10%≤CV≤100%，为中等变异；CV>100%，为强变异。有机质、速效磷、速效钾和植被密度均为中等变异，说明在宝日希勒矿区自然草地植被密度、有机质、速效磷和速效钾的空间变异受人类活动、采矿、放牧等随机因素的影响较为明显。有机质的变异系数最大为37.62%；速效磷的变异系数最小，为19.81%。

3.1.3　开采驱动下东部草原植被与土壤空间相关性

空间自相关性是检验某一类要素是否显著地与其相邻要素相关联的指标，是进行统计插值的基础（高凤杰等，2016）。植被密度、有机质、速效磷和速效钾总体上的空间相关性均随着滞后距离的增加而呈下降趋势。有机质含量的 Moran I 系数在 0~3000 m 内呈现正值，表现出较强的正相关性，说明有机质含量在这个区间内，存在明显的空间聚集性；在 3000 m 以后，Moran I 系数在 0 上下浮动，说明滞后距离增加到 3000 m 以后，有机质的自相关性已经表现得很弱；随着滞后距离的增加，Moran I 系数在 4000 m 后呈现负值，表现出较弱的负相关性，即有机质含量在这个区间内存在空间孤立性。速效磷含量 Moran I 系数随着距离的增加在 0~500 m 内先呈现正相关性，后转变为负相关性，在 1000 m 左右又转变为正相关性，变化比较复杂。速效钾含量也存在相应的空间聚集区和空间孤立区。植被密度 Moran I 系数在 1500 m 内为正值，呈现正相关性，说明植被密度在这个区间内存在明显的空间聚集性；在 1500~4000 m 内，Moran I 系数在 0 上下浮动，说明植被密度的自相关性已经很弱。综观以上分析，植被密度、有机质、速效磷和速效钾存在空间自相关性，可以进行地统计插值。

水分作为矿区植物生长的重要限制因子（王琦等，2014），随着土壤含水量的减少，植物生长也会受到干扰。露天采矿过程需剥离煤层上方的全部表土和岩层，不仅在采矿场损毁大量的土地，产生的排弃物也会占用大量的土地，致使区域环境生态失衡和土地资源损失（蔡利平等，2013），此外重建的矿区生态景观导致维持土壤养分和植被空间格局的均质化条件出现差异，煤矿区周边草地群落类型发生变化，土壤养分的空间异质性呈不同程度的变化趋势（张凤杰等，2009）。冗余分析结果显示，植物多样性指数与土壤含水量、有机质、硝态氮、速效磷和速效钾呈正相关。因为土壤因子会影响植被的生长和植被生态系统的发展，表现为群落数量特征、种群动态和结构的改变（韩煜等，2019）。植物生长是土壤因子变化最敏感的反应，受采矿干扰降低，土壤因子损害减弱，植物群落逐渐稳定，植物死亡后产生大量养分丰富的枯落物，枯落物在土壤中积累、腐解，产生大量的养分，这些养分又被植物吸收利用，使群落物种丰富度、多样性得到提高。

表 3.16 表明，有机质、速效磷的最佳拟合模型都是高斯模型，速效钾的最佳拟合模型为球形模型，植被密度的最佳拟合模型为线性模型。

块金值与基台值之比表示随机部分引起的空间变异占系统总变异的比例。植被密度的块金值与基台值之比较高，说明矿区植被密度空间变异受人类活动主要是对资源的开发利用、放牧等随机因素影响很大，受地形、成土母质等结构性要素影响较小。

变程是地质统计学中反映区域化变量空间异质性的尺度或空间自相关尺度的重要指标。研究区植被密度与土壤养分的变程由小到大表现为速效磷<速效钾<植被密度<有机

质。其中有机质的变程最大，表明有机质分布的均一性较高，在小范围内变异弱，整体分布趋向简单，空间相关性较弱。速效磷的变程最小，说明在研究区内速效磷含量变异强，空间相关性强烈。

表 3.16 植被密度与土壤养分半方差函数理论模型及相关参数

指标	模型	块金值 C0	基台值 C0+C	变程 Range A0	块金值/基台值/% C/（C0+C）	决定系数 r^2
有机质	高斯	227.00	705.20	7030.00	32.19%	0.58
速效磷	高斯	0.34	2.42	120.00	14.16%	0.03
速效钾	球形	0.01	0.12	320.00	12.67%	0.13
植被密度	线性	4206.92	4467.45	6586.37	94.17%	0.01

矿区内 3 种养分的空间分布规律差异较大。各个指标空间分布特征明显：有机质分布出现一个低值的球状聚集区域，其余部分呈现从西向东逐渐增加的趋势，高值区主要分布在东部。速效磷的分布总体呈现从西向东逐渐增加的趋势，高值区主要分布在矿区东北部，低值区主要分布在矿区西南部。速效钾含量分布在小尺度范围内，有较小的斑块镶嵌其中，在矿区东部和东北部存在速效钾含量分布较大的斑块，其分布由斑块中心向四周呈环形条带状递减。在矿区西部和正北部速效钾含量空间分布为大的斑块镶嵌分布，且以斑块为基础向一侧呈减弱趋势。从植被密度空间分布平面图来看，在小尺度范围内，植被密度以矿区西部与东部较高，矿区北部和东北部较低。

研究发现，距离胜利矿区较近位置植物多样性指数显著降低，群落相似性降低，土壤含水量、有机质、硝态氮和速效磷均显著减少。距离矿区 1900 m 处与对照区相比，植被群落与土壤养分最为接近。煤炭开采对一定范围内的土壤肥力产生影响，矿区周边土壤养分的空间异质性呈不同程度的变化。

胜利矿区周边草地植物多样性指数与土壤含水量、有机质、硝态氮、速效磷和速效钾呈正相关。土壤含水量和有机质是影响群落结构的关键因子，其余土壤因子对植物群落特征的影响较小。矿区周边群落的演替对土壤养分的需求不同，群落物种的变化明显，矿区周围草地出现明显的退化趋势，可在自然恢复为主的前提下，实施适当的人工干预调控以促进胜利矿区周边草地的恢复。

宝日希勒矿区有机质、速效磷的最佳拟合模型都是高斯模型，速效钾的最佳拟合模型为球形模型，植被密度的最佳拟合模型为线性模型；速效磷和速效钾的空间变异主要是由结构性因素引起的，且空间相关性较为强烈，有机质属中等强度的空间变异性，其空间变异是由随机性因素和结构性因素共同作用引起的，矿区植被密度空间变异受人类活动主要是对资源的开发利用、放牧等随机因素影响很大。

宝日希勒矿区有机质与速效磷分布呈现从西向东逐渐增加的趋势，高值区主要分布在东部，以放牧、采矿影响为主；速效钾含量以采矿影响为主；从植被密度空间分布来看，在小尺度范围内，植被密度以矿区西部与东部较高，矿区北部和东北部较低，以放牧、采矿影响为主。

3.2　煤炭开采驱动下微生态演变规律

3.2.1　矿区微生态系统变化特征

　　研究区域（图3.2）位于我国东部草原宝日希勒矿区周围（49°21′23.296″N，119°40′19.836″E ~ 49°25′52.400″N，119°47′39.632″E），属亚寒带大陆性半干旱气候，年均气温长期在-2.6℃左右，冬季严寒漫长，无霜期短，平均为110天；夏季凉爽短促，雨量集中，且降水较少，春秋两季气温变化剧烈，2017年年平均降雨量为18.43 mm，降雨主要集中在7、8月份，7月降雨量为53.2 mm，8月降雨量为84.3 mm。研究区域为呼伦贝尔高平原典型草原，以贝加尔针茅+羊草建群，分布着冰草、糙隐子草、麻花头、冷蒿等植物，土壤类型有淡黑钙土、暗栗钙土，且腐殖层较薄，土壤养分较为贫瘠。布设样线A线位于矿区北侧草场放牧区内，A线各点位于牧户所在草场内，为主要放牧区，过度放牧比较严重。样线B线位于矿坑北侧，为不放牧草原区。对照区域草原站为国家级陈巴尔虎旗草原观测站，草原站内（以下简称In）围栏封育，植被自然生长，建群种为针茅。草原站外（以下简称Out）为自然放牧。样点布设坐标见表3.17。

图3.2　研究区域样点布设

表3.17　采样点经纬度信息

与矿区距离/m	样点	纬度	经度	高程/m
50	A1	49°24′49.812″N	119°42′33.630″E	626.3
	B1	49°24′29.400″N	119°45′17.001″E	642.3

续表

与矿区距离/m	样点	纬度	经度	高程/m
450	A2	49°25′03.181″N	119°42′31.310″E	638.9
	B2	49°24′42.537″N	119°45′17.155″E	641.5
1950	A3	49°25′52.400″N	119°42′31.770″E	626.2
	B3	49°25′34.847″N	119°45′17.162″E	669.1
≥8000	In	49°28′03.138″N	119°49′30.431″E	653.4
	Out	49°28′06.870″N	119°48′33.010″E	637.3

另一矿区位于内蒙古锡林浩特市，属中温带半干旱大陆性季风气候区，年平均气温 0~3 ℃，结冰期长达 5 个月，寒冷期长达 7 个月，1 月气温最低，平均-19 ℃。7 月气温最高，平均 21 ℃，极端最高气温可达 39 ℃。年平均降水量不足 300 mm，降雨多集中在 7、8、9 三个月内。每年冬季都有降雪，11 月至次年 3 月平均降雪总量 8~15 mm。研究区地带性植被为典型草原，以大针茅、克氏针茅、糙隐子草为主要建群种，伴生种有羊草、冷蒿、寸草苔等。地带性土壤为栗钙土，研究区海拔 970~1212 m，总体呈山前平原地貌景观，地表坡度较缓，在研究区西南方向仅有一条沟谷穿过，暴雨时成为主要汇水排泄点。目前已探明含煤面积 342 km²，地质储量 224 亿 t，胜利煤田赋存条件好，煤层厚、埋藏浅、地质构造简单，适合集中开发。矿区在典型草原基础上，经多年露天开采影响，部分地带地表直接裸露，草场沙化程度较重。

围绕与矿区边界垂直的 4 个方向设置植被监测样带 ABCD（图 3.2），由于矿区东北方向为华北油田区域，矿区东部紧邻锡林河，南部为办公生活区，所以将 AB 样带布设在矿区西北方向，与排土场相邻，C 分布在矿区正西方向，与排土场相邻，D 分布在矿区西南方向，与露天矿采挖区相邻。在每条样带上按照样点至矿区边界 100 m、400 m、900 m、1900 m 水平距离进行布设。对照区 CK 选在锡林浩特市东北方向的锡林郭勒盟气象局观测站围封多年的草地内，于 2017 年 8 月至 9 月植被生长最茂盛时期进行野外植被调查。在每个样点左右水平距离布设 2 个 1 m×1 m 大小的植被监测的重复样方，重复样方之间距离 50 m，对照区内按照同样方法布设 5 个样方。每个样方中记录植物种类组成、物种的盖度、多度、高度等数量指标。在每个样方内对土壤（0~30 cm）进行 5 点采样，充分混合装入封口袋，使用 TDR（time-domain reflectometry，时域反射）土壤水分测定仪测定样方内土壤含水量，重复 5 次取平均值。

2017 年 7 月在研究区域布设样区内进行采样，每个样点以 10 m 为间隔布设 3 个 1 m× 1 m 的样方作为 3 个重复，每个样方中按照对角线采集 5 个点混合为一个样品。每个土样采集时均除表层浮土后进行取样，取样时将糙隐子草连根挖起，将糙隐子草根际土抖落在塑料袋上进行糙隐子草根际土壤采集，将根际土壤分为三部分进行收集：①取糙隐子草根际土壤装入 10 mL 离心管中放入冰盒中，带回实验室后放于-80 ℃冰箱保存，用于高通量测序；②将 100 g 根际土壤样品放入冰盒中，带回实验室，过 1 mm 筛后放于 4 ℃冰箱保存，用于土壤酶活性测定；③将 500 g 根际土壤样品常温保存后带回实验室，放于阴凉处自然风干后，过 1 mm 筛后用于土壤理化性质的测定。

DNA 提取及 PCR 扩增：按照 E. Z. N. A. ® soil 试剂盒（Omega Bio-tek, Norcross, GA, U. S.）说明书进行土壤总 DNA 抽提。DNA 浓度和纯度利用 NanoDrop2000 进行检测，利用 1% 琼脂糖凝胶电泳（5 V/cm, 20 min）检测 DNA 提取质量。丛枝菌根真菌目的片段采用巢式 PCR 法进行扩增，共进行两次 PCR 扩增。第一次 PCR 使用引物为真菌 18S rRNA 通用引物 AML1F 和 AML2R，所得片段长度为 800 bp；第二次 PCR 引物为 AMV4.5NF 和 AMDGR，最终所得片段长度为 300 bp。第一次扩增程序：95℃ 预变性 3 min, 32 个循环（95 ℃ 变性 30 s, 55 ℃ 退火 30 s, 72 ℃ 延伸 45 s），最后 72 ℃ 延伸 10 min（PCR 仪：ABI GeneAmp® 9700 型）。第二次扩增程序：30 个循环，其余扩增程序同第一次。扩增体系为 20 μL, 4 μL 5 * FastPfu 缓冲液, 2 μL 2.5 mmol/L dNTPs, 0.8 μL 引物（5 μmol/L）, 0.4 μL FastPfu 聚合酶；10 ng DNA 模板，最后用 ddH$_2$O 补充至 20 μL。

利用 Illumina 公司的 MiSeq PE250 平台进行测序（上海美吉生物医药科技有限公司）。Illumina MiSeq 测序：使用 2% 琼脂糖凝胶回收 PCR 产物，利用 AxyPrep DNA Gel Extraction Kit（Axygen Biosciences, Union City, CA, USA）进行纯化，Tris-HCl 洗脱, 2% 琼脂糖电泳检测。利用 QuantiFluor™-ST（Promega, USA）进行检测定量。根据 Illumina MiSeq 平台（Illumina, San Diego, USA）标准操作规程将纯化后的扩增片段构建丛枝菌根真菌文库 PE 2 * 250。

构建文库步骤：①连接 "Y" 字形接头；②使用磁珠筛选去除接头自连片段；③利用 PCR 扩增进行文库模板的富集；④氢氧化钠变性，产生单链 DNA 片段。

测序数据处理：原始测序序列使用 Trimmomatic 软件质控，使用 FLASH 软件进行拼接：①设置 50 bp 的窗口，如果窗口内的平均质量值低于 20，从窗口开始截去后端碱基，去除质控后长度低于 50 bp 的序列；②barcode 需精确匹配，引物允许 2 个碱基的错配，去除模糊碱基；③根据重叠碱基 overlap 将两端序列进行拼接，overlap 需大于 10 bp。去除无法拼接的序列。

使用的 UPARSE 软件，根据 97% 的相似度对序列进行 OTU 聚类；使用 UCHIME 软件剔除嵌合体。利用 RDP classifier 对每条序列进行物种分类注释，比对 Maarjam081/AM 数据库。

土壤蔗糖酶（Soil Saccharase, 以下简称 S-SC）采用 3,5-二硝基水杨酸比色法进行测定，活性以 24 h, 1 g 干土生成葡萄糖毫克数表示（mg/g）；土壤脲酶（soil urease, S-UE）采用苯酚钠-次氯酸钠比色法进行测定，活性以 24 h 1 g 土壤中 NH$_3$-N 的毫克数表示（mg/g）；土壤酸性磷酸酶（soil phosphatasey, S-ACP）活性采用 Tarafdar 和 Marschner 的方法进行测定，活性分别以每克土样培养 1 h 酸性磷酸酶转化对硝基苯磷酸二钠（PNPP）的量（mg/g）表示。

土壤有机质（soil organic matter, SOM）采用重铬酸钾外加热法进行测定；pH 用水土比 2.5：1 的玻璃电极-酸度计法进行测定；电导率（electrical conductance, EC）采用水土比 5：1 浸提-电导法进行测定；有效磷（avail-P, AP）采用碳酸氢钠-钼锑抗比色法进行测定；速效钾（avail-K, AK）采用碳酸铵浸提 ICP-AES 法进行测定；土壤全磷（soil total phosphorus, TP）采用高氯酸-硫酸法进行测定。土壤全氮（soil total nitrogen, TN）采用凯氏定氮法测定。易提取球囊霉素（easily extractable glomalin, EEG）上清液的制备方法：

取 1 g 风干土于试管中加入 0.02 mol/L（pH 7.0）柠檬酸钠浸提剂 8 mL，在 103 kPa、121℃下连续提取 30 min 后，在 4000 r/min 转速下离心 15 min，收集上清液。分别吸取上清液 0.5 mL，加入 5 mL 考马斯亮蓝 G-250 染色剂，盖塞，倒转混匀，2 min 后用 1 cm 光径的比色杯在 595 nm 波长下比色。用牛血清蛋白配制标准溶液，考马斯亮蓝法显色，绘制标准曲线，求出球囊霉素含量。

植被多样性指数是丰富度和均匀性的综合指标，Sorensen 群落相似性指数可以反映不同群落结构特征的相似程度。在计算过程中，首先根据每个样方中各物种的高度、盖度、频度计算每个物种的重要值（p_i），使用重要值对某个种在群落中的地位和作用进行评价，然后根据每个样方内各物种重要值计算群落的多样性指数。

Maarjam 数据库对比结果以虚拟分类（virtual taxa，VT）结果汇总，在 VT 水平下计算物种组成百分比和 Sorensen 群落相似性系数。Sorensen 群落相似性系数（C）：$C=j/(a+b)$，式中 j 为 2 个不同点位 AMF 共有物种数，a，b 分别为 2 个点位全部 AMF 物种数。AMF 群落物种相似度划分为极低（<0.20）、低（0.21~0.40）、中（0.41~0.60）、高（0.61~0.80）、极高（0.80~1.00）四级。使用 R 语言的 vegan 包计算 Alpha 多样性 Ace 指数、香农多样性指数（Shannon's diversity index）、辛普森多样性指数（Simpson's diversity index），picante 包计算谱系多样性（phylogenetic diversity，PD），用 R 语言对多样性指数进行单因素方差分析，并用 agricolae 包进行多重比较。使用 vegan 与 ggplot 2 包进行描述各样点差异程度的 NMDS 图绘制，使用 R 语言的 pheatmap 程序包绘制热图，使用 Origin 9 绘制物种组成比例与多样性变化图。三元相图使用 ggtern 处理绘制。采用 Excel 2016 对实验数据统计及初步分析；采用 SPSS 19.0，对土壤理化性质、土壤酶活性和丛枝菌根真菌多样性分别进行单因素方差分析。

开采驱动下草原植物根系及根际微生物变化：基于 Venn 分析，计算多个样点共有和唯一 OTU（运算分类单元）（图 3.3），直观显示出 OTU、成分相似性和重叠度。A、B、E 三条线的 OTU 数分别为 1478、1523、1351。其中，共有 OTU 940 个（47.4%），唯一 OTU（A、B、E）分别为 187、211 和 154。同样，在距离排土场 100 m、900 m 和 1900 m 样点，

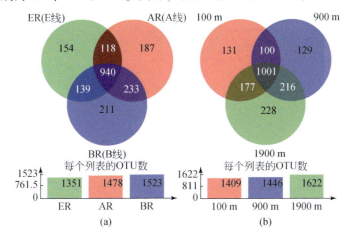

图 3.3　土壤真菌 OTU Venn 图

分别检测到 1409、1446 和 1622 个 OTU。其中，1001 个（50.5%）OTU 在三样点共有，100 m、900 m 和 1900 m 唯一 OTU 分别为 131、129 和 228。

放牧和采矿的相互作用可以通过改变土壤养分供应和酶活性，进而对土壤真菌群落具有显著影响。适度放牧可以增加土壤真菌群落的多样性。采矿扰动对土壤真菌群落多样性的影响在距离矿坑 1900 m 处影响较小。

3.2.2　矿区微生态系统功能结构变化与主要影响因子

矿区微生态系统功能结构组成：北电胜利矿区共鉴定土壤真菌 OTU 2110 个，分属 81 目，其中主要为格孢腔菌目、肉座菌目（16.15%）、子囊菌、粪壳菌目、伞菌目、散囊菌目和待分真菌目，以及待确定真菌。

宝日希勒矿区周围各样点的土壤因子含量随着距矿区距离的远近呈波动性变化（表 3.18），A 样线的土壤因子含量随着距离矿区边界均呈现先降低后升高的趋势，可能与 A 线上不同点位的放牧强度有关。B 样线上点随着与矿区距离的增加，其土壤 pH、电导率（EC）、土壤脲酶（S-UE）含量均呈现先上升后下降的趋势，土壤全磷（TP）、土壤全氮（TN）、土壤酸性磷酸酶（S-ACP）呈现先下降后上升的趋势，土壤有机质（SOM）、土壤有效磷（AP）、土壤速效钾（AK）、易提取球囊霉素（EEG）含量均呈现下降趋势。土壤蔗糖酶（S-SC）随着距离的增加活性增强，距离越远植物群落多样性与丰富度增加，蔗糖酶的活性增强。除 pH、电导率（EC）外，草原站内（In）土壤因子含量均略高于草原站外（Out），可能草原站内围栏封育，多年未打草，枯落物较多，增加了土壤中物质含量，与前人的凋落物增加了土壤养分的研究结果一致。

表 3.18　土壤理化性质与土壤酶变化规律

距离	50 m		450 m		1950 m		≥8000 m	
	A	B	A	B	A	B	In	Out
pH	6.38ab	6.48ab	6.29ab	6.66a	6.45ab	6.43ab	6.16b	6.56ab
EC/(μS/cm)	152.8ab	144.87ab	74.67b	163.03a	84.3ab	131.43ab	103.33ab	159.3a
SOM/(g/kg)	43.03cd	70.26a	32.06d	57.75ab	38.26d	54.94bc	67.93a	62.03ab
TP/(g/kg)	0.34d	0.55a	0.31d	0.47b	0.40c	0.48b	0.55a	0.54a
AP/(mg/kg)	20.73a	12.89b	6.76c	9.38bc	8.94bc	9.20bc	12.44b	9.33bc
TN/(g/kg)	2.38cde	3.55ab	2.07e	2.93bcd	2.29de	3.02abc	3.57a	3.58a
AK/(mg/kg)	288.24a	269.01a	123.93b	228.59a	206.33ab	206.84ab	240.72a	217.59ab
S-ACP/(mg/g)	2.14a	2.38a	1.64a	1.66a	1.81a	1.98a	2.25a	1.68a
S-UE/(mg/g)	2.24a	1.33ab	0.51b	1.38ab	0.54b	1.03ab	1.37ab	0.73b
S-SC/(mg/g)	14.38d	56.39c	14.29d	79.27bc	78.20bc	126.01a	89.45b	82.13bc
EEG/(mg/g)	0.32a	0.29ab	0.22c	0.25bc	0.25bc	0.21c	0.33a	0.27abc

注：同一行有相同字母表示差异不显著。

样品覆盖度指数如图 3.4 所示。将 AM 真菌的特异引物扩增的 PCR 产物经 Illumina PE 250 测序结果优化处理后共获得 588151 条序列，样品的测序深度为 16158～35849 个/样点。按照 OTU 至少在 3 个样本中的序列数都大于等于 5 进行物种筛选并以最小样本序列数进行抽平，最终获得 75 个 OTU。所有样品覆盖度指数（good's coverage value）在 97% 相似度下均大于 99%，说明测序深度已足够评价该土壤 AM 真菌群落组成和多样性。

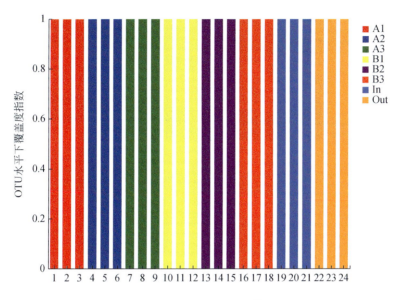

图 3.4　样品覆盖度指数

宝日希勒矿区通过与 Maarjam 数据库对比，鉴定出 OTU 序列中分属 *Glomus*、*Claroideoglomus*、*Paraglomus*、*Diversispora*、*Ambispora* 5 属，其中 *Glomus* 为优势属。*Glomus* 属占比 90.64%，与数据库比对共得到 46 个虚拟种。在 VT 水平下，将在所有样本中丰度占比小于 0.01 的物种归为 others，并利用均值进行绘图（图 3.5），得到丰度占比大于 0.01 的虚拟物种有 19 种，从图中可以看出，A 线随着距离的增加，19 种物种丰度逐渐增加，占比从 93.57% 逐渐递增至 96.31%。样线 B 随着距离的增加，19 种物种占比先增加后降低，B2 点物种占比高于 B3 点 4.34%。B3 处物种丰度低于 B2，可能与 B2 相对于周边地势较高的微地形有关。根据 Sorensen 群落相似性系数（图 3.6），相似度越高颜色越暖，从图中可以看出研究区域内相似性系数在 0.38～0.46，各个样点之间相似性普遍处于中、低等水平。其中 A 线上三个点之间相似性处于中等水平。B 线中，B1、B3 与 B2 的相似性处于低等水平。草原站内外与 B3 的相似度较高，表明 B3 物种占比与 8km 外不受矿区影响的自然草场较为相似，物种组成中 B3 与 Out 前 19 种物种占比相差 1.6%，表明矿区对距离 1950 m 处影响较小。样线 A 与样线 B 各点的相似度不高，表明矿区周围放牧区与不放牧区 VT 水平下物种组成存在区别。

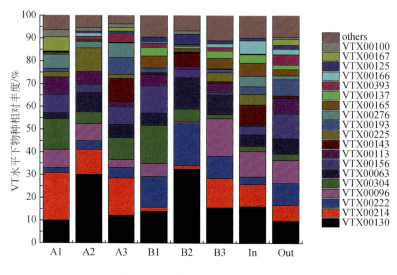

图 3.5　VT 水平下物种组成比例

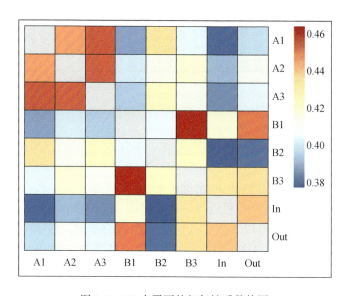

图 3.6　VT 水平下的相似性系数热图

3.2.3　矿区微生态系统功能结构特征

通过放牧区样线 A 与不放牧区样线 B 以 OTU 为分类水平的三元相图（图 3.7）中可以看出，放牧区样线 A 大多数的点均集中在三元相图的中部，表明在放牧区不同距离上物种分布比较均匀，各个样点物种组成差异不大，不放牧区样线 B 可以看出随着距离的增加，优势物种（相对丰度>80%）数量增多。

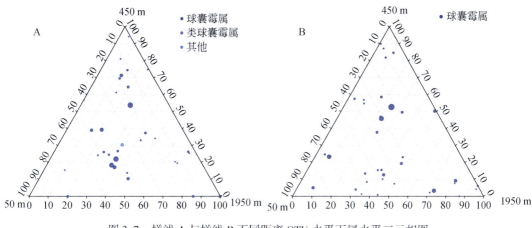

图 3.7　样线 A 与样线 B 不同距离 OTU 水平下属水平三元相图

　　NMDS 分析（non-metric multidimensional scaling analysis），即非度量多维尺度分析，是一种将多维空间的研究对象（样本或变量）简化到低维空间进行定位、分析和归类，同时又保留对象间原始关系的数据分析方法。适用于无法获得研究对象间精确的相似性或相异性数据，仅能得到它们之间等级关系数据的情形，其特点是根据样本中包含的物种信息，以点的形式反映在多维空间上，而不同样本间的差异程度，则是通过点与点间的距离体现的，最终获得样本的空间定位点图。OTU 水平下，采用基于 Weighted-Unifrac 算法绘制表征物种组成的 NMDS 图（图 3.8），NMDS 图中 stress<0.2 则该图形具有一定的解释意义。NMDS 图的结果验证了物种组成与三元相图的结果，OTU 水平下放牧区样线 A 线随着距离增加，各个样点的置信椭圆存在交集，说明放牧区随着采矿距离的增加物种组成差异不显著，OTU 水平下位于不放牧区的样线 B 各个距离的置信椭圆没有交集，表明不放牧区随着采矿距离的增加物种组成存在显著差异。

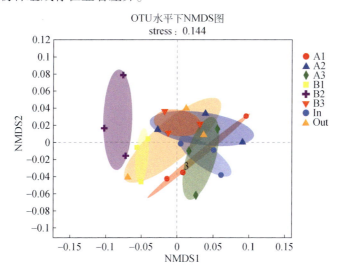

图 3.8　不同样点的 NMDS 图

3.2.4　矿区微生态系统功能结构变化影响因子

在 OTU 水平下，采用基于 Weighted-Unfrac 距离算法的 db-RDA，来表征在矿区周围，土壤因子对丛枝菌根真菌群落组成的影响。按照放牧区与不放牧区与土壤因子进行相关性分析并进行绘图，分析表明（图 3.9（b）（c）），除脲酶外，其余环境因子均与矿区周围环境物种组成有显著相关性，环境因子 envfit 值显示全磷相关性最高（图中箭头最长），极显著影响了矿区周围放牧区与不放牧区的物种组成（$r^2 = 0.5381$，$p = 0.008$），土壤全磷与放牧区物种组成结构呈正相关，与不放牧区物种组成结构呈负相关。

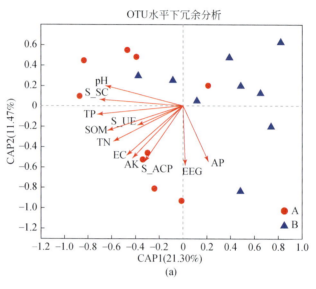

(a)

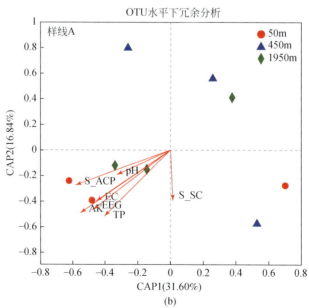

(b)

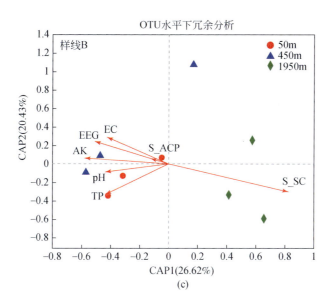

图 3.9　OTU 水平下基于距离的丛枝菌根真菌群落的冗余分析（db-RDA）

在图 3.9 的基础上，运用 VIF（variance inflation factor，方差膨胀因子）分析对所有环境因子进行共线性检验，计算 envfit 值的相关性与显著性，选出 VIF 值小于 10 的环境因子，相关性大于 0.4 且与物种组成显著相关的环境因子进行样线 A、样线 B 不同距离上 db-RDA 图的绘制［图 3.9（b）（c）］。结果表明除土壤蔗糖酶外，其余环境因子均与放牧区 A 线的 50 m 与 1950 m 成正相关，速效钾、土壤酸性磷酸酶、易提取球囊霉素、全磷、电导率对 A 线不同距离物种呈现显著相关性，速效钾相关性最强（$r^2 = 0.7776$）。样线 B，土壤蔗糖酶显著影响了样线 B 不同距离的物种组成，与 1950 m 处物种组成显著正相关。

3.3　开采驱动下微生态系统响应机理与生态累积效应

3.3.1　开采驱动下微生态系统响应机理

使用平均序列条数表征物种组成的变化特征（图 3.10），从趋势线可以看出样线 A 和样线 B 均表现为离矿坑越远，测得的平均序列数越多，处于放牧与采矿双重影响的样线 A 趋势线的斜率大于样线 B 趋势线，表明放牧对物种多样性组成存在一定的影响，样线 A 不同距离上的点均与趋势线距离相近，表明三点的相关性较强，样线 B 随着距离的增加，平均序列增加的速度较缓，表明 B 样线相对比较稳定，样线 A 与样线 B 的趋势线在 1000 m 左右相交，表明样线 A 与样线 B 在 1000 m 左右受影响程度相同。放牧对于物种的影响大于采矿的影响。

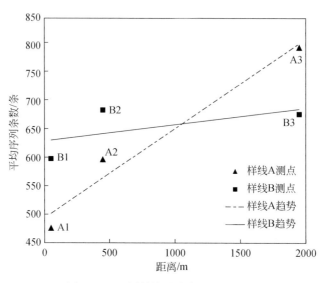

图 3.10 不同样线平均序列变化趋势

不同区域 PERMANOVA 分析见表 3.19。PERMANOVA（permutational multivariate analysis of variance，置换多元方差分析），又称 ADONIS 分析，可利用半度量（如：Bray-Curtis）或度量距离矩阵（如：Euclidean）对总方差进行分解，分析不同分组因素对样品差异的解释度，并使用置换检验对划分的统计学意义进行显著性分析。置换多元方差分析进一步验证了 NMDS 图结果和距离对 AMF 群落组成的影响。置换多元方差分析表明，研究区域内整体样点的分布（$p=0.004$）对 AMF 的群落组成有极显著影响。在相似性图中，放牧区样线 A 各点的相似性较高，三元相图中，放牧区 A 样线物种组成较均匀，在 NMDS 图中，放牧区样线 A，各个样点的物种组成差异不显著，在平均序列条数中，我们可以看到 A 线各点的相关性较强，PERMANOVA 分析，$p=0.462$ 验证了放牧区样线 A 线距离对其物种组成的差异不显著，而样线 A、B 的物种组成存在显著差异（$p=0.012$），表明放牧对物种组成存在显著影响。B 线各个样点的物种组成差异显著，PERMANOVA 分析，$p=0.007$，表明采矿对不放牧区随着距离变化的物种组成影响极大。

表 3.19　不同区域 PERMANOVA 分析

PERMANOVA 分析				
组	平方和	均方根	F. 型	Pr（>F）
总计	1.877	0.269	1.604	0.004
A	0.348	0.174	0.965	0.462
B	0.597	0.299	2.180	0.007
A * B	0.451	0.451	2.404	0.012

3.3.2 胁迫因素控制下微生态系统变化趋势

北电胜利矿区,由于气候干旱等环境胁迫因素的影响,土壤真菌多样性在不同样地差异显著。B 线 Sobs 为 621.5～785,高于 A 线的 579.5～683.25 和 E 线的 455～608.72。在 B 和 E 线,Ace 指数、Sobs 和系统发育多样性指数均在 900 m 处最低,在 1900 m 处最高、不同采样线、不同采样距离和两者相互作用对 ACE、Sobs 和系统发育多样性指数均有显著影响。PERMANOVA 和 NMDS 分析表明,不同采样线(pseudo-F = 4.455,p = 0.001)和采样距离(pseudo-F = 3.029,p = 0.009)显著影响土壤真菌群落组成。同时,土壤 NO_3^--N 浓度(p<0.001)、碱性磷酸酶活性(p<0.001)、酸性磷酸酶活性(p = 0.0026)、电导率(p = 0.034)和 pH(p = 0.012)均对真菌群落组成有显著影响。

3.3.3 开采驱动下微生态系统生态累积效应

针对宝日希勒矿区不同距离丛枝菌根真菌物种组成变化,以表征群落丰富度 Ace 指数、表征群落多样性的香农多样性指数、辛普森多样性指数、表征谱系多样性的 PD 指数进行丛枝菌根真菌 Alpha 多样性分析,结果表明,样线 A 随着距离的增加,Ace 指数与香农指数呈现递增趋势,未达到显著性水平。样线 A 整体不同距离上多样性指数变化不显著,样线 B 随着距离的增加,Ace 指数、香农指数、PD 指数呈现上升趋势,辛普森指数呈现下降趋势,PD 指数在距离上呈现显著增加(p = 0.037),表明在不放牧区随着距离的增加谱系多样性逐渐升高,在谱系结构上物种丰富度增加。

不放牧区样线 B 虽总体呈现递增趋势,但在 450 m 处 Ace 指数、香农指数显著低于样线 A 各点与样线 B 其余各点,辛普森指数显著高于样线 A 各点与样线 B 其余各点,表明在不放牧区样线 B 群落优势 OTU 的相对丰度较高,物种分配相对较均匀,多样性低。有研究表明,坡顶的丛枝菌根真菌多样性较低,450 m 处多样性较低,这可能与其是坡顶的微地形有关。双因素交互作用结果表明,距离与放牧及其交互作用,对于 A、B 两条线未形成显著影响。

随着距离的增加,不放牧区样线 B 的 Ace 指数比放牧区从 2.7% 提高到了 3.7%,香农指数从 7.1% 提高到了 9.7%,辛普森指数降幅从 11.8% 提高到了 23.3%,样线 B 的 1950 m 处物种多样性较高。谱系多样性降低百分比从 16.6% 下降为–0.07%,表明样线 B 的 1950 m 处谱系多样性较高。

露天矿区丛枝菌根真菌在放牧区与非放牧区均以 Glomus 属为优势属,因为 Glomus 属形成的孢子较大,通过菌丝分裂或者菌根与植物形成良好的共生关系似乎能更好地适应受干扰环境。但丛枝菌根真菌物种组成与结构在放牧区与非放牧区存在差别,放牧区物种的丰富度与多样性略低于未放牧区,可能是由于放牧显著降低了丛枝菌根真菌丰度。

露天矿区丛枝菌根真菌物种组成与结构在开采区距离上的变化与我们的假设不完全一致,在矿区周围草场随着矿区距离尺度的增加,物种多样性与丰富度呈现增加的趋势,但放牧区各个距离差异不显著,可能是由于不同样点的放牧强度不同。在非放牧区，各距离基于谱系的物种组成与谱系多样性呈现显著差异，表明系统发育受露天煤矿的开采影响极大，放牧在一定程度上掩盖了谱系多样性之间的差异。虽然在近距离的放牧区，丛枝菌根真菌的丰度较高，但地表植被稀疏，体现了丛枝菌根真菌为了生态系统稳定的自适应性。尽管远离矿区的非放牧区物种多样性与丰富度含量较高，但矿区周围仍有更多物种需要明确功能，一些种表现出对极端环境条件的更强抵抗力，需进行进一步鉴定与恢复。

相关研究表明丛枝菌根真菌物种的组成与结构受土壤因子的影响，土壤的营养特性的非生物因素可能对丛枝菌根真菌群落有着不同的影响，在可能影响 AMF 结构与功能的因素中，气候和土壤因素已被证明是 AMF 物种在不同热带和温带环境中出现的决定因素。在远离矿坑的位置上，土壤肥力高于其他地区，有利于植被的生长。土壤肥力可影响 AMF 物种的分布。Dumbrell 等（2011）证实了在陆地生态系统中，影响 AM 真菌群落组成和分布的主要因素是土壤 pH。通过对中国北方丛枝菌根真菌地理分布进行研究发现，pH 是影响丛枝菌根真菌生态地理分布的主要因素。由于 pH 可以调节土壤养分的生物有效性，因此它是影响 AMF 物种在局部尺度上组成的主要因素之一。在植物必需的营养素中，磷被认为是限制植物生长的，而 AMF 有助于从土壤中更好地吸收这种矿物质，并将其转移到宿主体内。将磷含量作为生态系统退化的标志进行丛枝菌根真菌多样性研究，发现在露天矿区周围草场土壤全磷显著影响丛枝菌根真菌的组成。放牧降低了土壤中全磷的含量，加速了土壤退化，降低了根际丛枝菌根真菌的丰度与多样性，从而造成了矿区放牧区与不放牧区丛枝菌根真菌群落组成的差异。

除了土壤，寄主植物、环境因素、人为因素等因素在构建 AMF 群落结构中也很重要。研究表明在矿山区域影响 AMF 群落多样性的主要因素是植被而非土壤因素，虽然没有对采集的地点植物种类进行评估，但该地区的植物地貌有助于了解真菌的某些偏好。本研究中在不放牧区最远距离植物覆盖度较高，与草原站对照区相似度最高。研究发现，植被覆盖度不同 AMF 的群落组成不同，AMF 物种在相同植被覆盖度或种类，类型更为相似。最高的多样性和丰富度出现在不放牧的 1950 m 和放牧的 50 m 处，前者有很高的植被覆盖度，后者有裸露的沙石，为植物及其相关生物提供独特的微环境。因此，AMF 和植物的多样性可能是相关的，因为寄主植物可能是 AMF 群落变化的代表。由于存在相对丰度最高的 AMF 物种，不放牧区 450 m 处出现了较低的多样性值。

第4章 大型煤电基地开发区域生态累积效应评估

生态具有一定的自维持和抗逆性，受大型煤电基地开发的影响，生态退化或改变是一个在时空上累积的过程。为实现生态的科学治理或防护，需要对生态的累积效应进行评估。本章在总结生态影响规律、机理的基础上，首先确定高强度开采区域土地累积影响，其次是圈定高强度开采区域植被影响边界，然后开展大型煤电基地开发区域的空气污染影响，最后提出了煤电基地开发生态累积效应评估与阈值模型分析方法。分析了挖损与压占累积影响边界、土壤重金属累积影响边界；分析了高强度开采区域植被累积影响边界及累积效应变化趋势；运用大型煤电基地高强度开采区域空气污染累积过程反演方法研究得出了高强度开采区域空气污染累积影响边界及污染累积效应变化趋势；提出了煤电基地开发生态累积效应评估与阈值模型分析方法。

4.1 高强度开采区域土地累积影响确定

4.1.1 高强度开采区域土地累积影响边界的确定方法

研究从挖损与压占、土地覆被类型、地表形态特征和土壤重金属分布4个方面来界定高强度开采区域土地直接和间接累积影响边界的概念及其识别方法。

4.1.1.1 挖损与压占累积影响边界

从影响程度和影响范围两个方面，将影响边界分为间接和直接两个层次。提出生态指标随距离变化的横向累积变化模型，如图4.1所示。基于拟合曲线的变化趋势，将直接影响边界界定为：受采矿活动影响，且连续低于植被（或任一生态指标）阈值的区域

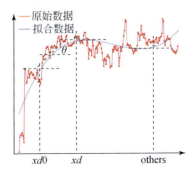

图 4.1 影响边界确定模型（θ 为空间累积扩散程度）

（$xd0$），主要包括采矿活动引起的对地表的挖损占用等。间接影响边界定义为：采坑外围表现为地表发生形变或者植被覆盖下降（上升）等直到其影响减弱至无其他外力影响下变化趋势趋于稳定的距离（xd），主要包括地表沉降、土壤理化性质发生变化、养分流失、植被或大气质量受到影响的范围界线。

4.1.1.2　土地利用/覆被变化空间累积边界模型的构建

以采场边界为中心、30 m 为间隔向外依次建立 10 km 的缓冲区，按照不同方向将整个研究区划分为 8 个子研究区，分别为东方向（E）、东南方向（SE）、南方向（S）、西南方向（SW）、西方向（W）、西北方向（NW）、北方向（N）、东北方向（NE）。根据分区结果统计每个区域内以 30 m 为间隔的地表生态指数的平均值，提取统计结果。为了有效分析生态指数随采场距离的变化情况，将地表生态平均值与距采场边界距离按照式（4.1）的指数函数进行拟合，其中，y 代表拟合值；a 代表拟合初始值；b 代表变化速度；c 代表渐近线。在得到式（4.1）的参数以后，通过式（4.2）得到研究区每个方向生态指标 [如 NDVI，EVI（增强植被指数），NDMI（归一化水体指数）等] 变化达到稳定的距离，即为间接影响范围。

$$y = (a-c)\mathrm{e}^{-bx} + c \tag{4.1}$$
$$y = 0.95c \tag{4.2}$$

4.1.1.3　土壤重金属累积影响边界

以《土壤环境质量标准》（GB 15618—2018） Ⅰ级标准为评价依据，采用内梅罗指数法、地质累积指数法、潜在生态危害指数法等 3 种指数法对矿区周边土壤重金属污染水平及潜在的生态危害进行评价。将累积污染等级 RI 高于 1 级以上的区域认定为污染范围，即土壤重金属累积影响边界。

4.1.1.4　地表形态累积影响边界的识别方法

基于多年哨兵（Sentinel-1）数据，利用改进的 SBAS（星基增强系统）方法，将相干性信息融入解算方程，顾及相干性的短基线集 SBAS 分析方法，获取更多点目标；联合估计形变序列和高程误差，解决露天矿开采活动地形变化过快引起的高程误差影响，从而获取煤炭开采引起的地表形态累积变化量。综合形变阈值和地表形态累积变化量进一步确定地表形态累积影响边界。地表形态计算原理见式（4.3）。

$$W\begin{bmatrix} 1 & 1 & 0 & \cdots & \beta B_{\perp,1} \\ 0 & 1 & 1 & \cdots & \beta B_{\perp,2} \\ \vdots & \vdots & \vdots & \vdots & \vdots \\ \dfrac{\rho}{\Delta t_1} & -\dfrac{\rho}{\Delta t_1} & 0 & \cdots & 0 \\ 0 & \dfrac{\rho}{\Delta t_2} & -\dfrac{\rho}{\Delta t_2} & \cdots & 0 \end{bmatrix}\begin{bmatrix} m_1 \\ m_2 \\ \vdots \\ m_s \\ h_{\mathrm{err}} \end{bmatrix} = W\begin{bmatrix} d_1 \\ d_2 \\ \vdots \\ 0 \\ 0 \end{bmatrix} \tag{4.3}$$

其中，$W = \mathrm{diag}\{\gamma_1, \gamma_2, \gamma_3, \cdots, \gamma_n\}$ 为加权矩阵；$\beta = \dfrac{4\pi}{\lambda R \sin\theta}$；$d_i$ 为位移量；h_{err} 为数字

高程模型（DEM）误差；ρ 为平滑因子；γ_i 为连贯性。

4.1.2　高强度开采区域土地累积影响边界的提取结果

4.1.2.1　挖损与压占累积影响边界

针对煤矿区和其他扰动区，如城镇建设、工业开发、挖沙取土、裸地等，很大程度上存在"同谱异物"问题，且矿区开采与挖沙取土、工业开发等其余人为活动的长时间序列植被指数变化轨迹特征相似，从光谱特征或时序轨迹特征难以精确识别两者差异。针对上述问题，本研究提出了一种结合地物光谱特征、时间序列变化特征和地物间拓扑关系的开采扰动识别方法，以准确识别煤矿开采的挖损压占区。

1. 扰动区域识别

由图 4.2 可知，受人为扰动的像元在时间序列上存在一个 NDVI 突然下降到植被阈值以下，且低于植被阈值的状态维持 2 年以上的过程。鉴于此，研究利用植被阈值检测扰动区，即检测像元 NDVI 时间序列是否在监测期的某一年由植被转变为非植被。若一个像元的 NDVI 时序滤波曲线由大于植被阈值转变为小于植被阈值且保持 2 年以上，那么该像元即被定义为扰动像元。

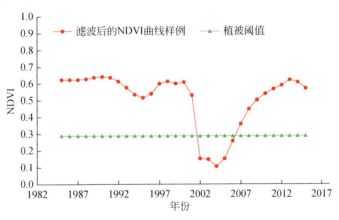

图 4.2　扰动像元 NDVI 时序曲线图

2. 裸煤光谱特征识别

分析宝日希勒矿区典型地类和裸煤的光谱曲线（图 4.3），可构建如下裸煤的光谱识别规则：

$$\rho_{\text{SWIR1}} - \rho_{\text{NIR}} > 0 \tag{4.4}$$

$$\rho_{\text{SWIR2}} - \rho_{\text{SWIR1}} > 0 \tag{4.5}$$

$$\rho_{\text{SWIR2}} < 0.15 \tag{4.6}$$

式中，ρ_{NIR}、ρ_{SWIR1}、ρ_{SWIR2} 分别代表近红外波段、短波红外波段 1 和短波红外波段 2 的反射率。如果一个像元的光谱同时满足式（4.4）、式（4.5）和式（4.6），则该像元即被认定为裸煤像元。

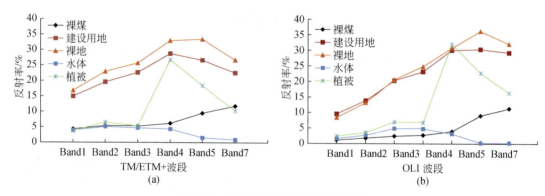

图 4.3　宝日希勒矿区地物光谱曲线

（a）Landsat TM/ETM+的地物光谱曲线示例；（b）Landsat OLI 的光谱曲线

对所有年份的裸煤分布结果进行空间叠加求取并集，将此结果运用到后续的地物拓扑关系分析中。

3. 开采扰动区提取

为了减少排土过程的消耗，露天矿排土场往往紧靠着露天矿坑。基于这个事实，综合利用 Google Earth、空间拓扑及空间叠加分析方法，通过探究扰动区域与裸煤进行拓扑关系，进而提取出开采扰动区域。具体方法为：一是利用 ArcGIS 将扰动区与裸煤转为面矢量文件；二是将扰动区和裸煤区面文件进行叠加，通过目视分析和野外调查，若一个扰动面包含一个或者多个大范围裸煤多边形（面积>0.1 km²），确定该扰动为开采扰动区，结果如图 4.4 所示，剩余扰动区则明确为其余人为扰动。

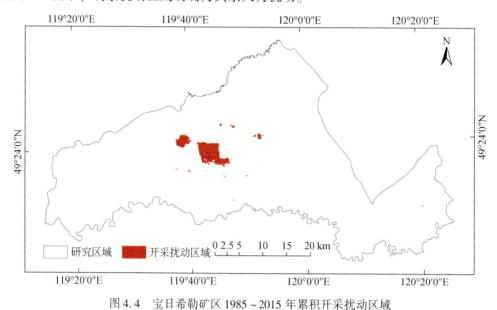

图 4.4　宝日希勒矿区 1985～2015 年累积开采扰动区域

4. 精度评价

为了评价开采扰动提取结果精度，本研究通过目视解译选取了 400 个样本点，并利用样本点对开采扰动提取结果进行评价，所得混淆矩阵见表 4.1。可以看出，研究所提出的开采扰动识别方法的总体精度达到了 92.2%（Kappa 系数 = 0.83），因此，本研究所提出的开采扰动区识别方法是可靠的。

表 4.1　提取开采扰动的混淆矩阵

	参考数据		用户精度
	开采扰动	其他	
开采扰动	181	28	86.6%
其他	19	372	95.1%
制图精度	90.5%	93.0%	
总体精度：92.2%		Kappa 系数：0.83	

4.1.2.2　土壤理化性质累积影响边界

1. 土壤湿度

为了确定宝日希勒矿区开采对周围草地的影响范围，以提取的挖损与压占累积影响范围为直接影响边界，通过拟合采场周边各方向生态指标与距采场距离的轨迹规律，获取煤矿开采的间接影响距离。结果表明 NDMI 指数随距离的拟合轨迹在约 2 km 处达到稳定，见东北方向和西方向。

2. 土壤质量

通过分析 SQI（土壤质量指数）随距离的拟合轨迹，反映土壤质量的空间响应范围和程度随距离的变化（图 4.5），结果表明，地表开采对土壤质量的负面影响具有方向差异

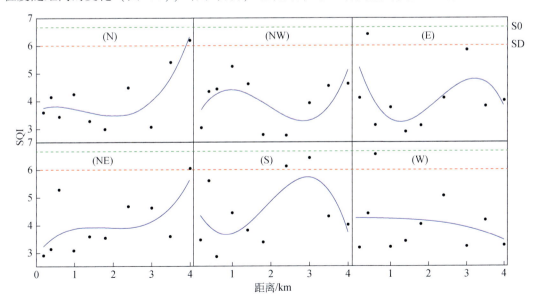

图 4.5　土壤质量指数随距离变化的拟合结果

性和地理衰减性，拟合趋势在北方向和东北方向上的 1 km 趋于稳定，并且该趋势的增长速率在距离宝日希勒矿区 600 m 内增加最快（如东北方向）。在东北方向上宝日希勒矿区 3 km 左右基本无其他人为扰动，煤炭开采对土壤质量的影响范围不超过 1 km。

而对于其他方向上 SQI 随距离的变化具有方向相异性，具体表现为各拟合轨迹呈现不同的波动性，且波动幅度也不相同。结合土地利用类型和现场调研可知，这些区域存在不同类型的其他活动影响，根据图 4.5 NW 方向上 SQI 随距离变化的趋势拟合特征，可以看出该方向上距离宝日希勒矿区 1 km 外的区域受其他人为扰动的影响，这种影响程度在 2.8 km 处达到最大。对比现场调研情况，该方向正是受东明露天矿开采的影响。

4.1.2.3　土壤重金属污染累积影响边界

1. 宝日希勒矿区污染评价

根据宝日希勒矿区的采样结果得到各样点重金属含量最大值、最小值、算术平均值、变异系数、标准差，见表 4.2。将结果与内蒙古土壤重金属元素背景值、《土壤环境质量标准》（GB 15618—2018）Ⅰ级标准作比较，结果表明：矿区土壤重金属中 Pb、Zn、Cr 均未超标，Cu 超标，超标率为 28%，但 4 种重金属均未超过国家Ⅱ级标准，即对人体健康没有影响。

表 4.2　宝日希勒矿区土壤重金属参数统计

统计参数	Cu	Cr	Pb	Zn
最小值/（mg/kg）	18.26	28.52	15.78	35.36
最大值/（mg/kg）	39.82	49.53	34.73	59.92
标准差/（mg/kg）	6.45	6.11	6.19	7.96
平均值/（mg/kg）	30.02	39.37	25.23	47.46
变异系数	0.21	0.16	0.25	0.17
内蒙古土壤重金属元素背景值/（mg/kg）	12.90	36.50	15.00	48.60
Ⅰ级标准（GB 15618—1995）/（mg/kg）	35.00	90.00	35.00	100.00
超标率/%	28.00	0.00	0.00	0.00

以《土壤环境质量标准》（GB 15618—2018）Ⅰ级标准为评价依据，分别计算研究区 58 个土壤样点内梅罗指数和潜在生态危害指数，依据内蒙古土壤元素背景值计算出 58 个样品地质累积指数，根据污染等级划分标准，评价结果：Zn、Cr 地质累积指数均小于 0，污染等级为无污染；Pb 部分小于 0，部分介于 0~1（66%），污染等级为部分无污染，部分无–中度污染；Cu 部分小于 0，部分介于 0~1，部分介于 1~2，污染等级为部分无污染，部分无–中度污染（84%），部分中度污染（12%）。

单项污染指数：在不同方向上均表现出单项污染指数 Cu>Pb>Zn 且 Cu>Pb>Cr，Zn、Cr 单项污染指数接近；Cu 单项污染指数接近平均值 0.95≥Cu≥0.80，接近轻度污染，这与研究中直接对比土壤重金属元素背景值、《土壤环境质量标准》（GB 15617—2018）得出的重金属 Cu 部分超标这一结果相对一致。综合污染指数：P_WN（0.81）>P_EN

（0.78）>P_N（0.77）>P_S（0.74）>P_W（0.72）= P_E（0.72），各数值介于 0.7 ~ 1 之间，研究区总体上处于无污染状态，但处于"警戒线"等级，应引起重视。潜在生态危害指数法分析结果表明，数值小于 150，生态风险等级为"生态危害轻微"。

3 种评价结果总体上趋于一致，即研究区土壤重金属含量总体上处于较低水平，目前测定的结果显示均无污染，不存在明显的土壤重金属污染累积影响边界，但是重金属的含量仍不容小觑。

2. 胜利矿区污染评价

根据胜利矿区的采样结果得到各样点重金属含量最大值、最小值、算术平均值、变异系数、标准差，见表 4.3，并与内蒙古土壤重金属元素背景值、《土壤环境质量标准》（GB 15618—2018）Ⅰ级标准作比较，结果表明：矿区土壤重金属中 Pb、Zn、Cr、Cu、Cd、Hg 均未超过Ⅰ级标准，只有一个采样点各重金属含量超过背景值。6 种重金属元素变异系数范围为 0.07 ~ 0.18，属于中等变异，由于变异系数是反映元素变异程度的一个统计量，能在一定程度上反映土壤元素受开采活动的影响，且具有区域异质性和元素异质性。

表 4.3　胜利矿区土壤重金属参数统计

统计参数	Cu	Cr	Pb	Zn	Cd	Hg
最小值/（mg/kg）	15.1	45.4	17.6	44.2	0.0953	0.0188
最大值/（mg/kg）	20.1	56.4	20.9	63.1	0.145	0.0344
标准差/（mg/kg）	1.49	4.22	1.43	6	0.0153	0.00467
平均值/（mg/kg）	16.89	50.76	19.23	54.39	0.11523	0.02574
变异系数	0.09	0.08	0.07	0.11	0.13	0.18
内蒙古土壤重金属元素背景值/（mg/kg）	12.00	36.50	15.00	48.60	0.032	0.0278
Ⅰ级标准（GB 15618—2018）/（mg/kg）	35.00	90.00	35.00	100	0.6	1.0
超标率/%	0.00	0.00	0.00	0.00	0.00	0.00

以《土壤环境质量标准》（GB 15618—2018）Ⅰ级标准为评价依据，分别计算研究区 10 个土壤样点内梅罗指数和潜在生态危害指数，依据内蒙古土壤元素背景值计算出 10 个样品地质累积指数，根据污染等级划分标准，评价结果：Cu、Zn、Pb、Cr、Hg 地质累积指数均小于 0，污染等级为无污染，Cd 介于 1 ~ 2，超标率 100%，污染等级为中度污染；各重金属单项污染指数平均值均小于 1，处于清洁水平。各重金属综合污染指数均小于 0.7，研究区总体上处于无污染状态。经过分析生态风险等级为"生态危害轻微"。除 Cd 地质累积指数处于中度污染外，其余元素 3 种评价结果总体上趋于一致，即研究区土壤重金属含量总体上处于无污染状态。

4.1.2.4　地表形变累积影响边界

为确定地表形态几乎未发生形变的阈值范围，在宝日希勒矿区布设一条西南—东北方向的黄色样线（图 4.6）。该直线经过宝日希勒矿区内 P3 点与农田内 P4 点，且尽可能经过较多的未受干扰区域。将 2017～2019 年土地利用类型不变且为基质景观的草地作为未受扰动区，并在样线上选取一定数量的未受扰动样点（图 4.6 中红色样点）。

图 4.6　宝日希勒矿区西南—东北方向样线示意图

样线上未受扰动样点的累积形变量的均值和标准差分别为 -11.83 mm 和 16.37 mm。选择 95% 的置信水平有利于剔除部分异常值，即 $\beta = 1.96$。由此，将 $R \in [-43.92\ \text{mm}, 20.26\ \text{mm}]$ 的形变范围认定为几乎未发生形变的区间。将开采沉陷边界定为 -43.92 mm，即将累积沉降量大于 43.92 mm 的范围认定为地表形变累积影响边界，见图 4.7 中白色边界。

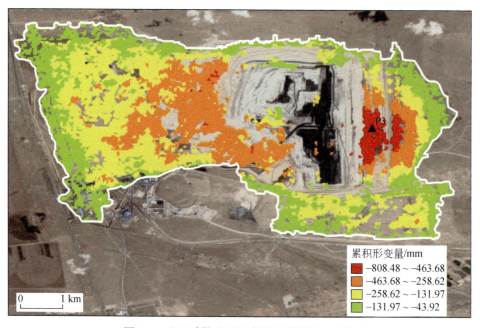

图 4.7　宝日希勒矿区地表形变累积影响边界

4.1.3 高强度开采区域土地累积效应变化趋势

累积效应是由过去、现在和可预见未来的一系列行为所导致的作用于环境的持续影响,可将其特征归结于三个方面,分别是时间累积、空间累积和人类活动。由此可知,累积效应是人类活动影响下生态环境要素所产生的时间、空间变化结果。鉴于此,结合反演方法和影响边界的确定结果,从时间和空间维度出发,探究煤炭开发直接、间接扰动区域中土地要素(地形、土地利用类型、土壤理化性质等方面)的累积效应变化趋势。

4.1.3.1 开采扰动范围时空累积效应

1. 宝日希勒矿区

在提取出开采扰动边界后,利用植被阈值,可获取开采扰动年际信息图谱(图4.8)。基于此,可得到监测期内任意年份新增开采扰动面积(图4.9)。根据图4.9,可以将宝日希勒矿区开采扰动历史分为两个时期:第一个时期为 1986~1998 年,研究区暂未出现大规模的煤炭开采,只呈现出零星的开采扰动;第二个时期为 1999~2015 年,研究区进行了大规模的煤炭开采,开采扰动面积急剧增大。与 1999 年神华宝日希勒露天矿开始建设,并在 2003 年以后进行了大规模开采的实际情况一致。

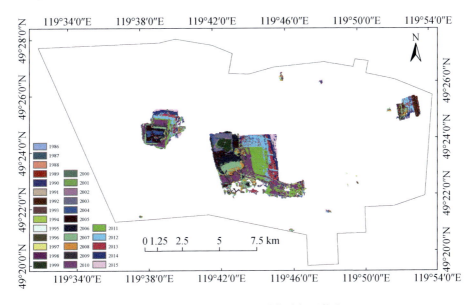

图 4.8 宝日希勒矿区开采扰动年际信息

利用开采年际信息,还可进一步得到任意时间段内累积开采扰动面积的空间扩张趋势。分析可知,研究区域在 1986~2000 年期间开采扰动的面积相对较少,斑块零星破碎,随时间的推移,宝日希勒矿区的累积开采扰动范围自西向东增加,斑块面积增加、连通性增强。

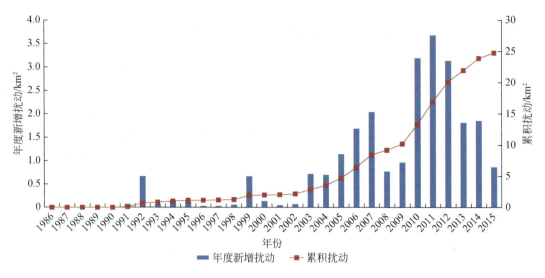

图4.9　宝日希勒矿区1986～2015年开采扰动面积及累积面积

2. 胜利矿区

1986～2017年胜利矿区开采扰动提取结果如图4.10所示，研究区总面积为653.359 km²，开采扰动面积为66.675 km²，扰动区面积为117.511 km²，开采扰动占研究区总面积的10.20%，占扰动面积的56.74%。可知，开采扰动对研究区的植被状况影响最大。

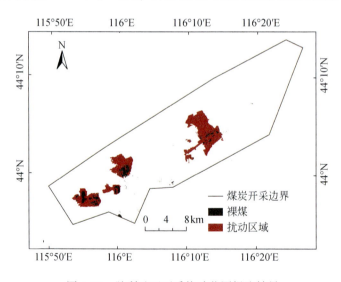

图4.10　胜利矿区开采扰动范围提取结果

胜利矿区开采扰动年际信息提取结果如图4.11所示，像元统计结果如图4.12所示。由图可知，胜利矿区开采时间基本集中于2000～2009年，10年间，采矿作业区的面积占比呈显著上升趋势，且增幅较大。1988～1998年间矿区处于土地损毁初始期，开采扰动损毁区域增长趋势较稳定；2000～2005年处于土地损毁加速期，开采扰动像元加速增长；

2006~2009 年矿区属于土地损毁高峰期，矿区土地大范围开挖；2010~2017 年开采扰动像元占比趋势比较平缓且持续处于较低水平，矿区土地损毁范围基本稳定。

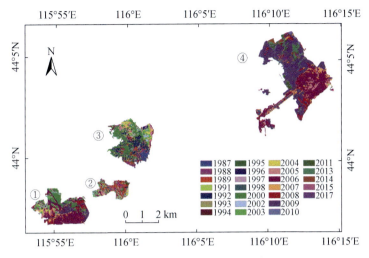

图 4.11　胜利矿区开采扰动年际信息

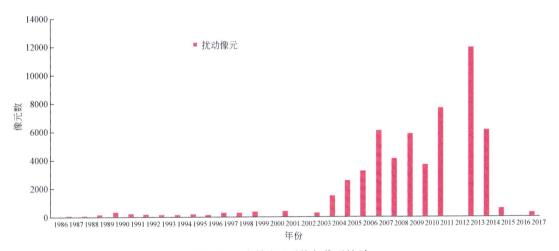

图 4.12　胜利矿区干扰年像元统计

4.1.3.2　开采-复垦过程时空累积变化

1. 宝日希勒矿区

通过匹配开采扰动模板，自动识别出宝日希勒矿区各开采扰动像元的开采-复垦轨迹类型（图 4.13）。由图可知，1985~2015 年期间，宝日希勒矿区只有少部分开采扰动区域呈现植被恢复，绝大部分的开采扰动区域处于无植被恢复的状态。

为定量分析开采扰动区的复垦状况，统计了不同开采-复垦轨迹类型的占比。从图 4.14 可知，1985~2015 年间，开采扰动区域内没有进行植被复垦（DN）像元累计占比 88.22%，开采后完全复垦的区域（DR3）累计占比仅 0.03%，正在恢复的像元（DR1）

占开采扰动区域的 7.11%，恢复到稳定状态但没有达到采前植被水平的像元（DR2）占整个开采扰动区域的 4.64%。

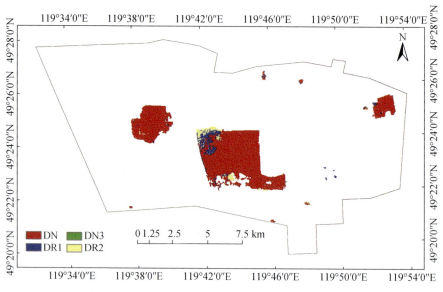

图 4.13　宝日希勒矿区开采-复垦轨迹类型空间分布

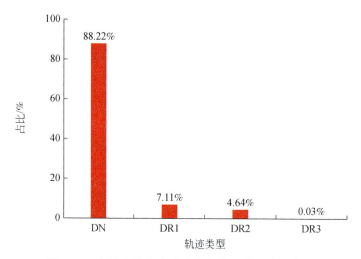

图 4.14　宝日希勒矿区不同开采-复垦轨迹类型占比

2. 胜利矿区

将胜利矿区开采扰动区内开采-复垦时序轨迹分为以下 5 类：植被-裸土（V-B）、植被-裸土-植被（V-B-V）、裸土-植被（B-V）、裸土-植被-裸土（B-V-B）以及复杂扰动（Others），分类结果如图 4.15 所示。其中，植被-裸土部分面积为 41.665 km²，占开采扰动面积的 64.51%；裸土-植被的面积为 0.652 km²，占扰动面积的 1.01%；植被-裸土-植被的面积为 8.075 km²，占扰动面积的 12.50%；裸土-植被-裸土的面积为 3.504 km²，占扰动面积的 5.43%；复杂扰动的面积为 10.689 km²，占扰动面积的 16.55%。可知，1986 ~

2017 年间，胜利矿区未复垦区域面积占绝大部分。

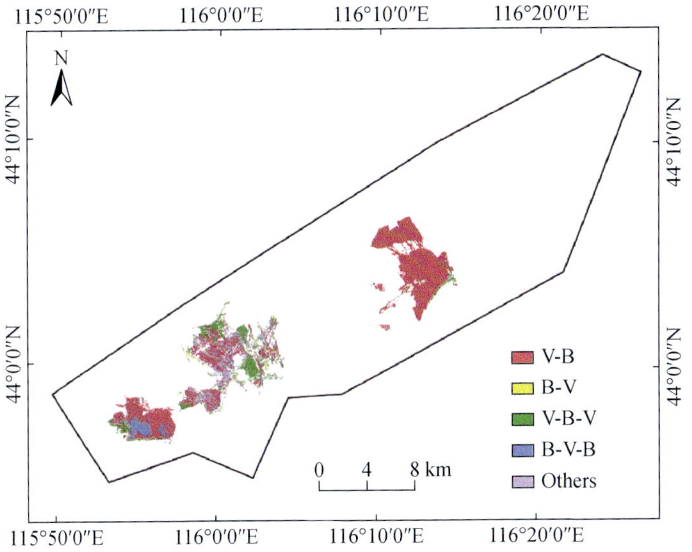

图 4.15　胜利矿区开采–复垦轨迹类型空间分布

4.1.3.3　土壤理化性质累积效应变化

1. 宝日希勒矿区土壤理化性质空间累积特征

以全国第二次土壤普查养分分级标准（表 4.4）和原地貌土壤养分实测值（表 4.5）对采场周边土壤养分含量进行分级，并针对北、东北、东、南、西和西北 6 个方向分别探究宝日希勒矿区采场周边土壤养分的空间累积特征。

表 4.4　土壤养分分级标准

级别	有机质/(g/kg)	全氮/(g/kg)	速效钾/(mg/kg)	有效磷/(mg/kg)
1（极高）	>40	>2	>200	>40
2（很高）	30~40	1.5~2	150~200	20~40
3（高）	20~30	1.0~1.5	100~150	10~20
4（中）	10~20	0.75~1.0	50~100	5~10
5（低）	6~10	0.5~0.75	30~50	3~5
6（很低）	<6.0	<0.5	<30	<3

表 4.5　原地貌土壤养分实测值

名称	有机质/(g/kg)	全氮/(g/kg)	速效钾/(mg/kg)	有效磷/(mg/kg)
实测值	34.33	1.53	158.85	1.69

宝日希勒露天矿采场周围土壤理化性质在不同方向上表现出明显的空间异质性，其

中, 速效磷、有机质和全氮含量变化对采矿活动及其余人为活动的响应最为明显。

露天矿采场西北方向有机质含量水平有所提高, 原地貌土壤有机质含量处于 2 级水平, 采矿后在 2018 年西北方向有机质含量基本达到 1 级水平, 西、南、东、东北和北方向在 2018 年部分区域含量升高达到 1 级水平、部分区域含量降低转变为 3 级水平。

此外, 露天矿采场西北方向全氮含量也有所提高。宝日希勒露天矿原地貌土壤全氮含量处于 2 级水平, 采矿后在 2018 年西北方向全氮含量基本达到 1 级水平, 西、南、东、东北和北方向部分区域在 2018 年部分区域含量升高达到 1 级水平、部分区域含量降低转变为 3 级水平。

南、东和东北方向的速效钾含量均有提高。宝日希勒露天矿原地貌土壤速效钾含量处于 2 级水平, 采矿后在 2018 年西北方向部分区域含量升高达到 1 级水平、部分区域含量降低转变为 3、4 级水平, 西、北方向部分区域含量升高达到 1 级水平、部分区域含量降低转变为 3 级水平, 南、东和东北方向速效钾含量升高达到 1 级水平。

宝日希勒露天矿原地貌土壤有效磷含量处于 6 级水平, 除东方向部分区域含量升高达到 5 级水平外, 其余各方向有效磷含量均处于 6 级水平, 露天煤矿开采及其他人类活动对研究区周边土壤有效磷含量的累积影响不大。

2. 胜利 1 号矿土壤理化性质累积特征

1) 不同复垦年的纵向累积分析

2018 年和 2017 年土壤测试结果对比, 土壤中 AP、AK、SOM 含量增加, TN 和 pH 下降, 如图 4.16 所示。虽然 pH 有下降趋势, 但土壤仍呈碱性 (pH>8)。

对不同开垦年限土壤性质的非均质性分析表明, 各指标都有其自身的变化方向和空间特征。除 AP 含量高于 R0 [图 4.16 (a) (b) (d)] 外, 3 个复垦点的 TN、SOM 和 AK 含量均显著低于 R0 [图 4.16 (a) (b) (d)]。3 个垦殖地的 TN 和 SOM 含量无显著性差异 [图 4.16 (a) (b)], 而 AK 含量的降低顺序为 D1>D2>D3 [图 4.16 (d)]。与对照地相比, 开垦后 AP 含量增加, 与 AK 相反。与自然恢复地相比, 土壤 pH 随着开垦年限的增加而降低, 但仍高于未扰动草地。

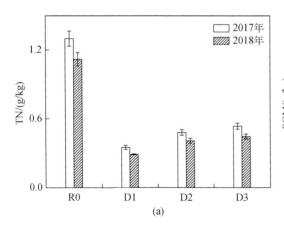

(a)

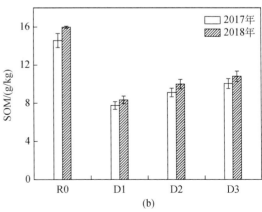

(b)

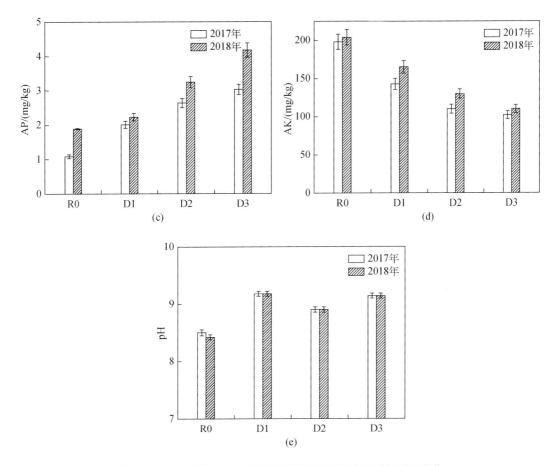

图 4.16　2017 年和 2018 年不同复垦类型下土壤性质的累积变化

土壤性质分析根据《土壤环境质量标准》（GB 15618—2018）分类体系，除 AK 外，所有垦区土壤性质含量均较低。TN 含量极低，平均值小于 0.54 g/kg。AP 和 SOM 含量范围分别为 2 ~ 5 mg/kg 和 7 ~ 10 g/kg。速效钾含量显著高于其他土壤性质指标（AK>100 mg/kg）。

综上所述，研究区土壤养分含量不足和碱性土壤（pH>8）不利于植物生长，这也是造成废弃矿区植被恢复困难的原因之一。

2）不同的复垦类型的横向累积分析

不同植被恢复模式区土壤性质差异较大。开垦方式和植被配置对土壤 pH 和肥力状况都有显著影响，而灌溉和灌木种植的影响也很显著。非灌溉区（R1，pH 8.7）土壤 pH 低于灌区，与未扰动草地的 pH 接近 [图 4.17（e），pH R0 8.4]。随着柠条密度（pH C2 9.18）的增加，灌溉区（R2、C1、C2）土壤 pH 低于草本植物种植（pH R2 9.4）。C2 区地上生物量丰富，植被类型多样，不仅促进了 SOM 的积累，而且促进了 TN 在土壤中的积累。因此，其 SOM 和 TN 含量显著高于其他试验区。

灌溉区土壤养分含量的增加顺序为 C2>C1>R2>R1，且显著高于非灌区（$p<0.05$）。

小叶锦鸡儿种植密度增加了 AP 含量 [图 4.17 (c)]，但其含量也普遍较低。此外，C1、C2 区 AP 含量比 R1、R2 区高 2～3 倍。C2 浓度的 AK 达到峰值 (AK>200，I)，明显高于 C1。C2 土壤 AK 含量显著高于 R0 (204.83 mg/kg，I)。R1 和 R2 区土壤 AK 浓度无显著差异 [图 4.17 (d)]，明显低于 D3 的平均值 (110.68 mg/kg)。

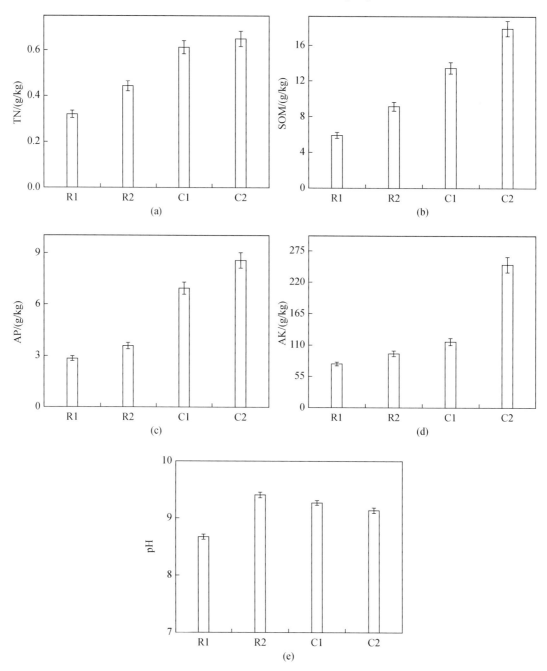

图 4.17　2018 年不同复垦类型土壤性质的空间异质性

R1、R2、C1、C2 分别代表南排的南面边坡的 4 个实验区

4.1.3.4　土壤重金属累积效应变化

1. 宝日希勒矿土壤重金属含量的空间累积特征

根据每个采样点土壤中 Pb、Zn、Cr、Cu 的含量结合采样点地理坐标，利用克里金插值法预测出研究区土壤各重金属含量空间累积分布。Pb 元素在西北、西方向含量相对高，而在其他方向含量较低；Cu、Cr、Zn 元素在不同方向均未表现出含量较高现象，相对高值只出现在个别采样点。

2. 胜利 1 号矿土壤重金属空间累积特征分析

利用克里金插值法预测并结合现场调查，得出研究区土壤各重金属含量空间分布情况。Pb、Zn、Cr、Cu、Cd、Hg 重金属在西南方向第 3 个采样点都出现高值，而在其他采样点未表现出含量较高现象。结合现场调查，发现此采样点附近分布有居民点。

4.1.3.5　地表生态环境累积效应变化

1. 地表生态环境时序变化趋势

从时序变化情况来看，虽然各指标均存在不同程度的年际间波动，但对生态环境质量有正向作用的绿度（NDVI）和湿度（Wet）均值在研究期间呈线性下降趋势，代表生态条件差的热度（LST）和干度（NBDSI）均值则出现上升趋势。

综合地表生态环境指标 RSEI 的年际均值变化曲线如图 4.18 所示。整体上看，1986 ~ 2017 年间，胜利矿区 RSEI 均值从期初的 0.38 降低到期末的 0.20，整个研究时段的生态状态明显下降，出现了负向累积效应，在一定程度上说明了 RSEI 能够综合代表胜利矿区生态条件的变化情况。分时段来看，可根据 RSEI 年际均值划分为两个阶段：1986 ~ 2004 年的小幅波动，该时段内矿井数量少且开采规模小，相关的配套企业尚未建成，对生态环境的负面累积影响较小；2004 ~ 2017 年在 0.2 ~ 0.4 之间波动变化，整体呈波动下降趋势。2004 年起胜利矿区进入开采过渡期，2008 年进入达产期，矿井数量和年产量逐渐增加，矿区产业链相继形成，煤炭开采扰动对生态环境的负向累积影响越加明显。

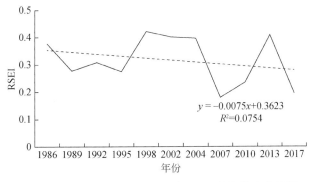

图 4.18　胜利矿区 1986 ~ 2017 年 RSEI 的均值变化曲线

2. 地表生态环境空间变化趋势

为更好地对比各年 RSEI 的空间差异，将各年份 RSEI 以 0.2 为间隔划分成 5 级，分别代表差、较差、中等、良、优，并选取 1986 年、1992 年、1998 年、2004 年、2010 年和 2017 年六个时相比较分析胜利矿区的地表生态环境空间累积变化情况。

空间分布上，RSEI 等级为优和良的区域主要分布在锡林河湿地区、水域区和耕地区，且 2004 年后上述优、良区域的面积呈明显的下降趋势。草原区主要对应 RSEI 等级为较差和中等的区域，且东部草原的生态环境质量略优于西部。但自 2004 年后，受放牧活动和气温、降水等气候条件影响，RSEI 等级差的区域明显增加，草原区生态环境质量呈现下降趋势。此外，2004 年后，随着矿井的进一步建设，煤炭开采强度增加，挖损压占区内的 RSEI 等级逐渐稳定在较差和差，且以较差等级居多。

在 RSEI 分级的基础上，对胜利矿区 1986 年、2017 年的 RSEI 影像进行差值变化检测，以探究整个研究时段内地表生态环境的累积效应空间变化趋势。从数值上看，1986~2017 年间，生态条件变差的区域面积占比为 74.375%（表 4.6），而生态转好的区域面积占比仅占 5.401%，说明研究时段内胜利矿区的总体地表生态环境质量下降，出现负向累积效应。

表 4.6　胜利矿区 1986~2017 年 RSEI 变化检测

类别	RSEI 级差	级差占比/%	类别占比/%
变差	-4	0.067	74.375
	-3	1.741	
	-2	27.951	
	-1	44.617	
不变	0	20.223	20.223
变好	1	3.850	5.401
	2	1.317	
	3	0.229	
	4	0.004	

从空间上看，生态环境质量呈正向累积（即 RSEI 等级>0）的区域主要分布在耕地区和城镇内的植被覆盖区（图 4.19），一方面反映出 2001 年起对耕地区实施的灌溉浇水手

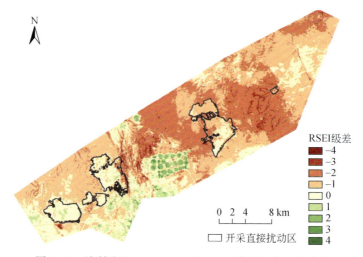

图 4.19　胜利矿区 1986~2017 年 RSEI 等级变化空间分布

段对植被的生长有明显的正向促进作用，另一方面，合理的城市规划，如布局行道树、绿地公园，有助于城镇区生态质量的提升。生态环境质量出现负向累积的区域在草原区、湿地区、城镇区和开采直接扰动区均有分布。其中，生态环境质量下降最为严重的区域主要集中在湿地区、草原区东部、西一号露天矿东部。

4.2　高强度开采区域植被影响边界确定

4.2.1　高强度开采区域植被累积影响边界的确定方法

直接影响边界，主要是通过提出的"基于时序遥感的开采历史重构方法"和提取缓冲区范围内生态指标的突变点（如植被阈值）来确定。

间接影响边界，从两种角度出发分别提出了：①基于单源的生态指标响应模型；②基于多源作用下生态指标响应模型。

4.2.2　高强度开采区域植被累积影响边界的提取结果

4.2.2.1　基于单源生态指标的植被累积影响边界

通过拟合宝日希勒矿区（以下简称宝矿）采场周边各方向植被指数与距采场距离的轨迹关系，获取煤矿开采对植被造成的间接影响距离。结果表明多种遥感指数在东北方向上表现出一致的变化规律，且各生态指数均在约 2 km 处达到稳定。宝矿周围复杂的地物类型导致了其周围生态环境受到不同的扰动特性，如在宝矿西北方向上东明露天矿的交互影响，该方向上的生态指标随距离的拟合轨迹出现了明显的波动性。NDVI 随距离的变化趋势约在 500 m 处稳定。综上，露天矿开采对生态环境的影响范围与开采尺度（范围）成正比。

4.2.2.2　多源作用下植被累积影响边界

选取 2017 年 7 月的植被绿度值，分别在四个特征区域提取从采矿中心点向外 6 km 的 EVI 距离的变化规律从而得到采矿影响范围。如图 4.20 所示，线 1 是东方向上的变化趋势图，可以看出东方向在距离圆心约 2350 m 处趋势稳定且达到未扰动区植被水平，即距离矿区边缘 1450 m 左右达到稳定（a2）。而在线 2 中，可以看出趋势在 b2 处趋势稳定且达到未扰动区植被水平，即在距离矿区东北边缘约 2000 m。但是对于线 3、线 4 处由于存在不同形式人为活动，同时稳定的位置也不尽相同，且与未扰动区植被指数也有很大的偏差。挖损区可用植被阈值 0.25～0.29 确定主要集中在宝矿范围内，即图中 a1—b1—c2—d1 围成的区域。而对于压占区域（多为外排土场）植被指数较周围草场高，尤其是在矿区西侧 c2—c3 连接的区域。

根据对煤炭开采影响边界的界定研究，可知煤炭开采的影响边界具有动态性和不确定

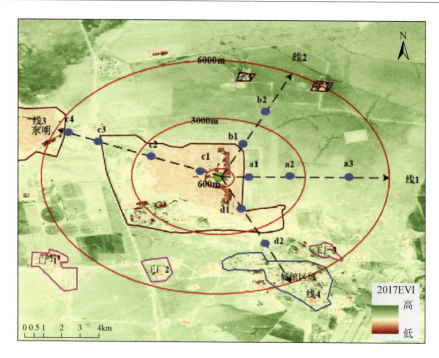

图4.20　基于趋势阈值方法的EVI随距离变化的横向累积趋势

性。综合上述分析，植被直接累积影响边界可用EVI为0.25～0.29阈值范围界限来表示，从采矿中心点起算，东方向最远达到950 m，西方向上最远达到2830 m。结合宝日希勒煤矿开采的推进方向和排土场堆放规定可知，在采挖工作面的西侧是遗留的内排土场，同时也是历史采挖区域，这也就解释了为什么西侧的直接累积影响边界相对于其他方位范围更广的原因，同时也验证了本研究方法的有效性。

此外，本研究进一步明确了煤炭开采对地表植被的间接影响边界最远不超过2000 m（此为距采场的空间距离），具体可以表示为在没有其他明显人为扰动的条件下，东方向是1450 m，东北方向是2000 m。对于存在其他人为扰动的区域，宝矿的间接影响范围则为2000 m，主要集中在外排土场等压占区域，且植被响应呈正向。

4.2.3　高强度开采区域植被累积效应变化趋势

4.2.3.1　植被指数累积效应变化趋势

1. 宝日希勒矿区

为明确植被覆盖变化受采矿扰动的间接累积范围，在确定直接影响范围之后，又提出了从宝矿矿区外围出发，分别在其北、东北、东、东南、南、西和西北方向上建立以30 m为间隔的10 km缓冲区，并获取各指数在缓冲区范围内趋势变化的稳定值。

（1）NDVI拟合结果。北方向、东北方向、东方向、东南方向、南方向、西方向、西北方向NDVI平均值分别在距离采场1175 m、1175 m、2483 m、1080 m、2771 m、3532 m、

3750 m 达到稳定状态，稳定处 NDVI 平均值分别为 0.29、0.36、0.31、0.28、0.26、0.28、0.37。西南方向受耕地影响，NDVI 变化方向与其他方向不同。综合分析，NDVI 在距离采场 2250 m 达到稳定状态，稳定处 NDVI 值介于 0.3~0.4 之间。除西南方向上，均表现为正向累积。

（2）SAVI 指数拟合结果。与 NDVI 在东北方向的拟合趋势具有相似性，趋势稳定距离约在 2200 m，SAVI 的趋势稳定值约为 0.55，且在 2000 m 范围内均为正向累积。

（3）EVI 指数拟合结果。从趋势变化特征上看，EVI 在南方向和西南方向上表现为负向累积，其余方向上在 2000 m 内均表现为正向累积。

综上，多种遥感指数（NDVI，SAVI，EVI）在东北方向上的拟合特征表现出一致性，且均在 2 km 处达到稳定。

2. 胜利矿区植被群落物种多样性变化趋势

如表 4.7 和图 4.21 所示，胜利 1 号矿区 3 个排土场和试验区的物种数、株高、Shannon-Wiener 指数（H'）、Simpson 指数（D）、Margalef 指数（Ma）和 Pielou 指数（Jp）存在显著差异（$p<0.05$）。南排土场的物种多样性高于北排土场和沿帮（$H'=1.45\pm0.06$，$D=0.64\pm0.2$），说明南排土场植被状况累积复垦最好。除 Ma 指数外，南排土场的多样性指数与天然草原也不同。特别是在南排土场试验区，物种多样性指数表现为柠条种植区灌溉区（C1）要高于天然草原并高于无灌溉区。此外，南排土场植被覆盖率在 50% 以上，高于未扰动草地（2018 年实地调查的 40%），但排土场大部分区域的植被恢复仍呈现较低的多样性指数，说明复垦后植被物种结构相对简单，群落化稳定性较弱，生态系统仍易受干扰。

表 4.7　不同类型植被特征的比较

类型	D1	D2	D3	R0	R1	R2	C1	C2
物种数（N）	5	5	7	8	6	7	5	6
平均株高（AH）/m	0.40	0.62	1.20	0.70	0.54	1.05	1.60	5.40

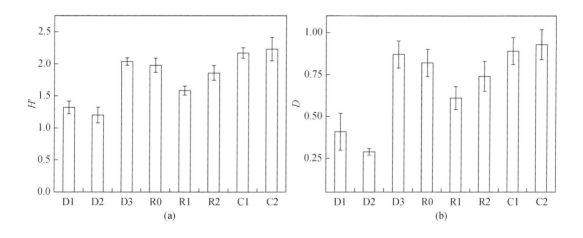

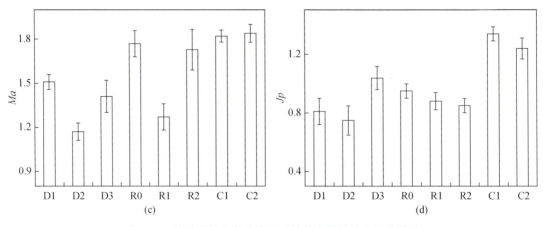

图 4.21 植被配置和复垦类型下植被多样性的空间差异性

4.2.3.2 植被覆盖度累积效应变化趋势

1. 宝日希勒矿区

宝日希勒矿区植被覆盖度分级结果如图 4.22 所示。由图可知，1985 年研究区以较高

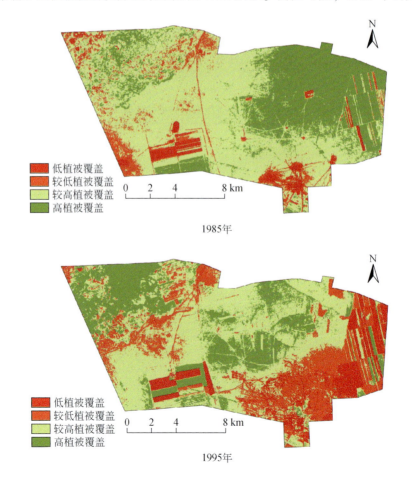

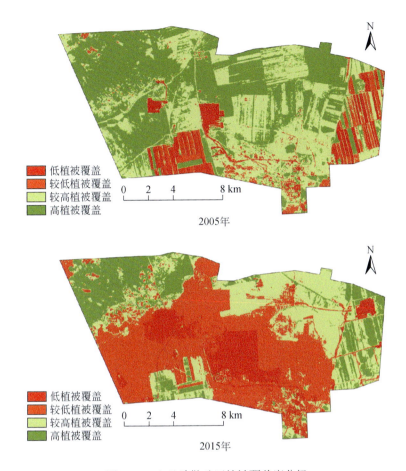

图 4.22　宝日希勒矿区植被覆盖度分级

和高植被覆盖为主，而 2015 年出现大面积的较低和低植被覆盖区域。

（1）植被覆盖度时序累积变化。宝日希勒矿区植被覆盖度的变化趋势如图 4.23 所示，其纵向累积效果整体呈波动微弱下降趋势。在 2007 年，负向累积影响达到最大，植被覆盖度值为 0.434。结合煤炭全生命周期可以看出达产期（2009 年至今）植被覆盖度高于 0.6，优于过渡期（2005～2009 年）的植被覆盖度。

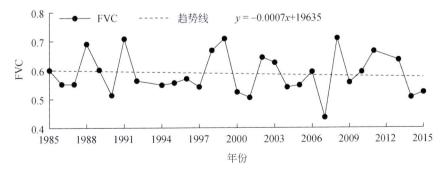

图 4.23　宝日希勒矿区植被覆盖度的变化趋势

（2）植被覆盖度空间累积变化。在宝日希勒矿区排土场，尤其是在西北排土场，植被呈现正向累积，累积速率最高达到0.027%/a。而在挖损占用区，呈现负向累积，累积速率最高可达-0.062%/a。

2. 胜利矿区

（1）植被覆盖度时序累积变化。胜利矿区1985～2017年植被覆盖度均值的时间变化曲线如图4.24所示。分析可知，胜利矿区的植被覆盖度均值并不稳定，在1990年、1993年、1996年和2012年植被覆盖度出现明显的正向累积，植被覆盖度均值接近最大值60%。在2000年、2007年及2017年植被覆盖度均值低于30%，尤其是2017年，植被覆盖度负向累积影响最为显著。从整体上来看，该地区的植被覆盖度均值呈现出波动下降的趋势，出现负向累积效应，但是趋势线的斜率仅为-0.0042，下降趋势不显著，总体维持动态平衡。

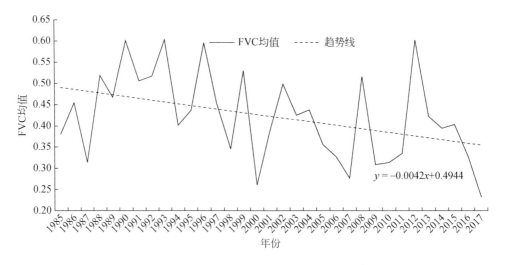

图4.24　胜利矿区1985～2017年植被覆盖度均值变化

（2）植被覆盖度空间累积变化。研究区域1985～2017年植被覆盖变化程度如图4.25所示。总体来说，在1985～2017年间，研究区域大部分面积的植被覆盖都出现了负向累积，大面积退化的区域主要集中在东北部。只有小部分地区出现正向累积，植被覆盖度有改善的区域主要集中在河流流域周围和排土场植被恢复区。

研究区域1985～2017年植被覆盖度转移矩阵如表4.8所示。从表中可以看出有大量植被覆盖区域发生了退化，其中高植被覆盖区域中有68.36%的区域约45.35 km² 退化成了中低及低植被覆盖区域，有52.85%约96.7 km² 的中植被覆盖区域退化成了低及极低植被覆盖区域。而植被覆盖度有所改善的区域，则集中在极低植被覆盖向低及中低植被覆盖转移区域，极低植被覆盖度区域中有66.67%的区域约7.11 km² 得到了改善，但是其中只有3.2%左右得到了良好改善，变成了高植被覆盖区域。从总体来看，只有1.9%左右约12 km² 非高植被覆盖区域变成了高植被覆盖，植被覆盖度改善的情况并不乐观。

多种遥感指数（NDVI、SAVI、EVI、NDMI）拟合结果表明煤炭开采活动对于采区周边植被长势和土壤水分分布存在一定的累积影响范围，针对宝日希勒矿区，东北方向上的植被、土壤水分累积变化均在 2 km 处达到稳定。

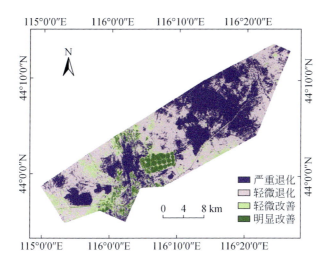

图 4.25　胜利矿区 1985～2017 年植被覆盖变化程度

表 4.8　胜利矿区 1985～2017 年植被覆盖度转移矩阵

		1985 年植被覆盖度等级分布					
		极低覆盖	低覆盖	中低覆盖	中覆盖	中高覆盖	高覆盖
2017 年植被覆盖度等级分布	极低覆盖 面积/km²	3.54	13.91	50.38	6.54	1.36	0.84
	极低覆盖 百分比/%	33.33	19.21	15.25	3.77	2.90	4.32
	低覆盖 面积/km²	4.18	41.48	215.49	85.25	14.79	4.36
	低覆盖 百分比/%	39.32	57.26	65.22	49.08	31.59	22.55
	中低覆盖 面积/km²	1.52	7.18	48.89	70.31	20.14	6.06
	中低覆盖 百分比/%	14.36	9.91	14.80	40.48	43.01	31.35
	中覆盖 面积/km²	0.66	3.32	5.38	9.15	9.51	4.57
	中覆盖 百分比/%	6.27	4.59	1.63	5.27	20.32	23.60
	中高覆盖 面积/km²	0.38	1.97	2.27	0.70	0.65	1.45
	中高覆盖 百分比/%	3.54	2.72	0.69	0.40	1.40	7.50
	高覆盖 面积/km²	0.34	1.57	7.98	1.75	0.37	2.07
	高覆盖 百分比/%	3.18	6.31	2.42	1.01	0.78	10.69

　　研究时段内，受煤炭开采和其余人为活动影响，宝日希勒矿区和胜利矿区植被覆盖度累积效应均呈波动微弱下降趋势。宝日希勒矿区达产期的（2009 年至今）植被覆盖度优于过渡期（2005～2009 年），植被覆盖度呈现正向累积的区域主要分布在排土场，尤其是西北排土场，挖损占用区负向累积效果显著。胜利矿区植被覆盖度发生了明显变化及转移，中高及高植被覆盖区域中有 68.36% 的区域退化成中低及低植被覆盖区域，仅有 3.2% 左右的极低植被覆盖区域得到了良好的改善，出现正向累积效应。

4.3　大型煤电基地开发区域的空气污染影响

4.3.1　高强度开采区域空气污染累积过程反演方法

粉尘污染是大型煤电基地开发区大气污染的主要成分之一，尤其是在露天煤矿矿山开采区域。研究区粉尘主要的三个来源为煤炭开采作业、工业排放及裸露的农田释放，其中煤炭开采过程中的矿坑采煤、爆破产尘、煤炭运输与汽车铲装、卸载扬尘、推土机平整工作面产尘、排土场堆煤场产尘，都是矿区粉尘污染的来源。

宝日希勒矿区具有要素密集多样性，将宝日希勒矿区划分为宝日希勒矿开采区、东明矿开采区、工业区（呼伦贝尔金新化工有限公司、呼伦贝尔动能化工有限公司、国华宝电等）、居民区（宝日希勒镇）及农田等类型区进行统计分析。对胜利矿区各露天矿及居民区（锡林浩特市）进行时序动态分析。

4.3.1.1　数据来源与预处理

宝日希勒矿区所使用的研究数据为 1985、2015、2017 及 2019 年内 4 个季节共计 20 期 Landsat 影像数据。胜利矿区研究区所使用的研究数据为 2008～2017 年夏季数据，及 2020 年 4 个季节共计 14 期 Landsat 影像数据，下载自美国地质勘探局，对影像进行预处理包括辐射定标、大气校正及影像裁剪。

4.3.1.2　粉尘污染程度反演方法

增强煤粉指数（ECDI）是基于归一化差异煤指数（NDCI）提出的一种对粉尘具有指示性的指数，ECDI 是一种无量纲指数，它的原理与植被指数相似，是以煤炭粉尘的光谱特性为依据，将卫星数据得到的近红外波段与短波红外 1、2 波段进行组合计算得到的，可以用来定性、定量描述地表粉尘信息的手段。ECDI 的计算公式为

$$ECDI = \frac{SWIR1 - NIR + SWIR2}{SWIR1 + NIR - SWIR2} \tag{4.7}$$

基于像元二分法原理，类似计算植被覆盖度的过程，假设每一个像元的光谱信息只由粉尘和裸地的光谱信息共同组成。应用像元二分模型公式如下：

$$f = \frac{ECDI - ECDI_{soil}}{ECDI_{dust} - ECDI_{soil}} \tag{4.8}$$

式中，$ECDI_{dust}$ 为全粉尘覆盖像元的 ECDI 值，$ECDI_{soil}$ 为无粉尘覆盖的裸土像元的 ECDI 值，可分别求得：

$$ECDI_{soil} = \frac{F_{max} \times ECDI_{min} - F_{min} \times ECDI_{max}}{F_{max} - F_{min}} \tag{4.9}$$

$$ECDI_{dust} = \frac{1 - (F_{max} \times ECDI_{min} - F_{min} \times ECDI_{max})}{F_{max} - F_{min}} \tag{4.10}$$

式中，F_{max} 表示地表粉尘浓度的最大值，取值为 1；F_{min} 表示地表粉尘浓度的最小值，取值趋近于 0。

在研究中依据 ECDI 频率统计表，结合研究区域特点，取累积频率为 2% 的 ECDI 值作为 $ECDI_{soil}$，取累积频率为 98% 的 ECDI 值作为 $ECDI_{dust}$。

4.3.2　高强度开采区域空气污染累积影响边界

受煤粉尘污染的区域属于间接影响区，粉尘污染影响边界属于间接扰动边界。高强度开采区域空气污染累积影响边界定义为矿区内露天开采区域上空受采矿活动影响一年内累计产生的粉尘污染最大范围的边界。对粉尘的污染程度采用混合像元二分模型进行估算，计算结果的值在 0～1 之间，用其来定义粉尘的污染程度，数值越高则表明煤粉尘的污染程度越严重。基于混合像元二分模型的计算结果的值，结合实际研究区情况，将研究区内一年内各季节粉尘污染程度>0.95 区域提取出来，得到季节粉尘影响范围，对一年内的季节性影响范围进行相交处理求交集，得到常年影响范围，与高分辨率影像对比可知，常年影响范围对应裸煤或煤矸石堆放的范围。对一年内的季节性影响范围进行联合处理求并集，得到粉尘污染最大影响范围，最大影响范围边界即累积影响边界，如图 4.26 所示。

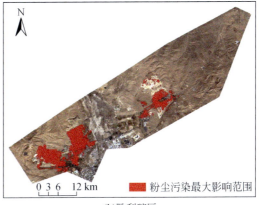

(a)宝日希勒矿区　　　　　　　　　　(b)胜利矿区

图 4.26　宝日希勒矿区及胜利矿区粉尘污染最大影响范围

4.3.3　高强度开采区域空气污染累积效应变化趋势

4.3.3.1　宝日希勒矿区

在露天矿开采之前（1985 年）研究区内只有农田释放的粉尘，2013 年与 2015 年露天矿、井工矿周边及煤炭运输道路均受到了粉尘污染，宝日希勒矿区产生的粉尘污染最远向东扩散至矿坑边界外 2.6 km 处，宝矿南侧道路也受粉尘污染严重。到了 2019 年，宝日希勒矿区的煤粉尘污染影响范围相较于东明矿得到明显改善，影响范围基本都在矿坑边界以内，未对其他周边区域生态环境产生影响，由于采矿活动产生的粉尘污染得到显著改善。

4.3.3.2　胜利矿区

如图4.27所示，胜利矿区内主要尘源为露天矿、电厂及裸土/农田产尘。露天矿产生粉尘污染范围基本都在矿坑以内，胜利西一矿扩散最远至矿坑外1.8 km处。由于在东2矿西南侧有一处于堆放煤矸石，故也产生了一定的粉尘污染，但是没有向外扩散，最大直径小于1.2 km，随着煤炭的运输，粉尘污染沿道路传播至工业广场等地。

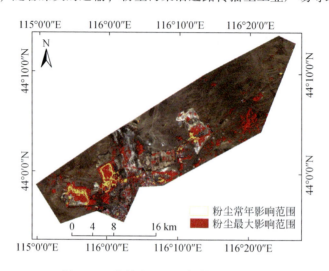

图4.27　胜利矿区2020年粉尘污染范围

4.4　煤电基地开发生态累积效应评估与阈值模型分析方法

4.4.1　生态累积状态主要表征参数

根据不同激励行为对CEBES的生态影响途径，结合相关研究认识，研究采用"初态"（NES原态或累积初态）与累积状态比较法，按照科学、代表和可操作性原则初步筛选描述CEBES具体状态的三大区、四类60项参数（表4.9）。其中：

（1）自然驱动力（F_N）：描述了CEBES区域自然环境背景条件，也是系统的自然激励作用参数，影响着CEBES区域内部的生态要素参数变化。自然气候条件决定了生态系统变化基本条件和激励作用方向，如气候变化中干旱情景增大系统负向激励作用，风调雨顺则增加了系统正向激励作用。

（2）能源开发类作用（F_M^D）：描述了CEBES的开发激励作用形式、生态影响方式和影响区域生态要素（大气、水、土壤、植物等）状态。占用区（如由草原用地变为露天开采区和电厂区等）是生态影响激励"源"，包括生态损伤与恢复激励作用。如矿区内采区以土地完全损伤为主，复垦区则以生态恢复为主、局域交通网络属于损伤作用持续影响区；非占用区为受到能源开发行为影响区域，如露天开采区和电厂区周围受到采区污染物影响的草原牧区，生态行为总体以自我调整为主，开发影响为辅。

表 4.9　煤电基地系统生态累积状态变化状态表征主要参数

驱动力与作用域		CEBES 显示主要状态	激励源属性（范围/方式/时间）	状态变化比系数（年际参数值/累积年初均值）
自然驱动力 F_N（$F_N \in V$）	大气域 F_N^1	大气水环境保持水平 温度变异水平	区域/覆盖/长期	α_n^1 大气降水自然维持度：年际降蒸比/年均初值 α_n^2 自然温度环境维持度：年际温变指数/年均初值
	水域 F_N^2	地表水资源供给水平 地下水资源供给水平	区域/覆盖/长期	α_n^3 地表水资源维持度：年际利用量/年均总量 α_n^4 地下水资源维持度：年际利用量/年均总量
	土壤域 F_N^3	土壤贫瘠程度 水土流失水平	区域/覆盖/长期	α_n^5 土壤贫瘠度：年际贫瘠度/年均初值 α_n^6 水土流失度：年际均流失率/年均初值
	生物域 F_N^4	V 植被覆盖度水平 V 生物量维持水平	区域/覆盖/长期	α_n^7 植被盖度保持度：年际盖度/年均初值 α_n^8 生物量保持度：年际生物量/年均初值
人类活动行为驱动 F_M（$V_D \in V$） 能源开发类作用 F_M^D	大气域 F_D^1	采区污染物源排放程度 采区污染气源（含 CO）程度 电厂大气污染物（SO_2 等）程度 煤基产业污染物排放程度 煤基产业工业废气排放程度	局域/点源/生产期	α_d^1 污染物排放比：年际粉尘排放量/年均初值 α_d^2 污染气体排放比：年际排放量/年均初值 α_d^3 污染物排放比：年际排放量/年均初值 α_d^4 污染物排放比：年际粉尘排放量/年均初值 α_d^5 污染气体排放比：年际排放量/年均初值
	水域 F_D^2	开采水资源损伤程度 发电水资源消耗程度 煤化水资源消耗程度 能源开发水资源消耗程度	局域/面源/生产期	α_d^6 煤–水消耗比：年际吨煤排放量/区域年均初值 α_d^7 电–水消耗比：年际万千瓦耗水量/区域年均初值 α_d^8 化–水消耗比：年际吨产品耗水量/区域年均初值 α_d^9 能源生产耗水比：年际生产用量/区域年均初值
	土壤域 F_D^3	露天开采区土地损伤程度 非采区域土地损伤程度	局域/面源/生产期	α_d^{10} 采区裸地比：年际裸地区/非占用地 α_d^{11} 非采区裸地比：年际裸地区/非占用地初值
		工业用地损伤程度 矿区地表裂缝塌陷水平 土壤综合肥力影响程度 包气带含水性影响程度	局域/面源/修复期	α_d^{12} 工业区裸地比：年际裸地区/非占用地初值 α_d^{13} 采区地表塌陷比：年际采区塌陷率/年均初值 α_d^{14} 土壤肥力比：年际土壤综合肥力/背景值 α_d^{15} 土壤水分比：年际土壤水分值/背景值
	生物域 F_D^4	开采区域植被恢复程度 电厂区生态利用程度	局域/面源融合/占用期	α_d^{16} 采区植被盖度比：年际植被盖度/年均初值 α_d^{17} 非采区植被盖度比：年际植被盖度/年均初值
		V_D 区植被覆盖度 V_D 生态生产力程度	局域/面源/占用期	α_d^{18} 电厂区植被盖度比：年际植被盖度/年均初值 α_d^{19} 非煤电区植被盖度比：年际植被盖度/年均初值

驱动力 与作用域			CEBES 显示主要状态	激励源属性 （范围/方式 /时间）	状态变化比系数 （年际参数值/累积年初均值）
人类活动行为驱动 F_M	非能源开发类作用 F_M^H （$V_H \in V$, $V_H \notin V_D$）	大气域 F_H^1	城市大气污染排放程度 城市 CO_2 排放程度	局域/面源 /占用期	α_m^1 大气污染物排放比：年际排放率/年均初值 α_m^2 城镇 CO_2 人均排放比：年际排放率/年均初值
		水域 F_H^2	人均水资源消耗程度 农业用水资源消耗程度 城镇生活污水排放程度	局域/面源 融合/占 用期	α_m^3 人均水资源年消耗比：年际人均消耗率/年均初值 α_m^4 农用水资源消耗比：年际亩均消耗率/年均初值 α_m^5 城镇生活污水排放比：年际人均排放率/年均初值
		土壤域 F_H^3	城镇土地未利用程度 城镇废弃物有害化程度 农业区土地未利用程度 交通网土地未利用程度	局域/面源 /占用期	α_m^6 城镇区土地损伤比：年际裸地面积/占用区面积 α_m^7 城镇区环境损伤比：年际垃圾排放量/年均初值 α_m^8 农业区土地损伤比：年际裸地面积/农业区面积 α_m^9 交通网土地损伤系数：年际裸地面积/占用面积
		生物域 F_H^4	城市区域生态利用水平 交通网络区生态利用水平	局域/面源 /占用期	α_m^{10} 城市生态生产力比：年际生物量/年均初值 α_m^{11} 交通网生态生产力比：年际生物量/年均初值
			V_H 植被覆盖度影响程度 V_H 生态生产力影响程度	局域/面源 /占用期	α_m^{12} 植被覆盖度比：年际盖度值/年初值 α_m^{13} 区域生物量比：年际生物量值/年初值
人类活动辐射影响作用 F_M^R （V_{H+D} $\notin V_R$ $\in V$）		大气域 F_R^1	污染物受辐射影响程度 污染气体受辐射水平（含 CO） 电厂大气污染物（SO_2 等）辐射 煤基产业工业废气辐射 城市污染大气影响程度 城市 CO_2 排放影响程度	局域/辐射 /占用期	α_r^1 城市污染物辐射比：年际排放量/年均初值 α_r^2 CO_2 排放辐射比：年际排放量/年均初值 α_r^3 采-污染物辐射比：年际辐射值/年均初值 α_r^4 采-污染气体辐射比：年际辐射值/年均初值 α_r^5 电-大气污染辐射比：年际辐射值/年均初值 α_r^6 煤化-废气排放辐射比：年际辐射值/年均初值
		水域 F_R^2	地表径流影响程度 地表水资源影响程度 地下水资源影响程度	局域/辐射 /占用期	α_r^7 地表径流流量比：年际径流量/年均径流量 α_r^8 地下水资源量比：年际水资源量/年均初值 α_r^9 地下含水层厚度比：含水厚度/实际含水总厚度
		土壤域 F_R^3	土壤综合肥力影响程度 土壤生态利用影响程度 湿地区域影响程度 包气带含水性影响程度	局域/辐射 /占用期	α_r^{10} 土壤肥力比：年际土壤肥力/年均初值 α_r^{11} 土壤生态利用比：年际生态利用面积/年均初值 α_r^{12} 湿地区域比：年际湿地面积/年均初值 α_r^{13} 土壤水分比：土壤水分值/背景值
		生物域 F_R^4	林区植被覆盖度影响程度 林区生态生产力影响程度 牧草区植被盖度影响程度 牧草区生态生产力影响程度	局域/辐射 /占用期	α_r^{14} 林区盖度比：年际指数值/年均指数值 α_r^{15} 林区生物量比：年际生物量/年均生物量 α_r^{16} 牧草区盖度比：年际盖度值/年均盖度值 α_r^{17} 牧草区生物量比：年际生物量/年均生物量
			V_R 区植被覆盖度影响程度 V_R 区植物多样性影响程度 V_R 区生态生产力影响程度	局域/辐射 /占用期	α_r^{18} 植被覆盖度比：年际盖度值/年初值 α_r^{19} 植物多样性比：年际植物量/年均植物量 α_r^{20} 区域生物量比：年际生物量值/年初值

注：（1）V：CEBES 区域，V_D：能源开发占用区（改变土地原用途区），V_H：人类非能源开发占用区，V_R：人类活动生态影响区（土地原用途不变区）。（2）状态变化比系数 α：表征评价年 t_1 与参考年 t_0 累积状态相对变化比。（3）参数值取法：年值，代表计算年（生态累积研究截止年）的值；年均初值，代表生态累积周期起始时稳定值（或初值）。

（3）非能源开发类作用（F_M^H）：描述了人类活动（非能源开发行为）对生态系统的作用形式和生态影响方式，占用区（如城镇区、农业区、经济开发区等）也是影响生态系统状态的激励"源"，如城镇区域扩大和人口增长致使区域能源使用量、水资源消耗量和城市废弃物排弃量等大幅增长，压缩草原区自然资源可利用量；非占用区的生态行为总体以自我调整为主和人类活动影响为辅。但受到人类社会经济开发活动影响降低了水资源和生态承载力，增加了区域生态系统的脆弱性。

（4）人类活动辐射影响作用（F_M^R）：描述了人类活动行为的辐射影响，即大型煤电基地开发区域内的人类活动，通过辐射传递作用，对生态系统和周围环境造成的更大范围的影响或潜在影响。

状态参数 α 采用无量纲表示，当 $\alpha>1$，意味着激励强度和生态损伤力提升，占用区损伤水平增大，影响区生态原态维持水平降低；反映激励强度和生态损伤力维持不变；$\alpha<1$ 则表示激励强度降低和生态恢复力增加，占用区生态损伤水平降低，影响区生态原态维持水平提高。

为便于分析不同区域和生态要素的累积变化趋势，采用生态域（大气、水、土、生物）指数和生态指数，表征生态损伤综合水平（即生态累积状态相对变化水平），其数学表达为

$$
\begin{cases}
N_i = \displaystyle\sum_{k}^{K_1} \beta_N^k \times \alpha_n^k \\
E_N = \displaystyle\sum_{j}^{4} \sigma_N^j \times N_j
\end{cases}
\qquad
\begin{cases}
D_i = \displaystyle\sum_{k}^{K_2} \beta_D^k \times \alpha_n^k \\
E_D = \displaystyle\sum_{j}^{4} \sigma_D^j \times D_j
\end{cases}
$$

$$
\begin{cases}
H_i = \displaystyle\sum_{k}^{K_3} \beta_H^k \times \alpha_n^k \\
E_H = \displaystyle\sum_{j}^{4} \sigma_H^j \times H_j
\end{cases}
\qquad
\begin{cases}
R_i = \displaystyle\sum_{k}^{K_4} \beta_R^k \times \alpha_n^k \\
E_R = \displaystyle\sum_{j}^{4} \sigma_R^j \times R_j
\end{cases}
\tag{4.11}
$$

其中，N_i、D_i、H_i、R_i 为 V、V_D、V_H 和 V_R 区要素域指数，β_N^k、β_D^k、β_H^k 和 β_R^k 为 α 参数的生态累积影响系数，K 为参数个数；E_N、E_D、E_H、E_R 为其生态综合指数，σ_N^j、σ_D^j、σ_H^j 和 σ_R^j 为要素域生态影响系数。β 和 σ 确定由 CEBES 的具体情境研究确定。

生态综合指数 E 中，E_N 是自然环境指数，反映 CEBES 所处区域生态环境水平，当 $E_N>1$ 时整体环境趋好，$E_N\approx1$ 表明环境相对稳定；E_N 和 E_H 是激励源强指数或生态激励水平，反映能源开发和人类活动对生态损伤或恢复力水平，大于 1 时损伤力相对增加，小于 1 时生态恢复力增强；E_R 是生态影响指数，反映了能源与社会经济开发活动对区域生态影响程度，$E_R=1$ 时表明生态损伤力与生态恢复力总体平衡；同理可求得 CEBES 的生态损伤指数 E。

4.4.2　煤电开发生态累积分析建模思路

CEBRES 是由空间若干基本单元体（或像素）组成的空间实体集合，人类活动行为引

发单元集合体的生态要素耦合作用，显现出行为激励作用下宏观生态累积响应。模型构建按照开发激励—生态损伤—影响累积—生态效应的分析思路，以空间单元体为各种激励行为受体或生态损伤基本单元、基于生态累积机制建立单元体生态要素相互影响基本关系、以生态要素域响应和空间区块体描述生态损伤。

建模始于 CEBES 中"三力"激励行为，以自然生态系统（NES）为参照，从单元体（或单元面积）入手，将各种生态响应聚类到生态要素域（大气、水、土、生物）进行点源合成，基于土地利用属性聚合线域、局域和区域进行分区（类）损伤、系统结构稳定和区域生态安全分析，实现生态损伤专题制图、生态累积及趋势分析和区域生态安全评价（图 4.28）。

4.4.3　生态损伤数学模型

CEBES 生态累积状态是由激励源、激励耦合关系、受激单元体属性等共同决定。基于前文中生态累积机制研究，任意单元体的单位时间生态累积量 S_Δ 可表示为

$$S_\Delta = (x, y, z, t, B, A, C) = \sum F(x_i, y_i, z_i, t, B_i) \otimes A(X, Y, Z, t) \quad (i = 1, 2, \cdots, N)$$

$$(4.12)$$

其中，$X = x - x_i$，$Y = y - y_i$，$Z = z - z_i$，$F(x_i, y_i, z_i, B_i)$ 为激励作用函数，B 代表激励源，N 为源数，B_i 为第 i 个源行为函数 $[$ 如，$B_i = d_i w_i(x, y, z, t)]$，$d_i$ 为源强度，$w_i(x, y, z, t)$ 为影响传播函数，(x_i, y_i, z_i) 代表源等效位置；$A(X, Y, Z, t)$ 为受激对象函数，$C = \otimes$，代表激励行为-生态要素耦合方式。

式（4.12）表明，激励源 F 以激励行为 B 作用和耦合方式 $\otimes$ 作用于属性为 A 的单位体积元，形成生态累积作用。在 CEBES 确定的空间域 V 中，$t_0 - t$ 时段生态累积量则为

$$S_\Delta^t(B) = \int_{t_0}^{t} \sum F(x_i, y_i, z_i, t, B_i) \otimes A(X, Y, Z, t) \, \mathrm{d}t \quad (x, y, z \in V) \qquad (4.13)$$

代入式（4.12）得单位体积元 Δ 的生态损伤系数为

$$\lambda_\Delta^t = \frac{S_\Delta(B_{t_0}) - S_\Delta(B_t)}{S_\Delta(B_{t_0})} = 1 - \frac{F(x, y, z, t, B) \otimes A(X, Y, Z, t)}{S_\Delta(B_{t_0})} \qquad (4.14)$$

CEBES 由 N 类不同类型单元体组成的子区域空间中，任意区 V_j 的生态累积量和生态损伤系数为

$$\begin{cases} S_{V_j}^t = \dfrac{1}{V_j} \iiint_{V_j} S_\Delta^t(B) \, \mathrm{d}v \\[4mm] \lambda_{V_j}^t = \dfrac{S_V^j(B, t_0) - S_V^j(B, t)}{S_V^j(B, t_0)} \end{cases} \quad (j = 1, 2, \cdots, M) \qquad (4.15)$$

CEBES 空间 V，按区块体归一化分析方式获得的生态累积量和损伤系数为

$$\begin{cases} S_V^t = \sum_{j=1}^{M} \dfrac{V_i}{V} \iiint_{V_j} \Delta S_{dv}(x, y, z, t, B) \, \mathrm{d}v \\[4mm] \lambda_V^t = \sum_{j=1}^{n} \dfrac{v_j^{t_0}}{v} \lambda_{V_j}^t (V_j \in V) \end{cases} \quad (j = 1, 2, \cdots, M) \qquad (4.16)$$

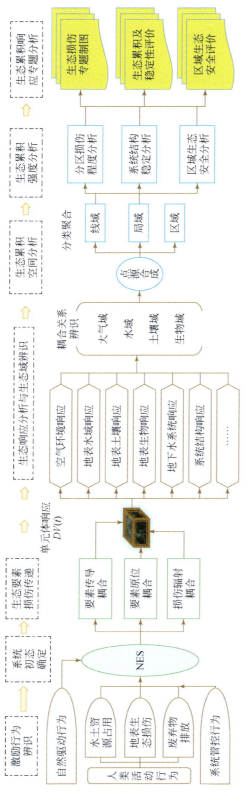

图4.28　基于空间单元体（或像素）的生态累积分析数学模型构建思路

4.4.4　激励–要素耦合算法

生态要素是生态累积作用的载体，激励–要素的耦合方式$\otimes$是定量分析生态损伤状态的关键。依据开发激励行为特点和生态耦合机制分析，数学上将任意单元体上激励作用简化为三类关系和耦合规则：

自然行为激励关系：在自然驱动力作用区 V（CEBES $\in V$），自然驱动使水、土、植被等生态要素响应呈系统性变化，"风调雨顺"和干旱等自然灾害影响生态环境质量显而易见。研究表明，地表植被变化与大气降雨量间显现为线性同步关系，此时采用影响系数 a，则有"$\otimes \approx a$"（$\in V$）。

行为–要素影响关系：在人类活动行为（开发和人工行为）作用区 V_{D+M} 和影响区 V_R，激励作用直接或间接作用于自然生态要素致使其原有性质变化，影响区域自然生态平衡。其中：

转换直接损伤关系：描述人类活动行为区 V_{D+M} 以接触损伤方式（如露天矿采区、电厂、城镇等开发占用区），致使原草原植被和土壤损坏并处于完全损伤和性质改变状态，丧失或改变其原有生态生产力能力，形成要素性质转换和直接生态损伤，其累积耦合关系可简化为"$\otimes =$ 或 1"（$V_{D+M} \in V$）。

辐射间接损伤关系：描述人类活动行为与要素以无接触方式影响激励源周围生态要素原有自然性质，形成辐射传播和间接生态损伤。如露天采区粉尘的辐射污染影响周边土壤和植物光合作用致使植被退化，污染气体辐射传播影响区域大气，其累积耦合关系可简化为"$\otimes = +$"（$V_R \in V$）。

互耦叠加损伤关系：描述人类活动行为影响以要素融合方式影响其原有自然性质，形成要素间损伤传导和间接生态损伤。如开采损坏含水层将局域损伤状态经地下水力场传导到区域；矿井水流域外排形成水–土耦合作用产生土壤盐碱化等，其累积耦合关系可简化为"$\otimes = \times$" $V_{D+M+R} \in V$）。

行为调控–要素互促关系：通过调整人类活动行为影响生态要素、结构或系统的生态阈值指标以限制生态损伤力，或实施生态修复工程等提升生态恢复力，促进局部或区域生态生产能力提升。如提升大型煤矿区生态修复率和恢复质量、生态环境管控指标、优化植物结构和调增生态利用面积等降低开采生态影响和增加 CEBES 生物生产能力，弥补人类活动行为的生态损伤，此时，"$\otimes = 1, \times, +$"。

单位体积元的生态累积量和损伤系数为

$$S_{\Delta}^{t}(B) = \sum_{K} \int_{t_0}^{t} F(x_i, y_i, z_i, t, B_i) \otimes A(X, Y, Z, t) \, \mathrm{d}t \tag{4.17}$$

根据生态损伤机制，单位体积元生态累积量和损伤系数分别为三类损伤形式之和，即

$$S_{\Delta}^{t}(B) = \sum_{K} \int_{t_0}^{t} \big[F_{D}(B_i) A(X, Y, Z, t) + F_{C}(B_i) \otimes A(X, Y, Z, t)$$
$$+ F_{R}(B_i) \otimes A(X, Y, Z, t) \big] \mathrm{d}t \tag{4.18}$$
$$\lambda_{\Delta}^{t}(F_K) = \sum_{K} \lambda_{D\Delta}^{t}(F_K) + \lambda_{C\Delta}^{t}(F_K) + \lambda_{R\Delta}^{t}(F_K)$$

其中，$F_D(B_i)$、$F_C(B_i)$ 和 $F_R(B_i)$ 分别为直接损伤、耦合损伤和辐射损伤作用；$\lambda_{D\Delta}^t$、$\lambda_{C\Delta}^t$ 和 $\lambda_{R\Delta}^t$ 分别为直接损伤、耦合损伤和辐射损伤系数；K 为激励源总数。

同理，如以同类单位体积元的区域中单元体的总数为 L_i，则 V_i 区的生态损伤系数为

$$\lambda_{V_i}^t = \frac{1}{L_i} \sum_1^{L_i} \sum_K \lambda_{D\Delta}^t(F_K) + \lambda_{C\Delta}^t(F_K) + \lambda_{R\Delta}^t(F_K) \tag{4.19}$$

当 CEBES 具有 N 类不同区域中且以 V_i/V 为其权值时 CEBES 生态损伤系数为

$$\lambda_V^t = \sum_1^N \frac{V_i}{V} \lambda_{V_i}^t \tag{4.20}$$

第5章 草原区大型露天矿高强度开采污染累积效应评估

草原矿区开采不仅对植被和微生物产生影响，还可能造成土壤的污染和地下水的流失问题，基于区域生态环境的稳定性和可持续发展视角，动态监测矿区损毁土地信息，精准识别损毁场地类型，掌握土地损毁与复垦现状，可有效揭示露天矿损毁土地的演变过程与损毁特征，对于矿区绿色开采与生态修复具有重要意义。本章首先重点介绍典型污染场地特征及信息提取，其次对高强度开采场地–污染区域–矿区累积效应的变化检测开展研究，然后评估了高强度开采的矿区生态累积效应，最后以宝日希勒露天矿为例，对草原区大型露天矿生态累积风险进行了综合评估。明确了大型露天矿区生态要素及开采响应特征、典型污染场地类型及特征并提取了典型污染场地信息；通过多尺度特征和主动学习方法进行场地识别，通过改进 UNet 孪生网络的遥感影像对污染区域进行检测；确定了矿区生态累积范围，分析了场地土壤质量、场地生态质量及生态质量的时空演变；从自然灾害危害度、采矿活动的累积程度及牧业活动的影响程度三方面综合评估了宝日希勒露天矿生态累积风险。

5.1 典型污染场地特征与信息提取

5.1.1 大型露天矿区生态要素及开采响应特征

5.1.1.1 大型露天矿区生态要素

矿区生态系统是由自然环境系统、社会和经济环境系统组成的复合生态系统，因此，综合评价矿区生态环境影响时，许多学者考虑这三方面的因子。除一般的矿区水、土、植被、经济、社会等因子外，由于地质、气候等自然条件差异性，因子选取上侧重点不同，干旱半干旱区生态较为脆弱，采矿对水、植被等生态要素影响较为明显，断裂带高度与含（隔）水层空间关系、沙化面积、植被覆盖度等是重要的生态因子，高潜水位区，潜水位、农田林网等受采矿影响较为明显，地质灾害频发区，矿区生态评价则选取崩塌、滑坡、地形地貌等因子。处于不同发展阶段的煤矿，评价指标存在差异。煤炭开采环境预评估指标有迁移规模、预计产业情况、政府干预程度等，达产期的煤矿环境评价选取指标则包括地形地貌、植被覆盖度、生物多样性等，闭矿后多数进行土地复垦适宜性评价，则从土壤理化性质、重金属含量、水质情况、闭矿年限等方面确定因子。

草原生态指标因子能够以量化形式反映草原生态环境局部或者某一方面的特征和状

态，能够刻画草原表面生态和环境的生物、物理与化学参数。通过选取草原生态适宜指标因子能够更好地了解草原的变化趋势。部分学者依据草原生态系统的特征，分别从物质环境、结构及功能方面选取基础生态要素因子（如水环境、土壤环境、大气环境及其他生物环境等）、种群结构、景观结构、生产生态功能等指标；部分学者则从草原的生产、生态两大功能选取畜产品单位、植被盖度、废弃物处理情况、固碳吐氧量、生物多样性等指标因子；另外学者选取典型草原区的草地覆盖率、理论载畜量、海拔、湿润度、草原退化率、物温度、降水、可能蒸散率，草甸草原区的叶面积指数、物种综合优势比、物种丰富度、地上生物量等指标因子。从活力、结构和恢复力三个方面出发选取生态要素因子，具体指标涉及生态功能、资源功能、地下水组织结构、植被景观结构、土壤系统结构、环境治理和系统保护等方面。草原矿区景观格局中，草地、沙地、水域等面积变化作为显性的指标因子，能够直观反映采矿活动产生的生态影响，但一些隐性指标因子存在的生态风险在短期内不易察觉，其显化需要过程。

5.1.1.2　大型露天矿区开采生态响应特征

由于外部条件的影响程度和当地的生态系统的特征差异性，生态累积效应在不同矿区、不同的生命阶段的表现形式不同，不同的累积形式组合在一起，具有较高的相关性。煤炭资源开采对草原地区生态影响种类较多，累积效应的途径及表现形式复杂，实际研究中难以做到全面分析。

1）植被演变生态累积响应

植被作为连接土壤、大气和水分的自然"纽带"，对区域生态状况具有指示作用。矿区水环境、地表景观、土壤质量变化会影响植物生长，尤其是对气候变化较为敏感的植物。植物的响应宏观上表现为区域植物的生长状况，微观上体现在局部地区群落数量、群落组成、多样性的变化。

作为地表植被覆盖的重要指示因子，植被覆盖度是描述植被生长的重要定量参数，常被作为生态环境监测评估中衡量地表植被覆盖状况的量化指标之一。气候因子，包括温度和降水，是植被覆盖度变化的重要驱动因素。同时，人类活动对植被覆盖度的变化具有双重效应，土地整治复垦、生态修复等正向效应会促使植被覆盖度增加，区域生态环境质量状况变好，开采建设占用耕地、草地等负效应会损坏原始地表植被生长环境，不仅导致植被覆盖度降低，同时会加快降低的速度。植物群落在一定的地段上，一定的植物种类群居在一起，构成了有其特定的外貌、结构的植物组合。适宜的气候、物种的竞争、特定的食物链构成了植物群落稳定性的结构。采矿活动对水环境及土壤环境的扰动，间接影响了植被群落结构。有机质含量、土壤养分的积累利于植物群落多样性增加，土壤含水率的降低影响灌木的生存，从而减少了植物群落多样性。采矿活动对土壤环境的扰动间接影响了植物群落多样性。丰富度指数、多样性指数、优势度指数、均匀度指数等指标常用于衡量物种多样性变化。植物群落物种多样性与生境密切相关。

2）水环境累积响应

地表水环境和地下水环境构成了矿区水环境。煤炭资源开采工业活动及人类活动共同作用水资源系统，通过影响水量和水质进而影响水资源平衡，产生矿区水环境问题。矿区水资源工程系统主要包括供给和排水。其中，大气降水、地表河流及地下水是重要的补给来源，同时这三者构成了矿区水循环。矿区开采对地表河流流量、水质及地下水量均产生影响。矿井水、疏干水、排土场淋溶、工业废水、生活污水是主要的矿区排水，直接或间接影响矿区水循环、水质及水量。

矿区地形地貌的变化影响了地表水系的分布。排土场、矸石山的形成，在雨水的冲刷下造成水土流失；地表裂缝由于地表水的冲蚀，逐渐扩大，形成水蚀沟；塌陷区随着程度的加深及影响范围的扩大，积水区域面积不断增大，形成了较大的汇水区，甚至会改变区域河流的流向。采煤塌陷区减少了地表水的蒸发量。干旱半干旱区的气候特点导致区域蒸发量较大。内蒙古东部地区多分布大型露天煤矿，巨大的矿坑积水后，导致区域蒸发明显增加。而开采造成的地面塌陷区，地表水通过导水通道渗漏进入采空区成为地下水而被贮存。与之前的水资源总量相比，蒸发量的减少使区域水资源有所增加。采煤引起的地表硬化减少了浅层地下水蒸发量。未开采前，矿区规划边界内以草本、灌木为主，植物的蒸腾作用需要根系不断地从表层土壤中吸取水分，而耐旱的特点使植被的根系较为发达，可直接提取浅层地下水。地面硬化一定程度上阻碍了地下水的蒸发量，增加了区域水资源。采煤引起的地下水位下降增强了对外流域水资源的竞争力。煤炭开采疏干地下水导致地下水位下降，形成漏斗区，地下水资源枯竭，外流域的地下水会流向漏斗区域，补充地下水资源，从而增加了区域水资源。

矿区地表水的影响源具有多源性，包括矿坑排水、工业废水、生活污水等点状污染源及矿区附近的农业污染等面状污染源。选矿废水、洗煤水含有大量的悬浮物及有害物质，被排入河流后淤塞河道，有毒的浮选剂导致水质下降，水中鱼虾减少，有毒的重金属会造成河流污染，对河流周边牧群产生危害。矸石山、排矿堆等经过雨水淋滤，含有硫酸盐及有害重金属元素的淋溶水若未经排放处理，会通过地表径流污染河流，甚至污染地下水。井工开采过程中产生的矿井水排放或渗漏会对地下水造成污染。矿区地表水系的形成受地表植被截留、土壤入渗、地形变化的影响，地形的变化常影响地表水文的径流和汇流，因此，草原矿区地表水文过程模型可综合植被截留模型、土壤入渗模型和径流汇流模型。实时监测降水量、排水量、植被覆盖度、DEM等因素，分析DEM高程、坡面的空间变化，通过植被截留模型、土壤入渗模型、径流汇流模型评估地表水文的时空变化过程。

3）土地环境生态累积响应

地形起伏变化影响着地表物质的迁移与能量分配，进而制约着地表过程的进程及地表景观的形成。露天矿区通常经过表土剥离后再进行煤炭开采，从而形成挖损区和堆放区，地表受采矿扰动较大，地形变化显著。由于挖损地表形成大面积的采坑，经过长期积水形成了坑塘。排土场的迎背风坡由于气温、降水量的不同，植被长势的差异性显著。随着开采规模的扩大，矿区人口集聚规模不断增加，矿区周边原有城镇建设景观面积增加，形成新的煤炭城市。新增了煤炭运输或城镇发展的配套基础设施如交通运输、电厂等建设用地景观。矿区景观的复杂性、空间异质性及破碎化程度受人类采矿活动的干扰不断发生变化。

土壤质量是土壤在生态系统边界内能够保持作物生产力、维护生态质量、促进动植物健康的能力。由于采矿业的影响,矿区部分地区形成了以固体废弃岩土为母质,受人工整理、改良,使其风化、熟化而成的土壤。在矿产资源开采、加工、利用等过程中,进入矿区土壤中污染物的速度及总量明显超过了土壤环境相应的承载能力,导致土壤功能和质量产生变化。土壤 pH、微量元素、营养元素、有机质等是衡量土壤质量的重要指标。土壤 pH 除受成土母质影响外,同时会受气候、地形、植被、人类活动等因素的影响。煤炭开采引起地下水水位下降,干旱的气候决定了区域蒸发量较大,土壤中的盐基物质随着毛管水上升集聚在土壤表层,增加土壤碱性。选矿废水多呈酸性,排出后渗入土壤,提高了土壤的酸性。煤矸石中含硫成分较高,受内部的黄铁矿氧化产生酸性废水,酸性废水会淋溶出矸石中的有毒重金属元素,渗入土壤及地下水中,造成土壤重金属污染。土壤有机质由存在于土壤中的含 C 和 N 的有机化合物组成,其含量易受环境条件的影响。土壤 pH、重金属元素均会引起有机质含量的变化,矿区土壤 pH、重金属元素与有机质含量相互影响,引起土壤质量、生态功能等变化。

在土地利用类型数量方面,草原矿区未开采前,以草地和林地为主,随着人类开采活动的影响,草地大幅度转化为工矿用地,引起交通运输、建设等用地面积扩大,矿区复垦及生态修复等措施将工矿用地复垦为草地和林地。在土地利用类型的空间布局方面,增加的建设用地多出现在工矿用地附近,为矿区生活提供便利,交通运输用地是连接城镇和工矿用地的主要枢纽。在土地利用景观结构方面,采矿引起矿区景观斑块数量增多,优势度指数、分离度指数等常用于反映景观破碎化程度和空间异质性,景观生态功能随之变化。在土地利用重心方面,重心迁移用于表现矿区土地利用的空间变化总体特征。分析矿区各土地利用类型的重心迁移方向及距离,能够反映土地利用类型的空间变化特征,将重心迁移方向、距离与自然经济、生态状况相结合,一定程度上掌握土地利用类型的质量变化状况。随着人类扰动增加,土地利用景观类型不断发生变化,区域生态系统逐渐从自然生态系统(草地、林地等)演变为半自然半人工生态系统(农田等),直至人工生态系统(工业、城镇等)。土地利用景观格局的变化,在改变生态系统服务功能的同时,增加了区域生态风险可能性。由于稳定的生态系统结构被损坏,生态系统逐渐失衡,具有负效应的风险因子影响逐渐增强,造成区域生态风险增大。土地生态风险评估是基于生态学、毒理学等理论研究一种或多种因素可能产生的生态效应,涉及内容主要包含土地退化、土壤污染、生物多样性下降等。

5.1.1.3　大型露天矿区开采生态累积效应界定

草原矿区生态效应具有以下累积特征,其中前五个属生态累积效应共有特征,后两个属草原矿区独有的特征。第一,时间累积性。煤矿生命周期较长,生态影响可能早于煤矿开采行为产生,并迟于煤矿关闭结束。在煤矿开采建设之前,已开始对矿山进行勘察、地质调查等工作,了解水文地质构造、煤层深度及范围、煤炭种类等,物探、钻探、采样等勘查手段,对矿区生态产生微弱的影响。煤矿关闭后,废弃矿区汇集地下水缺少人为疏导未能及时排出,导致水位上升而淹没矿区及周边地区,地下采空区因长期缺乏维护造成大面积的地面塌陷、开裂。第二,空间扩展性。随着煤矿发展,矿区人口规模不断扩大,相应的生活居住服务设施不断完善,矿区周边逐渐形成城镇、居民点等。煤炭开采、加工过程中产生的废水随地表径流进入周边河流、废气随大气交换扩散到周边地区。煤矿规划后，对周边地区牧区范围产生影响。第三，累积源叠加或协同。呼伦贝尔市、锡林郭勒盟的煤矿不是单一分布，而多以煤矿群分布，因此生态影响源不是唯一的。多个煤矿协同作用影响区域生态。对于单一煤矿来说，累积源也不是唯一的，比如水质的影响源，选矿废水、电厂污水、生活污水等都是主要的污水来源，而矸石山自燃产生的废气随降水落入地表河流，成为污水的来源。第四，隐性与显性。煤矿开采引起的地表塌陷、水土流失及工矿、交通运输等用地面积增加、植被物种数量及种类的变化等属显性特征，而地下水位改变、生态系统演替、区域经济的发展等属隐性特征。经过时空累积，隐性会逐渐转化为显性，如地下水下降引起草地退化，土地荒漠化加剧。显性也会转化为隐性，如植被物种群落多样性及地表景观的改变终会导致区域生态系统发生演替。第五，间接效应。煤炭开采会造成矿区周边地区草地退化，对区域牧业产生影响。地表塌陷引起农业生产水平下降。矿区工业污水的排放影响矿区内及周边地区生活用水及水生生物生长。第六，阈值敏感性。生态累积效应强调阈值及触发点，在生态脆弱区，阈值具有敏感性。如干旱半干旱气候条件下较低的降水量及较高的蒸发量决定了水分是草原植物生长的关键制约因素。由于人类采矿的扰动导致区域下垫面性质变化，如草地变为塌陷区进而转化为坑塘用地，地表水体改变影响区域水循环、水量。锡林郭勒草原区土壤持水量的40%可能是羊草对于水分变化响应的阈值。第七，生态功能可恢复性差。内蒙古东部草原矿区位于呼伦贝尔沙地、阴山北麓-浑善达克沙地，属于高度敏感区，生态环境较脆弱，一旦遭到损坏，超过生态环境阈值，修复难度较大，恢复时间较长。

5.1.2　大型露天矿区典型污染场地类型及特征

在矿区规划范围内，因煤炭开采、加工、运输等形成了各类场地，整体上可归纳为原生场地、开采场地、污染场地、损毁场地四种类型。矿区内按照规划分为不同的采区，未被开采的地区为原生场地，原生场地基本未受人类扰动，地貌以草地为主。煤炭埋藏较深，露天开采通过剥离表土获取煤炭资源，因而形成了露天采区和剥离区，原始地貌被损坏。煤炭开采、加工过程中剥离的表土、产生的煤矸石堆放压占草地、用于煤炭运输修建的公路、铁路占用草地、硬化地面用于停车、塌陷地等均属于损毁场地，煤炭加工建立的破碎站、传送带、储煤场等周围地面吸附煤炭颗粒，经过雨水淋溶渗透到土壤中引起土壤重金属污染，形成污染场地。

以宝日希勒露天矿区为例，根据土地利用实际情况以及高分辨率遥感影像信息特征，将宝日希勒露天矿区土地利用类型共划分为13类，分属于4种不同场地类型，包括原生场地、开采场地、压损场地和污染场地（或潜在污染场地）（表5.1）。其中，原生场地包括耕地、林地、草地和水域4种类型；开采场地包括露天采区和剥离区2种类型；压损场地包括交通用地、居住用地、水蚀沟、复垦排土场和未复垦排土场5种类型；污染场地包括储煤场和工业广场2种类型。

表 5.1　宝日希勒大型露天矿区土地利用类型、信息特征及解译标志

类型		信息特征	解译标志（波段：4，3，2）
原生场地	耕地	呈白绿色、浅红色或浅粉色，条带状分布，斑块面积一般较大，色调均匀，光滑细腻	
	林地	深红色或红色，形状不规则，纹理较为粗糙	
	草地	呈红色或浅红色，色调均匀平滑，斑块面积大，占研究区面积比例最大	
	水域	呈黑色或深蓝色，形状为圆形或椭圆形，边界和形状清晰	
开采场地	露天采区	分布于宝日希勒露天矿区，呈色调均匀的黑色或浅黑色，斑块面积大，边界清晰	
	剥离区	分布在露天采区周围，色调不均匀，呈白色、灰白色或蓝白色，连续性差，呈条状分布	
压损场地	交通用地	呈白色、灰色或浅灰色，形状规则，边界清晰，在矿区呈条带状分布	
	居住用地	呈灰色，紫灰色或亮白色，形状不规则，斑块面积小，纹理粗糙	
	水蚀沟	呈红色或深红色，形状不规则，连续性较好，具有明显的流水侵蚀边界	
	复垦排土场	主要分布在剥离区周围，呈浅红色或灰色，形状平坦，斑块面积大，具有明显的条带	
	未复垦排土场	呈白色或浅灰色，形状平坦，斑块面积较大，与复垦排土场交错分布	

续表

类型		信息特征	解译标志（波段：4，3，2）
污染场地	储煤场	呈黑色或浅黑色，形状规则，面积大，主要分布在工业广场附近	
	工业广场	呈黑色、亮蓝色、黄色或紫色，工业设施分布集中，形状规则，边界明显	

5.1.3　高强度开采矿区典型污染场地信息提取

场地识别方法主要包括传统方法和遥感数据方法。传统方法多采用人工普查并结合统计学方法进行场地识别统计，该方法需要投入大量的人力和资金，数据精度和现实性较差。遥感数据分为低空间分辨率遥感数据、中等分辨率遥感数据、高分辨率遥感数据和无人机遥感数据。不同遥感探测器具有独特的成像机理和成像方式，各异的时空分辨率刻画了场地的时空特性，因而不同空间分辨率的遥感数据在场地识别研究中具有各自的适用范围和局限性。低空间分辨率遥感影像以 MODIS 为代表，具有高时间分辨率，且能覆盖大区域；中等分辨率遥感数据以 Landsat TM/ETM 为代表，具有较好的光谱分辨率和空间分辨率，具有较高分辨精度与目标识别可靠性。新型卫星传感器的涌现与性能的提升，使得高分辨率遥感数据成为可能，包括我国的资源数据、高分数据等。高分辨率遥感数据提供更为丰富的结构、纹理、几何以及上下文层次等信息，刻画更为细致明显的内部信息，突出场地地块边缘信息，为场地高精度提取提供了新的发展空间。无人机结构简单、成本低，以大疆精灵无人机为例，其型号和参数信息如图 5.1 所示。高分辨率遥感影像数据获取能力是无人机遥感的最大特点，系统获取图像的空间分辨率达到了分米级，但其影像存在像幅较小，相片数量多，工作量较大，效率低。

以资源数据和高分数据为例，对宝日希勒矿区损毁场地类型进行识别分类。根据国内高分遥感卫星服务时间节点、传感器类型、采集时间、分辨率、云覆盖量等因素，结合煤矿开采生命周期，选取的高分辨率遥感数据包括 2012 年 4 月 22 日、2015 年 6 月 2 日资源三号（5.8 m×5.8 m）遥感影像和 2017 年 5 月 16 日高分一号（8 m×8 m）遥感影像（表 5.2）。基础地理数据主要包括研究区土地利用现状图和行政区划数据。

遥感影像借助于 ENVI5.3 对数据进行辐射校正、几何校正和数据融合处理以提高遥感影像空间分辨率，结合宝日希勒露天矿区土地损毁特点建立解译标志，采用面向对象的监督分类方法对矿区损毁土地类型进行识别分类。首先，借助特征提取模块（feature extraction）选取光谱、形状、颜色、大小、纹理以及相邻关系等属性对图像进行分割与合并，提取不同地物训练样本。其次，使用 compute ROI Separability 工具进行地类检验和样本调整，使各样本间可分离性符合分类要求。最后，采用 k 最近邻域法执行监督分类，结合实地调查获取的土地利用现状图和高分辨率地表真实图像（或原始影像）分地类选取样点对分类结果进行精度评价。统计各土地类型面积并计算各地类转移矩阵，分析矿区损毁土地的演变过程与损毁特征。分类结果表明：各年份不同类型分类精度在80%以上，总体精度均在90%以上，kappa 系数均在0.9以上，分类精度符合研究需求。

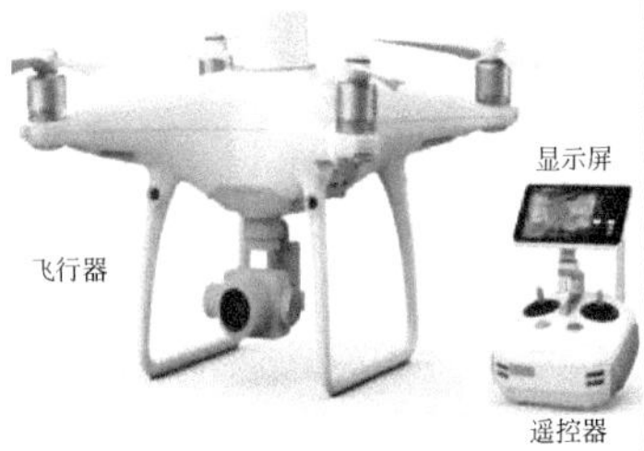

指标	参数	指标	参数	指标	参数
重量	1391 g	最大起飞海拔	6000 m	飞行时间	30 min
工作环境温度	0~40 ℃	工作频率	5.725 GHz，5.850 GHz（中国，美国）	障碍物感知范围	0.2~7 m
可控转动范围	俯仰：-90°~+30°	速度测量范围	飞行速度≤14m/s（高度2m，光照充足）	高度测量范围	0~10 m
精确悬停范围	0~10m	影像传感器	1英寸CMOS有效像素2000万（总像素2048万）	机械快门	8~1/2000 s
电子快门	8~1/8000 s	照片最大分辨率	4864×3648（4:3）5472×3648（3:2）	录像分辨率	H.264，4K：3840×2160 30p
照片格式	JPEG	视频格式	MOV	支持存储卡类型	写入速度≥15 MB/s 最大支持128 GB容量

(a)大疆精灵 PHANTOM 4 RTK及参数

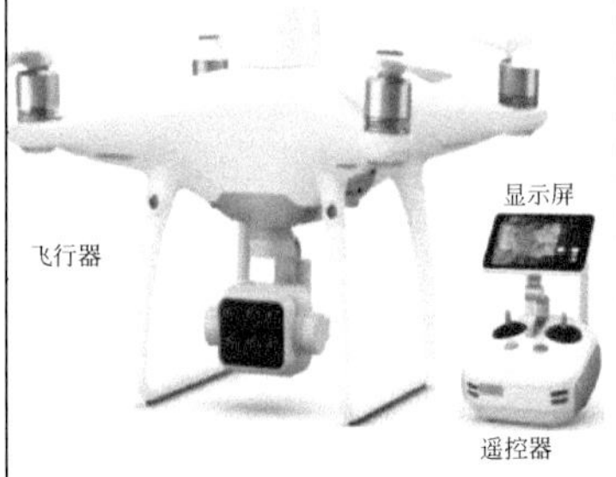

指标	参数	指标	参数	指标	参数
重量	1487 g	最大起飞海拔	6000m	飞行时间	27 min
工作环境温度	0~40 ℃	工作频率	5.725GHz，5.850 GHz（中国，美国）	障碍物感知范围	0.2~7 m
可控转动范围	俯仰：-90°~+30°	速度测量范围	飞行速度≤14m/s（高度2m，光照充足）	高度测量范围	0~10 m
精确悬停范围	0~10m	影像传感器	6个1/2.9英寸CMOS有效像素208万（总像素212万）	单色传感器增益	1~8倍
电子全局快门	1/100~1/20000 s（可见光成像）1/100~1/10000s（多光谱成像）	照片最大分辨率	4864×3648（4:3）5472×3648（3:2）	彩色传感器ISO范围	200~800
照片格式	JPEG+TIFF	视频格式	MOV	支持存储卡类型	写入速度≥15 MB/s 最大支持128 GB容量

(b)大疆精灵 PHANTOM 4多光谱版及参数

图 5.1　数据收集所使用的无人机及参数

表 5.2 资源三号和高分一号高分辨率遥感影像数据参数

年份	类型	分辨率/m	数据时间	参数		级别
				波段	波长/μm	
2012	ZY-3	2.1	2012.04.22	全色波段（2.1 m）	0.45～0.90	1A
				多光谱波段（5.8 m）	0.45～0.52	
2015			2015.06.02		0.52～0.59	
					0.63～0.69	
					0.77～0.89	
2017	GF-1	2.0	2017.05.16	全色波段（2.0 m）	0.45～0.90	1A
				多光谱波段（8.0 m）	0.45～0.52	
					0.52～0.59	
					0.63～0.69	
					0.77～0.89	

借助 ArcGIS 分析宝日希勒大型露天矿区土地利用类型变化及转移矩阵可得：2012～2017 年，矿区土地损毁过程与煤炭开采方向基本一致，整体由西向东迁移。原生场地被大量损坏，主要表现为草地面积的减少，共计 628.54 hm²，其中占 30.59% 和 33.03% 的草地面积转化为采矿区和剥离区，相比而言，耕地和林地面积略有增加；开采场地中，采煤区和剥离区面积均呈减少趋势，分别减少 371.95 hm² 和 131.57 hm²，受近年矿区土地复垦活动影响，分别占采煤区 28.64% 和剥离区 21.70% 的土地被复垦为排土场；受损场地中，复垦排土场和未复垦排土场面积均呈增加趋势，复垦排土场面积同比增长 234.83%。污染场地中，工业场地面积稍有减少，储煤场面积减少 36.03 hm²，同比减少 35.8%。此外，居住用地、水域和其他用地未发生明显变化。

5.2 高强度开采场地–污染区域–矿区累积效应的变化检测

5.2.1 基于多尺度特征和主动学习的场地识别

针对高分辨率影像空间信息量大、不同地物光谱相互重叠以及训练样本标记代价大等问题，以面向对象的变化检测思想为基础，引入主动学习思想，与支持向量机（support vector machine，SVM）相结合，进行变化范围检测，通过序列光谱变化矢量分析（sequential spectral CVA，S2CVA）进行变化类型检测，减少样本标注成本，提高检测精度。在对宝日希勒矿影像多层次分割的基础上，进行对象级的多特征提取和特征选择，根据优化后的特征矢量，利用主动 SVM 进行变化范围检测，总体精度达到 0.9420，并结合 S2CVA 和 SVM 对宝日希勒矿区进行土地利用变化类型检测，总体精度达到 0.9271。

1. 影像分割

采用基于区域邻接图的分割方法，通过自底向上的区域合并，对两时相影像分别独立进行多尺度影像分割，得到两时相影像独立的多尺度分割结果后，通过逻辑或运算对多尺度分割结果进行合并，得到两时相影像统一的对象。

2. 特征选择

为挖掘高分辨率遥感影像信息，充分利用其丰富的空间信息，以提高变化检测精度，在影像分割得到多尺度影像对象的基础上，考虑了不同尺度层次下的光谱、纹理和形状特征。按照不同地物类型选取训练样本，采用平均精确率减少的随机森林特征选择方法对各层次影像的各类特征分别进行重要性排序，挑选出重要性最高的特征。经特征选择得到优化后的特征矢量，构造特征变化矢量。

3. 主动 SVM 变化范围检测

利用变化矢量分析（change vector analysis，CVA）计算欧式距离，得到的变化强度直方图自动选取初始训练样本集，然后利用基于主动学习的 SVM，在仅需标注少量样本的前提下进行变化范围检测。其结果精度优于传统结合 Otsu 阈值法的 CVA 方法以及利用多尺度多特征的经典 SVM 变化检测方法。

4. 结合 S2CVA 和 SVM 分类器的变化类型监测

在得到变化范围的基础上，结合 S2CVA 和 SVM 分类器，对变化区域进行自动的多层次变化类型检测。根据 S2CVA 方法，计算变化像元的变化角度，通过分析极坐标系下变化角度和变化强度的分布特点，选取各类变化类型的训练样本，利用 SVM 分类器区分主要变化类型，对各主要变化类型进行下一层次的迭代分析，直到完成对细小变化类型的区分，实现各类变化类型的检测，检测效果明显优于编码法，精度得到了显著提高。

对遥感图像多标签数据集中各类别标签间存在的联系进行探究。为更好地捕捉标签之间存在的联系，以提升模型多标签分类的效果，采用预训练的卷积神经网络（convolutional neural network，CNN）、注意力机制和 RNN 结合的方法实现遥感图像多标签分类。采用 CNN 提取特征，之后为增强图像区域与标签间联系，采用增加注意力机制的 LSTM 网络对标签关系进行建模。构建 CNN、卷积块注意力模块和图卷积网络相结合的遥感图像多标签分类模型。通过学习遥感图像不同区域和数据集各标签间的对应关系，降低遥感图像中复杂、冗余地物对多标签分类的负面影响。利用图卷积网络对标签关系进行全局性学习，实现对胜利露天煤矿区高分遥感图像的多标签分类。

第一，多标签数据集制作。收集多个露天煤矿区的土地利用分类数据作为解译参考，将露天煤矿区的地物类型分为 13 类，分别为：采场、剥离区、排土场、废渣场、中转场地、道路、水域、耕地、树木、草地、裸地、建筑物。在综合分析矿区地物的光学遥感影像特征的基础上，建立露天煤矿的遥感影像判读标志，地物特征包括颜色特征、形状特征、纹理特征等。将收集的矿区影像数据均裁剪为 500×500 像素的子图像，共 9166 张。通过人工标注对每幅图像进行多标签标记。根据所列的类别标签，每张图像都被手动标记了一个或多个标签。

第二，基于注意力机制和图卷积网络的模型构建。采取 CNN 作为模型的特征提取器，提取图像高层特征。在 CNN 模块后采取注意力机制模块，加强标签与图像区域之间的关联，同时，建立一个标签的有向图，图的每个节点是由词嵌入向量表示的一个标签。堆叠的图卷积网络（graph convolutional network，GCN）通过学习标签图，得到一组对象分类器，用于特征分类。

第三，模型训练。实验基于 16GB 内存的 I7 处理器，NVIDIA GTX 1080Ti GPU。在 Python 3.6 环境下，采用 Pytorch 深度学习框架搭建模型。按 8∶2 的比例对数据集进行训练集和测试集的划分。对于矿区遥感多标签数据集，训练图像数量为 7332 张，测试图像数量为 1834 张。对于 UCM 多标签数据集，训练图像数量为 1680 张，测试图像数量为 420张。在 GCN 部分，采用两层 GCN，输出维度为 1024。将标签的词嵌入向量和标签共生矩阵作为 GCN 的输入。动量为 0.9，权重衰减为 0.0001，迭代次数为 50 次，初始学习率设为 0.01，批大小（batchsize）为 8。训练模型所采用的损失函数为多标签软距离损失函数。

第四，实验结果。实验结果表明，增加了卷积块注意力模块的分类效果得到提升，最终实现对露天煤矿区遥感图像的多标签分类。针对露天煤矿区遥感图像单标签分类无法全面地反映该区域所包含的地物信息，不利于场景理解的问题，采用不同遥感图像多标签分类方法以及不同的标签关系学习策略，可以实现露天煤矿区的高分遥感图像多标签分类。

5.2.2　基于改进 UNet 孪生网络的遥感影像污染区域检测

5.2.2.1　改进的 UNet 孪生网络结构

UNet 网络作为比较早的全卷积网络之一，最初用于医学图像分割。UNet 网络结构由三部分组成，分别是：用于捕捉语义特征的编码端，精准定位的解码端以及结合底层信息和高层信息的跳跃连接。图像经过编码端 4 次池化下采样后，大小变为原图像大小的 1/16。为了使输出结果和输入图像大小一致，解码端过程中逐层对图像进行上采样并通过跳跃连接融合对应层的编码端图像特征，最后对图像进行逐像元预测，得到预测结果图像。该网络可以用少量数据，训练得到好的模型，在遥感影像解译中广泛应用。以 UNet 网络作为基本的网络结构。原 UNet 结构编码端利用池化层进行下采样。池化层虽然增大了感受野，让卷积接收到更多的图像信息，去除了图像中的冗余信息，但是增大感受野的前提是丢失了一些信息，这对基于像元任务的结果预测有一定的影响。因此用步长为 2 的卷积层来替换池化层。对于大小为 224×224 的影像，经过编码端特征提取后影像大小变为 14×14。此外，将原 UNet 网络编码端的单通道输入结构变为权值共享的双通道孪生网络结构，以便接收前后两时期的影像，从影像中提取差异信息，进而得到变化区域。

5.2.2.2　宝矿实例

为了验证提出方法的有效性，获取了内蒙古自治区呼伦贝尔市宝日希勒露天矿于 2012 年 4 月资源三号（ZY3）和 2016 年 7 月高分一号（GF1）的两幅影像，两幅影像均包括蓝、绿、红和近红外 4 个波段，对两幅影像裁剪后的宝日希勒矿区影像区域大小为 4000×4000。宝日希勒矿于 2001 年开始投入生产，截止到 2016 年，矿区内排土场基本完成复垦，地表覆盖类型较复垦前具有显著变化。两幅影像的预处理过程包括：几何校正、正射校正和辐射校正。通过对两幅影像进行目视解译，得到了两时期影像的变化参考图像，白色表示变化区域，黑色表示未变化区域。

由于获取的 ZY3 和 GF1 多光谱遥感影像包含 4 个波段，分别是：红（red）、绿（green）、蓝（blue）和近红外（near infrared）。任意 3 个波段相互组合都可以得到不同的彩色影像。其中真彩色影像上地物色彩与实际地物颜色接近或者一致，可以反映地物的实际状况，便于直接通过影像观察矿区地物类型的变化情况。因此将红（red），绿（green），蓝（blue）三个波段的灰度影像分别加载到红、绿、蓝三通道波段组合得到的真彩色影像进行试验。如图 5.2 所示，每个影像块大小均为 1000×1000。选取编号为 2、3、9、12、15、16 的前后两时期影像块以及对应的变化参考影像块作为训练集，其余影像块为测试集。对训练集影像对和参考影像按照 100 个像素的重叠度裁剪成像素大小为 200×200 的影像，共得到 726 幅影像。将裁剪得到的影像按照 8∶2 的比例随机划分训练集和验证集，得到训练集影像数量为 581 幅，验证集影像数量为 145 幅。为了增加训练样本的数量、提高数据特征多样性、增强模型的鲁棒性和泛化能力。对训练集数据对和标签一起进行随机数据增强，主要包括：数据旋转 90°、180°、270°，水平和垂直翻转。

实验环境为 i5-8400 处理器、16 GB 内存，NVIDIA GTX1060 5 GB 显卡，GPU 加速库采用 CUDA8.0。深度学习框架以 Keras 作为前端，TensorFlow 为后端。模型训练过程中采用多类别交叉熵（categorical crossentropy）作为损失函数，采用多类别平均准确率（categorical accuracy）作为训练过程中的精度评价指标。选择 Adam 函数作为参数优化器，设定初始学习率 $lr=0.001$，训练迭代的最大次数 $epoch=100$。当验证集损失不再继续降低时，对学习率进行衰减，衰减因子 $factor=0.1$，衰减后的学习率为初始学习率与衰减因子的乘积。设置验证集损失不继续降低的容忍度为 15 个 epoch，达到 15 个 epoch 后采用提前终止模型训练的策略（early stopping）结束模型训练。模型训练好后，对测试集矿区影像经过数据处理，输入到模型中，检测矿区的变化。具体流程为：对待检测的前后两时期遥感影像利用像素大小为 200×200 的滑动窗口进行裁剪，相邻两个滑动窗口之间的重叠度为 0，即滑动窗口的步长为 200。分别获取前后两时期影像的裁剪块，将其输入到训练好的模型中，模型自动对影像提取特征，并对每个像素进行预测，判断是否发生变化，进而得到测试影像的变化二值图像。

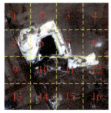 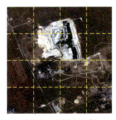 

　　　(a)前一时期影像　　　　　　(b)后一时期影像　　　　　　(c)变化参考图像

图 5.2　实验数据

5.2.2.3　污染区域变化检测结果

将两时期遥感影像土地利用类型变化检测问题转化为遥感影像二值分割问题，利用改进 UNet 孪生网络结构并加入特征金字塔模块对 ZY3 和 GF1 高分辨率遥感影像进行矿区土地利用类型变化检测，自动提取遥感影像中地物多层抽象特征。改进的变化检测网络方法与传统方法相比可以自动地提取图像的低层特征和高层语义特征，避免了人工提取图像特征的烦琐。此外，在检测结果上，改进的变化检测方法与对比方法相比，总体精度和 kappa 系数有明显提高，同时也降低了检测的误检率和漏检率，且该方法得到的矿区变化检测结果由于图像拼接而产生的黑边现象不明显，检测结果的完整性较好。

该方法适用于露天矿区遥感图像变化检测，利用遥感影像的时序性，动态地获取矿区土地利用变化信息，辅助于矿区的生态保护和恢复。与传统特征提取方法相比，卷积神经网络可以有效地提取遥感图像特征，作为遥感图像解译的技术支撑，应用到遥感图像信息提取中，提高遥感图像解译效率。

5.2.3　基于纹理转移的露天矿超分辨率重建的矿区场景

5.2.3.1　网络结构

采用一个端到端的深度学习模型 SRNTT。SRNTT 是一种基于参考图像的超分辨率重建方法，旨在根据低分辨率图像 I^{LR} 和给定的参考图像 I^{Ref} 生成高分辨率的重建图像 I^{SR}。SRNTT 方法是在特征提取的空间中搜索来自 I^{Ref} 的匹配纹理，然后以多尺度方式将匹配的纹理传输到 I^{SR}。纹理转移的过程中会对 I^{LR} 和 I^{Ref} 之间语义的相似性进行判断，从而抑制不相关纹理。SRNTT 方法主要包括特征交换和纹理转移两个部分。特征交换是在特征提取空间内对整个 I^{Ref} 进行搜索，找到类似的可替换 I^{LR} 的纹理特征。首先对 I^{LR} 进行双 3 次上采样得到 $I^{LR\uparrow}$，使它拥有和高分辨率图像 I^{HR} 同样的尺寸；同时考虑到分辨率的不同，对相应的 I^{Ref} 进行双 3 次下采样和上采样得到 $I^{Ref\downarrow\uparrow}$，使其尺寸与模糊程度同经过上采样的 $I^{LR\uparrow}$ 对应。为了加快进程，SRNTT 中只利用 VGG19 的前 3 层特征提取网络，VGG19 使用 3×3 卷积核的卷积层堆叠并交替最大池化层，有 2 个 4096 维的全连接层，网络深度达到 19 层。用 ResNet34 替代 VGG19 提取图像特征，以提取更加丰富的特征。ResNet 于 2015 年首次被提出后，广泛应用于目标检测、语义分割和目标识别等领域。ResNet 为在 VGG 的基础上，加入跳跃连接形成残差网络，相比于 VGG，ResNet 网络深度更深，运算量更小。ResNet 的主要思想是在网络中增加了直连通道，允许保留之前网络层的一定比例的输出。ResNet 网络输出分为两部分，分别为恒等映射 (x)、残差映射 $[F(x)]$，即 $y=F(x)+x$。

5.2.3.2　数据集与训练环境

实验的数据来源于 RSI-CB256 数据集和剪裁的谷歌影像，首先对数据进行预处理，将原始的高分辨率图像作为输出对照，对其进行 4 倍下采样得到低分辨率的图像作为模型的输入，训练得到扩尺寸至 4 倍与原始图像大小一致的结果。本实验的数据每一组数据有两张，分别是输入图像和参考图像。训练数据集共 4176 组，每张图像的尺寸为 256×256 像素，测试数据集共 100 组。数据集内容涉及矿区各场景，包括露天矿坑、排土场、煤炭运输道路、废渣堆、矿区复垦土地、煤炭中转场地、矿区建筑以及矿区周围的场景如山地、耕地、森林、居民地、裸地，如图 5.3 所示。

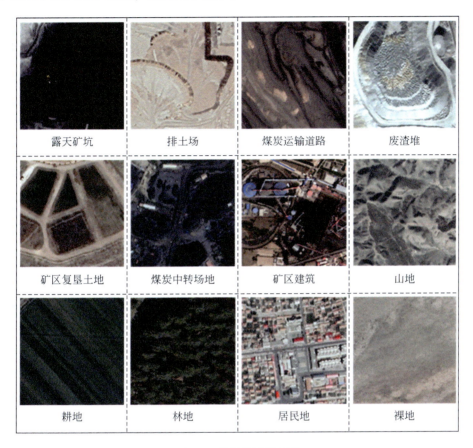

图 5.3　数据集涉及场景

实验采用 TensorFlow 深度学习框架，运行内存为 16.0 GB，处理器为 Intel Core i7-8700，显卡为 NVIDIA GeForce GTX1080 Ti，GPU 加速库采用 CUDA9.0 和 CUDNN7，在 Ubuntu16.04 系统上训练改进的 SRNTT 超分辨率重建模型。模型参数中，学习率设置为 0.0001，迭代次数设置为 50，每个批次训练 9 张图，优化器设置为 Adam。

5.2.3.3　评价指标

采用 PSNR、结构相似性（structural similarity index，SSIM）作为衡量图像超分辨率重建效果的指标，用来评价一幅图像重建后和原图像相比质量的好坏。

PSNR 是最常用的图像质量评价指标，其值越大，重建后失真越小，图像重建效果越好。一张大小为 $m×n$ 的图像 I，噪声图像为 K，均方误差（mean square error，MSE）定义为

$$\mathrm{MSE} = \frac{1}{mn} \sum_{i=0}^{m-1} \sum_{j=0}^{n-1} [I(i,j) - K(i,j)]^2 \tag{5.1}$$

PSNR（dB）定义为

$$\mathrm{PSNR} = 10 \log_{10} \left(\frac{\mathrm{MAX}_I^2}{\mathrm{MSE}} \right) \tag{5.2}$$

其中，MAX_I^2 为图像可能的最大像素值，如果像素值由 B（一般 $B=8$）位二进制来表示，那么 $\mathrm{MAX}_I = 2^B - 1$。SSIM 可以较好地反映人眼主观感受，取值范围为（0，1），SSIM 值越大，重建图像质量越好。

5.2.3.4　露天矿区遥感图像分辨率重建结论

对露天矿区遥感图像进行了超分辨率重建，通过 SRNTT 模型，提取输入的低分辨率图像和对应的参考图像块的特征，比较其纹理相似性，自适应地从参考图像中转移纹理，在各种尺度的特征层中把多个交换的纹理特征图融合到生成网络中，构建纹理细节丰富的重建图像，便于提升矿区信息提取、识别和检测的精度。改进了特征提取部分，用 ResNet34 代替 VGG19，进一步提高了特征提取的效果，在 PSNR 方面，改进的 SRNTT 与 SRNTT 相比高了 0.8693 dB，比 SRGAN 高了 0.41833 dB，比 EDSR 高了 3.0736 dB；SSIM 比 SRNTT、SRGAN、EDSR 分别高了 0.0069、0.0005、0.003。实验结果表明改进的 SRNTT 方法在视觉效果和评价指标的值上都有较好的表现，使用的方法中涉及参考图像，对参考图像的影响进行了实验分析，结果表明改进的 SRNTT 重建效果会随参考图像与待重建图像的相似度的增加而提高。本实验的方法适用于露天矿区的遥感图像，因为遥感图像是长时间序列的宏观图像，能充分利用遥感图像的时空多变性，且高分辨率的遥感图像价格高，低分辨率的遥感图像价格较低且获取容易，可以大幅度节约成本，在露天矿区生产和修复领域应用能更好地服务于矿区的动态监测与管理。

5.3　高强度开采的矿区生态累积效应评估

5.3.1　矿区生态累积范围确定

5.3.1.1　矿区生态累积效应

累积，指积累、层层增加。根据已发表文献，"累积效应"一词最早出现于 20 世纪 20 年代，Warren 和 Whipple（1923）研究了不同时间间隔条件下 X 射线暴露的累积效应。此后 50 多年主要应用于生物学、物理学等问题的研究（Porritt，1931；Bragg，1963；Tikhonchuk，1978）。到 20 世纪 70 年代，随着美国政府对建设工程项目所产生环境影响的重视，领导机构开始出现生态问题的累积效应研究，美国环境质量委员会（USCEQ）对累积效应定义为"当某一目的与过去、现在和未来可以合理预见的项目结合在一起时对环境产生的增加的影响（Council on Environmental Quality，1997）。累积效应来源于发生在一段时间内，单独的影响很小，但集合起来却有非常大影响的活动"。加拿大、英国和澳大利亚等环保机构分别对累积效应评价从法律和制度给予规定和要求（Monique，2003；Lourdes and William，2002；Porter et al.，2013）。20 世纪 80 年代，经济学、地理学、农业资源利用等开始各领域关键问题的累积影响研究。关于累积效应内涵的解释，生物学领域强调缓慢的、长期的、微量的变化达到生命体饱和度而引起的某种症状（Porritt，1931），物理学领域描述微小的、多次的影响引起某种现象扩大，地理学强调人类活动对环境产生的时空影响（李林达等，2017）。地理学领域普遍认为累积效应是由多个人类活动在时空相互作用下对环境产生的结果，这些结果可能是正面的或负面的，相加或相互作用的，并可能具有社会、经济或环境的影响（William，1998）。

生态累积效应，也称为累积生态效应或累积环境效应。由于研究对象及研究目的的差异性，学者对于生态累积效应概念的解释不尽相同。从土地利用的角度来说，生态累积效应为土地利用活动造成的环境变化与自然生态系统在时间和空间上的相互作用（Geppert et al.，1984），林桂兰和左玉辉（2006）定义累积生态效应为海湾生态系统受到过去、现在的外力作用和未来可预见的外力作用（强调人类对资源的开发利用活动和自然灾害）下所发生的响应与变化结果，且各种变化之间具有高度的相关性。从定义解释可以看出，生态累积重视人类活动和社会系统干扰的影响，同时强调影响效果的时空累加性，内容涉及景观格局、湿地、流域开发、资源开采等方面，生态累积效应的内涵与研究内容密切相关，因此，许多学者认为应避免具体的、特定的描述生态累积效应的内涵，可根据研究需要在实际应用中确定。

5.3.1.2　累积效应范围

如何根据各要素确定生态影响范围是进行生态评价的关键，包括直接影响范围和间接影响范围。确定影响评价范围时，需同时考虑胁迫因子及生态后果，在影响范围确定后，生态评价、影响预测及可视化表达等研究才能展开。评价范围是否合适，将会直接影响评价结果。关于生态影响评价范围的确定，国家和学者从政策和学术两个角度给予规定和建议。政策方面，美国生态影响评价范围确定主要是项目主管机构和相关联邦、州、地方、公众等公共参与（冯春涛，2002）。加拿大环境管理部门建议，通过多种途径划定生态评价的范围：研究以往的资料及实例、参考环境评价管理条例、公众参与商议等。我国国家环境部门通过技术标准确定生态类项目的生态影响评价范围，如《环境影响评价技术导则 生态影响》（HJ 19—2022）、《环境影响评价技术导则 陆地石油天然气开发建设项目》（HJ 349—2023）和《环境影响评价技术导则 地下水环境》（HJ 610—2016）等规定评价区域或项目的生态影响范围。学术领域，学者通过结合相关理论、借助模型、GIS 软件，并结合国家生态保护政策等方面确定生态影响范围。Treweek 等（1998）从保护栖息地及其相关物种的角度采用战略性评估方法（SEcA）研究了县级公路的生态影响范围为 1 km^2，王海云和王振华（2011）运用遥感技术和分形理论研究方法计算观音堂水电工程，以水库淹没区为轴线，东西两侧 1500 m、上游至走马岭"V"形深谷及两侧 900 m、面积约 67.4 km^2 相对孤立的生态系统区域为生态影响评价范围。杨洪斌等（2017）借助 Austal 2000 模型估算了"烟塔合一"项目不同季节的大气评价等级与评价范围。

生态影响范围一般不受行政边界限制。煤炭开采产生的影响及效应在空间上不仅包括矿山开发的实施区域，还会扩展延伸到实施区域以外的区域。如生态系统遭到损坏所引起的生态问题可能通过各种途径被传递到相邻的地区，矿山排放的废水也可能对周边环境地表水和地下水系统造成影响等。因此，在对矿区生态环境进行研究时，影响范围应根据研究目的来确定，同时可以借助相关模型及软件。

5.3.1.3 累积效应评价方法

1. 模型

生态模型主要包括表征模型、评价模型、预测模型、趋势模型。表征模型有生态累积效应模型、高光谱遥感识别模型等，评价模型有土壤-植物-大气系统模型、生态系统演替模型等。宏观尺度下生态系统演变、景观格局变化，微观尺度的土壤水分、重金属迁移规律分析，都可通过构建生态模型实现评估、预测分析。

2. 网络分析法与专家咨询法

网络分析法主要包括因果网络法和影响网络法两种形式，但只能表达单个时间和空间的概念。因果关系和影响联系的网络关系构建一般经过专家研讨，分析累积效应的因果规律，但对于累积方式（叠加或交互）只能做定性分析，不能实现累积因素和方式的时空分析。通常这两种方法结合使用，作为累积效应影响分析过程的一部分，在实际应用中结合其他方法实现累积效应评价。

3. 情景分析法

情景分析法既能够反映、比较各规划方案下产生的环境后果，同时为评价人员在具体评估过程中对于一些活动或政策可能产生的影响及生态环境风险提供预示。实际应用过程中，每一套环境影响评估的框架只能用于一种情景，且其常与其他方法相结合使用，比如GIS、模型法或矩阵法等。

4. 地理信息系统（GIS）

GIS能够实现数据的存储、检索和空间可视化表达。将GIS应用于累积效应分析，不仅能够实现各时间节点的效应分析，同时能够对比分析不同时间节点效应的空间变化，了解重点变化的时点及区域。GIS的缺点是不能实现累积过程的分析，同时不能获取或确认产生累积的因果关系。

5. 交互矩阵法

该方法通过将规划的目标、指标、方案及环境因素分别作为矩阵的行与列，以相应位置的符号、数字及文字来表示环境行为与因素之间的相互关系，从而直观地表达交叉及因果关系，但缺乏时间及空间的解决方法，尤其是空间方面的分析。目前，交互矩阵法是应用较为广泛的矩阵法。此方法基于各种累积现象的认识，较好地分析累积过程，进而更好地分析及计算其相互关系。若能够清楚地理解作用机理，则易获取较好的累积影响程度计算结果。然而已有研究未能全面考虑结构及功能的变化，同时对累积时间的考虑并不充分。

5.3.2　高强度开采污染区域的生态边缘效应

矿区场地对人类活动的响应不仅表现在各种用地类型数量的变化，同时表现在各地类空间格局的改变。稳定合理的矿区场地空间分布有利于各类型生态系统服务功能的发挥。以宝矿为例，结合宝矿生命周期，通过影像分析矿区场地类型演变，了解宝矿地表生态质量及影响范围。

5.3.2.1　矿区场地生态质量评价指标选取

矿区生态系统的稳定性是衡量生态质量高低的重要标准。矿区生态系统的稳定程度和系统干扰程度决定了矿区生态系统的稳定性。矿区生态系统的稳定性常表现为矿区生态系统结构稳定和生态功能正常。矿区场地结构（R1）、空间格局（R2）及生态功能（R3）可作为矿区生态系统稳定性的重要衡量指标。矿区场地结构是对生态系统具有不同影响的场地类型的数量、面积。空间格局强调矿区场地各斑块的空间分布与排列。矿区场地结构及空间格局则会影响景观的生态功能。在指标选取方面，应全面表现自然及人为干扰影响下的矿区生态状况。

矿区场地结构方面，选取场地类型数量（number of landscape types，NL）、自然指数（natural index，NI）、人为干扰指数（human interference index，HII）、人为改善指数（human assistance index，HAI）和植被绿度（vegetation coverage，VC）5 个指标。其中，NL 是评价单元中总体场地类型的数量，表明场地的复杂程度；NI 表明未受到人类干扰的反映初始生态状况的原生场地面积占比；HII 和 HAI 分别表示对生态系统产生消极和积极影响的人工扰动场地面积占比；VC 是自然及人类共同影响下的植被面积占比。

空间格局方面，选取斑块数量（number of patches，NP）、总边缘长度（total edge，TE）、面积加权平均形状指数（area weighted mean shape index，AWMSI）、分离度指数（landscape division index，LDI）、香农多样性指数（Shannon's diversity index，SHDI）5 个指标。NP 是评价单元中斑块总个数，用于反映场地斑块的空间格局。TE 表示与周围斑块相互作用情况，反映了人为干扰强度。AWMSI 是反映斑块形状变化的重要指标，对生态过程产生影响。LDI 指斑块个体的离散程度，分离度指数越大，表明斑块的零碎或离散程度越明显。SHDI 是场地类型多样性的重要指标，对稀有斑块敏感力较强。

生态服务功能方面，选取归一化植被指数（NDVI）、归一化建筑及裸地指数（NDBSI）、土壤盐分指数（SSI）3 个指标。NDVI 能够准确、快速地反映植被的生长状况，它与支持（作为栖息地）、供应（食物和木材供应）和调节（水和空气净化）服务功能紧密相关。NDBSI 通过结合不透水和裸地的条件来表示干旱程度，同时是含水量和节水能力的判别指标，是调节功能的重要体现。SSI 是指土壤盐分含量反映人类活动影响下的水土流失造成的土壤盐渍化，表示影响土壤质量、植被生长状况、生物多样性和作物产量的支持服务功能。

综上所述，共选取 13 个生态质量评价指标，其中 NI、HAI、VC 和 NDVI 是正效应指标，其值越大，表明生态质量越好。NL、HII、NP、TE、AWMSI、LDI、SHDI、NDBSI、

SSI 是负效应指标，其值越大，表明受人类干扰程度越大，生态质量越差。

5.3.2.2 评价单元划分

目前，常用的区域生态评价单元主要包括矢量评价单元和栅格评价单元。矢量评价单元具有数据易获取的优点，但其评价结论信息的空间表达通过矢量面元的 label 点确定，由于矢量面元的巨大性及 label 点的随意性，评价结果通常被均值化，不能够精确地体现评价结果的空间差异性。依据栅格单元进行的评价通过空间分析中点对点的运算，不仅能够保证评价结果具有真正的空间意义，而且避免由碎小多边形较多造成精度降低。因此，采用栅格单元作为生态评价的基本单元。栅格单元的尺度过大会影响评价结果的精度，过小不仅造成工作量增加，同时使评价结果不具有意义。关于内蒙古锡林郭勒草原及神东煤矿的生态问题研究表明，1 km 尺度范围内草原区域景观指数没有产生剧烈变化同时能够较好反映区域景观格局特征。分别以 0.1 km、0.4 km、0.7 km、1 km、1.3 km、1.6 km 为尺度，分析空间格局指数不同尺度下的变化特征，并结合面积信息守恒方法确定适宜的栅格单元。

首先，利用 ArcGIS 将 5 期土地利用分类矢量数据转化为栅格数据，转换尺度分别为 0.1 km、0.4 km、0.7 km、1 km、1.3 km、1.6 km，其中转化过程采用最大面积值方法 （maximum area），即在新生成的栅格像元中，其属性值为面积百分比最大的某种景观类型的属性值，得到 5 期不同像元尺度下的栅格图。运用 Fragstats 4.2 分析不同尺度下 5 个空间格局指数值。

其次，基于尺度转换前的矢量数据中各场地类型面积，将转换后栅格数据各尺度下的场地类型面积与其对应的转换前的面积比较，计算不同尺度下各类场地类型面积的损失值，同时统计区域总面积损失值。图 5.4 为场地类型指数及面积损失指数随尺度变化的响应曲线。斑块数（NP）、总边缘长度（TE）、面积加权平均形状指数（AWMSI）、分离度指数（LDI）、香农多样性指数（SHDI）随着尺度增加呈现下降趋势，在 0.7 ~ 1 km 尺度范围内，场地类型指数对粒度变化的响应敏感性相对较弱。面积损失指数随着尺度增加呈现增长的趋势，转换尺度小于 1 km，面积损失指数相对较小。为保证计算的质量及工作量，应在适宜的尺度内选择中等偏大尺度。综上所述，选取 1 km 作为研究较适宜的栅格单元尺度。

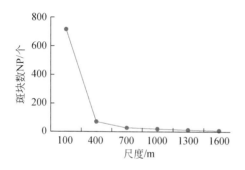
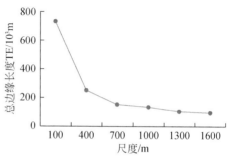

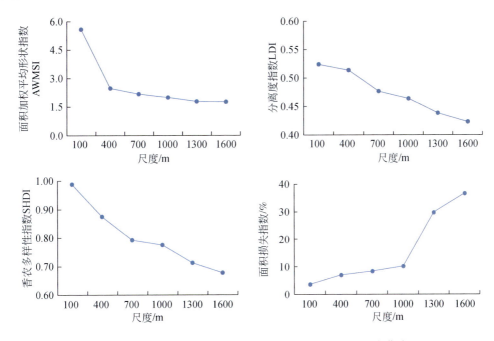

图 5.4　场地类型指数及面积损失指数随尺度变化的响应曲线

5.3.3　高强度开采污染区域的土壤生态累积质量

长期大规模的开采会引起矿区场地结构不断变化，水土流失、环境污染和生物多样性减少等问题突显，场地生态质量下降，土壤污染是不可忽视的重要问题之一。研究表明，燃煤挥发的重金属元素被粉煤灰颗粒吸附降落到土壤表面，经过雨水淋溶、渗透，从而引起土壤重金属污染；矸石山的长期堆放和压占土地，经过风化、淋滤，直接或间接地污染矿区周围土壤。受重金属污染的农作物和水进入人体，会对人类健康造成危害。通过影像及实验检测数据，分析矿区场地类型演变，定量评估场地地表生态响应趋势，有助于了解宝矿地表生态质量及影响范围，为矿区生态治理提供实践指导。

5.3.3.1　样点布设与样品检测

依据 2019 年矿区场地生态质量评价结果，选取生态质量较低区域如图 5.5 所示。依据场地生态敏感区，分别以矿区、2 km、5 km、8 km 缓冲区为界线，在各区域典型场地类型选取 19 块样地，其中矿区（10 个）、2 km（3 个）、5 km（3 个）、8 km（3 个）。

在每块场地中，选取长、宽分别为 200 m、100 m 的长方形，四个顶点及对角交点为采样点。剥离每个采样点表土，取 0～20 cm 表层土样约 500 g，装入已标号的自封袋中。共计采集土壤样品 95 个。

土壤理化性质检测：2019 年 8 月在中国科学院南京土壤研究所进行样品检测。将已采集的土壤样品进行风干、除杂、研磨等处理［图 5.6（a）］，过 100 目筛（孔径为 0.154 mm）后依次装入不同的样品袋中，标上相应序号。

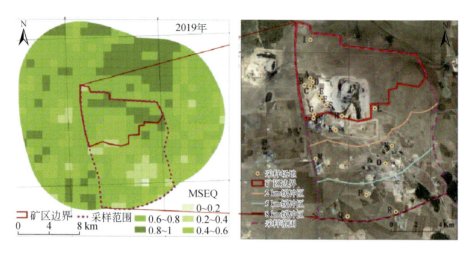

图 5.5　矿区采样场地分布

土壤 pH：称 6 g（±0.1 g）过筛后的土壤样品放入对应标号的玻璃试管中，依次加入 15 mL 的超纯水，用玻璃棒顺时针搅拌 1 min，静置 30 min。用玻璃电极检测悬浊液检测 pH［图 5.6（b）］。

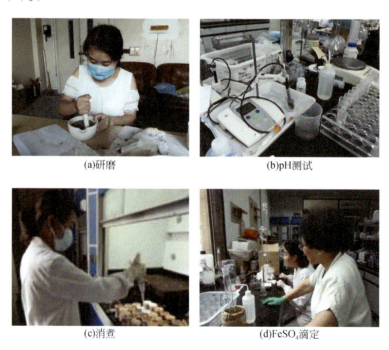

(a)研磨　　　　　　　　　　　　　(b)pH测试

(c)消煮　　　　　　　　　　　　　(d)FeSO₄滴定

图 5.6　部分实验过程

土壤重金属：称 0.2 g（±0.01 g）过筛后的土壤样品放入已对应标号的消煮罐中，分别加入 5 mL 的盐酸 HCl 和 5 mL 的硝酸 HNO_3［图 5.6（c）］，放置于配套的高压罐中，并在烘箱中 105℃加热 6 h。然后赶酸定容至 15 mL、移液，检测 Cr、Cd、Pb、Zn、Cu、As、Ni 含量。

土壤有机质：称 0.2 g（±0.01 g）放入对应标号的干燥试管中，依次加入 0.8 mol/L 的 1/6 $K_2Cr_2O_7$ 溶液 5 mL 及浓硫酸 5 mL，摇匀后在试管口放入玻璃漏斗，将其放入热浴锅（170~180℃）至沸腾后再加热 5 min，然后移液定容至 50 mL，加入 3 滴邻菲罗啉试剂，用 0.1 mol/L 的 $FeSO_4$ 溶液滴定待测液［图 5.6（d）］，根据滴定的 $FeSO_4$ 溶液体积计算土壤有机质含量。

5.3.3.2　矿区场地类型与空间格局变化

结合图 5.7 可以看出，砖窑厂、建设用地、交通运输、剥离区、工业广场、复垦区面积均呈现增加的趋势，增长率分别为 0.28%、1.54%、1.43%、2.25%、0.77%、1.73%；草地面积呈现下降趋势，面积比例由 2001 年的 73.21% 下降至 2019 年的 64.89%；耕地 2019 年下降至 20.38%；河流面积 2013 年增加至 3.96%，可能与 2013 年降水量增加有关，2019 年减少至 1.42%。林地面积呈现明显减少的趋势。未复垦排土场面积 2001~2013 年呈现增加的趋势，与矿区持续增加的煤炭开采量相关，2013~2019 年其面积随着矿区复垦措施的实施呈现减少的趋势。坑塘面积基本不变。露天采区面积呈现先增后减的趋势，整体呈现增加的趋势。

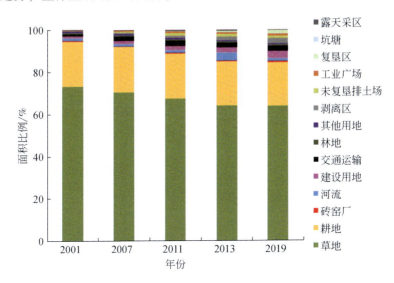

图 5.7　2001~2019 年宝矿场地类型面积比例

利用 Ucinet 6.560 软件构建复杂网络定量描述宝矿不同生命周期阶段矿区场地类型转移状况。其中，节点表示场地类型，含箭头的线表示不同场地类型之间的转化方向，线的粗细表示转化量，网络结构图能够直观表现不同阶段场地类型之间的转化关系。宝矿各阶段场地类型之间转化均较为频繁，2007~2011 年，宝矿处于达产阶段，频繁转化的地类明显多于其他阶段，主要是草地、剥离区、未复垦排土场、建设用地、工业广场等，且转化量也较高。用于表示网络中该点与其他节点的连接状况为节点的度，一般分为出度和入度。由于节点表示不同的场地类型，出度则表示该场地类型转化为其他场地类型的转出方向数，入度则表示其他场地类型转化为该类型的转入方向数。出度与入度的比值反映了场地类型的转出转入性质。若比值大于 1，说明该类型的转出方向数大于转入方向数，为转出型场地，若比值小于 1，说明该类型的转出方向数小于转入方向数，为转入型场地。研究发现，投产阶段，草地、耕地及其他用地为转出型场地，达产阶段草地、耕地、河流、林地和其他用地为转出型场地，丰产阶段草地、耕地、工业广场、未复垦排土场和其他用地为转出型场地，稳产阶段河流、林地、露天采区、未复垦排土场和其他用地为转出型场地。总体上看，宝矿在投产、达产和丰产阶段，草地和耕地以转出为主，达产阶段则露天采区、未复垦排土场场地多转化为其他各种地类。

5.3.3.3　矿区场地土壤质量

每块采样地土壤 pH 及有机质含量为 5 个采样点的平均值。矿区规划边界内土壤 pH 值均大于 7，呈现弱碱性。根据 1979 年全国第二次土壤普查养分分级标准，土壤有机质含量分六级，一级最高、六级最低。普查结果显示，陈巴尔虎旗土壤为黑钙土，土壤有机质含量为 57.3 g/kg，属于一级（>40 g/kg）。研究结果显示，宝矿 63.16% 样地土壤中有机质含量属于二级（30~40 g/kg），31.58% 样地属三级（20~30 g/kg），5.26% 样地属四级（10~20 g/kg），有机质含量低于全国第二次土壤普查的结果，呈现下降的趋势。采用内蒙古自治区土壤背景值及《土壤环境质量标准》（GB 15618—2018）对矿区土壤重金属含量特征进行分析。每块采样地土壤中各种重金属含量为 5 个采样点的平均值。总体上看，宝矿土壤中重金属含量均低于国家土壤环境质量标准中相应的重金属含量。与内蒙古土壤背景值相比，矿区规划范围内及其缓冲区土壤中 Pb 含量均未超标，Cr、Cd、As、Ni 均超标，部分场地土壤中 Zn、Cu 超标（图 5.8）。土壤中 Cr、Ni 含量的空间差异性较为明显，Cd、Pb、Zn、Cu、As 含量具有较小的空间差异。

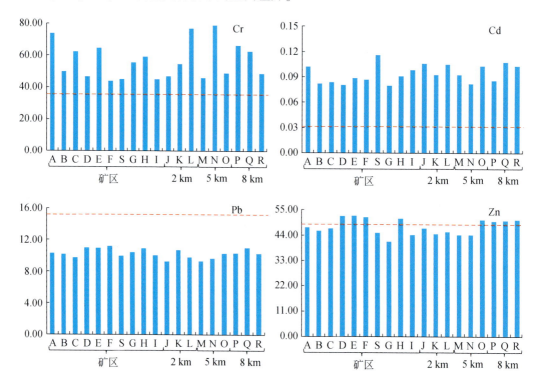

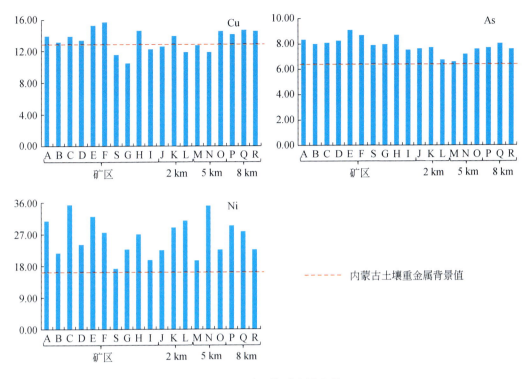

图 5.8　宝矿土壤重金属含量

5.3.3.4　矿区场地生态质量

场地结构方面，矿区规划范围内随着具有消极影响的露天采区、剥离区、未复垦排土场等场地类型的增加，场地结构复杂化程度增加，矿区生态系统受人类干扰程度明显增强，尤其 2007～2011 年场地构成的分值在 0～0.2 范围的面积显著增加。矿区规划范围外，北部场地结构无明显变化，西部变化较大，可能与东明矿的开采有关，东部区域以耕地为主，随着交通用地消极斑块的增加，对区域生态的负面影响逐渐增强，矿区南部以建设用地为主，人类的生产生活活动加剧了区域场地结构的变化。空间格局方面，矿区规划范围内采矿活动加剧引起斑块数量增加，破碎化程度提高，空间格局指数逐渐降低。生态功能方面，2001～2019 年矿区规划范围内外生态功能分值为 0.8～1 的区域显著扩大，表明矿区生态功能逐渐增强。

矿区规划范围内，2001～2007 年生态分值在 0.6～0.8 之间的单元数量减少，生态状态呈下降趋势，2007～2011 年生态质量分值≤0.4 的单元数量明显增加，生态状况明显下降，2011～2019 年生态质量分值≤0.4 的单元数量呈现减少趋势，生态状况趋于好转。矿区规划范围外，2001～2007 年生态分值在 0.6～0.8 之间的单元数量增加，生态状况发展趋势较好，2007～2011 年生态分值在 0.2～0.4 之间的单元数量增加，生态状况呈现下降趋势，2011～2019 年生态分值在 0.8～1 之间的单元数量显著增加，生态状况趋于好转。

5.3.3.5　生态质量时空演变

统计不同变化趋势单元数量如表 5.3 所示。矿区规划范围内,投产阶段(2001~2007年)超过一半单元生态质量分值呈现显著增长趋势,生态状况趋于良好;达产阶段(2007~2011 年)生态质量分值呈现下降趋势的单元数量明显增加,生态状况有所恶化;丰产阶段(2011~2013 年)生态质量分值呈现增长的单元数量显著增加,生态状况呈现较好的发展趋势;稳产阶段(2013~2019 年)生态状况轻微恶化。矿区规划范围外生态质量变化趋势与范围内变化趋势基本一致。

表 5.3　宝矿规划边界内外场地生态质量变化单元数量统计

变化趋势	2001~2007 年		2007~2011 年		2011~2013 年		2013~2019 年	
	边界内	边界外	边界内	边界外	边界内	边界外	边界内	边界外
极显著下降	6	11	6	37	6	42	7	13
显著下降	7	45	18	90	1	28	12	76
基本不变	11	179	27	245	6	54	34	219
显著上升	40	218	15	92	20	157	11	159
极显著上升	3	29	1	18	34	201	3	15

5.3.4　人类扰动与矿区场地生态质量变化关系

分析不同生命周期阶段宝矿矿区场地类型演变与生态质量变化的关系如图 5.9 所示。总体上看,矿区场地地类变化区域与生态质量变化区域在空间分布上具有一致性。处于上升期,矿区规划范围内草地多转化为剥离区、未复垦排土场、工业广场等,生态质量严重下降,矿区规划范围外南部地区,由于工业广场、交通用地的增加,导致生态质量降低,

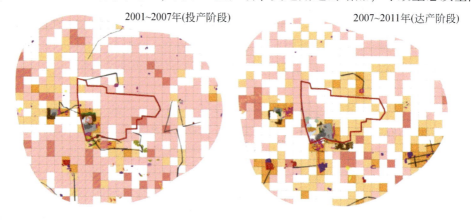

2001~2007年(投产阶段)　　　　　　　　　　　　2007~2011年(达产阶段)

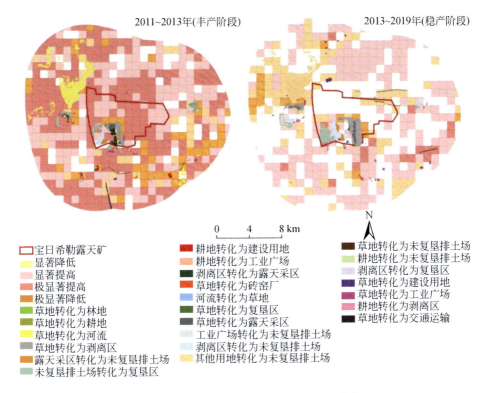

图 5.9　场地生态质量与地类转化的空间分布

西部地区生态质量受东明煤矿的开采呈现下降趋势。处于达产期，矿区规划范围内外生态质量明显下降，矿区规划范围内，由于煤炭开采量的增长使剥离区、露天采区的面积明显增加，生态质量受影响面积逐渐增大。矿区范围内南部，由于未复垦排土场面积的增加，生态质量受明显影响。处于丰产期，除场地类型变化较显著区域外，矿区生态质量有所提高，生态质量降低区域集中在开采区。处于稳产期时，矿区规划范围内生态质量相对于丰产期，呈现下降趋势，部分地区由于场地复垦生态质量有所恢复，但持续的、较大的开采量对矿区生态产生负面影响。

依据场地类型尺度效应分析可知，1 km 范围内场地类型特征无显著变化，因此，以 1 km 为间隔分别对宝矿做缓冲带，结合 MSEQ（mining spatial ecological quality，矿区空间生态质量）的最大值、最小值、平均值 3 个指标，分析矿区场地与周围区域生态质量的相关性，确定矿区场地类型演变对其周围区域生态质量的影响。从表 5.4 中可以看出，矿区与周围 8 km 范围内的 MSEQ 最大值具有显著的相关性，2 km 范围内 MSEQ 最小值相关性显著，4 km 范围内 MSEQ 均值相关性显著。比较得出，矿区周围 2 km 范围内各指标相关性显著，因此，可以得出宝矿周围 2 km 范围内场地生态质量受矿区活动影响明显。

表 5.4　矿区与缓冲区 MSEQ 相关性分析

缓冲带	最大值	最小值	均值	缓冲带	最大值	最小值	均值
1 km	0.981**	0.983**	0.934*	5 km	0.961*	−0.547	0.874
2 km	0.955*	0.940*	0.927*	6 km	0.967**	0.572	0.864
3 km	0.934*	0.501	0.897*	7 km	0.946*	0.095	0.881*
4 km	0.931*	0.041	0.883*	8 km	0.933*	−0.007	0.844

* 表示显著相关（$p < 0.05$），** 表示极显著相关（$p < 0.01$），下同。

5.3.5　高强度开采污染区域（以重金属为例）的生态累积效应评估

5.3.5.1　土壤重金属累积程度

依据 2019 年宝矿场地生态质量评价结果，选取生态质量较低区域，进行土壤重金属累积效应评估。土壤中 Cu、As 的地累积指数均小于 0，Cr 的地累积指数多集中在 1 ~ 2 范围内，Cd 的地累积指数多分布在 0 ~ 1 范围内，Pb 的地累积指数多集中在 0 ~ 1 范围内，Zn 的地累积指数多分布在 1 ~ 2 范围内，Ni 的地累积指数多集中在 0 ~ 1 范围内。结合地累积指数分级标准可以看出，重金属 Cu、As 未对宝矿土壤造成污染，土壤中 Cd、Pb、Ni 出现轻度污染，土壤中重金属 Cr、Zn 出现偏中度污染。空间分布上，矿区规划范围内与缓冲区土壤中 Cr、Cd、Pb、Cu、As、Ni 的累积程度无明显差异，Zn 在 2 km、5 km 缓冲区累积不明显，在矿区规划范围内及 8km 缓冲区有较明显的累积。

5.3.5.2　土壤重金属综合生态风险

宝矿土壤中 Cr、Pb、Zn、Cu、As、Ni 的潜在生态风险指数相均小于 40，说明土壤中这 6 种重金属处于低等生态风险水平，Cd 的潜在生态风险指数在 40 ~ 80 和 80 ~ 160 范围内，说明土壤中重金属 Cd 处于中等和较高的生态风险水平。总体上看，宝矿土壤重金属综合潜在风险指数小于 150，处于低生态风险水平。宝矿矿区规划范围内（除复垦区外）土壤中重金属综合潜在生态指数较高，距离矿区规划范围越远，指数越小。土壤中重金属 Cd 是重要的潜在生态风险元素，需要加强监测。

5.3.5.3　重金属来源识别

土壤中各种重金属量及其相互间的比率在一定区域内具有相对稳定性。当污染物具有相同来源时，重金属之间具有显著相关性。因此，可以通过相关性分析探究土壤重金属的来源。研究显示矿区规划范围内土壤中 Cr、Cd、Ni 与其他重金属无显著相关关系，Pb 与 Zn、Cu、As 具有显著相关性（$p < 0.01$），Zn 与 Cu、As 相关性显著（$p < 0.01$），Cu 与 As 彼此具有显著相关性（$p < 0.01$），且 7 种重金属与土壤 pH、有机质（SOM）无显著的相关性，由此可以初步推断，矿区规划范围内土壤中 Pb、Zn、Cu、As 变化趋势基本一致，且具有相同的来源，极可能来源于宝矿煤炭开采。研究显示 2 km 缓冲区土壤中 Cr 与 Ni 相关性较为显著（$p < 0.05$），Cd 与 Zn 彼此之间相关性显著（$p < 0.01$），Pb、Zn、Cu、As

之间相关性显著，表明这些重金属存在同源性，2 km 缓冲区地类中重金属可能来源于工业广场、未复垦排土场。5 km 缓冲区土壤中 Cd、Pb、Zn、Cu 之间相关性显著，Cd、Zn 受土壤 pH 影响明显（$p<0.05$），土壤中这些重金属元素可能来源于电厂、居住等建设用地，同时受土壤理化性质影响。8 km 缓冲区土壤中 Cd 与 Pb、Pb 与 Zn、Zn 与 Cu、Cu 与 As 彼此之间相关性显著，且这 7 种重金属与土壤 pH、有机质之间具有显著相关性，区域以建设用地、耕地、草地为主，距矿区较远，重金属可能来源于砖窑厂，同时受土壤理化性质影响较大。由以上分析可知，矿区规划范围及 2 km 缓冲区受土壤理化性质影响较小，受人类活动影响明显。采用最大方差旋转方法对土壤中 7 种重金属含量进行主成分分析，结合初始特征值得出，前 2 个主成分的累积方差贡献率为 77.30%，可以用来解释接近 80% 的总方差。旋转后提取的 2 个主成分特征根均大于 1，土壤中重金属元素可以提取为 2 个主成分，累积方差贡献率为 77.30%。

据各主成分旋转载荷矩阵可以看出，第一主成分反映 Cd、Pb、Zn、Cu、As 的组成信息，贡献率为 51.14%；第二主成分反映 Cr、Ni 的信息，贡献率为 26.16%。主成分分析因子载荷图反映了土壤重金属元素主成分 1 和主成分 2 的得分情况（图 5.10）。Cd、Pb、Zn、Cu、As 之间距离较近，即矿区规划范围及 2 km 缓冲区内土壤中这些重金属具有共同来源，Cr、Ni 与其他重金属相距较远，来源不同。

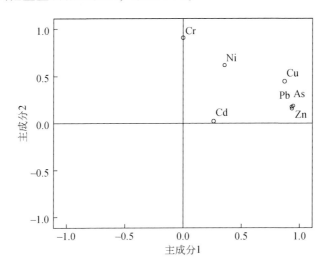

图 5.10　土壤重金属主成分分析因子载荷

5.3.5.4　宝矿地表生态影响范围划定

场地生态质量评价结果显示，矿区周围 2 km 缓冲区范围内场地生态受矿区影响较大，土壤生态风险评估显示，矿区东南部 2 km 缓冲区土壤中重金属具有相同的来源，因此，可推断矿区东南部 0~2 km 缓冲区范围内地表生态受采矿影响较大，是宝矿的主要影响范围，而 2~5 km 缓冲区土壤重金属可能来源于电厂，电厂的煤炭主要来源于宝矿，是可能影响的范围（图 5.11）。

图 5.11　宝矿地表生态影响范围

5.4　草原区大型露天矿生态累积风险综合评估：以宝日希勒露天矿为例

5.4.1　自然灾害危害度

干旱危害度基于高程和水文条件的差异，以宝日希勒矿区为研究区，其东北部干旱可能性高，中部及北部干旱可能性较高，南部干旱可能性较小。各种土地利用类型对水资源的依赖程度不同，在农业发展中，耕地对水资源的需求大。宝日希勒矿区耕地大片集中分布在东部，东部地势较低是汇水区，干旱风险较小。位于东北部的耕地，地势较高汇水量少，干旱风险大，如图 5.12 所示。草地对水的依赖性较大，特别是对于干旱区，有水的地方就有草。宝日希勒矿区中部草地集中分布，但汇水面积小、干旱风险较大，三大露天矿位于研究区中部，对干旱不太敏感。南部地势低，汇水面积大，分布着大量城镇建设用地及未利用地，南部干旱风险影响度较小。

从时间上看，1997 年宝日希勒矿区内三大露天矿还未开采，草地和耕地为主要地类，这两种地类对水资源的依赖性大，因此受干旱风险的影响较大。随着采矿活动和城镇化发展，中、南部干旱风险区域有小范围减小趋势，但大部分干旱风险较大的区域仍位于北部草原、耕地。

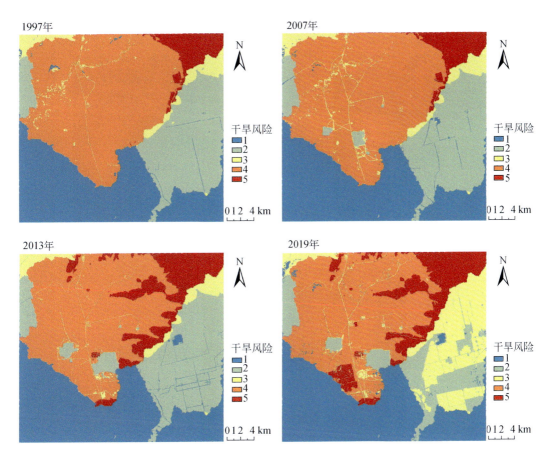

图 5.12　宝日希勒矿区干旱危害程度

5.4.2　采矿活动的累积程度

风险对生态系统的影响程度不仅取决于风险源的危险度，还与周围不同生态系统对风险的阻碍作用有关，如土地沙化的风险源遇到林地、草地这类生态系统类型明显比遇到裸地的生态阻力大，因此裸地暴露于土地沙化的风险大，产生风险的影响大。扩散耗费模型可用于表示风险源单元扩散到其他生态系统单元过程所需的耗费代价，耗费系数反映了风险潜在趋势，值越大，土地损毁累积程度越大，生态风险越高。

1997 年宝日希勒矿区内三大露天矿均未开采，将 1997 年宝日希勒矿区作为无土地损毁影响处理，计算得到 2007～2019 年矿区土地损毁风险累积程度，如图 5.13 所示。露天矿开采区和排土场附近区域的土地损毁最严重，越靠近这些区域，损毁影响越大，可将其作为研究区产生土地损毁的风险源，并向外辐射。道路和城镇建设用地为不透水面，土地损毁影响沿着道路呈条带状辐射，靠近矿区的城镇建设用地土地损毁累积影响值较大。北部大面积草地距离矿坑越远，土地损毁累积影响也就越弱，草地产生了较好的阻隔效应。因此，在复垦区域可以合理配置耕草的比例与分布区域，充分利用耕地、草地对土地损毁累积的阻隔效应。

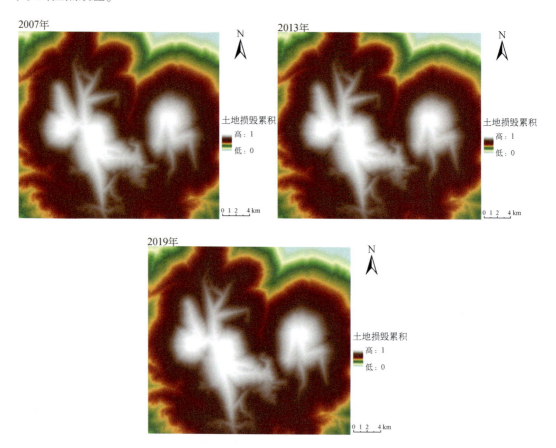

图 5.13　宝日希勒矿区土地损毁风险累积

工业生产大多是以煤炭为原材料展开，包括发电厂、化工企业、砖瓦厂等。发电厂、化工厂均属于原料依赖型传统工业产业，因此，均布局在离露天矿较近的交通便捷地区。砖瓦厂与上述企业相比，具有规模小、分布广、数量多的特点。参照《环境影响评价技术导则 大气环境》（HJ 2.2—2008）及相关研究结果，火力发电厂对大气影响范围确定为 10 km，砖瓦厂对距离厂址 1 km 范围内区域影响大，化工厂周围 1.2 km 不得设置居民区，因此，安全缓冲区设置为电厂 10 km，化工厂 1.2 km，砖瓦厂 1 km。通过对电厂、化工厂及砖瓦厂设置缓冲区，并对影响半径不同的缓冲区分级，得到 1997～2019 年工业生产危害度（图 5.14）。

1～4 代表工业生产危害度程度值，值越大，危害程度越大。宝日希勒矿区工业危害度"南大北小"，与工业布局紧密相关，矿区内工业大多为原材料依赖型工业，其运转需要大量的原材料，所以靠近露天矿可以为企业降低成本。三大化工厂及国华电厂均分布于南部，砖瓦厂也密集分布在研究区南部，这是由矿产开采的位置决定的。1997～2007 年，研究区内发电厂和三大化工厂均未建设投产，工业生产危害度主要来自砖瓦厂；2009 年后，研究区内环境影响大的工业开始建设生产，2013～2019 年，研究区受到电厂、化工厂

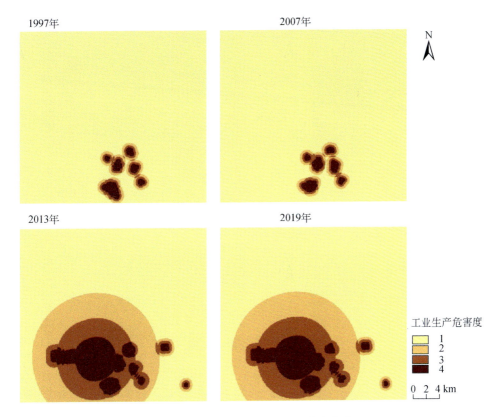

图 5.14　1997～2019 年工业生产危害度

及砖瓦厂工业生产危害，同时，电厂和化工厂对环境影响范围远远大于砖瓦厂，工厂大气污染也遵循距离效应，距离工厂越近，污染影响越大，危害度越大。

5.4.3　牧业活动的影响程度

相关研究表明，内蒙古草原退化的主要原因是过度放牧，土地荒漠指数可用来表征草地退化程度。土地荒漠指数越小，草地退化程度越大，放牧带来的影响度就越大，采用草原土地荒漠化程度表征放牧活动的影响程度。《天然草原等级评定技术规范》（NY/T 1579—2007）规定，将草地土地荒漠化程度分为非荒漠化、轻度荒漠化、中度荒漠化、重度荒漠化、极重度荒漠化 5 个级别，对应放牧影响度 1、2、3、4、5 级别，危害度依次赋值为 0.1、0.3、0.5、0.7、1，如图 5.15 所示。

荒漠化程度北低南高，靠近耕地、采矿用地、城镇建设用地的土地荒漠化程度较高，放牧活动的影响大。靠近河流的土地荒漠化程度低，放牧活动的影响小。计算得到研究区 1997～2019 年放牧活动的影响度各级面积比重（表 5.5）。根据表 5.5 可知，草地非荒漠化比重逐渐增加，剧烈荒漠化草地比重减小。

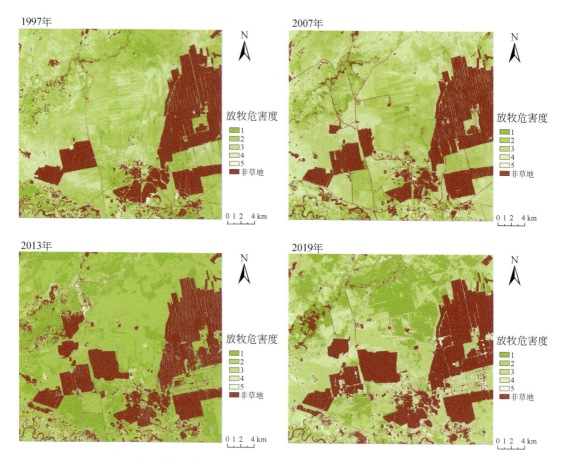

图 5.15 1997～2019 年宝日希勒矿区放牧影响度

表 5.5 1997～2019 年宝日希勒矿区放牧影响度各级面积比重 （单位:%）

年份	级别				
	1	2	3	4	5
1997	9.02	33.78	38.37	17.38	1.45
2007	6.00	26.02	42.22	24.55	1.21
2013	29.87	58.33	9.51	2.04	0.25
2019	30.42	48.48	18.27	2.70	0.12

5.4.4 1997～2019 年宝日希勒露天矿综合生态累积风险评价

综合生态风险是矿区危害度和损失度的综合表征，可全面反映区域的生态风险，完善生态风险因果链。矿区生态风险中南部高、西北低，这与研究区露天矿、工业、城镇等布局有关。中南部是城镇发展的主要区域，人为扰动剧烈，抵抗风险能力弱，面对外界环境威胁，不能对抗其扰动，损坏生态系统，造成生态系统退化。西北、正北属于原始草地地类，生态系统稳定，能够更好地维持生态系统组成、功能、结构。区域露天矿边界范围内，生态风险值高，这是由于产煤量大，对生态系统造成的直接损坏面积大。在露天矿内，生态风险值剥离区>未复垦区>采坑区>煤堆区>工业广场>已复垦区。剥离区直接损坏地貌、土壤、植被等，造成生态系统损坏，生态风险大；未复垦区域，大量松散的岩石碎石堆积，压占原草地，改变原地貌，损坏原景观类型，生态系统不稳定，生态风险大；采坑区坡度大、原煤易露出、烟尘重，生态风险较大；煤堆堆放地易造成水源污染、植被损坏，生态风险较大；工业广场压占原始草地，损坏植被，但工业广场一旦形成，生态系统不易变化，生态风险中等；已复垦区域经过边坡稳定、景观重建、生物多样性重组等，生态系统改善，生态风险较小。

　　1997 年生态风险高值区域主要分布在南部砖瓦厂聚集区。2007～2019 年生态风险高值区域集中分布在露天矿及周边地区。1997～2019 年生态风险呈增大趋势，其中 1997～2013 年生态风险逐渐增大，变化趋势与矿区产量一致，如图 5.16 所示。1997 年区域露天矿均未开始生产，生态风险最小；2007 年研究区煤矿产量逐渐增加，生态风险增大；2013 年区域露天矿产量达到最大值，生态风险也达到最大；2019 年煤炭产量减少，生态风险值减小。

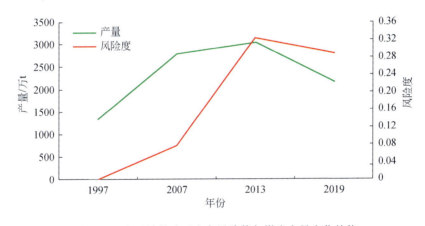

图 5.16　宝日希勒矿区生态风险值与煤炭产量变化趋势

　　生态风险评价是矿产开采区域生态修复的决策基础，开展矿区生态风险研究，既是区域生态风险研究热点趋势，也是我国矿区可持续发展的现实需求。矿区主要受到自然和人为干扰，风险源分为自然气象灾害和地质灾害及人类活动中的采矿活动、牧业活动、工业生产等，通过直接物理作用、侵蚀作用、水文循环、能量循环，影响矿区地质地貌、土壤、植被、大气、水环境、动物生态受体，最终导致矿区生态系统功能退化与生态环境问题。从风险来源和风险受体角度分析矿区生态风险，有利于及时采取应对措施减缓矿区生态风险的累积趋势，促进煤炭开采与草原生态的协调发展。

5.4.5　生态效应及阈值分析方法

　　前文分析表明生态效应是由 S_A 状态转变为 S_B 状态的生态显现，生态阈值则为 $S_A \rightarrow S_B$

转变临界点。如将 S_A 作为变量函数，引入累积函数状态极值和累积变化速率求解方法，当

$$\frac{\partial S_A}{\partial x} = 0; \frac{\partial^2 S_A}{\partial^2 x} = 0 \tag{5.3}$$

时，求解得 S_A 的极值点和拐点位置，前者表示状态变化的边界，后者反映状态开始"跃变"位置。考虑到 $S_A = f(x, y, z, t, B)$ 为多源曲面函数，代表任意的生态要素累积、系统结构响应或系统平衡状态函数，且有，$S_A = S_0 (t \rightarrow 0)$ 和 $S_A = S_\infty (t \rightarrow \infty)$ S_A 的状态边界和生态阈值满足条件

$$\begin{cases} \dfrac{\partial S_A}{\partial B} + \dfrac{\partial S_A}{\partial x} + \dfrac{\partial S_A}{\partial y} + \dfrac{\partial S_A}{\partial z} + \dfrac{\partial S_A}{\partial t} = 0 \\ \dfrac{\partial^2 S_A}{\partial^2 B} + \dfrac{\partial^2 S_A}{\partial^2 x} + \dfrac{\partial^2 S_A}{\partial^2 y} + \dfrac{\partial^2 S_A}{\partial^2 z} + \dfrac{\partial^2 S_A}{\partial^2 t} = 0 \end{cases} \tag{5.4}$$

式（5.4）表明，生态累积时–空状态边界和生态阈值是由激励源、受激单元体属性和激励时间等各种控制参数综合制约，且与累积作用空间和持续时间相关。CEB 开发处于增长期时意味着激励源规模和强度不断增加（$B \neq$ 常数），生态累积量逐步增加。处于稳定运行期时（$B =$ 常数）生态阈值满足

$$\frac{\partial^2 S_A^t}{\partial^2 x} + \frac{\partial^2 S_A^t}{\partial^2 y} + \frac{\partial^2 S_A^t}{\partial^2 z} + \frac{\partial^2 S_A^t}{\partial^2 t} = 0 \tag{5.5}$$

此时，生态效应边界和阈值点是与激励影响传播性质有关的时–空函数。例如，长时间低强度开采扰动激励、生态脆弱区短时高强度扰动激励等都会产生显著生态效应。当 CEBES 的系统初始状态（要素和结构）确定时，任意单元体 S_Δ^t、区域 V_j 的 $S_{V_j}^t$ 和系统 V 的 S_V^t 的生态阈值满足关系：

$$\begin{cases} \dfrac{\partial^2 S_\Delta^t}{\partial^2 B} + \dfrac{\partial^2 S_\Delta^t}{\partial^2 x} + \dfrac{\partial^2 S_\Delta^t}{\partial^2 y} + \dfrac{\partial^2 S_\Delta^t}{\partial^2 z} + \dfrac{\partial^2 S_\Delta^t}{\partial^2 t} = 0 \\ \dfrac{\partial^2 S_{V_j}^t}{\partial^2 B} + \dfrac{\partial^2 S_{V_j}^t}{\partial^2 x} + \dfrac{\partial^2 S_{V_j}^t}{\partial^2 y} + \dfrac{\partial^2 S_{V_j}^t}{\partial^2 z} + \dfrac{\partial^2 S_{V_j}^t}{\partial^2 t} = 0 \\ \dfrac{\partial^2 S_V^t}{\partial^2 B} + \dfrac{\partial^2 S_V^t}{\partial^2 x} + \dfrac{\partial^2 S_V^t}{\partial^2 y} + \dfrac{\partial^2 S_V^t}{\partial^2 z} + \dfrac{\partial^2 S_V^t}{\partial^2 t} = 0 \end{cases} \tag{5.6}$$

采用式（5.6）理论上可获得反映系统状态"跃变"生态要素阈值点、系统结构阈值区和系统状态阈值。其中，激励源（自然作用力、开发损伤力和人工恢复力）是影响生态累积状态的重要因素并控制着累积方向、变化边界和阈值范围。当自然作用力稳定时，降低开发损伤力和提高人工恢复力成为生态减损的关键。此时，激励源中可控激励源状态 S_I^t 发生变化，从而影响各类生态子系统 $S_{V_i}^t$ 和区域 S_V^t，满足

$$\frac{\partial^2 S_I^t}{\partial^2 B} = 0; \frac{\partial^2 S_{V_i}^t}{\partial^2 B} = 0; \frac{\partial^2 S_V^t}{\partial^2 B} = 0 \tag{5.7}$$

式（5.7）表明，系统调控是多层次的，激励源调控重在提升源控制标准（如各种排放物和污染物企业标准），降低生态影响范围和生态损伤程度；生态子系统调控重在提升区块生态生产力（如草原区科学放牧、矿区提高生态修复率和缩短修复周期等）和弥补生

态损伤"亏欠"，提高系统结构合理性；区域调控重在合理优化各类区块布局，实现区域生态生产力"盈亏"平衡，达到区域生态安全。

　　煤炭加工建立的破碎站、传送带、储煤场等周围地面吸附煤炭颗粒，经过雨水淋溶渗透到土壤中引起土壤重金属污染，形成污染场地，污染场地包括储煤场和工业广场两种类型。介绍了基于多尺度特征和主动学习的场地识别方法、基于改进 UNet 孪生网络的遥感影像污染区域检测方法和污染区生态累积效应评估方法。累积效应评估方法主要包括生态模型法、网络分析法、专家咨询法、情景分析法、地理信息系统及交互矩阵法。总体上看，矿区场地地类变化区域与生态质量变化区域在空间分布上具有一致性。处于上升期，矿区规划范围内草地多转化为剥离区、未复垦排土场、工业广场等，生态质量严重下降。处于达产期，矿区规划范围内外生态质量明显下降，矿区规划范围内，由于煤炭开采量的增长使剥离区、露天采区的面积明显增加，生态质量受影响面积逐渐增大。处于丰产期，除场地类型变化较显著区域外，矿区生态质量有所提高，生态质量降低区域集中在开采区。处于稳产期时，矿区规划范围内生态质量相对于丰产期，呈现下降趋势，部分地区由于场地复垦生态质量有所恢复，但持续的、较大的开采量对矿区生态产生负面影响。宝日希勒矿区风险评价表明，矿区生态风险中南部高、西北低。在露天矿内，生态风险值剥离区>未复垦区>采坑区>煤堆区>工业广场>已复垦区。剥离区直接损坏地貌、土壤、植被等，造成生态系统损坏，生态风险大；未复垦区域，大量松散的岩石碎石堆积，压占原草地，改变原地貌，损坏原景观类型，生态系统不稳定，生态风险大；采坑区坡度大、原煤易露出、烟尘重，生态风险较大；煤堆堆放地易造成水源污染、植被损坏，生态风险较大；工业广场压占原始草地，损坏植被，但工业广场一旦形成，生态系统不易变化，生态风险中等；已复垦区域经过边坡稳定、景观重建、生物多样性重组等，生态系统改善，生态风险较小。

第6章 煤炭开采驱动下地下水系统影响与累积效应评价

地下水系统变化对生产安全和地表生态均有一定影响，为充分了解开采对地下水系统的影响规律及累积效应，综合运用水文地质学、地质统计学、计算机科学等学科知识，在野外调查、模拟分析基础上，阐述开采驱动下地下水系统影响累积效应、累积效应评估方法、数据智能化采集、影响效应模型和边界识别问题。首先研究了累积效应指示指标、累积效应的时空界定问题，然后确定露天开采驱动下地下水系统影响累积效应的评估方法；为实现现场观测露天矿开采影响区域地下水系统变化规律，研发了地下水动态智能监测系统与分析系统，并在现场进行地下水数据采集；在实测基础上，开展了高强度开采驱动下露天矿地下水系统影响累积效应评估与高强度开采地下水及其生态影响评价。通过研究建立了地下水动态智能监测系统，实现了高强度开采条件下地下水系统变化的实时监测，掌握了地下水系统变化规律及其对地表植被生态要素的影响。

6.1 露天开采驱动下地下水系统影响累积效应评估模式

为建立研究区水文地质模型和地下水流模拟模型，首先要对研究区的地质和水文地质条件加以概化，建立水文地质概念模型［含水层和隔水层（弱透水层）的空间分布］，进而建立数值模型。要求包含尽可能多的水文地质剖面图（要有剖面线的位置），尽可能多的地质、水文地质钻孔资料，深孔资料尤为重要，要有钻孔名称、地理位置（坐标）、孔口标高、终孔深度、分层信息和岩性描述；模型范围最好以完整的水文地质单元（地下水系统）作为模拟区。

搜集水文地质模型参数：包括潜水、承压水含水层和弱透水层水平、垂向渗透系数（K）分区图和值（根据岩性和抽水试验分区）；潜水含水层给水度（μ）分区图和值；承压水含水层储水率（S_s）分区图和值；弱透水层（隔水层）储水率（S_s）分区图和值；各类抽（渗）水试验资料和成果。

源汇项（地下水开发利用情况）和边界条件：区内潜水主要补给方式为大气降水入渗补给、灌溉入渗补给、渠系渗漏补给、河流侧渗补给和地下水径流补给，主要排泄方式为人工开采（矿坑水）、蒸散发、侧向径流、向河流排泄和越流补给承压水。边界条件通常以具有水文地质意义的界面作为模型的边界，主要有地貌单元分界线、地层界线、阻水断层、与地下水有水力联系的河流，边界很远的情况下，可考虑通过边界的灵敏度分析，确定边界位置。边界条件类型有3类：一类边界条件；二类边界条件；三类（混合）边界条件。

地下水流场和动态：地下水位统测数据，期始、期末模拟最好各有一次统测数据，作为模型的初始流场和验证流场；长期观测孔连续的水位观测值，观测点越多越好。

6.1.1　地下水系统影响累积效应的时空界定

宝日希勒露天矿区地处呼伦贝尔高平原的东北边缘地区，陈旗煤田盆地中部，西南部为海拉尔、莫勒格尔河谷冲积平原地形，地形开阔平坦，北部及东北部与低山丘陵相接，总体地形变化不大（图 6.1），地质单元相对完整。南部的海拉尔河发源于大兴安岭山区，自东向西注入额尔古纳河，西部的莫勒格尔河自北东向南西流经露天矿区，南部注入海拉尔河，受宽缓地形影响，两条河流在矿区西南部的冲积平原区形成了面积大、水量补给充沛的季节性或永久性湖泊，如库伦湖等，地下水与地表水交换强烈。

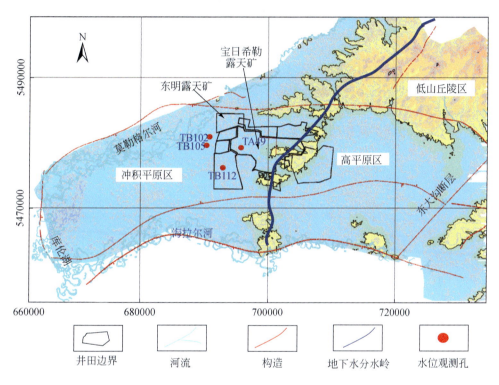

图 6.1　宝日希勒矿区地形地貌概况

矿区大部分为第四系所覆盖，按照地层岩性组合、含水特征及地下水水力性质，将矿区含水层组划分成松散沉积物孔隙潜水与基岩孔隙裂隙承压水两大类以及四个含水层（表 6.1）。

表 6.1　露天矿区主要含、隔水层水文地质特征表

名称	水文地质特征
第四系孔隙潜水含水层	冲洪积砂砾石层，厚 5～20 m，富水性强，冲积平原区水位埋深一般小于 2 m，受地表水补给充分
第四系孔隙潜水含水层底部隔水层	由黏土、亚黏土及冰碛泥砾组成

名称	水文地质特征
白垩系碎屑岩类孔隙裂隙Ⅰ号煤层含水层	煤层为1^{-2}煤，煤层顶底板以中砂岩、粗砂岩和含砾粗砂岩为主，平均厚度29.23 m，富水性弱~中等
Ⅰ号煤层组底部隔水层	整矿区发育，由泥岩、粉砂岩或细砂岩组成，底板厚度2~21 m
白垩系Ⅱ号煤层裂隙承压含水层	煤层为2^{-1}煤，煤层间及煤层顶底板岩性主要为中砂岩、粗砂岩和含砾粗砂岩，平均厚度20.65 m，富水性中等
Ⅲ号煤层裂隙承压含水层顶、底部隔水层	整矿区发育，由泥岩、粉砂岩或细砂岩组成，底板厚度5~20 m，顶板厚度2~40 m
白垩系Ⅲ号煤层裂隙承压含水层	岩性以3号褐煤为主，包括部分中、粗砂岩和砂砾岩，局部与Ⅱ号含水层连通，矿区平均厚度24.23 m

如图6.2所示，矿区自2000年左右开始进行规模化开发，宝日希勒露天矿与东明露天矿是矿区主要的生产矿山，主要开采白垩系下统的大磨拐河组1^{-2}煤层（均厚13 m）与3号煤层（均厚7.5 m），露天煤矿开采工艺为单斗-汽车工艺，其他地方矿权多属区域整合对象、生产状态或闭坑或停采或间歇式开采。

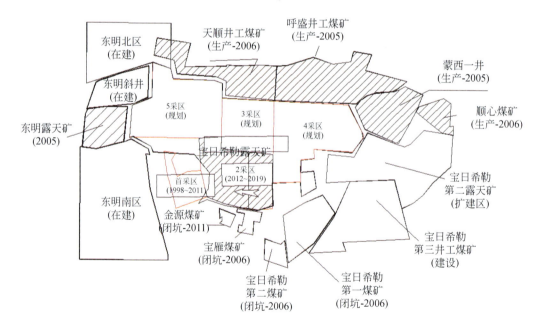

图6.2　宝日希勒矿区矿井分布概况

矿区涌水疏干系统主要由采场内部强排和外围地面疏干井疏干两部分组成，按照矿区采掘与疏排水强度大概可分为3个阶段（表6.2）。第一阶段排水初期（2000~2006年），矿区以宝日希勒露天矿首采区生产为主，采区平均排水量2.3万 m³/d；第二阶段排水加剧期（2007~2010年），矿区西部莫勒格尔河东侧的东明露天矿与北部的呼盛和天顺井工矿相继开采，东明露天矿的平均排水量达到18.27万 m³/d，约占研究区总排水量的92%；

第三阶段排水稳定期（2011 年至今），宝日希勒露天矿首采区闭坑，2 采区相继开采，矿区排水量趋于稳定，约为 14.93 万 m^3/d。矿区煤化工企业工业用水主要来自东明露天煤矿排水和海拉尔河地表水体，矿山疏排水是研究区地下水主要排泄形式。

表 6.2 矿区开发与疏排水概况

阶段	时间	平均排水量 / （万 m^3/d）	开发区域 （排水量，占比）
第一阶段 （初期）	2000 ~ 2006 年	2.3	宝日希勒露天矿首采区 （2.3 万 m^3/d，100%）
第二阶段 （加剧期）	2007 ~ 2010 年	19.47	宝日希勒露天矿首采区 （0.9 万 m^3/d，5%） 东明露天矿 （18.27 万 m^3/d，92%） 呼盛和天顺井工矿 （0.3 万 m^3/d，3%）
第三阶段 （稳定期）	2011 年至今	14.93	宝日希勒露天矿 2 采区 （0.90 万 m^3/d，6%） 东明露天矿 （13.74 万 m^3/d，92%） 呼盛和天顺井工矿 （0.29 万 m^3/d，2%）

矿区周边地下水水位阶段性观测（2009 ~ 2011 年）资料显示（图 6.3），在矿山疏排水影响下，矿区西南侧第四系松散层接受莫勒格尔河补给，水位下降幅度较小（TB105、TB102）（图 6.3），约为 0.5 m/a，白垩系孔隙裂隙含水层水位下降幅度为 1.2 m/a（TB102），东明与宝日希勒露天矿之间白垩系孔隙裂隙含水层水位下降幅度达到 2.3 m/a。

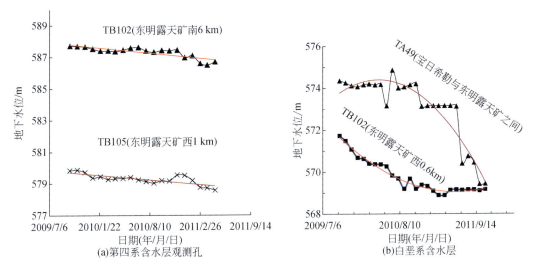

图 6.3 矿区观测孔地下水水位变化

6.1.2 地下水系统影响累积效应指示指标确定

研究区水文地质单元相对独立，南西两侧分别以海拉尔、莫勒格尔河为模拟边界，东部和北部以高平原与低山丘陵接触带为模拟边界；收集研究区各类地质水文地质钻孔 300

余个，在垂向上按含水层岩性将模型剖分为孔隙含水层（Q）、砂岩裂隙含水层（Ⅰ、Ⅱ、Ⅲ）以及3个相对隔水层共7个模拟分层（图6.4），其中顶部孔隙含水层（Q）接受人气降水的补给，为研究的主要含水层。

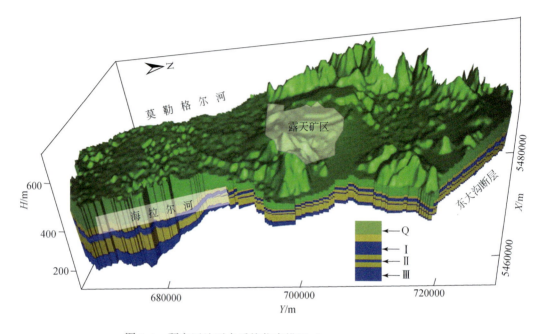

图6.4　研究区地下水系统仿真模型（$x:y:z=1:1:50$）

矿坑涌水与外围地面疏干井疏水是煤矿开采影响地下水系统的主要因素，模型中根据收集的煤矿各时期采掘历史与排水量统计资料，在各时期的采掘范围内以抽水井形式作为地下水排泄项输入模型。大气降水、潜水蒸发等地下水源汇项，按照地区实际观测数据进行输入。

通过非稳定流仿真模拟，利用水位观测资料（2007～2009年）进行模型校正（图6.5），反演得出含水层主要水文参数见表6.3，其中研究区受到季节性冻土层年内隔水效应的控制，校正得出的研究区年均入渗系数为0.15，低于西部地区冲积、风积区降水入渗能力。

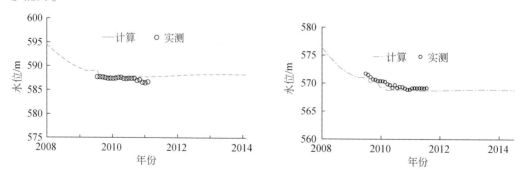

图6.5　实测水位与计算水位拟合曲线

表 6.3 研究区主要水文地质参数

参数	数值
降水入渗系数	11~4 月（冻结期）$\alpha=0$ 5~10 月（消融期）$\alpha=0.3$
蒸发/（mm/a）	11~4 月（冻结期）0 5~10 月（消融期）900
Q 含水层	渗透系数 $K=15~120$m/d 重力给水度 $\mu_d=0.3$
Ⅰ 含水层	渗透系数 $K=1.23~3.79$m/d 弹性给水度 $\mu_s=1\times10^{-6}$
Ⅱ 含水层	渗透系数 $K=1.25~8.33$m/d 弹性给水度 $\mu_s=1\times10^{-9}$
Ⅲ 含水层	渗透系数 $K=0.28~1.71$m/d 弹性给水度 $\mu_s=1\times10^{-7}$

6.1.3 露天开采驱动下地下水系统影响累积效应评估方法

6.1.3.1 无采矿疏排水条件下水流场特征

通过稳定流数值仿真对平水年天然条件下地下水系统进行模拟输出，反演得出无采矿疏排水条件下研究区流场特征（图6.6）。天然条件下，矿区东部的高平原区大气降水入渗与低山丘陵区侧向补给地下水后最终排泄至海拉尔河，矿区西南部的冲积平原区由于地形和河流

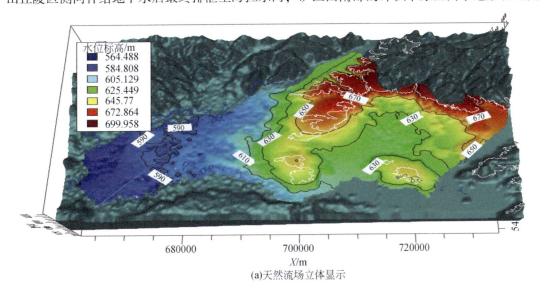

(a)天然流场立体显示

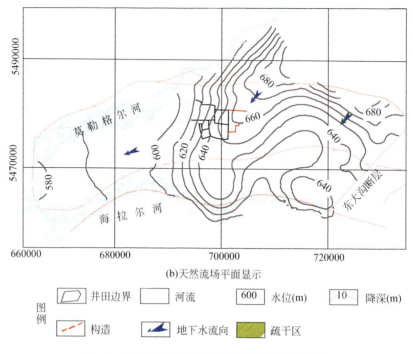

(b)天然流场平面显示

图
例

| 井田边界 | 河流 | 600 水位(m) | 10 降深(m) |
| 构造 | 地下水流向 | 疏干区 |

图6.6 无采矿疏排水条件下地下水流场变化特征

宽缓, 地下水与地表水（海拉尔河与莫勒格尔河）交换剧烈, 潜水以蒸发排泄为主。

6.1.3.2 开采条件下地下水流场特征

第一阶段, 由于宝日希勒露天煤矿首采区疏排水影响（疏排水强度2.3万 m³/d）, 以首采区为漏斗中心, 局部地段松散含水层地下水被疏干, 中心水位下降幅度在50 m以上, 漏斗至矿区西南部拓展, 矿区范围内平均水位降深小于5 m, 如图6.7所示。

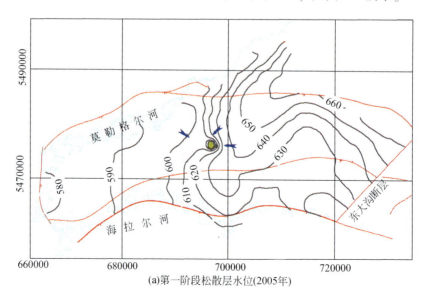

(a)第一阶段松散层水位(2005年)

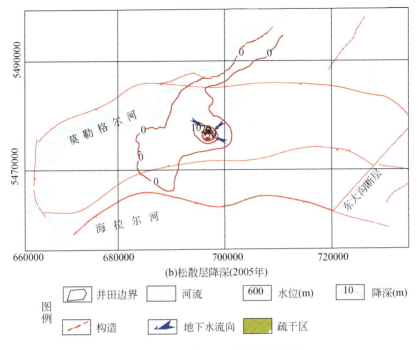

(b)松散层降深(2005年)

图　井田边界　　河流　　600 水位(m)　　10 降深(m)
例　构造　　地下水流向　　疏干区

图 6.7　开采中第一阶段松散层水流场

第二阶段，宝日希勒露天煤矿西侧的东明露天矿与北部的呼盛和天顺井工矿相继开采，由于东明露天矿高强度疏排水影响（疏排水强度达 18.27 万 m³/d），分别以东明露天矿和宝日希勒露天矿首采区为中心，较大范围松散含水层地下水被疏干，东明露天矿中心水位下降幅度在 100 m 以上，漏斗向矿区外围西南部拓展范围不大，矿区范围内平均水位降深大于 10 m，如图 6.8 所示。

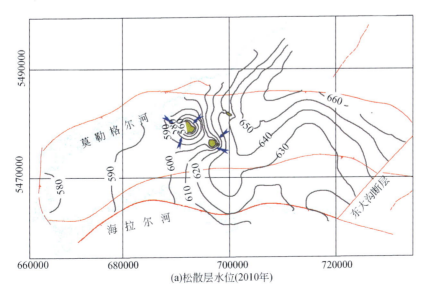

(a)松散层水位(2010年)

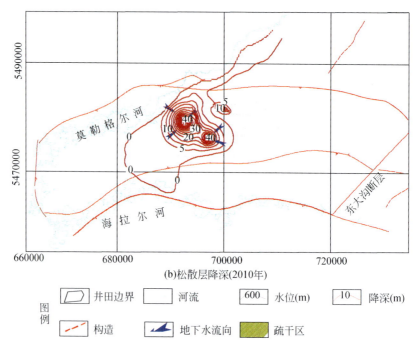

(b)松散层降深(2010年)

图例　　［井田边界］　　［河流］　　［600］水位(m)　　［10］降深(m)

　　　　构造　　　　地下水流向　　　　疏干区

图 6.8　开采中第二阶段松散层水流场

　　第三阶段，宝日希勒露天矿首采区闭坑，二采区相继开采，东明露天矿排水量趋于稳定，约为 14.93 万 m³/d，水位漏斗较为稳定，矿区范围内平均水位降深大于 15 m，如图 6.9 所示。

　　经过模拟分析与计算，反演得出矿区冲积平原区的松散含水层渗透能力极强（渗透系数大于 35 m/d），且西部莫勒格尔河对松散层含水层补给充分。见表 6.4，计算得出河水通过地下渗漏补给矿区松散层强度约为 11.02 万 m³/d，约占东明露天排水量的 80%。

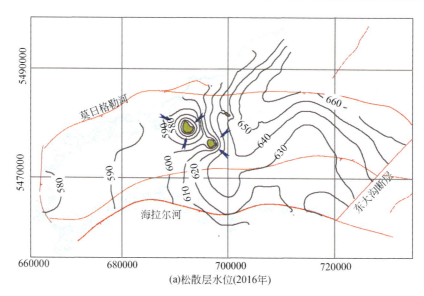

(a)松散层水位(2016年)

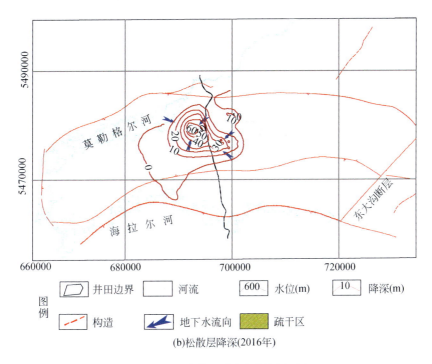

(b)松散层降深(2016年)

图 6.9　开采中第三阶段松散层水流场

表 6.4　矿区疏排水量组成分析表

疏排水组成	水量/（万 m³/d）	占比/%	疏排水总量/（万 m³/d）
地表水渗漏量	11.02	80.26	
白垩系孔隙裂隙含水层	2.69	19.59	13.73
大气降水	0.02	0.15	

6.2　露天开采影响区域地下水系统累积效应数据智能化采集

　　煤炭高强度开采对水资源的影响问题，伴随着煤矿的整个生命周期，从早期开采对含水层的疏干破坏，到开采过程矿井疏干与补给达到动态平衡，再到矿山回填闭坑含水层的再造，地下水流场的重新分布，地下水无时无刻不在进行动态变化调整。因此，分析地下水随煤炭开采的变化规律，预测后期开采对地下水的影响，对于探寻煤炭开采与地下水保护并行的绿色模式，具有重要的意义。

　　以露天矿采场为中心，构建地下水四维观测网（图 6.10），平面上放射性布置水文观测孔，对垂向上包气带水、第四系潜水和煤层承压水进行分层观测，实现对不同方位、不同含水层地下水的长期监测，揭示煤炭开采全周期（采前、采中和采后）地下水的时空变化，为露天煤矿水资源保护与利用提供技术支撑。

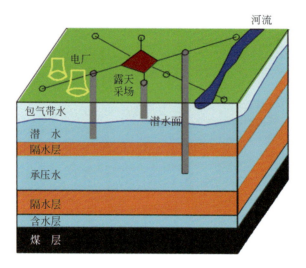

图 6.10　地下水立体监测系统示意图

6.2.1　开采影响区域数据采集点布局

6.2.1.1　胜利露天矿区采集布局

以露天矿采场为中心，平面上放射状布置测线，针对第四系孔隙含水层与上部砾岩段半承压含水层进行地下水数据分层采集，如图 6.11 所示。

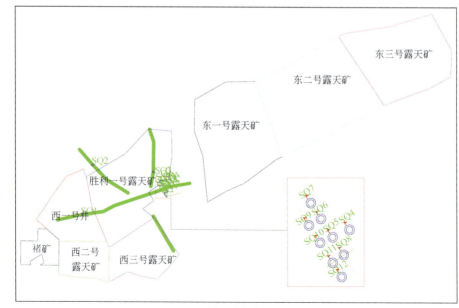

(a)第四系含水层

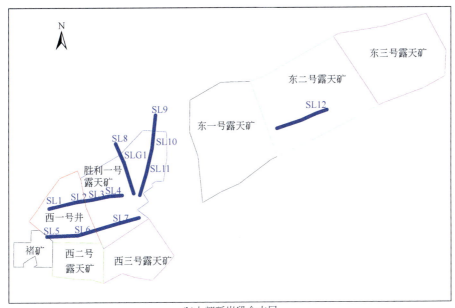

(b)上部砾岩段含水层

图 6.11　胜利露天矿区地下水中长期观测钻孔布置

6.2.1.2　宝日希勒露天矿区采集布局

围绕露天矿采场中心，平面上呈放射状布置水文观测井，垂向上对第四系孔隙含水层（图 6.12）与 I 号含水层（图 6.13）进行地下水数据分层采集。

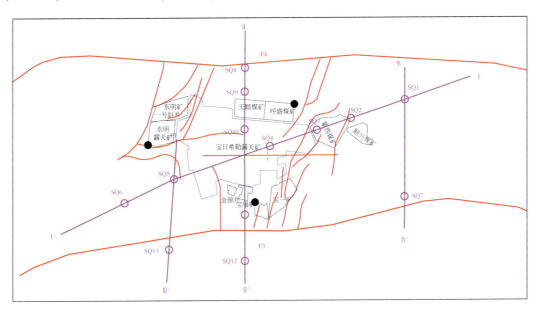

图 6.12　第四系含水层地下水观测布置

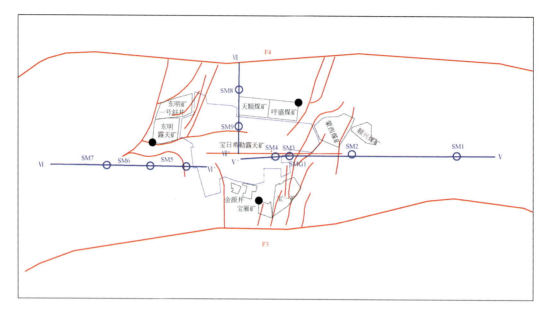

图 6.13　　Ⅰ号含水层地下水观测布置

6.2.2　开采影响区域智能化数据采集系统

地下水动态监测的目的是进一步查明和研究水文地质条件、地下水补给、径流和排泄条件，掌握地下水动态规律，为地下水科学管理和环境地质研究与防治提供科学依据。地下水动态监测是按照一定时间间隔和技术要求，对地下水水位和水温等要素进行监测和综合研究。

北电胜利矿区和宝日希勒矿区位于酷寒地区，冬季寒冷，最低气温可达到零下40℃以下。低温环境条件会使地下水自动监测设备工作状态发生改变，导致设备故障停机，甚至损坏，影响监测数据采集与传输。因此，要实现冬季在酷寒地区进行地下水自动监测，需要对地下水自动监测井采取保温防冻措施，以确保仪器设备正常运转。为满足地下水监测井在低温环境下能正常工作，开发酷寒矿区地下水自动监测技术，对于研究煤炭高强开采条件下地下水变化规律，具有重要的意义。

6.2.2.1　地下水动态智能监测系统

地下水自动监测系统主要对煤炭开采条件下地下水数据进行采集，基于网络化平台管理，将前端数字采集到的数据利用无线通信终端，通过 GPRS（通用分组无线业务）网络传送到地下水自动监测平台，实现对地下水监控与管理，为水资源保护和利用提供全面的数据支持。

地下水自动监测系统包括地下水数据采集设备和地下水监测与分析系统两部分，如图6.14 所示。

地下水数据采集设备集传感器、数据采集、数据传输和无线通信于一体；由传感器、监测终端和通信网络组成，具有水位监测和水温监测等功能。地下水监测与分析系统采用阿里云智能物联网技术，以物联网、智能感知监测和网络传输为核心，将地下水监测数据通过物联网卡传输到地下水自动监测平台，实现对地下水的远程动态管理与分析研究。

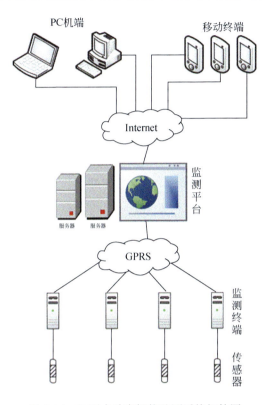

图6.14 地下水动态智能监测系统拓扑图

6.2.2.2 地下水监测与分析系统

地下水监测与分析系统是地下水数据采集、监测仪器运行状况、数据处理与各类报表生成的综合分析系统。通过远程监控系统统一管理，基于物联网卡将地下水监测数据通过GPRS发送到阿里云智能物联网监测平台，由监测平台记录、接收、展示、分析和管理地下水监测数据，可图形化展示地下水位、水温等监测数据，为研究地下水变化规律提供数据支撑。

地下水监测与分析系统软件界面如图6.15所示。输入用户名和密码即可进入。

6.2.3 开采影响区域地下水系统变化累积效应数据采集

水文自动监测建设采用统一标准：建设专用监测井井台、井口保护装置和永久标识牌等基础设施；配备地下水水位自动监测设备（含自动存储设备）和自动传输设备等技术装备。

图 6.15　地下水监测与分析系统软件界面

6.2.3.1　胜利露天矿区地下水数据采集

在 23 个水文观测孔中安装了地下水自动监测设备,从 2019 年 10 月开始,对每个钻孔进行水位和水温两种数据观测,每天观测 2 次,到目前为止,已连续观测超过 20 个月,观测数据量超过 55000 个,观测覆盖面积 132 km²。

图 6.16 为地下水自动监测平台运行界面,23 个水文观测孔数据采集工作运行正常。图 6.17 为第四系含水层水位监测情况,图 6.18 为煤系顶部砾岩段含水层水位监测情况,监测情况均正常。

图 6.16　地下水自动监测平台运行界面

图 6.17　SQ5 孔第四系含水层监测数据显示界面

图 6.18　SL5 孔煤系顶部砾岩段含水层监测数据显示界面

　　图 6.19 为第四系含水层水位埋深分布图，总体看，地下水流场受采动影响，采场中心形成降落漏斗。图 6.20 为煤系顶部砾岩段含水层水位埋深分布图，水位呈现为西深东浅分布。

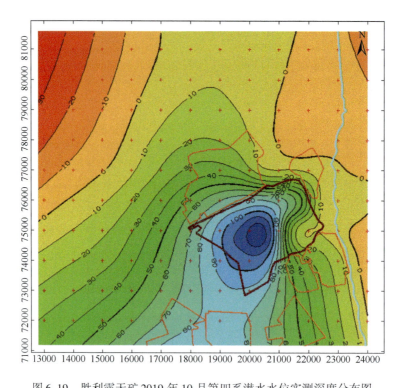

图 6.19 胜利露天矿 2019 年 10 月第四系潜水水位实测深度分布图

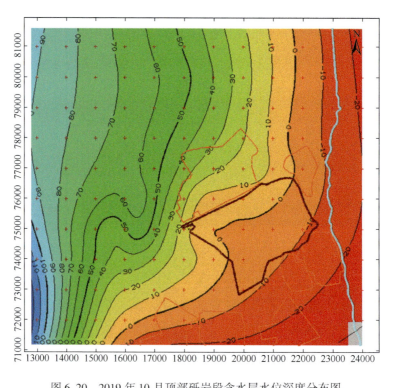

图 6.20 2019 年 10 月顶部砾岩段含水层水位深度分布图

6.2.3.2　宝日希勒露天矿区地下水数据采集

在 19 个水文观测孔中安装了地下水自动监测设备，其中 I 号含水层监测井 11 口，第四系含水层监测井 9 口（含 SM8 一孔双层）。从 2019 年 10 月开始，对每个水文观测孔进行水位和水温两种数据观测，每天观测 2 次，到目前为止，已连续观测超过 20 个月，观测数据量超过 48000 个，观测覆盖面积为 570 km²。

图 6.21 为 19 个水文观测孔数据采集工作运行情况。图 6.22 为 SM8 一孔双层（第四系含水层和 I 号含水层）水位监测情况，监测情况均正常。

图 6.21　水文观测孔数据采集工作运行情况

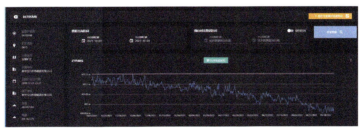

(a)第四系含水层水位

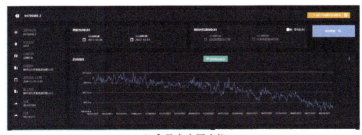

(b) I 号含水层水位

图 6.22　SM8 钻孔一孔双层水位监测结果展示

6.3 高强度开采驱动下地下水系统影响累积效应模型与边界识别

针对煤炭高强度开采条件下地下水扰动机理、地下水变化特征和地下水作用边界等问题，对研究区进行水文地质调查，采用地下水流场数值模拟与水文监测数据相结合，开展了露天矿和井工矿地下水变化规律研究。

6.3.1 高强度开采驱动下露天矿地下水系统影响累积效应

6.3.1.1 胜利露天矿区内排土场第四系潜水变化特征

根据 2017 年 7 月和 2018 年 8 月胜利矿区 29 个钻孔第四系潜水水位的观测数据，获得了过去 1 个水文年第四系潜水水位差平面图，如图 6.23 所示。由图可知，第四系潜水水位总体上呈现东边抬升、西边下降的趋势，东侧锡林河一带，地下水呈现抬升趋势，内排土场内的 ZK7，最大抬升水位达到 2.99 m；在沿帮排土场以西和东北以及推进工作面西侧，地下水呈现下降趋势，位于西侧的 SL11 井，最大水位降深达到 5.12 m，水位下降主要由推进工作面疏排水引起。

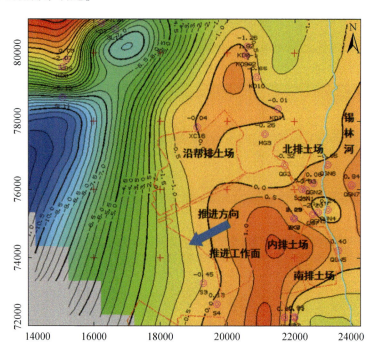

图 6.23　胜利矿区第四系潜水水位差平面图

图 6.24 为内排土场 ZK1 孔、ZK7 孔和 ZK8 孔水位变化情况，由图可见，内排土场潜

水含水层的水位呈现上升趋势，说明排土场的地下水具有可恢复性。

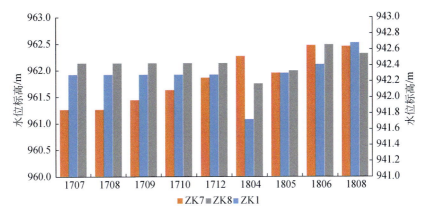

图 6.24　胜利矿区内排土场地下水位变化

图 6.25 为 2017 年 QG3、QG4 和 QG7 井第四系潜水水位与大气降水的变化情况，由图可见，在 2017 年 6 月、7 月和 8 月为当地的雨季，地下水最大抬升水位出现在 10 月份，说明大气降水是地下水补给的重要因素，且大气降水垂直入渗补给具有一定的滞后性。

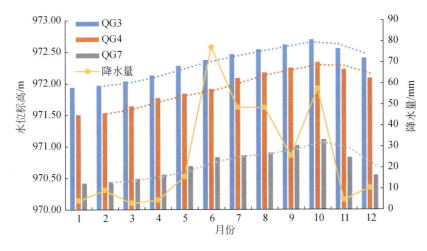

图 6.25　胜利矿区第四系潜水水位与大气降水关系

胜利露天矿矿坑底低于锡林古河床（图 6.26），端帮坡面成为露天矿的涌水通道，受锡林河的侧向补给及煤系含水层的侧向补给，矿坑成为锡林河的侧向排泄区，随开采和生态型内排地层立体重构，内排场逐渐堆填（图 6.27），地下水位逐渐恢复。

6.3.1.2　宝日希勒露天矿区煤炭开采对地下水影响规律

1. 开采前地下水流场分布

根据矿区 1987 年水文地质资料，获得了 I 号含水层水流场分布，由于矿区当时基本未进行开采，此时的水位可视为天然状态下的水位，I 号含水层的地下水由东向西径流，

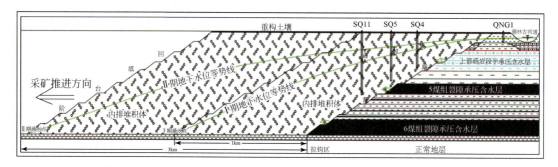

图 6.26　排土场排土过程水位变化

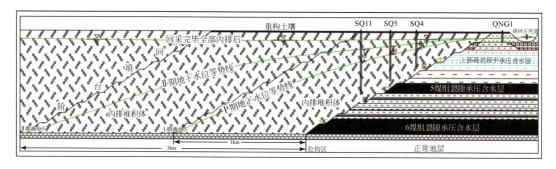

图 6.27　排土场填平后水位变化

故其补给源主要为东部的侧向补给。

Ⅰ号含水层采场中间水位最深，最大深度 90 m。中部为向斜构造，向斜的构造形态及地下水的埋深条件决定含水层呈带状分布，向斜轴部为承压区，两侧为无压区。由于含水层顶板分布连续稳定，具有良好的隔水性，且矿区大范围的第四系不含水、不透水，在垂向上除个别部位外无补给来源，即不能直接接受大气降水的补给。向斜南北两翼的煤层翘起，其底板标高高于矿区地下水位，同样不能构成补给条件。故其补给来源只能局限于向斜的东西两端。

2. 开采期间地下水流场分布

根据矿区 2015 年水文地质资料，获得了Ⅰ号含水层水流场分布，当时东明矿进行规模化开采，进行疏排水，地下水降落漏斗出现在东明矿，地下水向东明矿汇集，改变了天然流场形态，除此之外，Ⅰ号含水层的地下水总体由东向西径流，故其补给源主要为东部和西部的侧向补给。2015 年Ⅰ号含水层位于采场中心的水位最大可达 90 m。

根据本次地下水数据采集工程获得的监测数据，得到了 2020 年Ⅰ号含水层水流场分布，2019 年宝日希勒煤矿年产煤炭 2805 万 t，同时周边的其他矿井和露天矿也进行规模化开采，形成采矿群，整个矿区处于高强度开采阶段，地下水降落漏斗出现在采场中部，地下水向采场汇集，主要自东北向西流动，补给源主要为东部侧向补给。2020 年Ⅰ号含水层位于采场中心的水位最大可达 140 m。

3. 开采条件下地下水影响范围

根据 1987 年、2015 年和 2020 年的地下水位数据，可以获得 2020 年与 2015 年、2015 年与 1987 年以及 2020 年与 1987 年之间的水位变化。以水位差零值作为基线，2015 年到 2020 年地下水水位发生变化的区域主要出现在采矿群周围，以降落漏斗中心为基点，水位降幅<5 m 时，影响半径为 3.59~10.25 km，表 6.5 列出了水位降幅变化对应的最小影响半径和最大影响半径。

表 6.5　2015 年到 2020 年间煤炭开采条件下地下水影响半径

水位降幅/m	最小影响半径/km	最大影响半径/km
5	3.59	10.25
10	3.33	9.53
20	2.98	8.09
30	2.60	5.30
40	2.27	4.29
50	1.89	3.34
60	1.42	2.42
70		

1987 年到 2015 年水位降深最大的区域主要出现在东明矿附近周围，以降落漏斗中心为基点，水位降幅<5 m 时，影响半径为 2.48~5.47 km，表 6.6 列出了水位降幅变化对应的最小影响半径和最大影响半径。

表 6.6　1987 年到 2015 年间煤炭开采条件下地下水影响半径

水位降幅/m	最小影响半径/km	最大影响半径/km
5	2.48	5.47
10	2.19	4.68
20	168.00	2.55
30	1.19	1.25
40	0.70	0.77

1987 年到 2020 年水位发生变化的区域主要出现在采矿群周围，以降落漏斗中心为基点，水位降幅<5 m 时，影响半径为 4.14~11.86 km，表 6.7 列出了水位降幅变化对应的最小影响半径和最大影响半径。

表 6.7　1987 年到 2020 年间煤炭开采条件下地下水影响半径

水位降幅/m	最小影响半径/km	最大影响半径/km
5	4.14	11.86
10	3.90	10.95

续表

水位降幅/m	最小影响半径/km	最大影响半径/km
20	3.49	9.14
30	2.90	6.68
40	2.68	3.58
50	2.26	2.71
60	1.77	1.97

6.3.2 高强度开采驱动下井工矿地下水系统影响累积效应

6.3.2.1 Ⅱ号含水层地下水变化规律

敏东一矿研究区地表高程分布东高西低。敏东一矿Ⅱ号含水层的地下水观测数据表明，2012 年 9 月和 2019 年 9 月Ⅱ号含水层的水位标高范围为 650 ~ 672 m，总体看，波动幅度不大。敏东一矿 2012 年以来采区Ⅱ号含水层的观测数据表明，2012 年 9 月到 2019 年 9 月Ⅱ号含水层的水位总体呈现东深西浅的变化趋势，钻孔分布区水位深度 20 ~ 60 m。

6.3.2.2 Ⅲ号含水层地下水变化规律

敏东一矿Ⅲ号含水层的地下水观测数据表明，2012 年 9 月和 2019 年 9 月Ⅲ号含水层的水位标高范围为 506 ~ 700 m，首采区地下水出现降落漏斗。对比发现，2019 年水位标高等值线与其他年份有一定区别，表现在东侧补 17 井水位下降，但降落漏斗在首采区的位置未发生改变。2012 年以来Ⅲ号含水层的观测数据表明，Ⅲ号含水层在首采区（13-水1 观孔附近）形成降落漏斗，水位深度约 180 m。

6.3.2.3 煤炭开采条件下地下水流场变化

自 2012 年以来，Ⅱ号含水层水位基本稳定，说明首采区开采 16-3 上煤层基本未波及Ⅱ号含水层的水位，开采直接导致Ⅲ号含水层的水位变化，因此，以Ⅱ号含水层水位为参考，以Ⅲ号含水层和Ⅱ号含水层水位差零值为基线，来分析煤炭开采对Ⅲ号含水层水位的影响。基线范围反映了煤炭开采对地下水的影响范围，当水位降幅<5 m 时，影响半径在1.03 ~ 1.96 km，表 6.8 列出了不同水位降幅对应的影响半径。

表 6.8　2019 年煤炭开采条件下地下水影响半径

水位降幅/m	最小影响半径/km	最大影响半径/km
5	1.03	1.96
10	0.96	1.78
20	0.84	1.31
30	0.75	0.99

续表

水位降幅/m	最小影响半径/km	最大影响半径/km
40	0.67	0.83
50	0.61	0.72
60	0.55	0.64

6.3.3　高强度开采地下水及其生态影响评价

土壤是植被赖以生存的基础，土壤水是土壤的重要组成部分，是植物吸收水分的主要来源，土壤、水和植被相互依存。NDVI 作为绿色植被评价的敏感指标，其计算是以遥感近红外波段通道所得到的反射率和可见光波段通道得到的反射率为基础，具有很高的横向分辨率，通常可达到 30 m×30 m 的网度。土壤、土壤水和地下水等植被影响要素通常是以样点观测获得，其横向网度稀疏，但纵向（深度）具有较高的分辨率，甚至能达到厘米级。如果能将稀疏的植被影响要素和密集的 NDVI 植被评价指数有机地结合起来，建立与 NDVI 密切相关的植被影响要素模型，可以为煤炭开采地下水生态影响提供重要依据。

协克里金是地质统计学中的一种二元、无偏、最优插值方法，是以区域化变量理论为基础，植被影响要素和 NDVI 植被评价指数在空间上既存在一定的分布规律，又存在局部的随机性，因此可将植被影响要素和 NDVI 植被评价指数作为区域化变量，用变差函数进行模拟，建立植被影响要素模型，既可反映样点处植被影响要素的变化规律，又可体现出 NDVI 植被评价指数变化趋势。

6.3.3.1　地质统计学的理论基础

地质统计学是以区域化变量理论为基础，以变差函数为基本工具，对空间分布上既有随机性又有结构性的地质变量进行统计分析，建立符合地质规律的统计模型，来反映地层参数的变化规律，然后用这种规律对参数的空间展布进行预测。

1. 正态分布

变差函数要求均匀取样，数据服从正态分布。正态分布是一个在数学、物理及工程等领域都非常重要的概率分布，在统计学的许多方面有着重大的影响力。正态分布曲线呈钟形，两头低，中间高，左右对称，如图 6.28 所示。

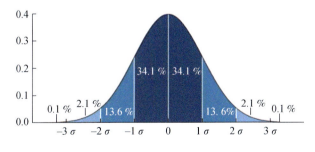

图 6.28　正态分布曲线

正态分布曲线特征是：一、正态曲线在横轴上方均数处最高；二、正态分布以均数为中心，左右对称；三、正态分布有两个参数，即均数 μ 和标准差 σ；四、正态分布曲线下面积的分布有一定规律：①标准正态分布时区间（-1，1）或正态分布时区间（$\mu-1\sigma$，$\mu+1\sigma$）的面积占总面积的 68.27%；②标准正态分布时区间（-1.96，1.96）或正态分布时区间（$\mu-1.96\sigma$，$\mu+1.96\sigma$）的面积占总面积的 95%；③标准正态分布时区间（-2.58，2.58）或正态分布时区间（$\mu-2.58\sigma$，$\mu+2.58\sigma$）的面积占总面积的 99%。

2. 区域化变量

区域化变量是地质统计学的研究对象，它是具有数值的空间位置的函数，即由一点移到下一点时，函数值是变化的，并具有明显的不同程度的连续性。许多地质和地球物理变量都是区域化变量，如地层埋深、层厚、孔隙度、渗透率和含水饱和度等，在空间既存在一定的空间分布规律（结构性），又存在局部的变异性（随机性）。区域化变量具有的结构性和随机性特征，在地质统计学中，常用变差函数来表征。

3. 变差函数

变差函数是计算区域化变量的核心。变差函数是区域化变量增量平方的数学期望，也就是区域化变量增量的方差。

假设空间点 x 只在一维 x 轴上变化，将区域化变量 $Z(x)$ 在 x，$x+h$ 两点处的值之差的方差一半定义为 $Z(x)$ 在 x 方向上的变差函数 $\gamma(h)$，其表达式为

$$\gamma(h)=\frac{1}{2}\mathrm{Var}\left[Z(x)-Z(x+h)\right] \tag{6.1}$$

式中，Var 为方差。

实际工作中，用实验变差函数来计算，其表达式为

$$\gamma^{*}(h)=\frac{1}{2n(h)}\sum_{i=1}^{n(h)}\left[Z(x_i)-Z(x_i+h)\right]^2 \tag{6.2}$$

式中，h 为 x_i 和 x_i+h 两点间的距离，也称其为滞后距；$Z(x_i)$、$Z(x_i+h)$ 为 x_i 和 x_i+h 两点处的观测值；$2n(h)$ 为相距为 h 的数据对的数目；$\gamma^{*}(h)$ 为实验变差函数，是用求 $[Z(x_i)-Z(x_i+h)]^2$ 的算术平均值的方法来计算的。

以变差函数 $\gamma(h)$ 为纵轴，以滞后距 h 为横轴，可做出变差曲线图（图 6.29）。图 6.29 是一理想化的变差曲线图。

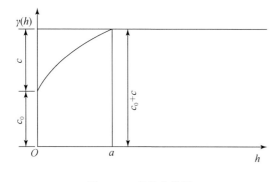

图 6.29　变差曲线图

第一个特征参数 a 称为变程，它是指当变差函数随着距离的增大而增大，然后达到某一极限值趋于稳定时的距离。变程 a 定量地表明区域化变量空间规律性变化的范围，在这个范围内，两点之间相互影响，影响程度随两点间距离的增大而减弱。当 $h>a$ 时，两点之间不再有空间相关。

第二个特征参数 c_0 称为块金常数，它是指当 $h=0$ 时，$\gamma(0)$ 的值，反映了区域

化变量的随机性大小。

第三个特征参数 $c+c_0$ 称为基台值，它反映区域化变量空间变化的幅度。其中 c 称为拱高，它是变差函数曲线的切线与 $\gamma(h)$ 轴交点值，其切线的斜率越大，变量越不稳定。

变程越小，区域化变量空间规律性变化的范围越小，该参数在该方向上变化越快，即非均质性越强，相反，变程越大，区域化变量空间规律性变化的范围越大，表明该参数在该方向上变化越慢，也就是非均质性越弱；基台值越大，该参数在该方向上变化幅度越大，也就是非均质性越强；基台值越小，该参数在该方向上变化幅度越小，即非均质性越弱。

4. 理论模型拟合

根据实测数据做出的实验变差函数，因数据较少，实际上只是一种锯齿状的非光滑曲线。因此变差函数曲线做出后，还必须用一条适当的圆滑曲线对它进行拟合，并用一个特定的函数来描述，这就是变差函数理论模型，用来反映区域化变量的空间变化特征。理论模型拟合的结果将直接参与克里金计算或其他地质统计学研究。常用的理论模型有球状模型、高斯模型及指数模型。

球状模型作为最常用的模型，其表达式为

$$\gamma(h) = \begin{cases} 0 & (h=0) \\ c_0+c\left[\dfrac{3h}{2a}-\dfrac{1}{2}\left(\dfrac{h}{a}\right)^3\right] & (0<h<a) \\ (c_0+c) & (h\geqslant a) \end{cases} \tag{6.3}$$

5. 协克里金方法

协克里金方法是在二阶平稳假设和本征假设的基础上，应用变差函数研究空间上随机且相关的变量分布的方法。

协克里金估计值是根据待估计点周围的若干已知信息，通过变差函数，确定估计点周围已知点的参数对待估计点的加权值的大小，然后对待估计点做出最优（即估计方差最小）、无偏（即估计方差的数学期望为0）的估计。

协克里金是克里金技术的有力扩展，它取代了仅在稀疏控制点空间相关，通过首要属性与另一采样更密的二级属性间的相关系数，使期望均方差最小来调整估计结果。首先分别建立首要属性及相关属性的变差图，然后构建它们之间的互变差图，从而定义它们之间的相关程度。

协克里金是二元的，协克里金估计值可表示成井点植被影响要素数据和 NDVI 数据的线性组合形式，则

$$Z^*(u_0) = \sum_{i=1}^{n} \lambda x_i Z(ux_i) + \sum_{k=1}^{m} \lambda y_k Y(uy_k) \tag{6.4}$$

式中，$Z^*(u_0)$ 为 u_0 位置的估计值；$Z(ux_i)$ 为在位置 ux_i 上的井点植被影响要素数据采样值；λx_i 为其相应的加权系数；$Y(uy_k)$ 为在位置 uy_k 上的 NDVI 数据采样值；λy_k 为其相应的加权系数。

利用协克里金估计的无偏和方差最小条件，可导出协克里金方程组，进而求出加权系数，得到协克里金的估计值。

6.3.3.2　植被影响要素建模方法与植被影响阈值确定方法

1. 植被影响要素模型建模方法

（1）数据加载。首先建立工区，然后进行数据加载。加载的数据有两种，一种是植被影响要素样点数据，与植被相关的影响要素可以是腐殖土厚度、土壤含水率和地下水埋深等；另一种是 NDVI 数据。

（2）根据加载的两种数据进行变差函数计算，选择球状模型，分别求出植被影响要素变差函数、NDVI 变差函数和植被影响要素与 NDVI 相关变差函数。

（3）在变差函数的基础上，利用克里金法计算样点处植被影响要素，然后再根据植被影响要素与 NDVI 相关关系，利用协克里金法，计算出工区的植被影响要素，形成植被影响要素模型。

2. 植被影响阈值确定原则

露天开采区包括工业广场、采场、排土场和煤仓等工业活动区，其平面分布范围与研究区范围占比大小，反映了工业活动区对植被的影响范围。图 6.30 为研究区及露天开采区平面分布图，经计算，工业活动区面积占整个研究区面积为 20%。考虑到工业广场、南排土场、内排土场、北排土场、沿帮排土场和块煤仓等区域，通过人为绿化干预，NDVI 指数较高，因此将该区域去除后，露天开采区面积占整个研究区面积为 10%。

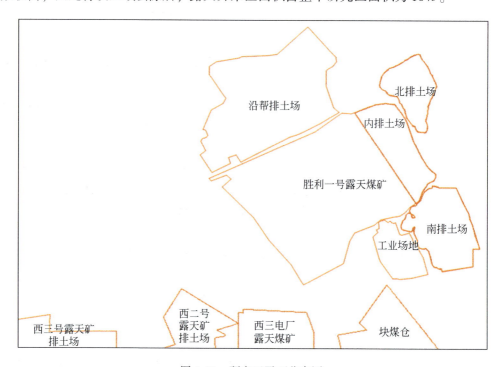

图 6.30　研究区平面分布图

基于地质统计学变差函数均匀取样，数据服从正态分布的特征，以正态分布曲线下面积 90% 分布区间的界限值为基准，作为植被影响要素阈值判断准则。

6.3.3.3　植被影响要素模型与植被影响阈值

1. 腐殖土厚度模型与植被影响阈值

根据采样点腐殖土厚度和 2020 年 NDVI，采用协克里金方法，通过计算获得研究区腐殖土厚度模型。腐殖土厚度在 9.00 ~ 33.00 m 之间变化，平均为 21.47 m，厚度大的区域分布在沿帮排土场一带，厚度小的区域分布在锡林河南部一带。

腐殖土厚度模型对应的是正态分布曲线，正态分布曲线均值为 21.55。当曲线下面积为 90% 时，分布区间为 16.66 ~ 25.53 cm，将腐殖土厚度 16.66 cm 作为影响植被生长的阈值，当腐殖土厚度区间分布在 16.66 ~ 25.53 cm 范围内，有利于植被生长。

2. 最大土壤含水率模型与植被影响阈值

根据采样点土壤含水率最大值和 2020 年 NDVI，采用协克里金方法，通过计算获得研究区最大含水率模型。最大含水率在 0.024 ~ 0.143 之间变化，平均 0.062，含水率高的区域分布在采场西侧和沿帮排土场西北侧及东部锡林河一带，含水率低的区域主要分布在沿帮排土场和北排土场北部一带。

土壤最大含水率为正态分布曲线，正态分布曲线均值为 0.062，当曲线下面积为 90% 时，分布区间为 0.040 ~ 0.085。将土壤含水率 0.040 作为影响植被生长的阈值，当土壤含水率区间分布在 0.040 ~ 0.085 范围内，将有利于植被生长。

最大含水率深度在 3.69 ~ 60 cm 的区间，平均 30 cm，较深的区域在西侧和东南角，较浅的区域主要分布在沿帮排土场一带。

土壤最大含水率深度模型对应正态分布曲线，正态分布曲线均值为 30 cm，当曲线下面积为 90% 时，分布区间为 13.55 ~ 49.46 cm。将土壤含水率深度 13.55 cm 作为影响植被生长的阈值，当土壤含水率深度区间分布在 13.55 ~ 49.46 cm 范围内，有利于植被生长。

3. 第四系潜水埋深模型与植被影响阈值

根据研究区 2020 年地下水观测数据和 NDVI 数据，建立了研究区 2020 年第四系潜水水位埋深 <10 m 的模型，水位埋深在 2.31 ~ 9.40 m 之间，平均 5.65 m。浅水位区域在东北部，深水位区域在内排土场西北部。

2020 年第四系潜水埋深模型对应正态分布曲线，正态分布曲线均值为 5.65，当曲线下面积为 90% 时，分布区间为 4.19 ~ 7.52 m。将第四系潜水埋深 7.52 m 作为影响植被生长的阈值，当第四系潜水埋深分布在 4.19 ~ 7.52 m 区间，有利于植被生长，可视为植被生态水位。

6.3.3.4　煤炭开采对植被生态要素的叠加影响

将 2020 年 NDVI、腐殖土厚度、土壤含水率和地下水埋深等植被生态要素阈值进行叠加发现，煤炭开采区导致植被受损，植被覆盖度降低，采场附近第四系潜水下降，煤炭开采区对地表植被和地下水埋深产生影响，以采场边界为基线，第四系潜水最大影响距离为 1.68 km。

将 2020 年 NDVI、腐殖土厚度、土壤含水率和地下水埋深等植被生态要素最大值进行叠加发现，研究区西北部和东北部第四系潜水埋深浅，植被覆盖度高，因此认为这一区域为原生草原生态优良区。

第7章 东部草原区大型煤电基地景观生态影响研究

为综合解决资源与环境问题，20世纪70年代兴起了景观生态学科，景观生态系统是一个中尺度的宏观系统，以无机环境为基础、生物为主体、人类为主导的复杂系统，具有特定结构、功能和动态特征。世界范围内的大规模煤炭开发活动导致了区域景观生态的剧烈干扰。特别是大型煤电基地影响所有景观系统、格局、要素和功能，彻底改变了原有的景观，打破了原有的生态平衡，导致生物多样性显著减少，景观功能、审美价值和景观游憩潜力也在退化。大型煤电基地对景观生态的影响研究是进行矿区景观生态规划与格局优化、景观生态恢复的基础。如果采矿活动对环境的影响没有得到足够的关注，那么人力、物力、财力及政府资源对土地再利用、景观格局优化和生态恢复的投入可能会翻倍。本章结合大型煤电基地与景观生态学的特征，从景观生态学视角，阐释大型煤电基地景观类型及其格局划分、高强度开采对草原景观生态影响以及牧矿交错带演化与生境特征。

7.1 草原区大型煤电基地景观生态类型及空间格局划分

7.1.1 大型煤电基地主要景观类型及结构特征

首先在室内通过Google Earth、Google Map、高德地图、百度地图、各类高分影像等手段对研究区景观类型进行识别，然后在2017年7~8月份对室内无法识别或无法确认的景观类型进行实地重点调查，并拍摄了大量的实地调查照片（图7.1）。

根据煤炭的开采方式不同，煤矿开采分为井工开采和露天开采。煤炭露天开采过程中形成的景观类型有：挖损型景观类型、压占型景观类型、占用型景观类型和未扰动景观类型。挖损型景观类型是在开采过程中剥离地表土壤、煤层上覆或中夹岩层，获取地下煤炭资源后形成的大型采坑［图7.1（a）］。压占型景观主要是指露天矿存放剥离物的排土场，排土场的内部会堆放矸石、风化岩土、坚硬岩土以及混合岩土，表层会覆盖一定厚度的腐殖表土用以种植植被，在开采初期，会将剥离物堆放在开采境界以外的区域，称外排土场［图7.1（c）］，当大型采坑形成后，剥离物会回填在开采境界以内，称内排土场［图7.1（b）］。占用型景观包括为煤炭开发服务的选煤厂、洗煤厂、输煤栈道［图7.1（f）］、铁路、各类道路、工业广场、建（构）筑物、管道及输电线路等。

井工煤炭开发过程中形成的景观类型有：①工业广场景观，主要用于煤炭开采、筛选及运输等的建设用地，例如矿井、洗煤厂、输煤栈道［图7.1（f）］等，以及主要用于煤矿员工办公及生活的场所，例如办公楼、食堂、工人村、宿舍楼、会堂等［图7.1（e）］；

②工矿干扰型景观是受煤炭开采高强度干扰形成的景观，主要指塌陷地［图 7.1（h）］和地裂缝［图 7.1（g）］，以及采矿排放的固体废弃物压占而废弃的土地，主要是矸石山［图 7.1（j）］。

对于关闭后矿山，一般复垦为农用地、园地、林地、建设用地、畜牧用地、水产养殖用地或矿山公园，根据《中国国家矿山公园建设工作指南》将矿业遗迹分为矿产地质遗迹、矿业生产遗迹、矿山社会生活遗迹、矿业制品遗存和矿业开发文献史籍 5 个大类。

火力发电厂景观［图 7.1（d）］主要有：①运煤的栈道、公路或铁路；②电厂内部的建设用地，包括办公场所、原煤斗、磨煤机、煤粉仓、锅炉、汽轮机、发电机、烟囱、冷凝塔、变压器等；③输电的高压电网；④煤燃烧的废弃物堆放成的粉煤灰堆场［图 7.1（i）］。

(a)

(b)

(c)

(d)

(e)

(f)

图 7.1　半干旱草原区大型煤炭基地实地调查照片

(a) 露天矿坑；(b) 内排土场；(c) 外排土场；(d) 火力发电厂；(e) 井工矿工业广场；(f) 输煤栈道；
(g) 无积水地裂缝；(h) 无积水塌陷坑；(i) 粉煤灰堆场；(j) 矸石堆场

7.1.2　大型煤电基地景观格局划分

7.1.2.1　大型煤电基地景观分类体系

景观分类是指按照一定的原则，分析归纳景观的自然属性、生态功能和空间构型特征，用一系列的指标表征这些差异，进而划分和归并景观类型，并构建景观生态分类等级体系。景观分类是景观格局调查与功能研究的基础，是正确认识景观生态、有效保护与合理利用景观资源的重要前提。大型煤电基地景观生态分类是以煤炭开采与电力开发景观为主导的景观生态分类，其景观生态的产生机理、生态过程、基础理论、分类原则等不同于一般的乡村、城市、湿地等景观。目前，关于半干旱草原区及草原大型煤炭基地景观分类的研究较少。

在发生法土地分类的基础上，充分考虑土地的生态属性，融入景观生态学的格局、过程与功能理论，本研究采用自上而下的分解式分类法，借鉴生物学分类的阶层命名法，将本研究的四个级别的景观分类命名为景观界、景观纲、景观科及景观种，最终构建了半干旱草原区大型煤炭基地分类体系（表 7.1），其中景观界 4 类，景观纲 16 类，景观科 61 类，景观种超过 200 类。

表 7.1　半干旱草原区大型煤炭基地景观分类体系

景观界	景观纲	景观科	景观种
矿业景观 ("汇"景观)	露天采坑景观	露天采坑–坡面	工作/非工作–坡面
		露天采坑–平盘	工作/非工作–平盘
	排土场景观	内排土场景观	内排土场–植被覆盖/内排土场–非植被覆盖/外排土场–边坡/外排土场–平台/在排土场
		外排土场景观	
	矿区工业广场景观	火力发电厂景观	办公场所/汽轮机/发电机/冷凝塔/变压器等
		矿业设施景观	矿井/洗煤厂/输煤栈道等
		矿业办公景观	道路/办公楼/食堂/工人村/宿舍楼/会堂等
	矿业遗迹景观	矿产地质遗迹景观	典型矿床及其地质剖面/找矿标准和标志/矿业空间遗迹/地貌与地质景观/地质环境改变与地质灾害遗迹
		矿业生产遗迹景观	勘探遗迹/采掘遗迹/选矿遗迹/冶炼加工遗迹
		矿山社会生活遗迹景观	社会生活、信仰活动场所遗址或遗迹/矿工衣物和用品遗存/社会风俗遗存/社会管理的机构、设施、器具与相关遗存或遗迹
	矿业干扰型景观	矿业废弃裸地	无污染/已污染
		塌陷地/地裂缝	稳沉/非稳沉
		粉煤灰堆场	珠状颗粒/渣状颗粒
		矸石堆场	停止排矸堆场/正在排矸堆场
城镇景观	城镇商业、居住和公共服务型景观（城镇商住服务景观）	城乡居民区景观	城市/镇/乡/村庄居民点建设用地
		商服景观	商业用地/商务用地/娱乐康体用地/公共设施营业网点用地/其他商服用地
		公共管理与公共服务景观	行政/文化/教育/体育/卫生等建设用地
		矿区重建景观	矿区重建居民点/商服/公共管理与公共服务/特殊建设用地
		特殊景观	军事区/安保区
		建筑工地景观	城镇闲置硬化地面/施工及拆迁工地
	工业仓储景观	工业用地	一类/二类/三类工业用地
		矿区重建工业用地	矿区重建工业及仓储用地、地表管道运输用地
		仓储用地	一般性综合仓储用地/特种仓储用地
		地表管道运输用地	石油和天然气等地面管道运输用地及其附属设施
	绿地景观	公园绿地	综合公园/社区公园/专类公园/带状公园/其他公园绿地
		矿区重建绿地	矿区重建公园/公共/生产绿地等
		道路绿地	道路绿带/交通岛绿地/停车场绿地/其他道路绿地
		居住区及单位附属绿地	居住区/单位附属绿地
		生产防护绿地	纯生产性生产绿地/以生态效益为主的生产绿地/综合型生产绿地/城市防风林带/卫生隔离带/安全防护林带/城市高压走廊绿带
		公共绿地	小游园/组团绿地/其他公共绿地

续表

景观界	景观纲	景观科	景观种
城镇景观	农业景观	旱田景观	向日葵/玉米/大豆/小麦/莜麦/马铃薯/胡麻/山野菜/甜菜/杂豆/胡萝卜等旱田
		水田景观	水稻田等
		矿区复垦农业景观	复垦旱地/水田/蔬菜大棚等
		蔬菜大棚景观	简易温室大棚/拱形钢管蔬菜温室大棚/日光蔬菜温室大棚/钢结构连栋蔬菜大棚/高档连栋剥离蔬菜温室大棚
		园地景观	矿区复垦园地/果园/其他园地
		林业景观	自然林地/人工林地/矿区复垦林地
草原景观	极健康草原景观（"源"景观）	优质的天然牧草原景观/改良草原景观/人工牧草原景观/矿区复垦草原景观/其他草原景观等	优质的小叶锦鸡儿/大针茅/羊草/克氏针茅/一二年生群聚/芨芨草/线叶菊等
	健康草原景观（"源"景观）	天然牧草原景观/改良草原景观/人工牧草原景观/矿区复垦草原景观/其他草原景观等	小叶锦鸡儿/大针茅/羊草/克氏针茅/一二年生群聚/芨芨草/线叶菊等
	不健康草原景观	轻度不健康草原景观	盐碱地/沙化区/裸岩/裸地等
		中度不健康草原景观	
		重度不健康草原景观	
网络景观	水体景观	河渠景观	自然河流/人工渠道
		湖泊景观	自然湖泊/人工水库
		坑塘景观	自然坑塘/人工坑塘
	路网景观	铁路网景观	矿区专用铁路/其他铁路/矿区专用道路
		道路网景观	公路/城市道路/乡村道路
	电网景观	煤炭基地输电网	特高/超高/高/中压电网
		其他输电网	特高/超高/高/中压电网
	潜在景观生态网络	"源"景观	健康草原景观等
		"汇"景观	不健康矿业景观等
		生态廊道	"格局提升功能"生态廊道/"格局控制过程"生态廊道
		生态节点	一级/二级/三级生态节点
		人工湿地	一级/二级/三级人工湿地

7.1.2.2　大型煤电基地景观类型统计

选取 2017 年的 Landsat OLI 遥感数据，利用 ENVI 软件，结合监督分类和目视解译进行景观分类制图，并采用现场调查方式对分类结果进行检核，制图比例尺、图例、指北针等如图 7.2 所示，其中景观纲中的极健康草原景观和不健康草原景观由景观生态健康评价结果提取。各景观类型的面积、比例及颜色（RGB）见表 7.2。对景观界和景观纲的统计结果如下。

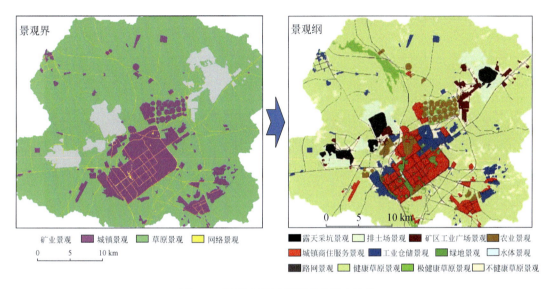

图 7.2　胜利矿区景观类型的调查结果

景观界：草原景观的面积占整个研究区总面积的 76.84%，很显然，研究区的基质是草原。城镇景观镶嵌在草原景观之中，分布相对于矿业景观更为分散，在四大类景观中面积占比排名第二，大约是矿业景观面积的两倍。网络景观虽然只占研究区总面积的 2.67%，但是网络景观分布于整个研究区，一方面将矿业景观和城镇景观尤其是草原景观分割成大小不一的斑块，另一方面是各种生态流运动的重要通道。

景观纲：排土场景观和矿区工业广场景观主要分布于露天采坑景观的周围，这是由当前采−排−复一体化的露天采矿模式决定的；排土场景观的面积超过了露天采坑景观和矿区工业广场景观的加和，说明煤炭企业在追求经济效益的同时也在不断进行生态修复。城镇商住服务景观主要分布在锡林浩特市主城区内部，主城区外也分布了机场、乡镇、公墓、赛马场等城镇商住服务景观。工业仓储景观主要位于城郊位置，锡林浩特市的很多工业都属于煤矿衍生工业，例如煤化工、矸石水泥厂等，因此，大型煤炭基地的开发促进了地方工业的发展。农业景观主要位于城市的正北和东北方向，作为半干旱草原地区，其农业景观面积达到 27.05 km²，说明锡林浩特市是一个农牧业并存的城市。锡林河穿城而过，周边分布了锡林浩特市大面积的绿地景观，是锡林浩特市的城市景观中轴线；然而，绿地景观的面积仅占城镇商住服务景观面积的约 1/8，足见锡林浩特市的城市建设需要更多考虑生态建设；与此同时，水体景观仅占研究区总面积的 0.05%，其干旱缺水程度可见一斑。

路网景观四通八达，将城镇商住服务景观、工业仓储景观、农业景观、矿业景观相连，遍布在整个研究区。

表 7.2　研究区 2017 年各景观类型的面积和比例

景观界				景观纲			
景观类型	面积/km²	比例/%	颜色（RGB）	景观类型	面积/km²	比例/%	颜色（RGB）
矿业景观	71.75	7.02	192,192,192	露天采坑景观	20.70	2.03	0,0,0
				排土场景观	37.63	3.68	211,255,190
				矿区工业广场景观	13.42	1.31	155,0,0
草原景观	784.85	76.84	0,255,127	极健康草原景观	13.06	1.28	0,255,0
				健康草原景观	713.01	69.81	209,255,115
				不健康草原景观	58.78	5.75	255,234,190
城镇景观	137.66	13.47	255,0,255	城镇商住服务景观	63.36	6.20	255,0,0
				工业仓储景观	39.04	3.82	0,77,168
				绿地景观	8.11	0.79	56,168,0
				农业景观	27.05	2.65	168,122,25
网络景观	27.22	2.67	255,255,0	路网景观	26.67	2.61	52,52,52
				水体景观	0.55	0.05	190,232,255
总面积	1021.38	100	—	总面积	1021.38	100	—

7.1.3　大型煤电基地主要景观类型的功能作用

按照景观界分类标准划分大型煤电基地景观类型，共包含草原景观、城镇景观、矿业景观和网络景观四类。草原景观是自然或半自然基质景观，人为干扰较少，保持自然状况，以畜牧业为主，其功能主要是生物生产及生态系统服务。城镇景观是具有一定规模工商业的居民点以及工业仓储景观，其功能主要是文化支持以及工业生产等。矿业景观是以矿产资源开发为主要功能的区域，矿业景观在通常的分类中一般从属于城镇景观中的工矿仓储景观，出于研究的目的和需要，将其升级为一级景观之一。网络景观是物质流、能量流、信息流等生态流的快速通道，由各类廊道和节点相连而形成。

根据景观纲分类标准划分大型煤电基地景观类型，各景观类型及其功能作用如下。①露天采坑景观：煤炭开挖与运输；②排土场景观：露天采矿排弃物的集中堆放地，可以阻止污染物的扩散；③矿区工业广场景观：煤炭生产调度、煤炭加工、煤炭贮存、煤炭运输、给排水、动力供应、行政办公、职工生活等；④矿业遗迹景观：供公众游览观赏、进行科学考察与科学知识普及的特定场所；⑤城镇商业、居住和公共服务型景观：提供行政、文化、教育、卫生等功能的服务型场所；⑥工业仓储景观：工业生产、加工、存储、整合等诸多功能；⑦绿地景观：绿地具有吸收二氧化碳放出氧气、吸收有害气体、吸滞烟尘和粉尘、减少空气中的含菌量、净化土壤、防止水土流失、减小噪声、美化城市建设等诸多功能；⑧农业景观：经济功能（主要表现在为社会提供农副产品，以价值形式表现出来的功能，是农业的基本功能）、社会功能（主要表现为对劳动就业和社会保障，促进社会发展方面的功能）、政治功能（主要表现为农业在保持社会和政治稳定的作用上）、生态功能（主要表现在农业对生态环境的支撑和改善的作用上）、文化功能（主要表现为农业在保护文化的多样性和提供教育、审美和休闲等的作用上）；⑨草原景观：生产功能（畜牧生产等）、支撑功能（生物多样性保育、营养元素循环、碳固持等）、调节功能（调节气候、提供清新的空气、洁净的水源和防止水土流失等）和文化服务功能（旅游、娱乐及其他非物质的服务）；⑩水体景观：保护物种多样性、稳定相邻生态系统、净化水体、污水处理、减少洪水灾害、生态廊道等功能；⑪路网景观：煤炭运输、煤矿材料运输、人员运输等功能；⑫电网景观：电力运输等功能；⑬潜在景观生态网络：具有煤电基地整体景观生态功能提升、矿区景观干扰控制、防风固沙、水源涵养、水土保持等诸多功能，可以加强生态系统之间的物质交换和能量流动，促进整体景观生态稳定性，最终形成一个完整、可持续的景观格局。

7.2　草原区高强度规模开采对草原景观生态的影响

7.2.1　高强度开采驱动下景观格局演变分析

在景观格局变化过程中，物质被循环利用，能量在人类活动与生态环境之间流动，生物多样性、水文过程和生态功能等都将受到影响。作为一个特殊的区域，矿区景观格局演变是以资源开发为原动力的时空演变动态过程，是采矿对景观生态影响的综合反映，研究矿区景观格局演变对理解采矿对景观生态影响具有重要的意义。因此，景观格局演变分析是进行大型煤电基地对半干旱草原景观格局影响研究的必要途径。景观指数和土地利用/覆被变化（即景观类型演变）是观察景观格局演变最经典和最常用的方法，因此，研究从景观指数和景观类型两个方面深入分析大型煤电基地景观格局演变。

7.2.1.1　景观类型演变分析

露天采矿活动不可避免地会影响景观类型，在某些情况下甚至会造成灾难性的后果。目前，景观类型的变化也成为矿区相关研究的热门话题，矿区在小尺度受到非常严重的景观损坏，例如挖损型景观损坏、压占型景观损坏和占用型景观损坏，这些损坏以易识别的影响因素导致了显著而快速的景观类型的变化。

采用 2002 年、2005 年、2008 年、2011 年、2014 年和 2017 年的 Landsat 遥感数据，进行研究区景观分类制图（图 7.3）。

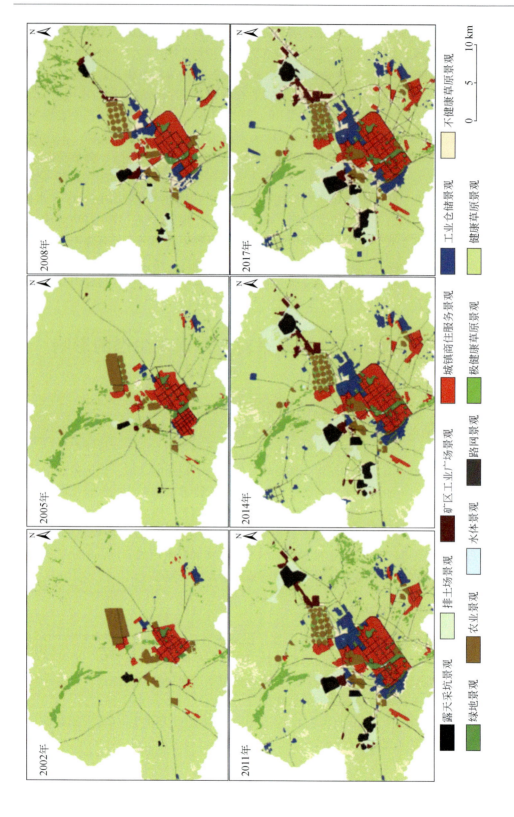

图7.3 研究区景观类型图

1. 研究区景观类型变化分析

从图 7.3 和图 7.4 可以看出，露天采坑景观 2002～2017 年间增加了 10 倍，比较反常的是 2002～2005 年露天采坑景观的面积在减少，是因为 2003 年之前胜利煤田由当地的小煤窑开发，小煤窑的开采方式极为粗放，以经济效益为主，不注重生态保护，乱采乱挖，矿区内都是采坑，2003 年胜利煤田由国家能源集团等国有大型能源集团接收后实行有计划的绿色开采，在矿区规划了内排土场、外排土场、工业广场，在保证煤炭生产的同时尽最大的努力实施矿区土地复垦与生态重建工作，2002～2017 年间，从没有排土场到 2017 年建设了 37.63 km² 的内、外排土场景观；矿区工业广场景观 2002～2017 年间增加了 44 倍，包括排土场景观在内的矿业景观 2002～2017 年间总体增加了 28 倍；城镇商住服务景观的面积由 2002 年的 25.13 km² 增加到 2017 年的 63.36 km²，呈线性形式稳步扩张了 2.5 倍，相对于矿业景观扩张幅度较小；工业仓储景观及路网景观逐年增加，2002～2017 年间分别从 4.46 km²、9.32 km² 增加到 39.04 km²、26.67 km²；由于煤炭开采、城市扩张、工业发展、道路建设等诸多原因，草原景观从 2002 年的 951.18 km² 减少到 2017 年的 784.85 km²，不健康草原景观从 2002 年的 8.28 km² 增加到 2017 年的 58.78 km²，但是草

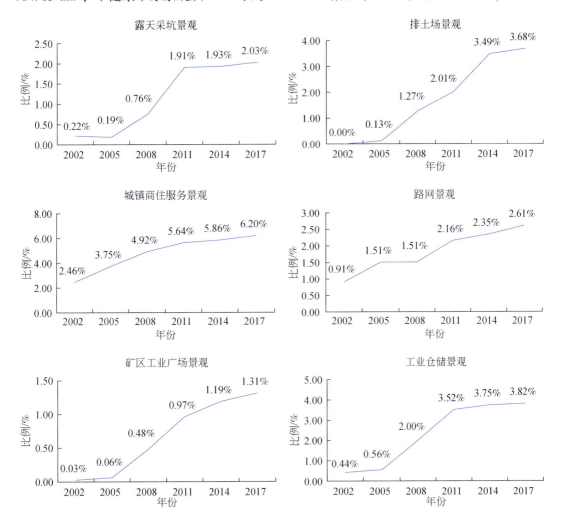

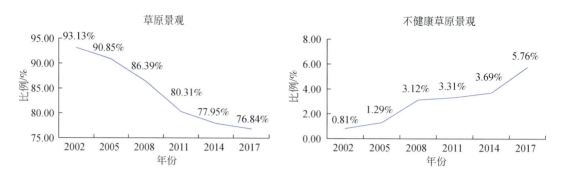

图 7.4　主要景观类型的比例曲线
本研究中的工业仓储景观都不包括矿业景观

原景观的面积占研究区总面积的比例仍然高于 75%，因此，草原景观是研究区的基质。

2. 研究区主要景观类型变化强度特征分析

景观类型的变化强度（CI）可以用来比较不同时期景观类型变化的强度和速度，这是由公式（7.1）定义的。

$$CI = \frac{U_b - U_a}{A} \times \frac{1}{\Delta t} \times 100\% \tag{7.1}$$

式中，CI 为变化强度；U_a 为研究初始时期景观类型的面积；U_b 为研究结束时期景观类型的面积；A 为研究区总面积；Δt 为研究周期。

变化的时期可以分为 4 种类型：平缓扩张时期（gentle expansion periods，GEP）、剧烈扩张时期（intense expansion periods，IEP）、平缓退缩时期（gentle retreat periods，GRP）及剧烈退缩时期（intense retreat periods，IRP）。GEP 是指变化强度为正值且绝对值小于总变化强度的绝对值，IEP 是指变化强度为正值且绝对值大于总变化强度的绝对值，GRP 是指变化强度为负值且绝对值小于总变化强度的绝对值，IRP 指变化强度为负值且绝对值大于总变化强度的绝对值，本研究中总变化强度是指 2002～2017 年的变化强度。

露天采坑景观的变化强度（图 7.5）：根据公式（7.1），2002～2005 年、2005～2008 年、2008～2011 年、2011～2014 年、2014～2017 年露天采坑景观的变化强度的类型分别为 GRP、IEP、IEP、GEP、GEP，2002～2017 年间露天采坑景观总体处于扩张状态，尤其是 2005～2011 年扩张强度剧烈，2011 年之后扩张强度较为平缓。排土场景观的变化强度：2002～2005 年、2005～2008 年、2008～2011 年、2011～2014 年、2014～2017 年排土场景观的变化强度的类型分别为 GEP、IEP、IEP、IEP、GEP，2002～2017 年间排土场景观总体处于扩张状态，扩张类型由平缓扩张转为剧烈扩张再转为平缓扩张，与露天采坑景观不同的是，排土场景观剧烈扩张时期从 2005 年一直持续到 2014 年，由此可见生态修复是伴随煤炭开发进行的。

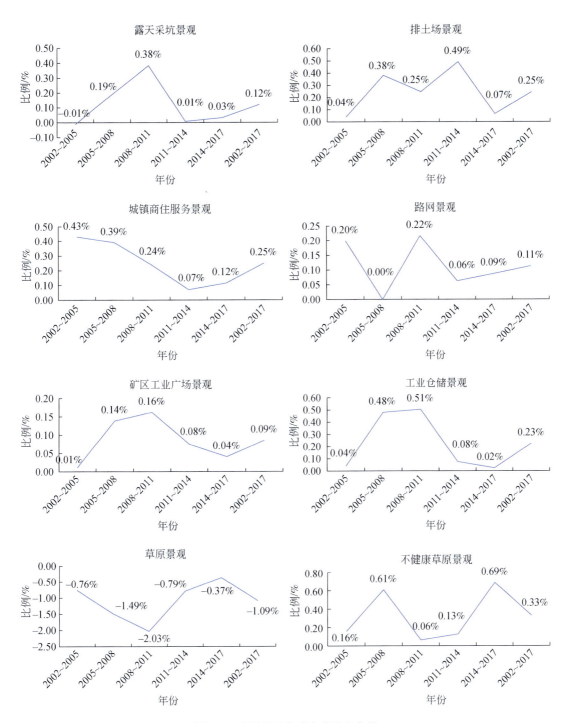

图 7.5　主要景观类型变化强度曲线

3. 研究区主要景观类型占用草原的情况分析

转移矩阵可以全面且具体地刻画景观类型变化的结构特征与各景观类型变化的方向。

通过转移矩阵，研究得到了2002～2005年、2005～2008年、2008～2011年、2011～2014年、2014～2017年景观类型相互转化的情况。包括露天采坑景观、排土场景观及矿区工业广场景观在内的矿业景观占用草原的面积最多（图7.6），分别是2.37 km²、21.67 km²、24.36 km²、17.75 km²、4.53 km²，2005～2014年矿业景观占用草原的幅度最大，尤其是2008～2011年达到巅峰，而工业仓储景观与矿业景观有着类似的情况。城镇商住服务景观占用草原的面积逐年减少，城市扩张的力度逐年下降。路网景观包括城市道路、公路、牧区道路、矿区专用道路、民用铁路及矿区专用铁路等，因此路网景观的扩张会受到多种因素的影响，其占用草原的面积也呈现波动状态。

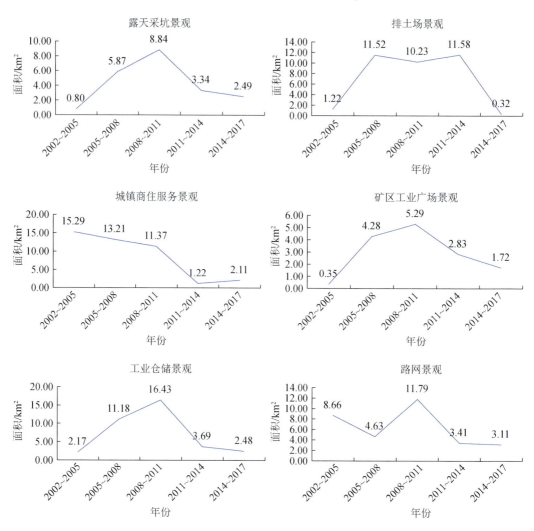

图 7.6　主要景观类型占用草原的面积曲线

图中所有值都表示当前变化值而不是累积变化值

4. 研究区景观类型空间变化动态度

景观类型空间变化动态度可以用来反映某种景观类型在空间上转进与转出的速度。计算公式如下：

$$D = \frac{\Delta U_{in} + \Delta U_{out}}{U_b} \times \frac{1}{\Delta t} \times 100\% \qquad (7.2)$$

式中，ΔU_{in} 为研究阶段内其他景观类型转化为该类型的面积的总和；ΔU_{out} 为研究阶段内某一景观类型变化为其他景观类型的面积的总和；U_b 为研究期末某一种景观类型的面积；Δt 为研究时段。当 Δt 设定为年时，D 的值即为该研究区景观类型空间变化动态度。

从表7.3可以看出，不健康草原景观的空间变化动态度在各个研究阶段始终是最高的，原因是不健康草原景观主要位于矿业景观、工业仓储景观、城镇商住服务景观及路网景观等人造景观周边区域，人造景观的扩张占用了不健康草原景观，不健康草原景观再占用健康草原景观，这是典型的"人进草退"的景观演变模式；草原景观的空间变化动态度最为稳定，始终保持在6%到11%之间，这是因为草原景观基数大，虽然各类人造景观一直在占用草原景观，但是与草原景观的总量相比其比例还是较小的；露天采坑景观、排土场景观、矿区工业广场景观工业仓储景观及路网景观的空间变化动态度在2002~2005年、2005~2008年、2008~2011年三个研究阶段都超过了20%，活跃程度非常高，这三个阶段是锡林浩特市工业大发展的有力体现；城镇商住服务景观的空间变化动态度在各个阶段都低于20%，并且整体呈现减少态势，与此同时，各类人造景观的空间变化动态度也呈现整体减少态势，直至2014~2017年各类人造景观的空间变化动态度全都低于12%，城镇商住服务景观的空间变化动态度甚至低到了2.72%，由此可见，人类占用草原的力度在降低。

表7.3 研究区各研究阶段景观类型空间变化动态度

时期	露天采坑景观	矿区工业广场景观	城镇商住服务景观	工业仓储景观	路网景观	草原景观
2002~2005	34.18%	18.27%	18.25%	24.00%	32.29%	6.59%
2005~2008	26.59%	29.70%	14.41%	24.56%	22.24%	10.52%
2008~2011	23.81%	27.21%	15.53%	24.79%	33.94%	9.05%
2011~2014	18.86%	12.77%	1.53%	4.64%	6.93%	6.33%
2014~2017	11.41%	6.65%	2.72%	4.98%	5.06%	6.37%

7.2.1.2 景观指数变化分析

本研究根据前人已有采矿对景观格局的影响研究，通过构建景观破碎化-景观连通性-景观多样性（fragmentation-connectivity-diversity，FCD）框架来分析露天采矿对半干旱草原景观格局的影响（表7.4）。表7.5展示了胜利矿区景观指数的演变结果。

表7.4　各景观指数的生态学意义

类别	名称	缩写	景观生态学意义
破碎化	蔓延度	CONTAG	蔓延度是指斑块类型在空间分布上的集聚趋势，斑块类型破碎化和间断分布越严重，蔓延度的值越低，斑块类型集聚程度越高，蔓延度的值越大，该指标单位为%，范围为 $0 \leq CONTAG \leq 100$
	景观形状指数	LSI	随着 LSI 的增大，斑块越来越离散，斑块形状越来越不规则，取值范围 $LSI \geq 1$
连通性	斑块内聚力指数	COHESION	随着连通性降低，COHESION 降低，该指标没有单位，取值范围 $0 \leq COHESION \leq 100$
	连接度指数	CONNECT	随着景观中各斑块之间的连通性增强时，CONNECT 的值变大，取值范围 $0 \leq CONNECT \leq 100$，单位%
多样性	斑块数量	NP	景观中随着斑块数量的增加，NP 值增高，取值范围 $NP \geq 1$
	香农多样性指数	SHDI	随着景观中斑块类型数的增加以及它们面积比重的均衡化，其不确定性的信息含量也越大，SHDI 越高，取值范围 $SHDI \geq 0$

表7.5　研究区历年景观指数

年份	破碎化		连通性		多样性	
	CONTAG	LSI	COHESION	CONNECT	NP	SHDI
2002	91.99%	6.03	99.88	18.56%	123	0.75
2005	89.43%	7.97	99.87	14.72%	180	0.85
2008	84.97%	10.02	99.79	10.78%	232	1.02
2011	79.90%	13.72	99.74	6.00%	363	1.20
2014	77.77%	15.52	99.72	4.95%	476	1.28
2017	76.81%	16.41	99.66	4.82%	492	1.31

对于草原来说，人类的各种干扰导致了草原景观斑块数量逐渐增多、景观逐渐破碎化、景观连通性逐渐下降、景观多样性逐渐升高、景观形状趋于复杂而不规则、景观斑块越来越离散、景观异质性与复杂性增强、景观稳定性逐渐下降，但是，对于人类来说，城镇景观斑块的扩张增加了人类栖息地的面积，道路的建设增强了人类栖息地的连通性，因此，人类应当从生态保护的角度进行栖息地与廊道的建设。

7.2.2　高强度开采驱动下水土流失变化特征

选用 GeoWEPP 模型研究矿区排土场水土流失的变化规律。具体做法是：利用 GeoWEPP 模型，通过输入研究区开采前后的地形、土壤、气候及土地利用数据，在不同植被覆盖度下对研究区进行为期10年的水土流失模拟。地形数据是模拟水土流失的基础数据，本节同样使用采前地形数据。采后地形数据则根据2016年底在矿区所测高程点经克里金插值得到，其中因开采活动而形成的排土场和采坑等地形变化区域，根据各矿区的生产报告和开采计划，结合 RTK 测量仪进行实地高程测量，将其处理成符合现状的地形数据并镶嵌到初始高程数据上作为现状地形数据。考虑研究区数据量较大，因此需要将地形数据重采样到 30 m×30 m，并在进行排土场不同植被覆盖度下水土流失模拟时分别对胜利东二号矿区流域和西南各矿区流域进行模拟，以确保模拟结果的相对准确性。

根据内蒙古土壤类型划分确定研究区土壤类型，包括栗钙土、潮土、沼泽土和草甸土四种，其中沼泽土和草甸土为主要土壤类型。通过野外采集样本分析获取土壤的粒径组成、有机质含量等信息，按照土壤类型统计相关指标，计算每种类型各指标的平均值，建立土壤数据库。研究区主要土壤参数见表 7.6。

表 7.6 研究区土壤参数

土壤类型	黏粒比例/%	砂粒比例/%	石砾比例/%	阳离子交换量 /（meq/100g）	有机质含量/%
沼泽土	21.6	64.2	1.1	80	20
草甸土	25.8	56.4	1.1	9.9	3
排土场土	34	38.6	27.4	9.9	0.114

由国家气象网站下载锡林浩特市 2011～2016 年的气候数据，统计月平均降雨量，月最高和最低气温，降雨天数等数据，在多年气象资料统计参数的基础上，经气候发生器 CLIGEN 生成模型所需要的气候数据。

研究区地类主要包括湿地、裸地建设用地、草地和排土场植被，分别由所用地形数据对应的 2000 年和 2016 年夏季 Landsat 影像分类生成。其中自然草原区植被类型为芨芨草、针茅、羊草，排土场植被类型为沙打旺、紫花苜蓿、柠条。将自然草原区和排土场植被分别对应植被数据库中的不同植被类型，并将草地和排土场植被分别按照植被覆盖度从 10% 到 90% 每隔 10% 设置九个等级，据此进行水土流失模拟效果的对比分析。

为分析植被类型变化与地形变化对流域水土流失结果的影响区别，本研究通过控制变量法，利用三组模拟试验进行了地形格局变化下流域水土流失效果的对比。第一组在植被类型为自然草原区植被的条件下，对采前地形进行为期 30 年的水土流失模拟；第二组在地形不变的前提下，对采前地形的植被类型进行替换，即将排土场在采前地形中对应区域的自然草原区植被类型变为排土场植被类型进行模拟，研究排土场植被类型变化对流域水土流失结果的影响；第三组在植被类型不变的前提下，将采前地形替换为现状地形，研究排土场地形变化对流域水土流失结果的影响，模拟结果见表 7.7。

表 7.7 地形格局变化模拟结果

模拟条件	水土流失模拟结果/（t/a）	土壤沉积模拟结果/（t/a）
采前	527920.7	88807.3
覆被变化	526714.1	89471.1

将植被类型变化和地形变化模拟结果分别与采前模拟做差值，如图 7.7 所示。从水土

流失差值图中可以发现，在地形不变的情况下，仅仅改变排土场在采前地形中对应区域的自然草原区植被类型对区域水土流失效果变化的影响很小，从流失总量上看植被类型变化后的研究区水土流失量仅低于采前地形水土流失量0.2%，而沉积值略高，这说明排土场重建植被相较于自然草原区植被的水土保持效果更好一些；而地形发生改变时模拟的水土流失量高于采前地形水土流失量4%，这说明地形变化带来的水土流失影响效果更大。纵向来看，排土场重建植被以沙打旺、柠条为主，一方面借助植被根系稳固边坡结构，另一方面通过改善土壤性质缓解水土流失，但其缓解效果明显弱于地形变化带来的水土流失增量，这充分说明，仅改变排土场植被类型对地形变化带来的水土流失影响的缓解程度并不高，需要结合对排土场的地貌重塑以控制水土流失。

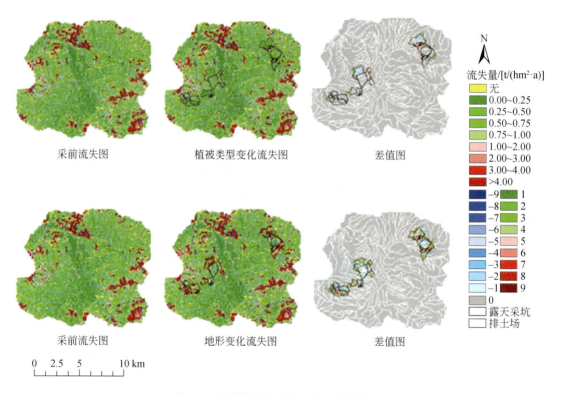

图7.7　地形格局变化水土流失模拟结果

通过分析水土流失图、沉积图（图7.8）与采坑和排土场的位置关系可以看出，土壤侵蚀主要发生在采坑边缘以及排土场边坡处，排土场平台侵蚀效果不明显，河网形成过程中对采坑的填洼使得采坑形成侵蚀沉积区，排土场与自然地貌的衔接处也有大量沉积产生。由此可知，排土场边坡为研究区水土流失的主要源地。因此，单一方面改变矿区植被类型不能有效缓解地形变化后的水土流失效果，应该在地形重塑的基础上进行植被恢复，从而达到研究区生态环境优化的效益最大化。

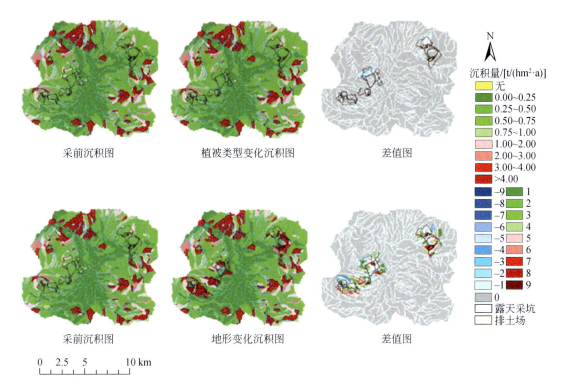

图 7.8　地形格局变化土壤沉积模拟结果

7.2.3　草原煤电基地景观生态健康评价

煤电基地开发对景观生态系统的影响是复杂多样的，在不同程度其影响水平也有差异。因此，为识别煤电基地景观生态恢复的关键部位与景观格局优化调控，亟须开展景观生态健康评价。景观生态健康评价是在景观分类、调查与监测的基础上，构建适用于半干旱草原区大型露天煤电基地景观生态健康评价指标体系，综合分析评价研究区景观生态健康状况及其影响因素。

7.2.3.1　景观生态健康概念与标准

1. 景观生态健康的内涵

景观是由相互作用的生态系统组成，是以相似的形式重复出现，具有高度空间一致性的区域。草原煤电基地景观本质上就是以草原为基质，采场、外排土场、内排土场、工业广场、交通道路等各类生态斑块在空间上的镶嵌组合而成的一种人类活动高度干扰的景观。景观生态健康是指在一定时空范围内，不同类型生态系统空间镶嵌而成的地域综合体，在维持各生态系统自身健康的前提下，在时间上具有维持其空间结构与生态过程、自我调节与更新能力和对胁迫的恢复能力，同时兼具提供景观生态服务功能的稳定性和可持续性。

根据"半干旱草原"和"露天矿"的景观生态特征、"大型煤电基地"的产生背景以及"景观生态健康"的概念，本书把半干旱草原大型露天煤电基地景观生态健康的内涵确定为：在经济和社会发展对煤炭长期大量需求的背景下，在煤电基地尺度和煤炭开发干扰的全部时间范围内，矿山企业能够实现对煤炭有计划的长期适度开发，草原生态系统能够以自修复为主、人工修复为辅，实现露天采坑、排土场、城镇、农业、草原等不同类型生态系统具有抗干扰能力以维持自身的健康运行，并具有适宜的景观格局，提供丰富的生态系统服务功能，从而保证煤炭开发与半干旱草原生态系统可持续发展共赢。简单来说就是：半干旱草原大型露天煤电基地景观生态健康状态就是能够保障煤炭资源得到绿色开发、生态系统得到持续修复的双赢过程。

2. 景观生态健康评价标准

景观生态健康标准是景观生态健康研究的关键命题，怎样的景观生态是健康的，怎样的景观生态是不健康的？当前的研究，更多侧重于景观生态健康评价方法的建立，对于景观生态健康的标准还没有统一的认识。国内外很多学者提出可以以三种状态作为景观生态健康状态：①从未受到过人类扰动的景观生态的最原始的状态；②景观演替的顶级状态；③生命诞生前的热力学平衡态。但上述将某一特定景观生态状态作为健康标准的看法均缺乏理论依据，并且寻找相称的未受干扰的景观生态是极其困难的，因此，该方法遭到了大部分学者的质疑与反对。Leopold 给出了景观生态健康评价标准的雏形，将土地的自更新能力是否受损，作为评判土地是否健康的标准。

曹宇认为，在评价景观生态健康时，首先需要具有一个比较的观点，也就是景观生态状况在长时间尺度上变化的比较。没有绝对的健康，也不存在绝对的不健康，健康或者不健康都是相对的。而事实上，景观生态健康评价的目的是定义人类所期望的景观生态状态。同一个生态系统，面对不同的需求、期望和主观判断，评估结果迥然不同。正如Rapport 所言："我们不能比较哪一种类型的景观生态比另一种更健康，而只能比较同一类型景观生态的健康程度。"事实上，由于大型煤电基地的景观生态的复杂性和开放性以及人类随着时间对景观的需求、目标和期望的变化而导致的不确定性，使得大型露天煤电基地的景观生态不存在绝对或固定的标准。所以，绝对的健康标准是不存在的，因此，景观生态健康评价应着眼于探索景观生态健康的时间动态和空间差异，而不是人为判断某一特定区域、特定时间点内的自然景观生态或景观生态镶嵌是否健康。所以，强调景观生态是否会更加健康或更加病态比评判景观生态是否健康更合理且更有实践意义，总而言之，建立合理的半干旱草原区大型露天煤电基地景观生态健康的评价标准是非常迫切的。

7.2.3.2　景观生态健康评价模型构建

Costanza 和 Rapport 采用系统可持续性的观点，提出了生态健康指数（EH），由生态系统活力（V, vigor）、组织（O, organization）和恢复力（R, resilience）三个维度组成，公式为 $EH = V \times O \times R$。美国草原学会提出以草原健康为尺度评价草地基况（C, condition），认为草地土壤是评价草地健康的重要指标。土壤养分和重金属含量等直接影响着地表植物群落等诸多因素。土壤是地表植被、生物、微生物、动物等的最基本的立地条件，直接影响了景观格局以及生物多样性，进一步影响景观格局与生态过程之间的关系，因此，中国的任继周院士也认为在草地健康评价中应当考虑基况作为评价因子之一。

生态系统服务在提供人与自然耦合视角的生态系统健康指标方面一直很重要。Costanza 提出，健康的生态系统可持续地提供一系列有价值的生态系统服务，从而使人类和整个自然世界受益。因此，有必要在生态系统健康评估中确定生态系统健康与提供生态系统服务之间的联系，并确定任何生态系统功能障碍与这些服务的关系。与此同时，景观产生了广泛而有价值的生态系统服务，关注生态系统服务的变化如何与各种土地利用类型相互作用，以及人类活动的影响，以便更全面地了解景观生态健康被认为是非常重要的。

因此，评价半干旱草原景观生态健康，需要综合考虑基况（C）、活力（V）、组织（O）、恢复力（R）和生态系统服务功能（E，ecosystem service functions）。提出并构建了综合考虑这些因素的综合评价模型（即 CVORE），对典型的半干旱草原区锡林浩特胜利大型煤电基地的景观生态健康进行了系统评价。结合半干旱草原区大型露天煤电基地景观生态健康的内涵，指标的选择见表 7.8。半干旱草原大型露天煤电基地景观生态健康（landscape ecological health，LEH）的计算如公式（7.3）所示。

$$\text{LEH} = \sqrt[5]{C \times V \times O \times R \times E} \tag{7.3}$$

表 7.8　半干旱草原区大型煤电基地景观生态健康综合评价指标体系

目标层	准则层	指标层	指标特征
半干旱草原区大型煤电基地景观生态健康综合评价指标体系	基况（C）	土壤养分（soil nutrients，Sn）	+
		镉（Cd）	−
		铅（Pb）	−
		砷（As）	−
		锗（Ge）	+
		硒（Se）	+
	活力（V）	归一化植被指数（NDVI）	+
		地表温度（T_s）	−
		温度植被旱情指数（TVDI）	−
		半干旱草原区盐渍化指数（semi-arid steppe salinization index，SASSI）	−
		半干旱草原区荒漠化指数（semi-arid steppe desertification index model，SASDI）	−
		水土流失（water loss and soil erosion，WLSE）	−
	组织力（O）	斑块内聚力指数（COHESION）	+
		连接度指数（CONNECT）	+
		蔓延度（CONTAG）	+
		景观形状指数（LSI）	−
		香农多样性指数（SHDI）	−
	恢复力（R）	基于趋势线分析法的 MSAVI 空间变化趋势	+
	生态系统服务功能（E）	生态系统服务价值模型与生态遥感信息模型共同构建研究区生态系统服务功能	+

注：指标特种中，"+" 表示积极的指标，"−" 表示消极的指标。

7.2.3.3　草原煤电基地景观生态健康评价

1. 基况评价

矿区开采和运输期间可通过粉尘对半干旱草原区土壤造成影响，通过典型扰动斑块及其周边区域土壤重金属含量、土壤养分（soil nutrition，Sn）等参数的调查，可以分析开采扰动斑块对半干旱草原影响的空间分布情况，是景观生态健康评价研究的基础。利用流域采集的土壤样本，通过化学方法测定土壤重金属、有机质、速效养分等性质的含量，利用ArcGIS中的克里金插值方法得到整个流域的土壤化学性质空间分布情况，其中土壤养分采用土壤pH、有机质及速效氮磷钾共同构建。

由于研究重点是对胜利矿区的基况进行评价，因此在基况评价时只保留了矿业景观和草原景观。根据图7.9得出的基况评价结果，整体来看基况值比较高的区域分布在锗煤露天矿和西二矿北部的草原，一号露天矿南侧的农业景观及其周边区域基况值也比较高，城市的东南部以及一号露天矿和万亩农场之间的基况值较低。

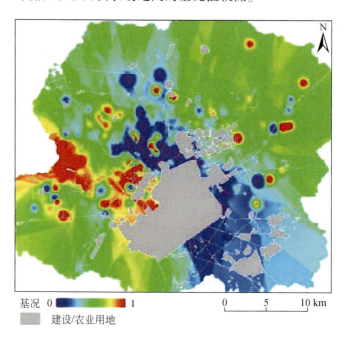

图7.9　基况的评价结果

2. 活力评价

研究选取归一化植被指数（NDVI）、地表温度（T_s）、温度植被旱情指数（TVDI）、半干旱草原区盐渍化指数（semi-arid steppe salinization index，SASSI）、半干旱草原区荒漠化指数（semi-arid steppe desertification index model，SASDI）以及水土流失6个指标共同评价研究区的活力状况，其中归一化植被指数（NDVI）、地表温度（T_s）、温度植被旱情指数（TVDI）以及水土流失四个指标属于前人已有的研究方法，而半干旱草原区盐渍化指数（SASSI）和半干旱草原区荒漠化指数（SASDI）是本研究在景观生态健康评价过程中新创立的指标，因此本节将对半干旱草原区盐渍化指数（SASSI）和半干旱草原区荒漠化指数（SASDI）创建过程进行详细介绍，对研究区活力状况进行深入评价。

由于研究重点是对胜利矿区活力状况进行评价，因此在活力评价时只保留了矿业景观和草原景观。由于当前活力的评价结果仅仅是景观生态健康评价的过程结果，因此本节重点对各个年份评价结果的空间分布情况进行评价。2002 年研究区西侧的大面积草原活力较低，万亩农场东北方向的草原活力较高；2005 年活力较高的草原占比和分布较多，研究区东南侧的草原活力较低；2008 年城市的西北和东部的草原活力较低，研究区西南侧的草原活力较高；2011 年研究区正北方向和城市的西北方向的草原活力较低，万亩农场东北方向的草原活力较高；2014 年矿业景观和工业仓储景观周边草原活力较低；2017 年整体活力较低，尤其是研究区的东部和西北部大面积的草原活力较低，城市西南侧的草原活力相对高一些。从历年研究区活力评价结果的整体情况来看，锡林河流域湿地的活力一直很高。由于自然与人为等多种因素的影响，研究区草原的活力状况不太稳定。

3. 组织力评价

从组织力的评价结果来看，露天采矿及城镇扩张导致了景观破碎化，道路一方面分割了草原景观，加速了区域景观的破碎化程度，另一方面道路起到了廊道的作用，增强了区域景观的连通性。从历年组织力评价结果的整体情况来看，城镇景观、矿业景观、路网景观等人工构筑景观周边的组织力异质性很强，其他区域草原始终处于均质状态。

4. 恢复力评价

2002 年恢复力较差的是锡林河流域的盐碱地，万亩农场东北部草原恢复力较高；2005 年城市周边草原恢复力较低，万亩农场东北部草原恢复力较高；2008 年恢复力较差的是锡林河流域的盐碱地，万亩农场东北部草原恢复力较高；2011 年、2014 年和 2017 年三个年份的恢复力空间分布比较类似，恢复力较差的是紧邻城市西北部、西部、西南部草原以及矿业景观，万亩农场东北部草原以及锡林河流域湿地恢复力较高。

5. 生态系统服务功能评价

由于研究重点是对胜利矿区的生态系统服务功能状况进行评价，因此在生态系统服务功能评价时只保留了矿业景观和草原景观。从历年生态系统服务功能的整体评价结果可以看出，锡林河流域生态系统服务功能一直最高，部分年份地势较低的汇水处生态系统服务功能较高。

6. 锡林浩特胜利矿区景观生态健康评价结果与讨论

1）评价结果

研究构建的 CVORE 半干旱草原区大型煤电基地景观生态健康评价模型中，活力、组织力、恢复力、生态系统服务功能都可以通过遥感影像获得，唯有基况指标需要现场采样，由于现场土壤数据采集需要耗费大量的人力、物力、财力以及时间成本，并且 2017 年之前的数据更是无法采集或搜集，无法实现时间序列的景观生态健康评价。鉴于现实条件的困难，研究将 2017 年基于 CVORE 和 VORE 模型的景观生态健康评价结果进行了对比分析。根据构建的半干旱草原区大型煤电基地景观生态健康评价标准，将研究区景观生态健康分为五个级别：极健康景观、健康景观、轻度不健康景观、中度不健康景观和重度不健康景观。

基于 CVORE 和 VORE 模型计算出的景观生态健康空间分布图大致相似，锡林河流域湿地的景观生态健康状况最好，大面积草原景观生态健康的空间分布也大致相似，但是排土场景观和矿区工业广场景观能看出明显的差别。结合表 7.9，总体来看各个等级景观生态健康空间分布基本上是类似的，尤其是重度不健康景观的空间分布和面积基本一致，而中度不健康、轻度不健康、健康和极健康草原的面积有轻微的差别。进一步将 COVRE 模型与 VORE 模型做了相关分析，研究表明 CVORE 模型与 VORE 模型的 R^2 与皮尔逊相关性分别达到了 0.89 和 0.92**，通过以上分析，认为 VORE 模型可以充分体现 COVRE 模型的空间分布与景观生态健康状况。

表 7.9　基于 CVORE 和 VORE 模型的草原和矿业景观生态健康状况的面积和比例

	统计类型	极健康景观	健康景观	轻度不健康景观	中度不健康景观	重度不健康景观	合计
CVORE	面积/km²	8.96	730.46	89.87	6.77	20.58	856.64
	比例/%	0.88	71.52	8.8	0.66	2.01	83.87
VORE	面积/km²	13.04	713.44	91.89	17.67	20.60	856.64
	比例/%	1.28	69.85	9.00	1.73	2.02	83.87

注：表格中的比例指各统计类型面积占研究区总面积的比例。

2）CVORE 综合指标模型的优势

本研究采用综合指标法构建了半干旱草原大型露天煤电基地景观生态健康评价模型，其特点主要反映在以下几个方面：

（1）该模型的活力、组织力、恢复力及生态系统服务功能指标都是基于遥感影像、DEM、气象等可以实时获取的资料，在不考虑基况的情况下，可以很方便地构建 VORE 模型实时监测和评价露天煤电基地的景观生态健康状况。当然，本模型使用的困难在于基况指标需要花费大量的人力物力去采集测试，因此大力发展卫星高光谱遥感技术实时定量获取土壤参数对区域景观生态健康的监测与环境保护是非常有必要的。

（2）如图 7.10 所示，从下到上，CVORE 模型可以构建景观生态健康评价综合指标体系，可以很清楚地了解研究区时间和空间上的健康状况：哪个区域不健康？这一区域历史上的健康状况是怎样的？从上到下，模型使用者可以通过 CVORE 模型查询任意一个区域到底是什么原因导致的健康或者不健康，这样在后期进行生态修复时就可以有针对性地制定修复策略。以人体健康为例，医生不但需要知道一个人是否生病，更要知道如果生病，病人到底哪里得病，心、肺还是肝，是什么原因导致的疾病，这样才能有针对性地治疗。

（3）本模型综合考虑了半干旱草原干旱、盐渍化、荒漠化、植被覆盖度低、受扰动后生态恢复力差、生态系统服务功能异质性高等特点以及露天煤电基地水土流失、土壤养分下降、重金属污染、景观格局破碎化、连通性下降等特征，为半干旱草原露天矿区景观生态健康评价指标体系的选取以及模型的构建研究提供了新的思路。

（4）景观功能与景观稳定性及其持续性和恢复力等品质有着密切的联系，某种程度上

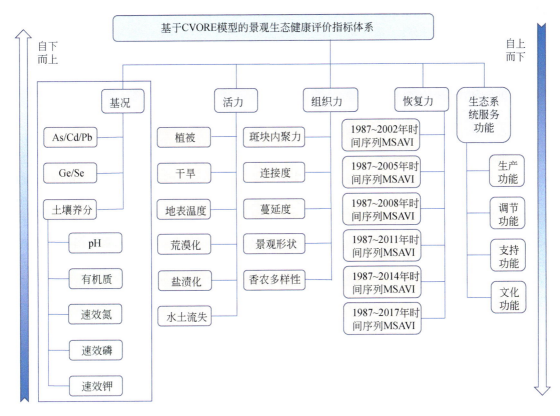

图 7.10 基于 CVORE 模型的景观生态健康评价指标体系

可以理解为"景观生态健康"（图 7.11）。本研究所构建的半干旱草原区大型露天煤电基地景观生态健康评价体系实际上是对研究区景观功能进行的综合评价，半干旱草原干旱、

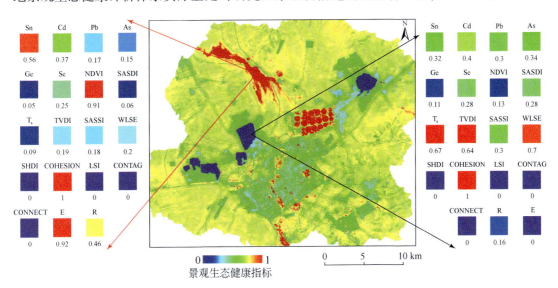

图 7.11 任意两点的景观生态健康问题剖析

盐渍化、荒漠化、植被覆盖度低、受扰动后生态恢复力降低等都是景观功能退化的表现，因此本研究也进一步拓展了景观功能评价的方法。

（5）本研究所构建的 CVORE 模型具有灵活开放包容的优点，在研究其他露天煤电基地景观生态健康评价问题时，可以根据各研究区的特点，在 CVORE 模型的框架下灵活地构建评价指标体系。

3）影响景观生态健康的关键因素及产生的原因

影响景观生态健康的关键因素主要包括自然因素和人为因素两个方面。自然因素包括气候、地貌、水、土壤、阳光、生物以及岩石等。气候包括气温、降水、风力等，研究区概况里有介绍，锡林浩特市的主要自然灾害有旱灾、雪灾、风灾、洪灾、寒潮和冷雨等，这些都主要是由气候造成的，因此气候也是影响景观生态健康的主要因素。半干旱草原地势平坦、一马平川，地貌对景观生态健康的影响相对较小，但是露天采矿严重改变了原有的地形地貌，这种人工挖掘形成的露天采坑以及人工堆放的排土场往往地质构造不够稳定，极易造成水土流失等灾害，影响了景观生态健康。当然，自然因素，尤其是气候和阳光等，更多会影响大尺度景观生态健康评价的空间异质性。水是生命之源，尤其在半干旱草原地区，水是影响景观生态健康最关键的因素，根据地质学分类，水圈主要包括大气水、地表水、土壤水、地下水和生物体含水，其中，地下水是维系半干旱草原地表水资源与生物生长的关键因素，煤炭露天开采疏排地下水导致半干旱草原潜水含水层逐渐被疏干，地下水的补水、径流和排水条件也随之改变，地下水位下降，使得半干旱草原地表河流径流量减少、地表水断流、水源涵养与调节能力下降、湿地逐渐萎缩、生物量锐减、草原逐渐退化等，从而导致半干旱草原景观生态健康恶化。

人为因素包括采矿、放牧、城市扩张、道路建设、工业发展、农业生产等。过度放牧对草原的影响是国内外一直研究的重要科学问题，过度放牧对土壤、植物群落结构和生态功能等很多方面都有严重的影响，从而间接影响了景观生态健康；不过对于长期放牧的草原，适度的放牧可以使草场保持较高的物种多样性，促进草原景观物质、能量和养分的良性循环。城市是完全人工化的景观，景观生态健康的变化很大程度上取决于政治、经济和社会因素。工业发展对景观生态健康的影响主要是污染物的排放，包括废水、废气以及固体废弃物等。道路建设主要引起景观破碎化，切割生态流的运动路线。农业生产过程中使用的农药和化肥会随着地表径流和地下水向周边扩散，使水生态系统的结构和功能发生改变。

7.2.3.4 露天开采对景观生态健康的影响

1. 景观生态健康的动态变化分析

本研究采用 VORE 模型做出了研究区 2002 年、2005 年、2008 年、2011 年、2014 年、2017 年六个年份的景观生态健康评价结果，由于研究重点是对胜利矿区景观生态健康状况进行评价，因此只保留了矿业景观和草原景观。

从历年景观生态健康等级图来看，极健康的景观主要分布在锡林河流域湿地以及地势较低的汇水区；健康的景观占比最多，大部分草原都是健康状态；轻度不健康景观主要位于人类干扰较多的区域周边，例如矿区、城镇、工业厂房、机场、道路及铁路周边区域，此外，矿区人工排土场基本处于轻度不健康状态。各健康等级的占比呈现"两头少，中间多"的正态分布模式，极健康、重度不健康、中度不健康和轻度不健康的面积占比较少，健康的面积占比较多，研究区各等级景观生态健康状况的面积和比例见表 7.10。由历年矿业和草原景观生态健康状况的面积和比例可知，不健康景观逐年增多，健康景观逐渐减少。

表 7.10　历年矿业和草原景观生态健康状况的面积和比例

年份	统计类型	极健康景观	健康景观	轻度不健康景观	中度不健康景观	重度不健康景观	合计
2002	面积/km²	13.81	928.73	8.33	0.25	2.26	953.38
	比例/%	1.35	90.92	0.82	0.02	0.22	93.34
2005	面积/km²	21.22	893.84	13.80	0.17	1.91	930.94
	比例/%	2.08	87.51	1.35	0.02	0.19	91.14
2008	面积/km²	12.45	846.93	36.34	4.10	7.72	907.54
	比例/%	1.22	82.91	3.56	0.40	0.76	88.85
2011	面积/km²	26.30	776.58	43.23	4.65	19.44	870.2
	比例/%	2.57	76.03	4.23	0.46	1.90	85.19
2014	面积/km²	14.50	772.84	50.49	8.32	17.47	863.62
	比例/%	1.42	75.66	4.94	0.81	1.71	84.55
2017	面积/km²	13.04	713.44	91.89	17.67	20.60	856.64
	比例/%	1.28	69.85	9.00	1.73	2.02	83.87

注：表格中的比例指各统计类型面积占研究区总面积的比例。

2. 半干旱草原景观生态健康变化的驱动力分析

景观生态健康的动态变化主要受到自然和人文两大因素驱动，由于研究区范围相对较小，因此气候变化、土壤、植物群落等自然驱动因素差异较小，与此同时研究区地处中国北方边陲，是典型的蒙古族聚居区，人口增长极为缓慢，文化观念极为相似，科技、经济等诸多方面的变化也比较缓慢。因此，根据研究区的特点与研究的需要，选择高程、坡度、坡向和到最近水体景观的距离作为自然驱动因素，选择到最近矿业景观的距离、到最近城镇建设用地景观的距离、到最近工业仓储景观的距离、到最近农业景观的距离以及到最近路网景观的距离作为人文驱动因素。采用地理探测器法开展半干旱草原景观生态健康变化驱动力研究，地理探测器法是研究复杂地理因素驱动作用机理的有效工具。

$$q = 1 - \frac{\sum_{h=1}^{L} N_h \sigma_h^2}{N \sigma^2} \tag{7.4}$$

式中，$h = 1, \cdots, L$ 为变量 Y 或因子 X 的分层，即分类或分区；N_h 和 N 分别为层 h 和全区的单元数；σ_h^2 和 σ^2 分别为层 h 和全区的 Y 值的方差。q 的值域为 $[0, 1]$，Y 的空间分异性随着 q 值的增加而愈加明显；如果分层是由自变量 X 生成的，则 q 值越大表示自变量 X 对属性 Y 的解释力越强，反之则越弱。q 值表示 X 解释了 $100 \times q\%$ 的 Y。

由表 7.11 可知，到最近矿业景观的距离、到最近水体景观的距离、到最近城镇商住服务景观的距离、到最近工业仓储景观的距离、到最近农业景观的距离五个驱动因子在六个年份的 q 值都超过了 0.79，说明这五个因子对研究区景观生态健康的空间分布与变化有着很强的驱动作用；历年到最近路网景观的 q 值在 0.787 到 0.458 之间，说明到最近路网景观对研究区景观生态健康的空间分布与变化的驱动作用也比较明显；不健康草原景观主要分布在矿业景观及城镇景观周边，水体景观周边主要是极健康草原景观，植被覆盖度极高，生态条件最佳，2017 年这种分布规律尤其明显。历年高程的 q 值在 0.204 到 0.361 之间，说明高程对研究区景观生态健康的空间分布与变化的驱动作用较轻，但也存在一定的驱动作用，经过实地调研发现，湿地等汇水区的景观生态健康状况比较好，而比较高的山顶由于风蚀及水土流失等因素，生态状况较差。历年坡度和坡向的 q 值都小于 0.06，说明这两个驱动因子对研究区景观生态健康的空间分布与变化的驱动作用不显著。综上所述，从历年平均 q 值来看，影响研究区草原景观生态健康的空间分布与变化的驱动因素有水、露天矿、城市、农业、工业、路网以及高程。

表 7.11　研究区历年景观生态健康各驱动因子 q 值

2002 年	类型	露天矿	水	工业	城市	农业	路网	高程	坡度	坡向
	q 值	0.987	0.944	0.935	0.933	0.877	0.787	0.239	0.016	0.013
2005 年	类型	水	露天矿	工业	城市	农业	路网	高程	坡度	坡向
	q 值	0.952	0.951	0.940	0.920	0.909	0.778	0.324	0.056	0.006
2008 年	类型	水	露天矿	城市	农业	工业	路网	高程	坡向	坡度
	q 值	0.980	0.946	0.940	0.930	0.892	0.776	0.204	0.016	0.011
2011 年	类型	水	露天矿	农业	城市	工业	路网	高程	坡向	坡度
	q 值	0.970	0.923	0.910	0.893	0.803	0.582	0.265	0.021	0.004
2014 年	类型	露天矿	水	城市	农业	工业	路网	高程	坡度	坡向
	q 值	0.937	0.921	0.887	0.866	0.824	0.550	0.361	0.016	0.009
2017 年	类型	露天矿	水	城市	农业	工业	路网	高程	坡度	坡向
	q 值	0.943	0.938	0.908	0.853	0.798	0.456	0.353	0.012	0.008
平均值	类型	水	露天矿	城市	农业	工业	路网	高程	坡度	坡向
	q 值	0.951	0.948	0.914	0.891	0.865	0.655	0.291	0.019	0.012

7.3　草原区大型煤电基地牧矿交错带演化与生境特征

7.3.1　牧矿交错带区域界定与特征

草原为人类提供物质和能源生活基础，促使人类文明发展成有机结合体。随着中国煤炭资源战略和开发重心的转移，在草原内部出现了一系列被称为"矿区化"的扩散现象，大型煤电基地工业利用土地、道路不断向周围地区扩散。为了满足生产、运输及废物排放等需求，涉煤工业人口、商业与住宅不断向煤电基地进行迁移，直接改变矿区附近的草原景观，形成一系列矿业和农业用地。在煤电基地与周围草原相连部位，出现了一个矿、草、农要素逐渐过渡，彼此相互渗透相互作用，各种边缘效应明显，功能互补强烈，性质既不同于典型的矿区，又有异于典型草原和农田的牧矿景观交错带（图 7.12）。

图 7.12　牧矿交错带位置

大型煤电基地牧矿景观交错带从特征、结构以及功能看，实质上是围绕煤电基地，由草转工、由草转农而形成的一个新的独立的景观单元，是在传统土地利用体系基础上构筑的新型景观单元。牧矿景观交错带作为连接草原、农田和矿区的过渡地段，既具有生态系统物质、能量及信息交流等重要功能，维持着草原动植物生态系统的运作，又形成了对煤炭资源开发的强烈依赖性的密集人流、物流、能流、信息流、资金流等的人工系统，具有流量大、容量大、密度高、运转快等特点。

7.3.2　牧矿交错带群落结构特征

为分析煤炭开采对牧矿交错带演化的影响，本书选取沿西二矿排土场南侧公路向南3000 m 的范围为研究区 A，垂直于排土场由北向南偏西设 3 条样线，长度为 3000 m，样线之间间隔 750 m，每条样线南北方向设 6 个样点，分别距离扰动区 0 m、200 m、500 m、1000 m、2000 m、3000 m。以胜利一号矿采坑西侧公路向西北方向 3000m 作为研究区 B，平行于采坑设置 1 条样线，每个样点间的距离分别是 200 m、400 m、600 m。距离第一条样线 500 m 的位置，垂直于采坑方向设置 2 条样线，每条样线上设 4 个样点，分别距离扰动区 500 m、1000 m、2000 m、4000 m。以毛登牧场作为对照区，沿一条样线设 15 个1 m×1 m 的草本样方，样方之间间隔 100 m。通过对各样方内的植物种类，同类植物的高度、密度、盖度和频度进行调查与分析，以探索露天开采对采区周边天然草原群落组成特征及物种多样性的影响。

7.3.2.1 植物群落特征及组成

西二矿研究区共有植物 11 科 28 属 45 种。该区以禾本科、豆科、菊科和百合科植物为主，约占研究区植物总种数的 66.67%，其中禾本科、菊科和百合科植物约占研究区植物总种数的 46.67%，包括禾本科 7 种 6 属、菊科 7 种 4 属，均占研究区植物总种数的 15.56%，百合科 7 种 3 属，约占研究区植物总种数的 15.55%。豆科植物约占研究区植物总种数的 20%，包含 9 种 4 属，这表明豆科、禾本科、菊科和百合科植物在研究区植物群落中处于优势地位。从群落生活型组成来看，各生活型出现物种情况为：草本植物 38 种，占总物种数的 84.44%。其中多年生草本、一年生草本、其他类型草本植物分别为 27 种、7 种、4 种，同时还伴有灌木 7 种。根据植物对群落结构和群落环境形成的控制作用得出该研究区的群落建群种为糙隐子草，群落优势种为大针茅、羊草和针苔草。该区植物多为生命力较强的耐旱植物，如猪毛菜、刺藜等 5 种藜科植物，其中还包括有草地退化的指示性植物冷蒿。该研究区样方植被覆盖度为 20%~30%。

胜利矿研究区共有植物 10 科 21 属 25 种。其中主要植物为禾本科、豆科和菊科，占研究区植物总种数的 59.26%，包括豆科 4 种 3 属、菊科 3 种 3 属，共占研究区总数的 28%，禾本科 7 种 6 属，占研究区总数的 28%，在植物群落中处于优势地位。草本植物 24 种，占总物种数的 96%。其中多年生草本 18 种，一年生草本 5 种，其他类型草本植物 1 种，同时还伴有灌木 1 种。根据植物对群落结构和群落环境形成的控制作用得出该研究区的群落优势种为猪毛菜、大针茅和栉叶蒿。该研究区样方植被覆盖度为 5%~10%。

对照区共出现植物 13 科 23 属 30 种。群落组成以藜科和百合科植物居多，其中藜科 6 种 4 属，百合科 5 种 2 属，分别占对照区植物总种数的 19.35% 和 16.67%，调查表明藜科和百合科在对照区植物群落中处于优势地位。按群落生活型来看，以多年生草本植物为主，共计 19 种，约占该对照区植物总数的 63.33%，一年生草本植物 5 种，其他类型草本植物 2 种，同时还伴有 1 种沙生植物及 3 种灌木。植被类群以耐旱草地为主，根据植物对群落结构和群落环境形成的控制作用得出该对照区的群落优势种为大针茅、糙隐子草和羊草。

7.3.2.2 研究区群落物种多样性分析

多样性是指群落在组成、结构及功能等方面表现出的差异。通常采用 α 多样性指数用以测度群落内的物种多样性，它包含物种丰富度指数（Margalef 指数）、优势度指数（Simpson 指数）、物种多样性指数（Shannon-Wiener 指数）和均匀度指数（Pielou 指数）。其中：表 7.12 和表 7.13 同一小写字母表示在 0.05 水平下，差异不显著；不同小写字母表示差异显著（$p<0.05$），不同大写字母表示差异极显著。

表 7.12 是西二矿研究区与对照区群落物种多样性指数的比较，由表 7.12 可知，Margalef 指数和 Pielou 指数有极显著差异。相较于对照区，西二矿研究区的 Margalef 指数增加了 57.25%，Pielou 指数降低了 24.80%；虽然 Simpson 指数、Shannon-Wiener 指数与对照区无显著差异，但是 Shannon-Wiener 多样性指数增加了 15.09%。综上结果表明，与

对照区相比，西二矿研究区物种种类增多，物种分布不均匀，该地区物种多样性受到了采矿活动的干扰。根据中度干扰假说理论，物种丰富度在中等干扰水平时最大，也就是在同等条件下，竞争种与耐干扰种同时发生，丰富度增高，从而导致物种增多和多样性偏大，因此该研究区受到了矿区中等程度的干扰。

表 7.12　西二矿研究区群落物种多样性指数比较

类别	Margalef 指数	Simpson 指数	Shannon-Wiener 指数	Pielou 指数
研究区	2.016A	0.708a	1.602a	0.655A
对照区	1.282B	0.709a	1.392a	0.871B

表 7.13 是胜利矿研究区与对照区群落物种多样性指数的比较，由表可知，Margalef 指数、Simpson 指数、Shannon-Wiener 指数和 Pielou 指数均有极显著差异。与对照区相比，胜利矿研究区的 Margalef 指数降低了 32.84%，Simpson 指数降低了 39.63%，Shannon-Wiener 指数降低了 41.59%，Pielou 指数降低了 43.86%。综上结果表明，胜利矿研究区物种种类减少，物种分布不均匀，研究区受到了采矿活动的干扰。物种数目减少、丰富度和多样性偏低，表明采矿对该地区植物多样性的干扰程度已经超过了适中水平，对该地区植物多样性的增加已经起到了抑制作用。优势度指数下降表明生物群落内不同种生物数量分布不均匀，优势生物的生态功能不够突出。

表 7.13　胜利矿研究区群落物种多样性指数比较

类别	Margalef 指数	Simpson 指数	Shannon-Wiener 指数	Pielou 指数
研究区	0.861a	0.428A	0.813A	0.489A
对照区	1.282b	0.709B	1.392B	0.871B

7.3.2.3　群落多样性与露天煤矿距离的关系

以往研究表明，矿区对周边的影响范围在 3000 m 之内。因此，在 3000 m 的范围内设置样带分析，图 7.13 为西二矿研究区内距离矿区不同距离样方的多样性指数。总体来看，优势度指数与均匀度指数变化平缓；丰富度指数与多样性指数变化较大，升降趋势具有一致性，但没有显示出由近及远的规律性变化。

从样带间对比可以看出，丰富度指数在距矿区 200 m 和 2000 m 处有明显下降，并且 3000 m 处与 0 m、500 m、1000 m 处均有明显差异，物种数偏少。2000 m 处的多样性指数最低，主要由于该区域放牧程度最为严重，加上矿区的影响导致多样性指数急剧降低。3000 m 处的优势度指数略小，与 500 m、1000 m 处的优势度指数均有显著差异。综上结果说明群落物种多样性除了受采矿的影响外，还受到放牧因素的干扰，随着与矿区距离的增加，多样性指数变化没有规律。

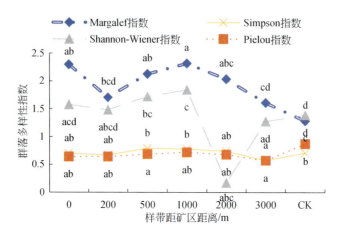

图 7.13　西二矿南侧研究区不同距离群落物种多样性指数

同一小写字母表示在 0.05 水平下，差异不显著；不同小写字母表示差异显著（$p<0.05$）

　　在胜利矿研究区，垂直采坑向西设置不同距离的调查样带，结果如图 7.14 所示。总体来看，多样性指数的变化趋势接近一致。由于 1000 m 处有放牧干扰，所以折线在该处下降且没有显示出由近及远的规律性变化。

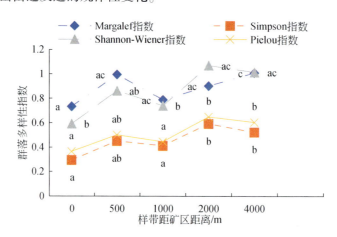

图 7.14　胜利矿采坑西侧研究区不同距离群落物种多样性指数

同一小写字母表示在 0.05 水平下，差异不显著；不同小写字母表示差异显著（$p<0.05$）

　　从样带间对比可以看出，群落多样性指数在 1000 m 处均有明显下降，丰富度指数在 4000 m 处有明显差异，其他距离上的指数差异不明显。1000 m 处的优势度指数、多样性指数及均匀度指数与 2000 m、3000 m 处的指数均有显著差异，说明该区域受到采矿与放牧的共同干扰。

7.3.2.4　研究区群落相似性分析

　　群落相似性是指群落间或样地间植物种类组成的相似程度，是群落分析的一个重要基础。它作为一个定量数据，超出区系植物对比范围，对植被分析有着更大意义，常用群落

相似性系数 C 表示。

表 7.14 列出了西二矿研究区六条样带与对照区的相似性的计算结果。由表可看出，相邻样带间相似性较高，间隔的样带间相似性较低，但是距矿区由近及远的变化无规律。需要指出的是 200 m 处和 2000 m 处样带与其相间隔的样带间相似性指数数值偏低，说明 200 m 处与 2000 m 处的群落稳定性差，该区域放牧也最为严重。与对照区相比，群落相似性明显普遍偏低，群落差异性较大，说明研究区受采煤和放牧的干扰严重。

表 7.14　西二矿研究区群落相似性指数

距采区距离	0 m	200 m	500 m	1000 m	2000 m	3000 m	CK
0 m	1						
200 m	0.712	1					
500 m	0.807	0.821	1				
1000 m	0.821	0.691	0.83	1			
2000 m	0.78	0.621	0.714	0.836	1		
3000 m	0.76	0.612	0.723	0.826	0.612	1	
CK	0.364	0.279	0.341	0.35	0.326	0.353	1

表 7.15 列出了胜利矿研究区五条样带与对照区相似性的计算结果。由表可看出，相邻样带间相似性较高，距矿区由近及远的相似性呈无规律变化。1000 m 处样带与其相间隔的样带间相似性指数数值偏低，说明 1000 m 处的群落稳定性差，也证实了该处有放牧的原因。与对照区相比，群落相似性偏低，差异性较大，研究区受采煤和放牧的影响严重。

表 7.15　胜利矿研究区群落相似性指数

距采区距离	0 m	500 m	1000 m	2000 m	4000 m	CK
0 m	1					
500 m	0.789	1				
1000 m	0.545	0.71	1			
2000 m	0.706	0.75	0.593	1		
4000 m	0.743	0.788	0.643	0.828	1	
CK	0.4	0.25	0.186	0.227	0.311	1

7.3.3　牧矿交错带的生境特征

7.3.3.1　牧矿交错带演化特征

为了分析煤炭开采对牧矿交错带演化特征的影响，分析了开采前后牧矿交错带的景观生态健康变化情况。统计了开采前后牧矿交错带内的景观类型变化情况，其中不健康草原景观由开采前的 0.03 km² 变为 20.16 km²，健康草原景观由 50.35 km² 变为 30.22 km²，说明煤炭开采确实对牧矿交错带的生态健康产生负面影响。利用 VORE 模型评价了开采前后牧矿交错带的健康状况变化程度，其中景观生态健康（VORE 值）由 0.50 下降到 0.41（下降比例为 18%），活力、组织力和恢复力的下降比例分别为 37%、13%、33%，进一步说明大型煤电基地内的矿业活动导致牧矿交错带的健康状况下降。

7.3.3.2 牧矿交错带粉尘影响特征

1. 植物冠层滞尘量估算

1）数据获取及预处理

采集了 66 个样点的植物叶片，采集时选取健康、无病斑和虫害的叶片，同时用 RTK 技术测定每个采样点中心的坐标。植物叶片密封在离心管内，带回实验室后对每组叶片进行称质量、除尘、测叶面积等工作。使用万分之一天平称量离心管内叶片的重量，记为 W_1，称重之后的叶片用软毛刷将其正面的粉尘清除干净，然后进行第二次称重，记为 W_2。利用 CID CI-202 叶面积仪测定叶片的面积，记为 S，单位为 cm^2。叶片滞尘量 DRC 用公式（7.5）表示，使用同一样点所有叶片平均滞尘量作为冠层滞尘量。

$$DRC\left(\frac{g}{m^2}\right) = (W_1 - W_2) \div S \times 10000 \tag{7.5}$$

使用航空机载平台搭载成像光谱仪 Headwall A-Series 采集高光谱影像。航空高光谱平台距地面 2000 m，数据的光谱分辨率和空间分辨率分别为 2.5 nm 和 1.45 m。首先对单条航带进行几何校正和辐射校正，然后采用基于地理参考匹配的镶嵌方法将各条航带拼接在一起。需要注意的是，Headwall A-Series 在 380 ~ 426 nm、754 ~ 778 nm 和 885 ~ 1000 nm 的波段由于光学器件和实验环境的影响，出现了大量的噪声，因此只选取 427 ~ 753 nm 和 779 ~ 884 nm 的波段进行后续分析。

2）特征波段提取与滞尘量估算

使用二维相关光谱分析方法得到冠层滞尘光谱响应的敏感区间为 468 ~ 507 nm、662 ~ 685 nm 和 763 ~ 802 nm。使用竞争性自适应重加权算法提取得到光谱带宽为 2.5 nm，中心波长位于 468 nm、498 nm、662 nm、665 nm、671 nm、677 nm、763 nm、781 nm、790 nm、796 nm 和 802 nm 的 11 个波段。基于随机森林算法构建滞尘量估算模型，图 7.15 是估算模型的精度图。结果表明，估算模型训练集和验证集的数据点均分布在 1∶1 线附近，说明构建的滞尘量估算模型在具有不同叶片参数、不同结构的植物中都表现出色。训练集与验证集的 R^2 分别为 0.921、0.799，RMSE 分别为 3.514、5.593，表现出优越的性能。此外，预测集的 RPD（预测残差）达到 2.231，说明其模型可以很好地预测冠层滞尘量。

2. 植物滞尘量的空间分布特征

将滞尘量估算模型应用于航空高光谱影像，由于研究的目的是估算植被区的滞尘量数据，使用归一化植被指数（NDVI）区分植被区（NDVI>0.15）和非植被区（NDVI≤0.15）。胜利矿区及其周边草原的植物冠层滞尘量在 3.039 ~ 54.999 g/m²，滞尘量达到 29.936 g/m² 以上的区域主要分布在露天煤矿的东南侧以及矿业加工、仓储用地附近。露天煤矿在采煤、装卸和运输等过程中产生的粉尘通过介质搬运在矿区周边传播并聚集；破碎站、筛分楼以及

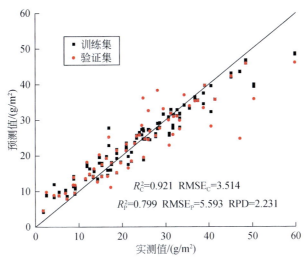

图 7.15　冠层滞尘量估算模型的精度图

煤炭仓储用地在工作生产及运输过程中产生的粉尘导致周边环境滞尘量升高。

3. 牧矿交错带粉尘扩散规律

统计锡林浩特 2011 年 1 月 1 日～2020 年 9 月 7 日的累计风向情况（图 7.16），各方向频率由高到低依次为西北（42.945%）>西南（17.476%）>西（16.343%）>北（6.699%）>南（5.728%）>东北（4.693%）>东（3.916%）>东南（2.200%），其中西北、西南、西和北四个方向的累计频率超过 83%，因此以上述四个方向为上风方向，以其相对的方向为下风方向，以矿坑为缓冲区中心，以 500 m 步长分别统计上风和下风各缓冲带内的冠层滞尘量均值。

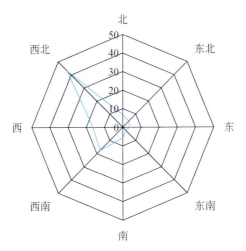

图 7.16　锡林浩特风向频率统计图（单位:%）

随着与矿区距离的增加，上风和下风方向的滞尘量均值大致呈先减小后增大的趋势，不同的是与矿区相同距离的缓冲环内，上风方向的滞尘量均值要小于下风方向，而且上风方向在 4～4.5 km 处曲线趋于平缓，在 5～5.5 km 出现上升趋势；下风方向在 4.5～5 km 出现曲线拐点，在 5～5.5 km 滞尘量继续上升。这是由于上风方向与矿坑距离大于 5 km 时接近工业仓储用地，而在矿区的下风方向大于 5 km 后进入锡林浩特市内，工业废气和汽车尾气的排放又导致冠层滞尘量升高。综上所述，胜利矿区粉尘在上风方向的扩散距离大约为 4.5 km，在下风方向的扩散距离大约为 5 km。由此可知，露天矿区粉尘对周围环境的影响范围是有限、可控的，注重影响范围内的环境治理可以为环境可持续发展提供保障。

4. 滞尘量与地表微量元素污染程度的关系

为了分析粉尘与地表微量元素污染程度的关系，在胜利矿区所处流域内采集了 152 个土壤样本，具体的采样点布设方案为：在整个流域内采用格网法对土壤样本点进行初步布设，网格大小为 1 km×1 km，实际采样过程中，根据胜利矿区土地利用类型与土壤环境特点，在格网内具有代表性、能够反映区域环境质量的位置采样，采样深度为 0～20 cm。将带回的土壤样本置于无尘、通风、避光的地方自然风干，剔除石块、植物根系、树叶等杂物后，经研磨、过 120 目筛、混匀，测量土壤中的微量元素含量。

基于航空高光谱影像反演得到的微量元素空间分布如图 7.17 所示，反演结果的精度

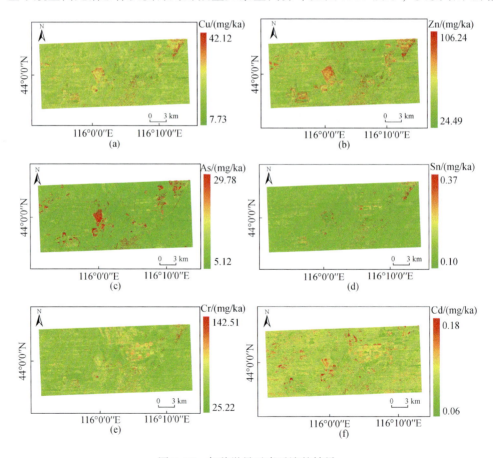

图 7.17 各种微量元素反演的结果

见表 7.16。六种模型的 R^2 均大于 0.7，反演 Cu、Sn、Cr、Cd 所用模型的 RPD 均大于 2.0，而 Zn 和 As 所用模型的 RPD 非常接近 2.0，说明构建的六种微量元素反演模型具有较高的精度和稳定性。

表 7.16　微量元素反演模型的精度

微量元素	训练集		验证集		
	R^2	RMSE	R^2	RMSE	RPD
Cu	0.88	1.53	0.76	2.16	2.04
Zn	0.90	1.82	0.73	3.04	1.93
As	0.89	5.08	0.74	7.87	1.98
Sn	0.90	5.02	0.77	7.45	2.07
Cr	0.91	0.01	0.80	0.02	2.22
Cd	0.90	0.01	0.75	0.01	2.02

按照植物冠层滞尘量由低到高分为 20 个等级（表 7.17），同时使用基于航空高光谱影像反演得到的各种微量元素空间分布图制作潜在生态风险指数分布图，统计每个滞尘量等级下的潜在生态风险指数平均值（图 7.18）。由图可知，潜在生态风险指数与冠层滞尘量呈非线性关系。随着滞尘的增加，以第 8 等级为拐点，潜在生态风险指数先降低后升高，说明粉尘传播是土壤微量元素增加的原因之一。

表 7.17　各等级冠层滞尘量范围

等级	滞尘量范围/(g/m²)	等级	滞尘量范围/(g/m²)	等级	滞尘量范围/(g/m²)	等级	滞尘量范围/(g/m²)
1	3.040~12.173	6	20.698~22.119	11	26.787~28.614	16	38.153~40.995
2	12.173~14.406	7	22.119~23.337	12	28.614~30.847	17	40.995~44.039
3	14.406~16.436	8	23.337~24.554	13	30.847~33.282	18	44.039~47.287
4	16.436~18.668	9	24.554~25.569	14	33.282~35.718	19	47.287~50.534
5	18.668~20.698	10	25.569~26.787	15	35.718~38.153	20	50.534~55.000

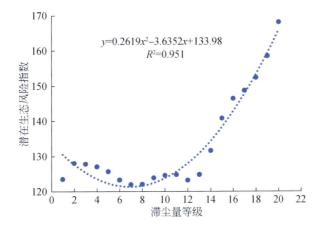

图 7.18　各滞尘量等级下潜在生态风险指数变化

7.3.3.3 排土场微量元素迁移对牧矿交错带的影响

为了分析排土场微量元素迁移对周边草原的影响，以胜利一号煤田北排土场为缓冲区中心，以 20 m 为步长向排土场北部周边区域做缓冲区（图 7.19），计算各缓冲环内的土壤微量元素均值并与距排土场底部的距离做回归分析，以此反映待测范围内每种微量元素含量随距离的变化规律。

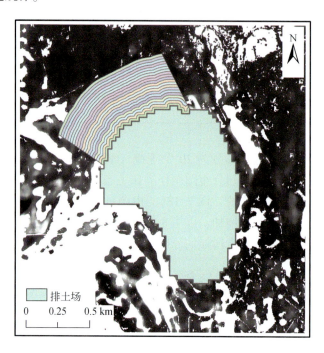

图 7.19　北排土场北部缓冲区示意图

分析表明，在距排土场底部 1 km 范围内，表层土壤中微量元素含量在 220 m 处达到峰值，然后随着距离的增加持续降低。Cu、Cd 和 As 的浓度在 1 km 后会急剧下降，接近背景值，而 Zn 的浓度在 200 m 后会低于背景值，如果铬的浓度要降到背景值，则需要更长的距离。根据排土场周边土壤侵蚀模拟与实地勘察，排土场底部土壤沉积量较大，在距排土场底部 220 m 处土壤沉积量达到最大值；在大于 220 m 的范围内，随着与排土场距离的增加，土壤沉积量持续下降。结合排土场周边区域的土壤微量元素含量与土壤沉积量相关关系推测，土壤侵蚀可能是排土场微量元素向周边草原迁移的重要途径；排土场微量元素迁移对草原的影响距离为 1 km，应在该距离范围内采取防治措施，并重点关注 220 m 左右处的沉积区域，对沉积土壤做相关的无害化处理。

7.3.3.4 牧矿交错带微量元素对植物的影响

1. 不同微量元素下的 NDVI

归一化差值植被指数（NDVI）是评价植物生长状况的一个重要指数，通过分析 NDVI 对土壤中微量元素的响应特征，得到微量元素对 NDVI 产生影响的阈值。

首先计算研究区的 NDVI 分布图（图 7.20），将微量元素反演结果中的矿区、城区、农田去除后，将自然土壤的微量元素按照含量由低到高平均分为 20 个级别。由图可以看出，铜、锌、砷、锡、铬对植物有"低含量刺激生长，高含量抑制生长"的效应，而随着镉含量的升高，NDVI 值呈现出上升—平缓—上升的趋势，即镉并未对植物生长造成明显的抑制作用，这可能是由于研究区大多数植物对镉具有较好的耐受性。

图 7.20　NDVI 计算结果

基于以上研究结果，得到铜、锌、砷、锡、铬对植物生长起抑制作用的含量范围（表7.18）。

表 7.18　微量元素开始对植物生长起抑制作用的含量范围

微量元素	铜	锌	砷	锡	铬
阈值/（mg/kg）	19.77～21.49	49.15～53.23	13.75～14.98	0.19～0.21	89.73～95.59

2. 现场数据验证

为验证得出的阈值的可靠性，于同时期在研究区布设了 175 个植物样方，每个样方大小为 1 m×1 m。验证区域总体上呈射线状布设，一共包括 7 条线。在每条线上，有若干个验证区域组合。每个验证区域组合包括 5 个间隔为 20 m 的验证区域。验证区域组合之间的距离为 100 m、200 m 或 500 m。记录样方的植物覆盖度（盖度）和植物总株数（密度），并记录 GPS 坐标。由于样方没能覆盖所有微量元素含量级别，故存在部分缺失值。

从现场验证结果可以看出，随着铜、锌、砷、锡、铬含量的升高，盖度和密度都呈现出先上升后下降的趋势，随着镉含量的升高，盖度和密度呈现出上升平缓的趋势，这和用NDVI 所得出的结果一致。进一步分析拐点出现的位置。随着铜含量的升高，密度在铜含量级为 8 时出现了下降，这和前面的研究结果一致。但是盖度在含量级为 7 时就出现了下降，略有差异。对于锌和砷，盖度和密度的下降位置都和用 NDVI 得出的相同。对于锡，盖度和密度在含量级为 1～7 时，呈现上升趋势，这和 NDVI 的表现一致。遥感结果显示，NDVI 在锡的含量级为 8 时开始下降，但是由于样方没能覆盖所有的微量元素含量级别，所以无法得知盖度和密度是否在含量级为 8 时开始下降。但是现有的结果显示，锡的含量级超过 7 之后，密度和盖度均降低。对于铬，利用遥感的手段得出 NDVI 值在铬含量级为 12 时开始下降，而现场验证结果显示盖度和密度都在含量级为 11 时开始下降，略有差异。分析这些差异的原因，一方面可能是因为验证区数量有限，现有的验证区不能完全代表整个研究区。另一方面可能是由于微量元素的反演结果存在少许误差。但是从总体来看，研究得出的阈值具有较高的可信度。

7.3.3.5 牧矿交错带土壤养分特征

1. 土壤有机质缺乏

土壤有机质是土壤养分的主要组成部分，也是反映土壤质量的重要指标之一。土壤质量综合了各种农艺和生态过程，其中大部分与有机质动态直接或间接地密切相关。植物凋落物、死亡的植物根系、根系分泌物等是进入土壤有机质的来源。毗邻露天矿区粉尘沉降到植物叶片及土壤表层，形成厚达 1～2 cm 粉尘层，降低植物光合作用并影响了植物生长。当光合作用碳不能满足树木对碳的需求时，植物通过改变碳分配策略响应环境胁迫，更多的光合作用产物用于生长而不是生成干物质。其次，深色粉尘层提高土壤表面温度，增加土壤水分蒸腾速率，升温和干旱胁迫下植物生长季节缩短，生物量降低减少了凋落物来源。最后，土壤表面额外存在的粉尘层阻断了凋落物进入土壤的途径，降低了土壤有机质来源。对牧矿交错带土壤养分进行分析，结果见表 7.19。

表 7.19 研究区不同土层土壤养分概况

土层深度/cm	项目	全氮/(g/kg)	全碳/(g/kg)	氢/(g/kg)	硫/(g/kg)	C/N	C/H	速钾/(mg/kg)	速磷/(mg/kg)	全钾/(g/kg)	全磷/(g/kg)	碱解氮/(mg/kg)
0～5	平均值	1.54a	16.68a	2.47a	0.18a	10.64b	6.56ab	314.26a	37.58a	20.12a	0.733a	48.59a
	标准差	0.41	6.743	0.595	0.07	2.54	1.37	70.72	6.54	2.48	0.144	25.59
	最小值	0.74	5.9	1.28	0.1	7.97	4.61	119.07	28.16	14.28	0.472	10.15
	最大值	2.61	37.91	3.57	0.4	20.68	11.29	459.69	54.13	25.92	1.006	110.28
	CV/%	26.61	40.44	24.06	38.64	23.91	20.92	22.5	17.41	12.35	19.7	52.67
5～15	平均值	1.39a	15.13a	2.33a	0.20a	10.25a	6.10b	139.85b	24.48b	19.32ab	0.529b	32.48b
	标准差	0.482	9.846	0.677	0.072	4.01	2.7	80.25	1.72	3.05	0.15	12.09
	最小值	0.55	3.28	1.02	0.09	5.58	3.07	40.49	22.28	11.13	0.259	8.71
	最大值	2.47	53.61	3.36	0.37	21.08	16.88	309.02	31.19	23.98	0.823	62.18
	CV/%	34.57	65.06	29.04	35.54	39.1	44.27	57.38	7.03	15.81	28.35	37.21
15～30	平均值	1.11b	16.45a	2.24a	0.20a	15.08a	7.14a	108.07c	24.16b	18.40b	0.518b	22.11c
	标准差	0.327	8.96	0.636	0.071	8.44	3.29	62.51	1.27	2.57	0.175	10.35
	最小值	0.45	2.68	0.87	0.06	5.85	2.79	44.69	22.28	13.22	0.244	6.28
	最大值	1.74	42.74	3.43	0.38	44.31	18.99	266.68	28.16	24	0.965	46.09
	CV/%	29.52	54.47	28.44	36.23	55.96	46.07	57.84	5.26	13.99	33.83	46.83

注：不同字母表示不同土层间差异显著（$p<0.05$）；CV 为变异系数。

首先，从土壤养分的剖面分布来看，从表层土壤到 30 cm 深处，全氮、全磷、全钾、速效氮、速效磷和速效钾含量均逐渐减少，而且表层土壤氮磷钾养分均显著高于下层养分，说明了矿区地上植物的枯枝落叶或残茬的分解作用在表层表现得最为明显，全碳也表现出随着土层的降低养分含量下降的趋势，全碳、氢和硫含量在各土层中差异不显著。养分含量随着土层的变化说明，一方面植物生长需要有机质的矿质化过程供应养分，另一方面，随着土层的加深，土壤含水量增加、通透性变差等，这些都影响微生物的分解活动而不利于有机质和养分的形成。

由表还可看出，研究区土壤养分的变异系数变化较大，0 ~ 5 cm 土壤各种养分在 12.35% ~ 52.67% 之间，5 ~ 15 cm 土层变异系数在 7.03% ~ 65.06% 之间，15 ~ 30 cm 土层变异系数在 5.26% ~ 55.96% 之间，整个样地间变异系数在 12.10% ~ 63.63% 之间，表明土壤养分的变化对矿区复垦管理与规划以及一些人为因子和复垦过程等环境因子具有一定程度的敏感性，同时牧矿交错带快速的物质流和能量流也影响土壤养分分布均衡性。

根据国家土壤养分含量分级与丰缺指标可知，牧矿交错带土壤全氮、全钾、速效磷属于 2 级"稍丰"水平，速效钾含量最高，属于 1 级，全磷中等，整个矿区碱解氮最缺，属于"缺"水平，可见，整个研究区，还需要改善生态环境以利于微生物活动加强，有利于养分的形成，进一步促进植物的生长。

2. 土壤微生物变化特征

土壤微生物数量与活力是有机质产生与分解的主要驱动因素，土壤至少可以通过三条途径调控土壤有机碳及速效养分的动态。首先，微生物通过分泌碳降解胞外酶和将有机基质矿化为温室气体来分解 SOC（有机质）。其次，微生物通过分泌获取氮（N）和磷（P）的酶来调节土壤养分循环，进而影响植物生长（SOC 输入）和微生物活性。最后，微生物通过生物群落的反复更替，将可降解有机物转化为微生物坏死体和副产品，从而有助于 SOC 的形成，这些有机物往往在相对缓慢的循环、细粒度土壤中累积，并在长期内有助于土壤碳汇潜力。在高寒草原，变暖和干旱条件下较深的根系分布被认为是增加了作为根系沉积物进入底土的碳输入，潜在地促进了缺乏碳的底土微生物的活动。此外，在环境胁迫存在的情况下，微生物倾向于更多地投资于分解代谢（呼吸），而不是合成代谢（生物量合成），通过降低微生物碳利用效率和微生物碳积累效率损坏土壤累积碳的整体效率。根据生态毒理学研究，暴露于高浓度的污染物可能会对土壤生物群造成危害，包括主要的分解菌群、异养微生物等。土壤污染的负面影响导致土壤生物区系局部适应阻碍，从而影响土壤有机质的矿化。

环境污染除了对土壤微生物的直接毒性影响外，也可由植物介导污染物间接影响植物凋落物在土壤中的分解。植物中污染物的积累和随后的生理应激反应可导致植物凋落物质量的改变，并对土壤分解者的个体表现和种群规模产生影响。此外，凋落物周转量的减少可能导致更厚凋落物层滞留在土壤表层。

第8章　草原区煤电基地生态稳定性研究

生态稳定性作为一种有助于提高对生态系统的描述、理解和保护的实用工具逐渐被引入到脆弱生态系统保护修复研究中。如何定义生态系统的稳定状态、定量评价矿区生态稳定性一直是矿区生态系统稳定性研究中亟待解决的问题。本章从生态稳定性概念、研究方法、研究范围、评价方法等内容出发，在系统分析区域 NDVI 变化特征的基础之上，在大型煤电基地区域、城矿、矿区三个尺度开展群落调查及土壤特征分析，研究了区域草原群落地上及地下结构构建在环境因子影响下的空间分异特征及其驱动机制、矿区排土场及边坡人工群落演变特征，揭示大型煤电基地多尺度区域生态稳定性维持机制。并阐述了从自然环境、土地整治、土壤重构、植被恢复、景观格局五个方面构建的大型煤电基地生态稳定性评价体系。

8.1　大型煤电基地生态稳定性研究方法

8.1.1　生态稳定性概述

稳定性的概念来源于系统控制论，通常指生态系统受到外界干扰后，系统偏差量（状态与平衡位置的偏差值）的收敛性。在生态学中，稳定性一直是生态系统结构和功能的重要特征之一，对生态稳定性进行分析是理解生态系统动态行为的重要方面，在理论和实践中都具有重大意义。但由于生态系统本身的复杂性及其度量的多样性，生态稳定性概念一直处于含混的状态。

1955 年植物生态学家 MacArthur 首次提出关于群落稳定性的概念，认为群落的数量是影响群落稳定性的决定因素，种间相互作用对群落稳定性起到一定的补充作用，并将物种数量保持恒定的群落称为稳定群落。1958 年也提出了相似的生态稳定性理论，认为种群的数量和大小较为恒定的群落对外界干扰的抵抗力越强，其稳定性也越强，群落结构越简单则其稳定性越弱。1973 年动物生态学家 Elton 将生态稳定性的概念具体化，将其定义为种群或群落对外界干扰的抵抗能力，以及受到干扰后系统恢复到原有状态或达到新平衡状态的恢复能力，这也是较为经典的生态稳定性定义。随着对生态稳定性研究的深入，许多生态学家对生态稳定性有了不同的研究和认识，并赋予其不同的内涵，主要包括：恒定性（constancy）、持久性（persistence）、惯性（inertia）、持久性（persistent）、弹性（resilience）、恢复性（recoverability）、抗性（resistance）和变异性（variability）。

刘增文等（2006）强调抵抗力和恢复力是表征生态稳定性的重要指标。柳新伟等（2004）对生态稳定性定义进行了剖析，并认为生态稳定性是在生态阈值内生态系统的敏感性和恢复力。邬建国（1996）将分层斑块动力学角度的亚稳性、自然平衡以及经典平衡的静态稳定性进行比较分析，认为生态稳定性包括抗变性、恢复力、持续性及变异性四种相关但含义不同的概念。据统计，共有 163 个生态稳定性的相关定义和 70 多种不同的稳定性概念，通过总结和比较，他认为生态稳定性只能通过其他的概念来表示，并不能直接进行定义。

由于稳定性概念的复杂性和多样性，学者们从不同角度对稳定性概念进行了发展和补充。从稳定性的外延来看，稳定性可以大致可分为全局稳定性、局部稳定性、绝对稳定性、相对稳定性、结构稳定性、物种丢失稳定性等。

已有研究发现，在生态稳定性的相关研究中，新的假说、观点在不断推出，又被不断地否定和修正，生态稳定性仍没有一个明确的概念，但其含义基本包括两个方面，一是生态系统对外界干扰的抵抗能力，二是系统受到干扰后恢复到初态或达到新的平衡状态的恢复能力。

20 世纪 50 年代，MacArthur 和 Elton 先后提出生态稳定性的定义，由于生态系统的复杂性及空间上的动态变化性，稳定性的度量变得异常复杂，至今仍没有统一的方法来表示生态系统的稳定性。学者们尝试从不同角度来表征生态稳定性，一方面，人们希望从系统的抵抗力、恢复力、弹性、变异性等方面直接对生态系统稳定性进行描述和度量。另一方面，人们试图从生态系统结构、功能等特征与系统稳定性的关系来判定系统的稳定性。通过对 16 项草地实验的再研究发现，种群内物种丰富度与群落稳定性有关，但对群落中各个物种的影响不同；生态系统稳定性的干扰因素众多，如风、水、辐射能等外部能量的输入均会影响生态系统的稳定，这些因素可以削弱甚至损坏生态系统的结构和功能，系统通过对这些干扰因子的控制或疏导来维持自身的稳定性，这种控制和疏导能力即为生态系统的稳定性。

仅从稳定性的概念和机制出发，对系统稳定性进行分析很难得到直接的结果。因此，在对生态稳定性进行定性分析的同时，一些生态学家也尝试利用数学模型来描述生态系统的稳定性。以种群、群落等相对简单的生态结构作为研究对象，用系统对干扰的抵抗力和响应量之比来计算系统的生态稳定性；对食物链中物质和能量流动进行描述，利用平衡状态方程对系统稳定性进行评价；将工业生产中的贡献定律法应用到植物生态学中，对内蒙古锡林河流域的人工草地的稳定性进行分析，结果表明其稳定性随着演替年限的增加而增加。随着研究的进一步深化，生态学家从不同角度提出了稳定性的测度方法，但这些方法均存在一定的不足。

我国生态学家在生态稳定性方面也做了不少研究，不仅提出一些稳定性的测度方法，而且针对不同生态系统提出了不同的稳定性评价的指标体系。刘增文等（2006）对生态稳定性的概念及表征进行了详细的论述，并提出系统的抵抗力和恢复力是分析生态稳定性的重要指标；岳天祥和马世骏（1991）将热力学稳定性理论引入生态系统稳定性的研究中，讨论了一般意义下 K 型增长种群的稳定性，定义了 K 型增长种群的局部稳定区和整体稳定区，明确了人类生态系统发展的最佳区域，并将该理论应用于甘肃河西地区的人口资源承载力的研究中；王广成和闫旭骞（2008）利用分形理论，建立稳定性评价的关联维数模型，并应用实例对模型进行了检验，证明了分形理论在生态稳定性评价中的可行性；张金萍等（2006）利用关联分析法，对宁夏川区 10 个县市在黄河来水频率为 50% 情况下的绿洲生态稳定性进行评价；曾德慧等（1996）对影响沙地樟子松人工林稳定性的干扰因子进行分析，选取人工林成活情况、林分生长情况、寿命长短、林分对干扰的抗性、林分密度及生产力等指标进行稳定性综合分析；邢存旺等（2014）从生物学稳定性、抵抗力稳定性和功能稳定性三个方面，选取土壤机械组成、土壤水分、林分保存率、防护期、自然更新能力等 12 个指标，对河北省黄羊滩林场的人工固沙林进行稳定性评价；钟诚等（2005）分别从生态环境自身稳定性和生态环境人为干扰性两方面，分别选取坡度、降水量、大风天数、植被类型及土壤质地等生态环境自身稳定性评价因子和人口密度、放牧度、垦殖指数等人为干扰性评价因子，对西藏生态环境稳定性进行评价。总体来说，生态稳定性的概念仍处于模糊状态，由于研究对象的多样性及复杂性，生态稳定性研究仍处于持续发展中。

8.1.2　生态稳定性维持机制研究概述

在生态学研究领域中，群落的稳定性问题一直是存在争议的热点问题，虽然对于该问题一直没有一个合理的、广泛接受的概念，但是随着群落生态学的发展，有关群落稳定性的概念层出不穷，研究者应针对具体的研究对象和内容选择合适的概念。目前国内外研究者使用的群落稳定性的概念可归类为以下 3 种：

（1）群落恢复力稳定性。群落受到干扰后，恢复到原来状态的能力。

（2）群落抵抗力稳定性。群落受到干扰后，抵抗外界干扰并维持自身结构功能稳定的性质。

（3）群落演替稳定性。群落经过演替之后能够维持自身结构和功能长期保持在一个波动较小的水平的状态。

植被群落是一定时间空间上，各物种的综合体，是组成生态系统的重要成分，具有维持生态系统水平衡、碳平衡和生物多样性的重要作用。森林和草甸是陆地植被的两种最主要形式，它们维护和调节陆地生态系统平衡并且改善生态环境，是维持生态系统稳定性和多样性的基础，促进了人类社会的可持续发展。群落稳定性是抵抗外界环境变化、人为破坏和生态风险的重要机制，它不仅与群落的生境有关，更与群落本身的结构以及演替有关。所以正确地利用植被群落的这些功能，研究植被群落内在的稳定性维持机制对于维护生态系统平衡、促进人类社会可持续发展等至关重要。

目前，全球已经做了大量的植被群落稳定性维持机制的研究，在植被群落中，作为主体的植物拥有器官冗余，包括茎冗余、叶冗余和种子冗余，而它们又都具备着质量、数量或功能的冗余。如草本植物的幼苗受到损害，处于休眠状态的休眠芽或不定芽就会立即生长，并且可以快速地吸收养分，从而代替受损的幼苗继续生长；又如植物的种子颜色有深有浅，在鸟儿觅食之时，深色地上深色的种子不容易被发现，就得以保存下来，同样浅色地面上的浅色种子易于保存。这些都是冗余理论下的实例，所以每个植物的每个器官都具有冗余，它们发挥的作用可以共同维持植被群落的稳定性。

一般认为，物种冗余则是在植被群落的同一层次中，物种越多，冗余越大，群落的稳定性越高，特别是在森林群落中，同一层次中的优势种和亚优势种的作用都不可忽视，如食草昆虫对不同树种叶片的摄食程度是不一样的，亚优势种被摄食得多，则保护了优势种，相反，优势种被摄食得多，则亚优势种可以更好地生长。层次冗余是指在植被群落中，虽然有很多层次，但是每个层次都会进行光合作用，处于上层的植被为进行光合作用的主体，而处于下层的植被为备用体，上层植物受损后下层植物可以对其进行替代，从而保证了群落系统光合作用的稳定性，另外层次冗余还可以保持群落系统的样貌恢复能力，处于上层的植物生长衰老得迅速，会进行脱落，此时下层植物代替上层脱落的植物继续生长，从而维持植被群落的样貌和稳定。

由于群落间有层次冗余和物种冗余，这就导致了群落的多种冗余结构会出现：多种多层群落、多种单层群落和单种多层群落，不同的结构必然导致其群落稳定性的不同，但是群落中的不同物种和个体间相互联系、相互补偿，它们共同的作用就保持了植被群落的稳定。尽管上述的冗余形式是生态学不同组织水平上的冗余，但是它们之间不是相互独立的，而是相互联系，共同作用的一个整体，共同维持了群落的稳定。

8.1.3　基于生态系统的生态稳定性研究方法

生态系统，是由生物群落及其生存环境共同组成的动态平衡系统。生物群落同其生存环境之间以及生物群落内不同种群生物之间不断进行着物质交换和能量流动，并处于互相作用和互相影响的动态平衡之中。

8.1.3.1　物种种类、数量稳定

在研究过程中发现某些群落的物种保持不变，而在其他群落中则出现很大的波动，把这种稳定性总结为两个方面，一是物种数量，二是物种间相互作用强度。依据资源关系，把群落中的物种划分在不同的分室里，而在这些分室里，随着多样性增加，物种间的作用强度会降低。对于数量较少的群落，物种间的相互作用对稳定性可以起到一定的弥补作用，但这种作用是有限的。对植物物种丰富度、多样性及产量进行了 13 年的研究，分析了随年际变化的单一种与植物群落总生物量及其丰富度的关系，3 个不同的测定结果表明生态系统稳定性明显依赖于物种丰富度。这有助于调节物种多样性与稳定性关系的争论。王国宏（2002）综合了对群落和种群层次多样性与稳定性相关机制的讨论之后认为在特定的前提下，物种多样性导致其稳定。在提出的新思路中指出：由于生态系统内部种群在不断变化，复杂群落的持续性在一定限度内可能依赖于群落密度的波动之中。无论生物过程还是非生物因素导致的种群变化，物种都会以不同的方式去应对环境的变化，从而减小潜在的破坏性竞争排斥对稳定的影响。对稳定性的新解释是：种群密度离极端密度越远（越接近平衡密度），稳定性就越高。促进生态系统稳定性的不是多样性本身，而是群落能够包含物种或功能群的能力。

实验生态学研究得出的关于多样性-稳定性的关系大致可以分为 3 类：正相关、不相关和负相关。对多样性与稳定性的实验与理论结果进行了全面系统的分析，发现支持正相关理论的实验结果占比比较大。提出食物网的复杂程度与系统的物种多样性有关，物种越丰富就代表着具有较长的食物链、共生关系更多且负反馈控制的可能性越大，从而减小波

动并因此提高了稳定性。同时各种生物之间能维持有序整齐的状态依赖于能量消耗和流动。

8.1.3.2　能量与物质的输入、输出保持稳定

在生态系统中时时刻刻都发生着能量流动和物质循环并保持着相对稳定的状态，这种稳态有赖于系统自身的负反馈调节机制。即系统的输出变成决定系统未来功能的输入，作用与反作用彼此抑制、相互抵消，控制系统的输入输出保持稳定。同时系统具有某个理想的状态或置位点，负反馈调节机制控制能量流动和物质传输围绕置位点进行调节。

能量流动的渠道是食物链和食物网。食物网包含了系统中的所有物种之间的联结作用。1955 年 MacAuthur 首先提出稳定性随着能量流动通路的增加而提高的论点。1993 年 RobertPaine 的食物网实验结果中发现：食物链的长度增加，种群的波动变化和灭绝程度也增加，同时还表明获取营养途径更多的种群更容易承受种群波动的影响。对地下食物网进行研究发现，系统群落内有时间分室和生境分室，这就导致群落高度分化。发现食物网如果没有被分割，物种多样性的增加会导致其更加脆弱。根据物种在食物网中的作用不同将其划分为不同的功能群进行研究。他认为如果系统内部平均种间相互作用强度和种间联系恒定，则将物种分隔开存在的时候，表现出来的稳定性要更高。

营养级内的物种冗余和种群内的遗传结构冗余决定了食物网的稳定与否。一般地说，具有复杂食物网的生态系统，一种物种的消失不致引起整个生态系统的失调，但食物网简单的系统，尤其是生态系统功能上起关键作用的种，一旦消失或受严重破坏，就可能引起这个系统的剧烈波动。

8.1.3.3　营养结构保持稳定

生态系统的营养结构是由营养级组成的。在营养级可靠性相同的条件下，简单系统的可靠性普遍略高于营养级多或食物链长的复杂生态系统。

生态系统是由若干个功能群（生产者、第一级消费者，第二级消费者等等）组成的串并联冗余系统。功能群内的物种是按并联方式组合的。设第 j 个功能群的第 i 种群可靠度为 $R_{ij}(t)$，则由 n 个功能群组成的生态系统的可靠度为

$$R_S = \prod_{j=1}^{n} R_j = \prod_{j=1}^{n} \left[1 - \prod_{j=1}^{m} (1 - R_{ij}) \right] \tag{8.1}$$

由公式（8.1）可以看出，只要其中一个功能群的可靠度 $R_j = 0$（$j = 1, 2, \cdots, n$），则生态系统的可靠度 $R_S = 0$，这意味着整个生态系统发生崩溃。每个功能群都是独立稳定的子系统，因此串并联结构也是一种稳定的结构。模型实验表明：生态系统的稳定性是冗余结构的稳定性，无论是一个或者几个物种的消失，只要功能群中仍存在一个物种就不会造成功能群的灭绝。

在同一区域内，营养级内冗余少的容易导致生态系统不稳定，其抗干扰的能力就会比较弱。对一个营养结构复杂的生态系统来说，由于有足够多的物种或种群，不会轻易导致营养级结构和功能的失衡，同时就不会威胁到生态系统的稳定性。生态系统经常遭受干扰，但物种和个体的丢失可以通过来自其内外源源不断的冗余补充，以维持生态系统营养

结构的稳定性。营养级内的物种和种群个体按并联方式组合，这是生态系统能够抵抗干扰和维持其相对稳定性的根本原因。

8.1.3.4　气候调节与生态稳定性

试验表明，生物多样性对生态系统稳定性的影响也会受到气候变化的影响。将14年的植物生物量的遥感数据与123个旱地生态系统多样性的实地调查结合起来进行研究，结果表明植物多样性与气候和土壤因素对生态系统稳定性具有积极作用。基于大空间尺度的气候和土壤条件，73%的生态系统稳定性变化（表征为时间平均生物量与标准差的比值）都能被解释。然而研究也发现，生物多样性与生态系统稳定性之间在全球干旱梯度上具有很强的气候依赖性。在低干旱水平下，叶片特征多样性可能有助于生态系统的稳定，而在最干旱的条件下，物种丰富度可能会发挥更大的稳定作用。

8.1.3.5　土壤微生物多样性与稳定性关系

与抵抗力、恢复力相关的另一个概念是敏感度，是指系统在经历自然或者人为干扰后的变化程度。干扰带来的胁迫可以作为初始群落迅速进化的驱动力。有研究表明，迅速进化是微生物群落的结构和功能对特定胁迫特别是长时间胁迫产生抵抗力和恢复力的重要机制。迅速进化导致的直接效应就是微生物群落快速适应新环境。因此，微生物群落较强的适应性可以保证其在变化的环境中迅速恢复稳定。

可以通过群落的结构和功能两个指标来评估微生物群落的稳定性。在微生物生态学研究中，很多研究集中于微生物群落功能稳定性和结构稳定性之间的关联程度。有的研究认为微生物群落结构变化导致了该微生物群落所执行的生态功能发生了变化，但更多的研究表明微生物群落结构对外界环境胁迫的反应比相应的微生物功能更为敏感。地下的土壤微生物通过促进物质循环和能量交换来作用于地上生态系统，同时它本身也受到地上生态系统的影响。中国农业科学院农业资源与农业区划研究所农业微生物资源团队创新性地提出并验证了一种新的评估微生物群落稳定性的平均变异度指数，将群落稳定性指数化，揭示了土壤微生物的氮磷代谢的特殊性生态功能和相关细菌类群在维持微生物群落稳定中的重要作用。

8.1.4　基于景观格局的生态稳定性研究方法

景观的定义有多种表述，但大都是反映内陆地形、地貌或景色的（诸如草原、森林、山脉、湖泊等），或是反映某一地理区域的综合地形特征。在生态学中，景观的定义可概括为狭义和广义两种。狭义景观是指在几十千米至几百千米范围内，由不同类型生态系统所组成的、具有重复性格局的异质性地理单元。而反映气候、地理、生物、经济、社会和文化综合特征的景观复合体称为区域。狭义景观和区域可统称为宏观景观。广义景观则指从微观到宏观不同尺度上的，具有异质性或缀块性的空间单元。广义的景观概念被广泛采用，因为这一概念强调空间异质性，其空间尺度随研究对象、方法和目的而变化，而且它突出了生态学系统中多尺度和等级结构的特征。

露天煤矿开采会使当地原有土地覆盖植被与土地利用方式等发生巨大变化，从而改变矿区土地利用和景观格局。露天煤矿开采会破坏地表植被、降低物种多样性，使区域生态系统生产力下降，其不断形成的大型采坑和排土场改变原有的地貌，改变地下水走向及格局，进而影响整个生态系统中的物质和能量循环，造成一系列生态环境问题。自然景观向半人工景观、人工景观的转变必然导致景观生态系统服务的价值改变。首先，矿产开采活动对植被的大面积破坏不仅重塑区域景观格局，还会造成严峻的生态环境问题并且加速生态系统的进一步退化。其次，景观破碎化对动植物最有害的后果包括失去适宜的栖息地，逐渐形成栖息地斑块之间的隔离，以牺牲内部栖息地为代价增加边缘效应。景观破碎化通过影响种群扩散、减小种群面积、阻碍基因流动、外界生物体侵扰和地理状况的改变等途径影响物种多样性的分布格局，随着景观破碎化的发生与加剧，生境斑块间的连接度降低，一旦原有的大生境破碎成一些小块生境，种群内部同系繁殖而无法完成种群遗传变异，导致物种灭绝。随着矿产开采，原有自然景观类型及其结构发生变化，人工景观种类越来越多。人工景观的增多，一方面破坏了原来的自然生境，造成局域生物多样性减少，另一方面阻断各个生境斑块之间的联系，影响不同斑块之间物质循环、能量交流和信息传递，破坏了生态完整性。

景观生态学是研究景观组成单元（景观斑块）的类型、数目以及空间分布与配置及其与生态学过程相互作用的综合性学科。强调空间格局、生态学过程与尺度之间的相互作用是景观生态学研究的核心所在。景观生态恢复是通过修复、创建或重组等手段调整景观组分与空间格局，协调退化的生态过程，改善受损生态系统功能，保持区域生态系统的稳定性。景观恢复（reintegration of landscape）从景观尺度上考虑恢复，以地块为单元，研究景观要素间的物质、能量交换与动态平衡，往往涉及两个或更多相互作用的生态系统和（或）生态交错带，强调对景观中非人类因素对景观格局的影响进行量化描述或对比分析，推测景观的演化轨迹。景观生态恢复不是仅局限于某个生态系统，而注重于景观格局及其各要素间的功能联系，合理的景观管理措施可以使生态系统回到以前，或与之相近的状态。基于景观格局生态稳定性的维持有以下几方面。

8.1.4.1 提高景观多样性

景观多样性是指不同类型的景观在空间结构、功能机制和时间动态方面的多样化和变异性，景观要素可分为斑块、廊道和基质。斑块是景观尺度上最小的均质单元，它的大小、数量、形态和起源等对景观多样性有重要意义。

8.1.4.2 维持生态系统稳定性

生态系统具有保持或恢复自身结构和功能相对稳定的能力，即生态系统稳定性。生态系统稳定性与系统内斑块密度、连通度和分维数关系密切。

8.1.4.3 维护生物多样性

生物多样性是指一定范围内多种活的有机体（动物、植物、微生物）有规律地结合所构成的稳定生态综合体。这种多样性包括动物、植物、物种多样性、物种的遗传与变异的多样性及生态系统多样性。栖息地破碎化是生物多样性降低的主要诱因，斑块面积、廊道长度、宽度、廊道密度、连通度等景观指标在维护和提高生态系统多样性中起到重要作用。根据景观生态学原理，生物多样性与景观斑块的面积呈正相关关系。斑块面积越大，物种多样性越高。廊道的生态功能取决于其内部结构、长度、宽度和目标种的生物学特性等因素。廊道有着双重性质，一方面将景观不同部分隔开，对被隔开的景观是一个障碍物；另一方面又将景观中不同部分连接起来，是一个通道，最显著的作用是运输，它还可以起到保护生态系统的作用。

8.1.5　大型煤电基地生态系统稳定性研究方法

煤炭资源作为我国最重要的能源之一，在过去几十年，推动了我国经济的蓬勃发展，但也给矿区所在城市的生态环境带来了影响。尤其近十年来，矿区所在城市的资源、经济、环境与社会人口的矛盾日益尖锐。矿区土地复垦与生态重建不仅是国家关注的重点，也是人们对未来美好生活的期盼，同时也是矿区可持续发展的重要屏障。在煤炭资源开采、矿区土地复垦的过程中会直接、间接地改变土地利用结构和区域地球化学的本底特征，从而使区域土地利用景观结构、功能和生态稳定性发生不可逆转的变化。因此，深入而系统地研究大型煤电基地开发生态格局的生态稳定性对于保护矿区生态平衡，实现区域土地资源可持续利用和煤炭的绿色开发具有显著的意义。

景观生态学（Landscape Ecology）是研究景观单元的类型组成、空间格局及其与生态学过程相互作用的一门综合性学科。其中，景观作为区域基本要素由斑块–廊道–基质构成，是具有明显视觉特征的地理实体。景观格局分析主要研究景观结构组成特征和空间配置，而景观格局指数以其高度浓缩的景观信息，反映其结构组成和空间配置状况的优势得以广泛应用。20 世纪 50 年代以前，对于景观格局的研究主要是从定性的角度进行描述，直到 20 世纪 70 年代以后，开始从定量的角度对景观格局进行分析。20 世纪 80 年代，我国开始引入景观生态学的概念、理论和方法，自此景观生态学得到了广泛的研究和应用，并取得了长足的进展。生态系统具有趋于平衡点的稳定特性，生态系统稳定性（ecosystem stability）通常被定义为生态系统在应对干扰发生状态变化的同时进行重组以维持生态系统功能的能力。生态系统稳定性由生态系统的抵抗力和恢复力两个独立的过程共同决定，抵抗力指引起生态系统结构变化的干扰的大小，而恢复力是指返回到生态系统最初结构的速度。这两个过程从根本上是不同的，但很少被区分开来。目前，生态系统稳定性理论已经成为自然生态系统管理和生态修复的核心概念。

8.1.5.1　生态景观格局的生态稳定性

生物多样性保护具有重要意义。威胁生物多样性的因素很多，其中，人类活动引起的土地利用、土地覆被变化被认为是威胁生物多样性的首要因素。不同土地利用、覆被类型形成的景观斑块和基质的面积、形状、组成及其配置方式，即景观格局，对生物多样性（包括植物、昆虫、两栖动物、鸟类、哺乳动物）有重要的影响，是指示生物多样性指数的有力指标。如何优化土地利用格局，构建适宜的景观格局，平衡土地利用与生物多样性保护之间的关系,是当前需要解决的重要科学问题,而这方面的研究恰恰非常缺乏,因此研究景观格局与植物多样性(α、β、γ 指数)之间的关系,揭示其影响机制,对优化土地利用与植物多样性保护二者之间的关系具有重要意义。

8.1.5.2 生态格局对生物多样性的影响

1. 景观斑块面积

根据岛屿生物地理学理论,在一定范围内,景观斑块面积与物种丰富度和多样性指数呈正相关关系,但是超过一定面积后,这种关系就减弱。选择性灭绝假说认为斑块面积是制约物种分布的重要因素,最小需求面积较大的物种,在面积较小的斑块中较容易灭绝。研究结果表明,植物多样性随生境斑块面积增加而增加,生境周围相似的景观类型对此具有提高作用。这是因为较大的斑块面积包含类型较多的微生境,能够提供种类和数量较多的物种栖息。但对于不同物种,景观斑块面积与物种丰富度的关系也有不同表现。随着斑块面积增加,边缘种和内部种的丰富度增加,但后者增加更显著。个别物种可能需要较大而连续的生境斑块。对半干旱草原的研究发现,植物丰富度、α 多样性指数与斑块面积、生境中心区面积呈显著正相关关系。

许多生物多样性保护强调大斑块对植物多样性保护的重要作用,并且在实践中也得到证实,认为保护大斑块是保护物种多样性的重要途径,但是随着全球景观破碎化越来越严重,小斑块已经成为生态系统中普遍的特征,是生物主要的栖息地。研究者将最小斑块面积定义为允许本土植物生存的最小斑块的面积,许多生态系统中最小斑块面积控制着整个生态系统。所以评估维持生态系统斑块的大小对研究者确定最小斑块面积和数量具有重要指导作用。因此,对于景观斑块面积,虽然其与物种多样性呈现正相关性,但是由于当前人类土地开发利用与生物多样性保护之间的矛盾,土地常常不能大面积作为生物多样性栖息用地而被保护起来,探究能够保持较高生物多样性的土地景观格局,优化用地面积,对于生物多样性保护的实践具有重要意义。

2. 景观斑块形状

景观斑块形状,是影响生物多样性的重要因素,主要包括形状复杂性、边缘特征等因素。热带森林生物多样性研究表明,乔木、灌木和藤本植物物种多样性主要受到斑块形状、斑块多样性的影响。研究发现,不规则景观斑块倾向于保持较高的植物多样性。一般认为狭窄的或是不规则的斑块有着较大的边缘长度和边缘密度,景观异质性较高,植物多样性相对较高,但相关研究表明,景观斑块的形状复杂性指标与植物多样性关系表现不一致,或指示较高的植物多样性,或指示较低的植物多样性。目前,景观斑块形状对植物多样性影响的研究还存在争论,有待深入研究。

半干旱草原研究发现,植物丰富度和 α 多样性指数与斑块周长呈显著性正相关。不规则斑块常常有较长的边缘,使斑块接触更大的周边面积。这虽加强了斑块与周边的物种流动,但也使周边环境对斑块产生了更大的影响。施肥、除草和施用农药等人为活动也往往在自然半自然斑块周围发生,从而影响斑块的生物多样性。其结果往往是边缘种出现了适应性的变化,在景观斑块边缘占优势;而斑块内部则以适应内部稳定环境的窄幅种占优势。对日本针叶林的研究也表明，斑块形状的复杂性有助于提高边缘种的丰富度，但是斑块形状的复杂性与内部种的丰富度呈负相关。

景观形状指数的研究虽然较多，但是所应用的形状指数计算方法不一致，研究的景观类型、取样尺度存在差异，生物多样性从草本植物、木本植物到昆虫、鸟类、两栖爬行类等多种物种的不同，导致研究结果存在差异，其揭示影响机制的角度也不相同，需要作进一步的大量实证研究和理论总结分析。综合目前研究，认为斑块形状的复杂程度对植物多样性的影响还不明确，但是边缘密度较高的斑块中，由于具有较高的景观异质性，生态位广，其植物多样性较高。

3. 景观组成及其配置

在景观组成及其配置方式的研究中，以景观多样性、景观连通性和破碎化方面的研究居多。景观内生态系统斑块的面积、组成、形状和格局构成了生物多样性除遗传、物种层次多样性以外的一个层次：景观多样性。景观多样性可对遗传和物种层次的多样性产生影响，这种影响主要通过斑块组成、面积、形状及其异质种群的交流而产生。景观多样性对不同物种多样性的研究较为丰富，得出的较为一致的结论是，景观异质性与物种 β 多样性呈显著性正相关，物种丰富度在异质性高的景观中较高。物种丰富度与景观类型斑块的多样性呈正相关关系，这种正相关效应来源于丰富的景观地貌类型，或者来源于能为更多的物种提供潜在生境的景观质量效应和邻接效应。欧洲西部的研究表明，植物多样性，尤其是木本植物的物种多样性与景观多样性呈显著正相关关系。

植物多样性除了与景观多样性相关之外，也与景观斑块之间连通性、斑块的聚集程度相关。研究发现，连通性对风媒植物具有积极作用，但是对于非传播种产生消极作用。景观斑块之间的邻近度增加，景观内部种的丰富度增加，ENN（Euclidean nearest neighbor index，欧几里得最近邻指数）指数与植物物种 α 多样性指数成正相关，说明景观斑块之间较高的连接度有利于保持植物多样性。综上所述，景观格局，包括景观斑块组成、面积、形状及其配置方式，影响植物的 α 和 β 多样性。其揭示的影响机制包括：

（1）景观斑块的空间质量效应，空间质量较大，包括的生境类型多，能为更多的物种提供潜在生境。

（2）景观斑块隔离度影响植物种子传播和种子库分布，种子生境斑块之间的连接度高，能够提高种子传播效果，提高植物迁移成功概率，进而降低物种灭绝率。

由以上综述可以看出，景观格局中景观斑块面积、形状对植物多样性的研究较多，结论较为一致。一般认为景观斑块面积越大，植物多样性越高，边缘密度越高，植物多样性越高。景观斑块之间的配置方式和空间分布特征与生物多样性的关系更为密切，很难进行预测，而有关此类的研究却反而不丰富。景观配置指数中，除了 IJI 外，大部分景观结构指数均能较好地指示物种丰富度，比如 PLADJ（proportion of like adjacency，相邻同类比例）、AI（aggregation index，聚集指数）和 SPLIT（splitting index，分裂指数）是木本植物多样性很好的指示指标，而边界相似性或相异性指标的指示性较差。

8.1.5.3 景观格局空间尺度效应

空间尺度效应包含幅度效应和粒度效应，不同景观类型及其组成的景观格局有明显的空间尺度效应，其空间尺度效应的表现也不同。对科尔沁沙地的研究发现，植被组成（植物多样性、地上生物量、植被盖度）与环境因子（土壤营养化学特征、海拔）的关系有很强的尺度依赖性。这种尺度效应影响着景观格局与植物多样性之间的相互作用关系，进而影响植物群落动态变化，这是植物多样性变化的关键驱动力。对欧洲南部农牧交错带的研究发现，在 200 m 的小尺度，植物物种丰富度受地形因子的影响最大；500 m 尺度，基质景观特征是决定植物 α 多样性的主要因子。揭示空间尺度效应的原因，认为生境因子，即决定生态位的环境因子是小尺度植物多样性的决定因子；而人为干扰、景观异质性是大尺度植物多样性的影响因子。物种多样性形成机制的这种空间效应，是由分析的空间尺度不统一和研究对象差异造成的。因此，需要根据保护对象、景观格局等因素，探究不同景观类型下对植物多样性有利的适宜的空间尺度，增强对植物多样性的调控。

矿区生态系统作为一个复杂的生态性系统，不仅具有一般生态系统的特征，还具有矿区特有的属性。目前，针对矿区生态稳定性的研究已有许多，如项文昕和周闯（2015）通过建立生态稳定性评价模型，对不同植被恢复模式生态稳定性进行评价，确定矿区植被重建的最优植被模式；刘杨波和李素清（2020）采用植被数量分析法、多样性和稳定性测定等方法，对山西潞安矿区两座煤矸石山复垦地进行群落特征及稳定性分析；潘德成等（2014）从植被生长、植被对土壤改良效果和植被滞尘能力三方面选取评价指标，对不同配置模式植被进行稳定性评价；谢江等（2020）从地质条件、地形因素和水文地质、工程扰动的其他因素选取评价指标构建评价体系，对西露天矿区的地质稳定性进行评价；王刚（2020）通过建立计算模型，对北山煤电基地进行边坡稳定性评价；郑优男等（2016）从生态系统的稳定和干扰两方面选取景观多样性、生物丰富度、植被盖度、大气环境质量、水环境质量、矿井水回用率等 18 个指标建立矿区生态环境质量指标体系，对矿区生态系统稳定性进行定性分析。

可见，目前针对矿区生态稳定性的研究大多集中在矿区生态恢复状况方面，如群落稳定性、矿区边坡稳定性、矿区地质稳定性等，或在对矿区环境质量进行定量评价的基础上，对矿区生态稳定性进行定性分析。可以看出，目前矿区生态稳定性研究及评价仍处于起步阶段，尚存在对矿区生态稳定性概念和机制不明确，指标选取不全面、针对性不强，评价体系不完善，评价方法选取不当等一系列问题。为对矿区生态稳定性进行更科学、合理、直观的评价，选取具有典型性、代表性、共有性及可获取性的指标来建立针对矿区生态系统的生态稳定性评价体系，是今后研究的重要内容。

8.2 大型煤电基地区域生态稳定性研究

8.2.1 大型煤电基地区域植被 NDVI 变化特征及驱动因素

8.2.1.1 植被 NDVI 年际时空变化特征

将内蒙古每年植被 NDVI 和每个季度的 NDVI 值用图表的形式呈现出来，分别如图 8.1

和图 8.2 所示。

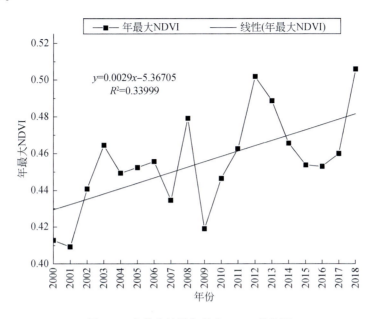

图 8.1　内蒙古植被年最大 NDVI 趋势图

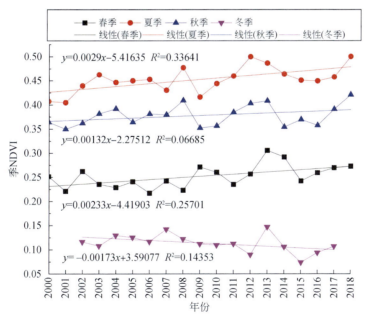

图 8.2　内蒙古植被季 NDVI 趋势图

从图 8.1 可以看出不同年份的植被覆盖变化。根据年最大 NDVI 散点图，内蒙古近 19 年（2000～2018 年）的 NDVI 的变换呈波浪上升趋势，变化的趋势为 0.0029/a，植被最好的状况出现在 2012 年和 2018 年，NDVI 值达到 0.5，植被覆盖情况较差的年份出现在 2000 年和 2009 年，NDVI 值分别为 0.41 和 0.42。这也说明国家退耕还林还草工程取得了良好的效果，内蒙古地区的植被覆盖情况得到了良好的改善。

从图 8.2 可以看出不同季节的植被覆盖变化。从季节变化的情况上看，内蒙古地区的季节植被覆盖度由高到低依次为夏季、秋季、春季、冬季。夏季、秋季、春季的 NDVI 呈现上升趋势，变化幅度依次为 0.0029/a、0.0013/a、0.0023/a，冬季的 NDVI 呈现小幅度下降趋势。内蒙古的生长季主要集中在 4~10 月，所以生长季内的植被覆盖情况是变好的。

8.2.1.2 植被 NDVI 年际空间序列特征

利用 2000~2015 年内蒙古的年最大 NDVI 数据进行趋势分析统计，一共分为严重退化、中度退化、轻度退化、基本不变、轻度改善、中度改善、明显改善七类，并得到不同变化程度对应的面积占比，见表 8.1。

表 8.1 内蒙古植被 NDVI 变化和占比

NDVI 斜率变化范围	变化程度	像元数	占研究区面积百分比/%
-0.06<斜率<-0.05	严重退化	1	0.000
-0.05<斜率<-0.03	中度退化	201	0.005
-0.03<斜率<-0.01	轻度退化	6798	0.183
-0.01<斜率<0.00	基本不变	329115	8.873
0.00<斜率<0.02	轻度改善	3349785	90.307
0.02<斜率<0.03	中度改善	21673	0.584
0.03<斜率<0.07	明显改善	1747	0.047

整体上看，内蒙古大部分地区植被覆盖度呈现上升趋势，约占研究区面积的91%，退化的面积约占9%，严重退化和中度退化的面积较少，约占0.2%，此结果表明内蒙古地区的植被变化趋势非常乐观。植被覆盖度明显提升的地区主要集中在呼伦贝尔草原区、西辽河平原草原区、松辽平原中部森林草原区、河套平原、东部草原区的北部和南部，其中东部草原区的南部主要是农田区，东部草原区南部植被覆盖度提升说明内蒙古退耕还草取得了明显的效果。其中赤峰市北部、乌兰察布布南部地区和包头市的部分地区的植被呈现轻度退化趋势。

8.2.1.3 植被 NDVI 植被分区年际空间变化

分区得到 2001~2015 年温带荒漠区、温带草原区、寒温带针叶林区、暖温带落叶阔叶林区的 NDVI 值。统计结果见表 8.2，其变化趋势如图 8.3 所示。

表 8.2 2001~2015 年各植被分区年 NDVI 值

年份	温带荒漠区	温带草原区	寒温带针叶林区	暖温带落叶阔叶林区
2001	0.113	0.479	0.803	0.642
2002	0.133	0.521	0.805	0.632

续表

年份	温带荒漠区	温带草原区	寒温带针叶林区	暖温带落叶阔叶林区
2003	0.140	0.558	0.802	0.698
2004	0.128	0.531	0.845	0.696
2005	0.116	0.538	0.864	0.696
2006	0.132	0.535	0.866	0.711
2007	0.139	0.500	0.847	0.720
2008	0.141	0.573	0.850	0.725
2009	0.123	0.486	0.822	0.681
2010	0.129	0.524	0.847	0.737
2011	0.130	0.549	0.855	0.750
2012	0.166	0.602	0.832	0.759
2013	0.141	0.588	0.858	0.745
2014	0.108	0.559	0.889	0.736
2015	0.104	0.542	0.884	0.730

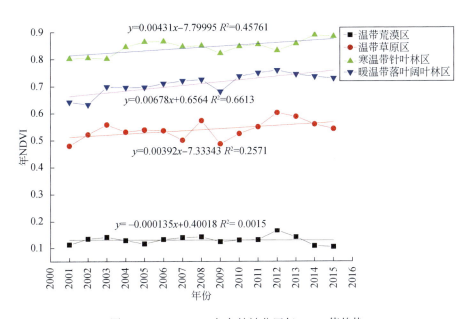

图 8.3　2001～2015 年各植被分区年 NDVI 值趋势

通过对内蒙古温带荒漠、温带草原、寒温带针叶林和暖温带落叶阔叶林四个区域的年平均 NDVI 数据进行统计分析，时间跨度为 2001 年到 2015 年，用 Origin 对四个区域的年平均 NDVI 作图。由图可知，从 2001 年到 2015 年，年平均 NDVI 由高到低分别是寒温带针叶林区域、暖温带落叶阔叶林区域、温带草原区域、温带荒漠区域。温带草原区域由于存在生长季的交替，在冬季的 NDVI 值较低，所以平均值会小于森林区域。寒温带针叶林区域、暖温带落叶阔叶林区域、温带草原区域三个区域的 NDVI 值都呈增长态势，增长趋势由高到低分别是暖温带落叶阔叶林区域 0.00678/a、寒温带针叶林区域 0.00431/a、温带草原区域 0.00392/a。总体来看，温带荒漠区未呈现明显的增长和下降趋势，可认为该区域总体趋于稳定，而森林区和草原区增长明显。结果表明，进入 21 世纪以来，我国对于生态环境保护采取的一系列措施取得了明显的成效，特别是退耕还林还草工程使得我国的草原区域的植被得到了巨大的改善，对森林的乱砍滥伐现象得到了遏制，过度放牧的情况得到了改善。

8.2.1.4　植被 NDVI 生态分区年际空间变化

根据中国生态地理分区数据图，对 2001～2015 年内蒙古植被 NDVI 图进行剪裁，并分区统计出各生态分区的 NDVI，见表 8.3。

表 8.3　2001～2015 年基于生态分区的内蒙古植被 NDVI

年份	ⅠA1	ⅡA3	ⅡB1	ⅡB2	ⅡB3	ⅡC1	ⅡC2	ⅡC3	ⅡC4	ⅡD1	ⅡD2	ⅢB3
2001	0.801	0.805	0.608	0.795	0.728	0.560	0.656	0.391	0.414	0.206	0.095	0.643
2002	0.801	0.802	0.623	0.821	0.764	0.546	0.635	0.436	0.593	0.268	0.106	0.672
2003	0.797	0.808	0.698	0.814	0.772	0.597	0.702	0.496	0.533	0.275	0.106	0.711
2004	0.843	0.831	0.652	0.837	0.758	0.585	0.694	0.472	0.412	0.249	0.103	0.686
2005	0.859	0.860	0.689	0.870	0.826	0.595	0.685	0.451	0.559	0.203	0.101	0.688
2006	0.870	0.843	0.674	0.847	0.775	0.571	0.681	0.456	0.550	0.256	0.099	0.722
2007	0.847	0.819	0.656	0.849	0.723	0.536	0.607	0.400	0.502	0.290	0.106	0.692
2008	0.846	0.855	0.700	0.860	0.789	0.615	0.692	0.497	0.631	0.287	0.109	0.718
2009	0.821	0.801	0.631	0.823	0.789	0.486	0.576	0.391	0.532	0.246	0.100	0.648
2010	0.846	0.850	0.710	0.856	0.775	0.573	0.599	0.437	0.523	0.255	0.105	0.705
2011	0.855	0.854	0.715	0.845	0.782	0.616	0.669	0.454	0.636	0.253	0.104	0.721
2012	0.827	0.848	0.732	0.835	0.784	0.655	0.711	0.544	0.583	0.346	0.124	0.746
2013	0.860	0.832	0.719	0.846	0.826	0.641	0.709	0.515	0.631	0.282	0.114	0.736
2014	0.889	0.877	0.705	0.889	0.849	0.580	0.701	0.463	0.635	0.234	0.087	0.717
2015	0.886	0.868	0.712	0.882	0.803	0.592	0.688	0.454	0.540	0.217	0.084	0.720

年 NDVI 值是年最大 NDVI 值经过剪裁得到，代表每个分区的年 NDVI 值。从表中可以看出，这十二个区域由大到小的排列依次是大兴安岭中段山地草原森林区（ⅡB2）、大兴安岭北段山地落叶针叶林区（ⅠA1）、松辽平原东部山前台地针阔叶混交林区（ⅡA3）、大兴安岭北段西侧森林草原区（ⅡB3）、华北山地落叶阔叶林区（ⅢB3）、松辽平原中部森林草原区（ⅡB1）、大兴安岭南段草原区（ⅡC2）、西辽河平原草原区（ⅡC1）、呼伦贝尔平原草原区（ⅡC4）、内蒙古高平原东部（ⅡC3）、内蒙古高平原西部及河套（ⅡD1）、阿拉善及河西走廊（ⅡD2）。大兴安岭中段山地草原森林区（ⅡB2）、大兴安岭北段山地落叶针叶林区（ⅠA1）、松辽平原东部山前台地针阔叶混交林区（ⅡA3）、大兴安

岭北段西侧森林草原区（ⅡB3）四个地区的 NDVI 值较高，达到0.8，说明这些地区的植被密度较高，植被生长状况较好。仅从 NDVI 数据上看，华北山地落叶阔叶林区的植被状况要低于寒温带针叶林。松辽平原中部森林草原区、大兴安岭南段草原区、西辽河平原草原区、呼伦贝尔平原草原区、内蒙古高平原东部的年 NDVI 在0.4~0.7之间。阿拉善及河西走廊以荒漠区为主，所以 NDVI 值比较低。因此从整个内蒙古植被生长情况来看，东部和东北部要高于西部。

8.2.1.5　植被 NDVI 与水热因子的年际关系

统计了2001~2015年的年平均气温和年降水量数据，为研究其变化，进行线性拟合，拟合结果如图8.4和图8.5所示。利用2001~2015年的年 NDVI 数据和降水气温数据进行相关性分析。

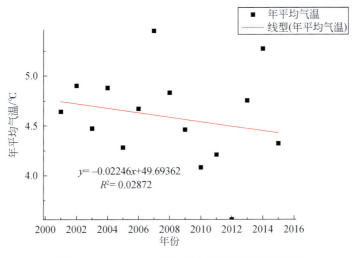

图 8.4　2001~2015 年内蒙古年平均气温变化图

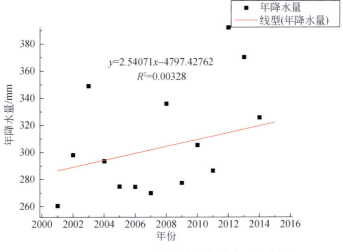

图 8.5　2001~2015 年内蒙古年降水量变化图

从图 8.4 可以看出，内蒙古的年平均气温呈现明显下降趋势，下降幅度为 0.03/a，线性相关不明显。2007 年到 2012 年下降幅度较为明显，平均温度约为 4.6 ℃，最低温度出现在 2012 年，温度值为 3.51 ℃。从图 8.5 可以看出，内蒙古地区的年降水量总体呈现波浪式上升趋势，上升趋势约为 3 mm/a，上升幅度较为明显。最高值出现在 2013 年，达到 392 mm。

根据 NDVI 与气温和降水的相关系数图可以看出，不同地区植被生长对气温和降水的响应有明显的差异。内蒙古植被 NDVI 与降水的相关性较为明显，与气温的相关性较差，这与前人的研究成果结论相似。

根据 NDVI 和降水的相关系数，研究区 NDVI 和降水呈正相关的地区面积达到 90.3%，呈负相关的地区面积为 9.7%，相关性较为显著。特别是内蒙古东部草原区、呼伦贝尔草原区、松辽平原中部森林草原区、西辽河平原草原区 NDVI 和降水的相关性较好，相关系数达到 0.6 ~ 0.9，且基本上通过 p 小于 0.05 检验。森林区、荒漠区 NDVI 和降水的相关性较差，相关性多为负值，而且大多无法通过 p 检验。说明内蒙古区域的针叶林和针阔混交林的植被覆盖度受降水的影响相对较小，这与当地常年冰雪覆盖，有足够的水分供给有关。荒漠区由于降雨较少，且蓄水能力差，降水和植被覆盖度的相关性较差。

根据 NDVI 和气温的相关系数，植被覆盖度和气温呈正相关的地区主要有两部分，一是森林区，二是阿拉善地区，且大部分地区可以通过 p 小于 0.05 检验。大兴安岭地区冰雪覆盖层厚，所以水分充沛。因为此地气温较低，所以森林区植被的生长对温度的响应较为明显，植被覆盖度与年均温的相关性更高。相关系数大约在 0.2 ~ 0.5 之间。草原区的植被覆盖度大部分地区和气温呈负相关，相关性在 -0.4 ~ -0.1 之间，说明降水量是影响该区域的主要气候因子。植被生长不同月份对气温的敏感性不同，这可能就导致出现了负相关，当降水量不够充沛的时候，气温的升高会导致干旱，抑制了植被的生长。

8.2.1.6　植被 NDVI 与水热因子的年内关系

基于 2001 ~ 2018 年每月的 NDVI 指数与每月的气温和降水的相关系数，分月研究在不同的月份植被不同的生长期对气温和降水的响应。

通过分析植被生长季期间（4 ~ 9 月）NDVI 与气温和降水的相关性，可以看出内蒙古地区植被在不同的生长期对气温降水的响应。不同的生态地理分区在不同的月份对气温降水的响应也不同。

从 4 月到 9 月，草原区 NDVI 与气温的相关性先正后负，气温对草原区植被带生长出现了先促进后抑制的情况，说明气温的适当升高促进了草地植被的萌发，随着温度的升高，温度抑制了草原区的植被生长；森林区 NDVI 与温度抑制呈现出显著的正相关，其中 5 月的相关性最为显著，温度的升高促进了植被的萌发，同时温度的升高促进了冰雪层的融化，对植被的生长作用显著，荒漠区对温度的响应总体呈现正相关。

从 4 月到 9 月，草原区 NDVI 与降水呈现显著的正相关，相关性显著，大部分地区通过 p 小于 0.05 检验。从 4 月到 7 月，降水对植被的促进作用越来越明显，7 月的相关性最高。说明草原区的生长旺盛季，降水对草原区植被的生长发挥着重要的作用。森林区 NDVI 和降水呈现负相关，相关性不显著。荒漠区 7、8 月 NDVI 和降水呈现负相关，相关性不显著，大部分地区无法通过 p 小于 0.05 检验。

在以往的研究中，不同地区植被 NDVI 和气温降水出现了不同程度的滞后性。袁沫汐等（2016）发现湖北省降水和气温对生长季不同月份的植被 NDVI 影响明显不同，同时呈现一定的滞后性；曹孟磊等（2016）发现不同草地类型与气温、降水存在不同的滞后效应，多数草地类型 5 月气温降水与 7 月 NDVI 表现出显著相关性；何云玲等（2018）发现云南省 NDVI 与当月气温的相关性强于与当月降水相关性，植被生长对气温的响应无明显滞后效应，对降水存在 3 个月的滞后期；宋鹏飞等（2018）发现山东省植被生长对降水、温度的响应表现出明显的时滞效应。故分别对四个植被分区进行了相关系数滞后性的研究，如图 8.6、图 8.7、图 8.8、图 8.9 所示。

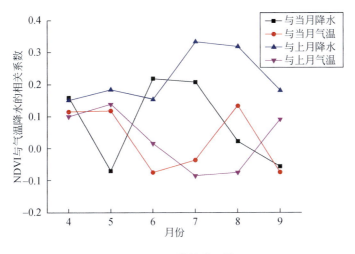

图 8.6 温带荒漠区域

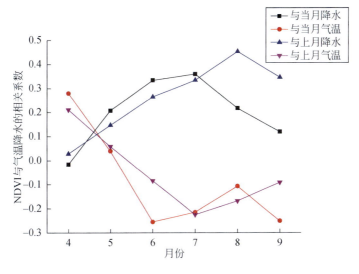

图 8.7 温带草原区域

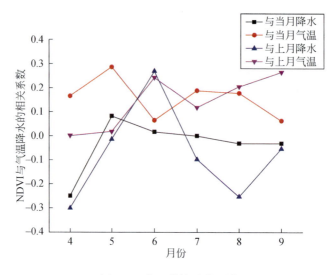

图 8.8　寒温带针叶林区域

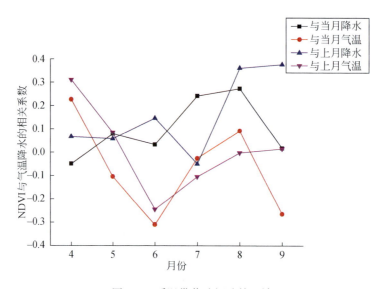

图 8.9　暖温带落叶阔叶林区域

温带荒漠区域植被以温带灌木、半灌木，暖温带灌木半灌木、矮乔木为主，在整个生长季的降水和气温方面特征如下：

降水方面： NDVI 与上月降水的相关性要明显高于与当月降水的相关性，滞后性明显。与上月降水的相关性均为正值，4、5、6、9 月的相关性约在 0.1~0.2。7、8 月的相关性达到最高，达到 0.33。与当月的降水的相关性在 5 月和 9 月出现了负相关，4、6、7、8 月为正相关。6、7 月的相关性最高，为 0.22。所以，降水对荒漠区植被的作用存在明显的滞后性，与上月降水的相关性更高。

气温方面： 总体来看，气温对于温带荒漠区植被的影响滞后性不明显。4、5、6、7

月，NDVI 与本月的气温相关性和与上月气温的相关性差别不大。通过分析 NDVI 与当月的气温相关性，可以看出 4、5 月为植被萌发阶段，气温起到了促进作用，6、7、9 月 NDVI 值和气温呈现负相关关系，说明在生长季的中后期，温度的升高不利于灌木半灌木的生长。

温带草原区的植被以荒漠草原、典型草原、草甸草原为主在降水和气温方面特征如下：

降水方面：比较 NDVI 与当月降水的相关性和与上月降水的相关性，发现两者并没有明显的差别。在整个生长季温带草原区的 NDVI 与降水的相关性均为正相关。从当月的相关性上看，从 4 月到 7 月整个期间，NDVI 与降水的相关性随着生长季的推移逐渐增大，在 7 月达到最大值为 0.36，7 月到 9 月开始降低。从与上月的相关性上看，从 4 月到 8 月，相关性逐渐增大，8 月达到最大为 0.45，9 月较 8 月有所降低。

气温方面：比较 NDVI 与当月气温和与上月气温的相关性，发现不存在明显的滞后性。从与当月的相关性上看，4 月的相关性最高，为 0.28，5 月次之，为 0.04。6、7、8、9 月的相关性均为负值。从与上月的相关性上看，4 月的相关性最高，为 0.21，5 月的相关性次之，为 0.06。其他月份的相关性均为负值。所以综合来看，在 4、5 月气温对温带草原区植被具有正向影响，在 6、7、8 月呈现一定的负向影响。

寒温带针叶林区域在降水和气温方面特征如下：

降水方面：月 NDVI 与月降水的相关性不明显，4、7、8 月呈现出负相关。月 NDVI 与上月的降水的相关性只有 8 月出现了一个显著的正相关，具体原因尚不清楚，但是其他月份均出现了负相关。所以综合两者来看，在寒温带针叶林区，降水对植被的影响较差，总体呈负相关，而且不存在明显的滞后性。猜测这与该地区有较厚的积雪层有密切关系。

气温方面：从 4、5、7 三个月份来看，月 NDVI 与当月气温的相关性明显好于与上月气温。但是在 6 月和 9 月，与上月的气温的相关性要明显好于与当月气温。所以猜测在寒温带针叶林区，在生长季的前期 NDVI 与当月气温的相关性更为明显，随着植被的生长，存在一定的滞后性。

暖温带落叶阔叶林区域在降水和气温方面特征如下：

降水方面：NDVI 与当月降水的相关性在 4、5、6 月相关性不明显，7、8 月的相关性有了明显提升，达到了 0.24 和 0.27，9 月出现明显的下降，这与植被处于生长季的衰退期有一定关系。NDVI 与上月降水的相关性在 4、5、6 月相对较低，处在 0.06 到 0.14 之间。在 8 月和 9 月有一个明显的提升，分别为 0.36 和 0.37。综合对比两者来看，降水对于该地区植被的生长起到了明显的促进作用，呈现显著正相关关系。而在 8、9 月存在明显的滞后性。

气温方面：综合 NDVI 与当月气温相关性和 NDVI 与上月气温相关性看，4 月相关性最为明显，也说明温度因子对于生物有机体的生长发育的重要促进作用。剩下的月份，NDVI 和气温并未呈现明显的正相关和负相关关系，猜测是因为内蒙古地区的暖温带落叶阔叶林区域的面积较小，导致样本不足，出现误差。

8.2.2　东部草原区植被空间分异特征及其驱动因素

以东部草原区为研究对象，通过野外植物群落样方调查、土壤实验室检测和数量生态学方法，采用 TWINSPAN（双向分裂法）数量分类、DCA 排序、RDA 分析及广义可加模型（GAM）等数量生态学分析方法，对该草原区植物区系组成、群落类型、群落分异特征及其与生态因子间的关系进行了研究，取得以下研究成果。

8.2.2.1　东部草原区植物区系组成

根据野外植物区系调查，内蒙古东部草原区植被调查共计发现记录种子植物 31 科 78 属 133 种。植物区系中科的组成以单种科和寡种科居多，但大科虽然只有 6 科，所含属、种数占研究区总属、种数的 57% 和 69.2%，表明区系中科的优势现象明显，主要优势科有菊科、禾本科、蔷薇科、豆科、百合科和藜科（图 8.10）。属的组成以含 1 种的属和寡种属占优势，累计占总属数的 96.25%，所含种数占总种数的 78.95%，说明各属种内部成分较为复杂。种子植物区系地理成分较为复杂，分布区类型多样，科的分布区类型以世界分布或广布占明显优势，占总科数的 67.74%，表明研究区种子植物区系是泛北极植物区系的组成部分，具有相对统一的形成与演化的过程。属的分布区类型主要有三种，北温带分布（占总属数 34.62%，下同）>世界分布或广布（24.36%）>旧世界温带分布（19.23%）。说明研究区属的植物区系地理成分温带成分占绝对优势，本区植物的分布和所处的气候带是相适宜的。研究区多年生草本占绝对优势，共计 96 种，占总种数的 72.18%，其次是一年生草本，占总种数的 14.29%，说明内蒙古东部草原区种子植物区系中草本植物占绝对优势，多形成以草本植物为主的植被类型，表现出本区典型的草原植物群落的区系组成特征，见表 8.4。

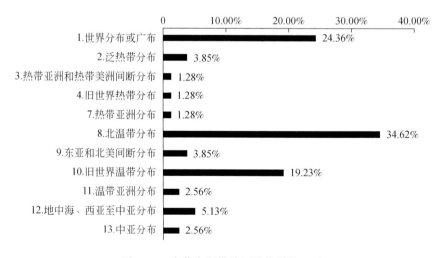

图 8.10　内蒙古温带草原植物科的区系

表 8.4　内蒙古温带草原植物科的分布区

地理成分	分布区类型	科数	占总科数比例/%	科名		
世界分布或广布（21 科）	温带热带广布	5	16.13	豆科	唇形科	车前科
				龙胆科	玄参科	
	温带分布为主	8	25.81	菊科	禾本科	蔷薇科
				藜科	毛茛科	伞形科
				莎草科	蓼科	
	热带分布为主	8	25.81	鸢尾科	大戟科	堇菜科
				景天科	藤黄科	苋科
				旋花科	紫草科	
热带分布（3 科）	泛热带分布	3	9.68	芸香科	牻牛儿苗科	茜草科
温带分布（7 科）	北温带分布	3	9.68	百合科	石竹科	罂粟科
	北温带–南温带间断分布	2	6.45	蒺藜科	麻黄科	
	旧大陆温带分布	2	6.45	川续断科	桔梗科	
总计		31	100			

8.2.2.2　东部草原区植被分类及其空间分异特征

通过 TWINSPAN 数量分类，将内蒙古草地 36 个样地分成 8 种群丛类型，按地理位置和植被特征可归并至两种温带草原植被亚型中：①以针茅和羊草为优势种的典型草原，包含 5 个群丛类型——针茅+刺藜群丛、大针茅+羊草群丛、针茅+羊草群丛、狼针草+糙隐子草群丛和狼针草+寸草群丛；②以大披针苔草和狼针草为优势种的草甸草原，包含 3 个群丛类型——狼针草+羊草群丛、大披针苔草+狼针草群丛和羊草+披碱草群丛。本研究的植物群落划分结果与王宇航等（2016）在内蒙古温带草原的研究结果基本一致。结合 DCA（对应分析排序）排序可以看出，狼针草+糙隐子草群丛和狼针草+寸草群丛这两种群丛类型介于典型草原和草甸草原之间，这可能与放牧有关。而羊草+披碱草群丛与其他植物群落存在较大差异，则可能与微地形有关。

8.2.2.3　内蒙古东部草原区植被空间分异特征的驱动因素

草原区的水、热分布有两个突出的特点：一是水、热的空间分布不平衡，二是同一地区内降水多集中在最热的季节，使水、热在时间上集中在一起。热量分布的趋向是从东北向西南逐渐升高，而水量却由东北到西南逐渐减少，因而使热量最丰富的地区水分却很少，而热量不高的地方水分却较多，形成截然不同的水、热组合条件。所以，使不同地区植物的生长发育常常遇到热量或水分成为限制因素，不能使水、热都充分发挥有效的作用。

纬度相似，不同经度上的针茅+刺藜群丛、大针茅+羊草群丛和针茅+羊草群丛三种类型之间的相似性很高，可能是环境选择的强度较大，尤其是受到干旱的胁迫。在纬向上，群丛类型较为丰富，以大披针薹草+狼针草群丛为主，群丛间变异较为明显，可能是因为呼伦贝尔草原生长季的环境条件适宜，土壤养分充足，使确定性过程的作用减小。不同群丛的组成、结构和功能特征存在一定差异。植被盖度、物种丰富度和生物量都表现为从西到东的增长趋势。多样性和均匀度是波动的，各个群丛间没有显著的规律，但二者的趋势是相同的。可能在东部草原区丰富度和均匀度共同构成群落的多样性，但丰富度的作用不如均匀度明显。

降水和气温是大尺度群落空间分异的主要影响因素（图 8.11），而土壤养分则是在小尺度空间上影响群落分布的主要因素。我们将研究区植物群落特征分为纬向和经向两个梯度进行分异规律的研究。分析表明生态因子对内蒙古东部草原区群落特征变异的总体解释量在经向上的结果要好于纬向上的结果。

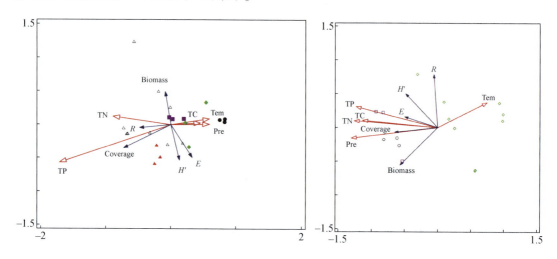

图 8.11　植被空间分异特征的驱动因素分析

Biomass. 生物量；TC. 总碳；Tem. 生长季均温；Pre. 生长季累计降水；E. 均匀度指数；H′. 香农-威纳指数；Coverage. 盖度；TP. 总磷；R. 物种丰富度；TN. 总氮

土壤养分因子（总碳、总氮和总磷）对植物群落特征分异在纬向（南北）上的解释量累计为 22.7%，土壤全磷是主要驱动因子。气候变化作为呼伦贝尔草原影响生态系统变化的重要因素，生长季气温和降水对群落特征影响的贡献率相当，气候因子在纬向上对植物群落特征分异的解释量为 16.4%，呼伦贝尔草甸草原的水分地带性及其复杂的小地形变化导致局域小环境的水热组成发生分化，因此在研究中纬向上并不是气温主导群落特征的分异。

水分作为经向水平（东西）上影响植被地带性分布最主要的因子，研究区经向的生长季累计降水量对群落特征变异的总解释量贡献率高达 63.6%，条件影响为 42.5%。土壤全磷对植物群落特征分异的贡献率排在第二位，条件影响为 15.3%。土壤全磷对植物生物量以及物种丰富度有着显著的影响，研究中土壤全磷对群落特征分异的影响十分显著。我们推测我国北方草地长期的氮沉降增强影响了植物对磷的吸收，使得土壤磷素成为限制植物生长的因素。

利用广义可加模型（GAM）得到各群落特征对各生态因子的响应曲线。结果表明生态因子对群落特征的影响大部分都是非线性的。在纬向上土壤全磷是最主要的驱动因素，随着土壤磷含量的增加，各群落特征指数的大体趋势都是升高的。但物种丰富度的响应曲线出现最小值，而均匀度指数和生物量在磷增加到一定程度后有所下降。生长季的气温在纬向上对群落盖度、物种丰富度、均匀度指数和香农–威纳多样性指数的影响都是呈单峰趋势的，存在最适条件（17.5～18 ℃），但生物量是随气温的升高而降低的。生长季累计降水在纬向上对植被盖度、均匀度、香农–威纳多样性和生物量的影响均为正相关，物种丰富度在 250～300 mm 之间达到最大值。生长季累计降水是经向上最主要的影响因子，对物种丰富度、均匀度、多样性和生物量的影响分别有最佳值。生长季均温对植被盖度、均匀度和多样性是单峰关系，存在最大值，对物种丰富度和生物量则有最小值。土壤全磷在经向上对植被盖度的影响近乎线性正相关，对物种丰富度和生物量的影响是先增加后减小，出现最大值，随着土壤磷素含量的增加，均匀度和多样性表现为先减少再增加，而后再减少的趋势。就多样性而言不管是经向还是纬向，多样性指数和均匀度指数的变化趋势都是一致的，说明在东部草原区多样性的构成中，均匀度比丰富度的作用更大。就生产力而言，适宜的温度和土壤磷含量以及更多的降水是地上生物量增加的关键。

8.2.3　内蒙古草原植被根系特征及其群落构建空间分异研究

以内蒙古温带草原植被群落为研究对象，经历两年区域尺度的植被样方调查、植物和土壤样品采样和实验室分析等工作，利用植物群落地下根系的结构指标、功能指标，构建群落根系重要值（root important value，RIV）及群落根系生活型谱（community root life spectrum）等。运用聚类分析（cluster analysis）、对应分析（correspondence analysis）、因子分析（factor component analysis）及 Pearson 相关系数矩阵法等分析方法，开展基于植物群落组成与群落地下根系性状的植物群丛划分，并对不同植物群落类型形成的主要驱动因素和限制因素进行系统研究，将植物根系性状和群落多样性特征等结合，完成了草原区植被群落分类、根系生活型谱分析，以及对群落物种形成与稳定、群落分布规律及相应环境驱动因子的揭示，研究成果如下。

8.2.3.1　内蒙古草原植被根系群落的空间分布格局

将植物根系性状和群落多样性指数相结合，依据《中国植被》的主要分类单位，对内蒙古不同区域草原植被群落进行了群系组和群丛分类，并依据植物根系生长发育特征，将草地植被划分为三个生活型类别，构建根系生活型谱。

内蒙古温带草原群落可划分为 3 种植被群落亚型：草甸草原、典型草原和荒漠草原。5 个植物群系组：草甸–杂生类群、草甸草原类群、草甸–典型类群、典型草原类群和荒漠草原类群。13 个植物群丛：沙生针茅+蒙古韭群丛、沙生针茅+知风草群丛、针茅+寸草+糙隐子草群丛、针茅+猪毛菜+栉叶蒿群丛、短花针茅+银灰旋花群丛、针茅+猪毛菜+糙隐子草群丛、短花针茅+知风草群丛、羊草+寸草群丛、碱韭+针茅群丛、针茅+羊草群丛、大披针薹草+狼针草群丛、羊草+披碱草群丛和狼针草+羊草+丛生隐子草群丛，这说明基于草原群落组成和结构，以及地下根系性状建立的植被分类具有较好的空间异质性和分布规律。

（1）沙生针茅＋蒙古韭群丛（Ass. *Stipa glareosa*＋*Allium mongolicum*）包括 3 个样点，沙生针茅和蒙古韭为共优势种，兴安天门冬（*Asparagus dauricus*）为次优势种。所属样点土壤多砾石砂土、有机质含量低，物种丰富度（S_{r_a}）低，$S_{r_a}=3.5\pm0.5$，生物量很少。

（2）沙生针茅＋知风草群丛（Ass. *Stipa glareosa*＋*Eragrostis ferruginea*）包括 3 个样点，沙生针茅和知风草为共优势种，猪毛蒿（*Artemisia scoparia*）为次优势种。所属样点土壤多砾石砂土，较为贫瘠，$S_{r_a}=7.5\pm0.5$，物种均匀度（D_a）低，$D_a=0.142$。

（3）针茅＋寸草＋糙隐子草群丛（Ass. *Stipa capillata*＋*Carex duriuscula*＋*Cleistogenes squarrosa*）包括 8 个样点，针茅、寸草、糙隐子草为共优势种，羊草为次优势种。主要为黑钙壤土、栗钙壤土，土壤有机质较高，物种丰富度较高，$S_{r_a}=11\pm1$，物种均匀度中等，$D_a=0.545\pm0.035$。

（4）针茅＋猪毛菜＋栉叶蒿群丛（Ass. *Stipa capillata*＋*Salsola collina*＋*Neopallasia pectinata*）包括 3 个样点，针茅、猪毛菜和栉叶蒿是共优势种，羊草为次优势种。主要为棕钙砂质土，土壤有机质含量低，$S_{r_a}=9.5\pm0.5$，物种丰富度中等，$D_a=0.723$，均匀度较好。

（5）短花针茅＋银灰旋花群丛（Ass. *Stipa breviflora*＋*Convolvulus ammannii*）包括 6 个样点，短花针茅和银灰旋花是共优势种，蒙古韭为次优势种。主要为棕钙砂质土，部分样点表面多砾石，土壤有机质含量较低。物种丰富度低，$S_{r_a}=4.5\pm0.5$，物种均匀度较低，$D_a=0.464\pm0.075$，生物量低。

（6）针茅＋猪毛菜＋糙隐子草群丛（Ass. *Stipa capillata*＋*Salsola collina*＋*Cleistogenes squarrosa*）包括 3 个样点，针茅、猪毛菜和糙隐子草为共优势种，羊草和银灰旋花为次优势种。主要为棕钙砂质土，土壤有机质含量较低。$S_{r_a}=11$，物种均匀度较低，$D_a=0.467$。

（7）短花针茅＋知风草群丛（Ass. *Stipa breviflora*＋*Eragrostis ferruginea*）包括 3 个样点，短花针茅和知风草为共优势种，猪毛蒿为次优势种。棕钙壤土到棕钙砂质土，$S_{r_a}=6.5\pm0.5$，生物量较低。物种均匀度一般，$D_a=0.544$。

（8）羊草＋寸草群丛（Ass. *Leymus chinensis*＋*Carex duriuscula*）包括 1 个样点，羊草和寸草为共优势种，狼针草和白莲蒿（*Artemisia sacrorum*）为次优势种。黑钙壤土到黑钙黏质土，土壤有机质较高，气候湿润。物种丰富度较高，$S_{r_a}=14$，生物量较丰富，均匀度高，$D_a=0.741$。

（9）碱韭＋针茅群丛（Ass. *Allium polyrhizum*＋*Stipa capillata*）包括 2 个样点，碱韭和针茅为共优势种，羊草和野韭（*Allium ramosum*）为次优势种。土壤为栗钙壤土为主，土壤有机质中等，物种均匀度较高，$D_a=0.635$。

（10）针茅＋羊草群丛（Ass. *Stipa capillata*＋*Leymus chinensis*）包括 11 个样点，以针茅和羊草为共优势种，因退化程度不同，次优势种不定，可能为银灰旋花、糙隐子草、野韭、砂韭（*Allium bidentatum*）、寸草、栉叶蒿等，土壤主要为栗钙壤土，$S_{r_a}=13\pm2$，均匀度整体较高，$D_a=0.7\pm0.1$。

（11）大披针薹草＋狼针草群丛（Ass. *Carex lanceolata*＋*Stipa Baicalensis*）包括 9 个样

点，大披针薹草和狼针草为共优势种，次优势种地位不明显，主要有委陵菜属（*Potentilla*）、冰草（*Agropyron cristatum*）等。土壤有机质含量高，为水分充裕的黑钙壤土、黑钙黏土。物种丰富度高，$Sr_a = 16 \pm 2$，由于优势种的相对多度较高，群落均匀度较低，$D_a = 0.5$ 左右。

（12）羊草+披碱草群丛（Ass. *Leymus chinensis* + *Elymus dahuricus*）包括 3 个样点，羊草和披碱草为共优势种，次优势种不定，主要有二裂委陵菜（*Potentilla bifurca*）等。土壤湿润，有机质含量高，主要为黑钙黏质土。物种丰富度极高，$Sr_a = 20$。优势种相对多度较低，所以群落均匀度高，$D_a = 0.823$。

（13）狼针草 + 羊草 + 丛生隐子草群丛（Ass. *Stipa Baicalensis* + *Leymus chinensis* + *Cleistogenes caespitosa*）包括 2 个样点，狼针草、羊草和丛生隐子草为共优势种，次优势种主要为委陵菜属等。土壤含有机质较丰富，主要为黑钙壤土至黏质土。物种丰富度较高，$Sr_a = 13.5 \pm 0.5$，均匀度较高，$D_a = 0.68 \pm 0.05$。

依据植物群落地下结构与功能特征的物种生活型谱（图 8.12），将研究区草原群落分为丛生草本、根茎草本和杂类草本三种地下根系生态适应的生活型分类，表明内蒙古温带草原群落具有较好的水平地带性。

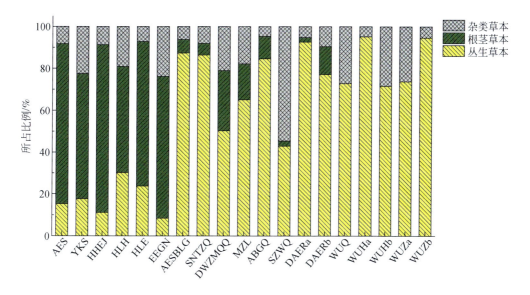

图 8.12　根系生活型谱图

基于群落根系类型和功能特征区分的不同生活型植物占比，主要分为 3 类。其中第一类包括阿尔山、牙克石、红花尔基、霍林河、海拉尔、额尔古纳共 6 个样地，它们的群落组成以羊草、大披针薹草等根茎草本植物为主，杂类草本及丛生草本占比相当，这些样地均处于温带草原的东部，属于草甸草原群落的植被亚型。第二类包括阿尔善宝拉格、苏尼特左旗、东乌珠穆沁旗、满洲里、阿巴嘎旗、四子王旗、达尔汗茂明联合旗共 8 个样地，以针茅、碱韭等丛生草本植物为主，羊草、冰草等根茎草本植物比例大大下降，它们大多处于研究区的中部，属于典型草原群落的植被亚型。第三类包括乌拉特前旗、乌拉特中旗、乌拉特后旗的共 5 个样地，以沙生针茅、短花针茅等丛生草本植物为主，间有少量杂类草本，不再出现根茎草本，均处于温带草原区的西部，属于荒漠草原群落的植被亚型。

8.2.3.2　内蒙古草原植被根系群落分异的环境驱动因素

依据各环境变量相关性聚集情况和环境变量实际意义，将其降维提取为三个主因子（与空间变量相关的类别、与土壤元素变量相关的类别，以及与气候变量相关的类别）。基于主成分法构建因子分析模型，选择因子数量为 3，并对求得的载荷矩阵做方差最大化旋转，使得主因子意义更为明显（表 8.5）。研究发现，草甸草原群落的环境驱动因素为降水和土壤碳、氮、磷含量，限制因素为生长季均温；典型草原群落的环境驱动因素不明显，限制因素为水分；荒漠原群落的环境驱动因素为海拔，限制因素为生长季均温和水分。

表 8.5　基于主成分分析的环境驱动力

环境变量	环境变量权重系数				
	RC1	RC2	RC3	h2	u2
YR（年均降水量）	0.29	0.56	0.69	0.88	0.122
HMR（生长季累计降水）	0.41	0.58	0.59	0.85	0.149
YT（年均气温）	−0.70	−0.19	−0.65	0.94	0.058
HMT（生长季平均温度）	−0.31	−0.21	−0.90	0.95	0.049
CMT（最冷月平均温度）	−0.80	−0.17	−0.50	0.91	0.086
TC（总碳）	0.29	0.90	0.30	0.99	0.011
TN（总氮）	0.29	0.86	0.37	0.95	0.051
C/N（碳氮比）	0.05	0.79	0.08	0.64	0.361
TP（总磷）	0.27	0.87	0.13	0.85	0.146
long（纬度）	0.85	0.38	0.27	0.94	0.060
lati（经度）	0.90	0.23	0.32	0.97	0.031
alti（海拔）	0.96	−0.19	−0.10	0.97	0.034

通过对群落植被类型空间分异规律、群落物种组成与结构、群落根系性状分布规律等形成的环境变量进行单因子分析、多元线性回归分析、因子分析以及对应分析，揭示了特定群落形成、稳定的环境驱动因素。

（1）单因子分析结果显示，HMT、CMT 和 alti 对 TB、TRV、Sr 和 MI 的影响是负向相关，YR、TC、lati 和 long 的影响是正向相关。

（2）构建根系性状指标 TB 和 TRV，以及群落多样性指数 Sr 和 MI 的多元线性回归模型，结果显示模型具有较好的拟合度和解释度。基于主成分法的因子分析结果显示，各环境变量消除了变量间多重共线性后，可提取为三个分别由空间位置、土壤元素和气候特征决定的主因子。其中海拔（alti）及温度相关（YT、HMT、CMT）变量的影响负向相关，其余变量为正向相关影响。这与单因子分析结果相符。三个主因子解释度分别为38%、36%、25%。

8.3 大型煤电基地矿区生态系统稳定性研究

8.3.1 排土场工程因素对排土场边坡稳定性的影响

8.3.1.1 排土场边坡角度对边坡稳定性的影响

在现有施工工艺条件下，排土场各边坡角度均为统一的30°角，为了分析评价边坡角度因素对边坡稳定性的影响，以现有边坡的30°坡度为基准，分别设置10°、20°、30°、40°和50°等五种排土场边坡角度，通过构建SLIDE分析评价模型，相关坡体材料参数的取值以各排土场样品所测参数为依据。分别模拟计算在五种边坡角度模型下边坡的安全系数，分析边坡角度对边坡稳定性所产生的作用。

通过对三个排土场各个坡面分布在设定的五个坡度角条件下进行模拟计算，得到如表8.6所示的各条件下边坡稳定性安全系数。由各安全系数之间的关系分析可知，各排土场之间及不同边坡角度对排土场边坡稳定性存在显著影响（$p<0.05$），而阴阳坡之间的差异并不显著（$p>0.05$）。针对单个排土场来看，其阴坡和阳坡的稳定性安全系数在各角度条件下几乎没有差别；而对比不同排土场之间的安全系数可以发现，北排土场和沿帮排土场之间的稳定性在不同坡度条件下也不存在较大的差异。南排土场则除了在10°边坡角度条件下与其他两个排土场稳定性基本相同外，在20°、30°、40°条件下，其安全系数均远小于对应条件下的北排土场和沿帮排土场。以北排土场阴坡和南排土场阴坡为例进行分析可以发现，在20°的边坡角度条件下，南排土场阴坡的边坡稳定性安全系数只有北排土场阴坡的52.98%。这种差距在30°的边坡角度条件下南排土场阴坡稳定性安全系数则变化为北排土场阴坡稳定性安全系数的50.74%。当边坡角度增大至40°时，南排土场阴坡稳定性安全系数改变为北排土场阴坡稳定性安全系数的54.27%。当边坡角度继续增大至50°时，南排土场阴坡稳定性安全系数改变为北排土场阴坡稳定性安全系数的65.16%，即随着排土场边坡角度的增大，由边坡角度变化引起的排土场边坡稳定性之间的差异逐渐减小。

表 8.6 不同边坡角度对应的边坡安全系数

位置	边坡角度/（°）				
	10	20	30	40	50
北排土场阴坡	6.348	3.126	1.997	1.275	0.887
北排土场阳坡	6.304	3.121	1.992	1.273	0.886
南排土场阴坡	6.337	1.656	1.023	0.692	0.578
南排土场阳坡	6.340	1.415	0.871	0.653	0.641

续表

位置	边坡角度/ (°)				
	10	20	30	40	50
沿帮排土场阴坡	6.347	3.124	1.997	1.274	0.887
沿帮排土场阳坡	6.360	3.132	2.004	1.277	0.889

选取北排土场阴坡和南排土场阴坡的安全系数作出如图 8.13 所示的变化曲线。从图中可以看出，随着边坡角度的逐渐增加，对应边坡的稳定性安全系数趋于降低，这种变化的趋势伴随边坡角度的增加而逐渐减弱。从北排土场阴坡和南排土场阴坡的对比来看，两者的边坡稳定性安全系数在 10°~50° 范围内的差异是比较显著的，在此边坡角度范围之外边坡角度的变化不会使各边坡的安全系数产生明显的差异。

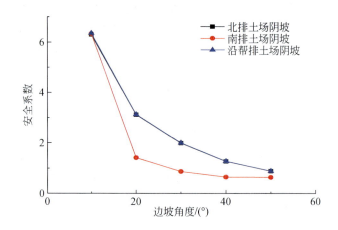

图 8.13　不同边坡角度对应的边坡安全系数变化曲线

从另一个方面来看，在现有的 30° 边坡角度的基础上减小边坡角度所引起的边坡稳定性安全系数的增加值显著大于在此基础上由边坡角度增大引起的边坡安全系数的降低值的变化程度。因此，在施工工艺允许的条件下，在当前基础上适当减小边坡角度可以取得较大的边坡稳定性安全系数，从而有利于提高排土场边坡的稳定性，而边坡角度实际的调整范围可以按照预期边坡稳定性安全系数的要求反推计算而得到，即在确定目标安全系数之后，在控制其他因素不发生变化的情况下根据安全系数和边坡角度的对应关系进行计算即可得到目标边坡角度。两者的数量关系可以由图中拟合的曲线公式来表示。

8.3.1.2　排土场边坡长度对边坡稳定性的影响

排土场现有边坡长度为 30 m，本研究为了探讨边坡长度对边坡稳定性安全系数的影响，分别构建了坡长为 10 m、20 m、30 m、40 m 和 50 m 的边坡模型。在控制其他因素不变的条件下，模拟计算边坡稳定性安全系数的变化趋势，从而分析坡长因素在排土场边坡稳定性中所起到的作用机制。各边坡稳定性安全系数计算结果见表 8.7。各排土场之间及不同边坡长度对排土场边坡稳定性安全系数存在显著影响（$p < 0.05$），而阴阳坡之间的差

异并不显著（$p>0.05$）。北排土场和沿帮排土场的边坡稳定性安全系数仍旧不存在较大差异，相对来说，南排土场边坡的稳定性安全系数明显较小。

表8.7　不同边坡长度对应的边坡安全系数

位置	边坡长度/m				
	10	20	30	40	50
北排土场阴坡	3.443	2.344	1.997	1.813	1.67
北排土场阳坡	3.431	2.335	1.992	1.811	1.667
南排土场阴坡	1.28	1.018	1.023	1.03	1.011
南排土场阳坡	1.223	0.876	0.871	0.879	0.863
沿帮排土场阴坡	3.444	2.345	1.997	1.812	1.671
沿帮排土场阳坡	3.466	2.358	2.004	1.815	1.673

　　借鉴在研究边坡角度中所设置的对比方法，依然选取北排土场阴坡和南排土场阴坡在比较分析边坡长度变化时边坡安全系数的变化规律。从图8.14中可知，北排土场阴坡的边坡稳定性安全系数在10～20 m的坡长范围内发生了非常明显的变化，安全系数从3.4锐减至2.3，相对减少了32.35%。从20 m坡长开始，其安全系数依然持续降低，但是降低的趋势趋于减缓，在20～50 m范围内只降低了28.75%。相对来说，南排土场阴坡的边坡稳定性安全系数变化趋势则没有如此明显，其在10～20 m内只降低了20.47%，而在此之后其边坡稳定性安全系数则基本没有发生变化。这种现象发生的原因可能是南排土场阴坡自身结构已较为不稳定，相对边坡长度的变化来看，其自身结构引起的边坡稳定性安全系数的变化更为明显。

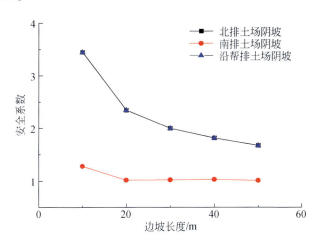

图8.14　不同边坡长度对应的边坡安全系数变化曲线

　　图中曲线的变化表明，排土场边坡在现有30 m的长度条件下，如果为了增大排土场的排土量，在施工条件允许的情况下，可以适当增加排土场边坡的现有长度，这种调整不会使边坡稳定性受到较大的影响。同时，采用降低边坡长度来提高边坡稳定性的措施，如不能使边坡长度降低至 20 m 以下，不会大幅提升边坡稳定性，为保证排土场的排土量，难以采用这种方式来提高排土场边坡稳定性。

8.3.1.3　排土场边坡表面覆土厚度对边坡稳定性的影响

矿区排土场边坡在现有施工工艺中会在边坡表面覆盖一层厚度为 30 cm 的表层土，通过压实操作以防止底部基质裸露而容易被侵蚀破坏，同时为边坡生态恢复提供适宜的土壤条件以利于植被生长。为了确定适宜的覆土厚度，既能保证排土场边坡植被的生长，又能保持较为稳定的结构性质，本研究设置 0、30 cm、60 cm、90 cm 和 120 cm 等不同覆土厚度构建边坡稳定性评价模型。通过模拟计算不同覆土厚度下边坡稳定性安全系数的变化，确定其对边坡稳定性的影响，见表 8.8。

表 8.8　不同边坡覆土厚度对应的边坡安全系数

位置	覆土厚度/cm				
	0	30	60	90	120
北排土场阴坡	2.015	1.997	1.982	1.886	1.618
北排土场阳坡	2.015	1.992	1.692	1.349	1.162
南排土场阴坡	2.015	1.023	0.861	0.817	0.800
南排土场阳坡	2.015	0.871	0.628	0.563	0.531
沿帮排土场阴坡	2.015	1.997	1.984	1.977	1.813
沿帮排土场阳坡	2.015	2.004	2.000	1.995	1.989

通过分析图 8.15 中曲线的变化趋势可以看出，各排土场之间及不同边坡覆土厚度对排土场边坡稳定性安全系数存在显著影响（$p<0.05$），而阴阳坡之间的差异并不显著（$p>0.05$）。北排土场阴坡的边坡稳定性安全系数在 0~60 cm 范围内变化时几乎不会对排土场边坡稳定性产生影响；南排土场阴坡由于其自身结构已处于较不稳定性状态，随着覆土厚度的增加，排土场边坡稳定性安全系数明显下降，而这种下降趋势在覆土厚土达到 60 cm 后趋于减缓。

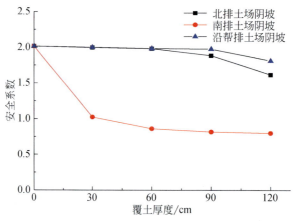

图 8.15　不同边坡覆土厚度对应的边坡安全系数变化曲线

　　根据以上分析，在施工工艺允许的条件下，为更好地进行边坡生态恢复，可以在边坡表面覆盖更厚的土壤来为植被生长提供必要条件。在覆土厚度不超过 60 cm 的情况下，增加覆土厚度不会使边坡结构稳定性受到明显的破坏。

8.3.2　排土场植被根系对排土场边坡稳定性的影响

　　为探究植被因素在边坡稳定性中所起到的作用，利用植被根系固坡效应模型，选取排土场所在区域的四种典型植被作为研究对象，分别为冰草、黄花草木樨、紫花苜蓿、柠条锦鸡儿等物种。在边坡稳定性模型的建立过程中，首先计算植被固坡效应的附加黏聚力，然后将植被根系当作一种构成边坡的材料按照不同根系深度附加在边坡表面作为对边坡产生的一种额外加固作用。通过利用极限平衡理论的相关模型即可对植被因素对边坡稳定性产生的影响进行定量化的数值分析评价。

　　本研究中植物根系抗拉强度和根系面积比率的相关指标数据查阅并参考相关研究资料，具体取值见表 8.9。根据各物种植被根系的生物力学性质参数，计算植物根系在边坡稳定性中所附加的根系黏聚力，然后将其整合到边坡的极限平衡理论模型中，从而构建边坡稳定性评价的复合模型。根系与排土场边坡覆土和基底排弃物的黏聚力取值计算见表 8.10。假设坡体材料的其他性质，如容重、内摩擦角等指标数值不受根系存在的影响，这也是根系固坡效应模拟中的常用假设，本研究采用该假设。

表 8.9　植物根系力学性质参数

参数	黄花草木樨	紫花苜蓿	柠条	冰草
根系抗拉强度/MPa	35	18	30	120
根系面积比率/%	0.060	0.130	0.200	0.012
根系附加黏聚力/kPa	25	28	72	17

表 8.10　植物固坡效应存在下的边坡黏聚力

	黏聚力/kPa			
	黄花草木樨	紫花苜蓿	柠条	冰草
根系+土壤	29.84	32.72	76.64	21.92
根系+排弃物	51.20	54.08	98.00	43.28

　　通过分析表中数据可以得出，虽然冰草的根系直径较小，但其根系强度很高，不过由于其根系面积比率过小造成其产生的根系附加黏聚力很低，因此，其根系固坡效应反而最小。黄花草木樨和柠条锦鸡儿的根系抗拉强度相差不大，但由于柠条锦鸡儿的根系面积比率 0.20 远大于黄花草木樨的根系面积比率 0.06，所以，柠条锦鸡儿的根系附加黏聚力要大于黄花草木樨。紫花苜蓿的根系抗拉强度较弱，但是其根系面积比率相对较高，因此，弥补了根系抗拉强度不足的劣势，使其根系附加黏聚力与黄花草木樨相差不大。

8.3.2.1　单一物种根系固坡效应模拟评价

根据各物种根系形态的分析，确定植物根系所能起到固坡效应的有效根系深度。在模型建立过程中为降低模型复杂程度、提高模型的直观程度，对各物种根系固坡作用深度进行了简化，其中，假设冰草在 0~30cm 范围内可以产生固坡作用，黄花草木樨、紫花苜蓿、柠条锦鸡儿等物种可以在 0~60 cm 内起到固坡作用。考虑到实际排土场边坡中边坡表层土壤厚度为 30 cm，所以除了冰草只在覆土深度范围内发挥固坡效应外，黄花草木樨、紫花苜蓿和柠条锦鸡儿等物种在覆土和排弃物基质中均产生了固坡效应，在模型建立过程中需要考虑各深度范围内模型材料的不同性质。同时为了达到最佳的植被根系固坡效应模拟，在模型中假设各物种存在时其影响范围可以覆盖整体边坡。

从表 8.11 的整体最小安全系数来看，排土场边坡在无植被条件下的整体最小安全系数为 1.996。当在模型中只存在冰草这一物种时，使排土场边坡的整体最小安全系数提升了 1.05%；当在模型中只存在黄花草木樨物种时，排土场边坡的整体最小安全系数上升了 1.95%；当把物种改变为紫花苜蓿时，排土场边坡的整体最小安全系数则上升了 2.11%；当把物种调整为根系深度最长的柠条锦鸡儿时，排土场边坡的整体最小安全系数可以提高 5.11%。从对排土场整体边坡稳定性安全系数的提升上来看，植物物种根系存在所产生的固坡效应没有工程因素模拟中调整边坡施工工艺参数所产生的影响明显，但是考虑到植被根系只覆盖了表层 0~60 cm 范围内的边坡部分，就对整体边坡稳定性产生了一定程度的影响，所以植被根系的固坡效应相对来说依然比较显著。

表 8.11　不同植物固坡效应下的边坡安全系数

	无植被	冰草	黄花草木樨	紫花苜蓿	柠条锦鸡儿
安全系数	1.996	2.017	2.035	2.039	2.098

从另一方面来看，植物物种生长在排土场边坡的表层部分，因此，其对边坡稳定性影响最显著的部分也应该位于排土场的表层。为探究植被因素对排土场边坡表层稳定性的影响，绘制各种植被存在情况下边坡安全系数沿边坡表面的变化趋势曲线。通过各种植被存在时与无植被条件下排土场边坡表面安全系数的对比可以发现，植被固坡效应对排土场边坡表层安全系数影响最强烈的部分位于边坡的中部区域。各种植物的固坡效应强弱与其计算所得的根系附加黏聚力计算结果一致，按照从大到小的顺序排列为柠条锦鸡儿>紫花苜蓿>黄花草木樨>冰草。在无植被条件排土场边坡表层中间部分安全系数为 2.80，当冰草存在时安全系数变为 2.81，在黄花草木樨存在时安全系数为 2.88，在紫花苜蓿存在时安全系数为 2.89，而当柠条锦鸡儿存在时安全系数则变为 3.12。

8.3.2.2　多物种根系固坡效应模拟评价

在矿区排土场边坡的实际调查中可以发现前文所分析的各种植被均有分布，为研究多种植物物种存在条件下根系总的固坡效应，在排土场边坡模型中将冰草、黄花草木樨、紫花苜蓿、柠条锦鸡儿等物种的根系附加黏聚力分层叠加到模型的材料属性中，即在边坡表层 0～30 cm 范围内将冰草、黄花草木樨、紫花苜蓿、柠条锦鸡儿四种根系固坡效应附加在其中，而在 30～60 cm 内冰草不再起到固坡作用，因此只附加黄花草木樨、紫花苜蓿和柠条锦鸡儿的作用。假设各物种在其根系分布深度内的根系固坡效应可以覆盖整个排土场边坡，计算分析此状态下排土场边坡的稳定性安全系数。

通过以上四种植被均存在的条件下的计算可知，排土场边坡的整体最小安全系数为 2.170。相对于无植被存在条件下的整体最小安全系数 1.996，多物种根系的固坡效应使排土场边坡整体稳定性提升了 8.16%；相对于单物种根系固坡效应最强的柠条锦鸡儿的整体最小安全系数的 2.098，多物种根系固坡效应依然使排土场边坡稳定性提升了 2.91%。在多物种根系的固坡效应作用下，排土场边坡的整体稳定性得到了相对较高的提升。虽然这种提升相对于调整边坡工程因素（边坡长度、边坡角度、覆土厚度）产生的影响来说并不明显，但是考虑到采取植被措施相对来说工程量更小、易于实现且能产生较好的生态效益，因此，采用植被固坡效应来提升边坡稳定性是必要的。

另一方面，由于植被覆盖范围主要是在排土场边坡坡体的表层范围，需要知道关注植被因素对排土场边坡表层稳定性的提升作用。从排土场边坡表层安全系数的变化趋势来看，如图 8.16 所示，多物种存在的根系固坡效应使得排土场边坡表层的整体稳定性得到了较大的提升。

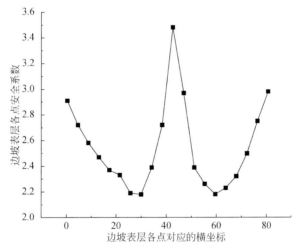

图 8.16　多物种根系固坡效应下的边坡表层安全系数变化曲线

在排土场边坡的中部区域可以看到非常明显的安全系数提升趋势，边坡稳定性安全系数由无植被存在时的 2.80 增大为 3.45，提高了 23.21%。在排土场边坡表层的最小安全系数也由无植被存在时的 2.08 提升为 2.16。由此可以看出，多种边坡植被的叠加作用使得排土场边坡变得更加稳定，这种稳定性的变化影响到了整个边坡尤其是边坡的表层部分，在边坡表层的中部这种影响达到最大值。

8.3.3　植被因素与工程因素复合效应对边坡稳定性的影响

在研究工程因素对排土场边坡稳定性的影响中，通过调整极限平衡边坡模型的相关参数，分析了边坡角度、边坡长度和边坡表层覆土厚度等变量对排土场边坡稳定性的影响；在研究植被因素对排土场边坡稳定性的影响中，则通过改变植物物种的种类以及多物种根系搭配等引起的植被固坡效应的变化探究不同植被因素对排土场边坡稳定性的影响。为了分析植被因素与工程因素的复合作用，本研究设计在改变边坡角度或边坡长度的同时附加恒定的多物种固坡效应从而模拟两种因素耦合对排土场边坡稳定性的影响。

8.3.3.1　排土场边坡角度和植被因素的复合影响

参照本章节中针对排土场边坡角度对排土场边坡稳定性影响的研究，分别设置边坡角度为10°、20°、30°、40°和50°等五种角度的边坡模型。对植物根系固坡效应的模拟采用多物种的根系固坡模型，即假设冰草、黄花草木樨、紫花苜蓿和柠条锦鸡儿等植物物种均存在且在各自对应的根系深度分布范围内对排土场边坡整体起到固坡作用。利用SLIDE软件构建极限平衡边坡稳定性评价模型，采用简化的Bishop法计算边坡稳定性安全系数并进行分析，具体结果见表8.12。

表8.12　植物固坡效应下不同边坡角度的安全系数

边坡角度/(°)	10	20	30	40	50
无植被固坡效应	6.345	3.124	1.996	1.274	0.887
有植被固坡效应	6.971	3.417	2.170	1.375	0.948

通过与无植被固坡效应存在时边坡稳定性安全系数与边坡角度的对应关系进行对比可以得出：多物种根系固坡效应的存在使得排土场边坡整体最小安全系数得到了提升。以无植被固坡效应时的数据为基准分析，当边坡角度为10°时，由植被固坡效应引起的排土场边坡整体最小安全系数提高了9.81%。当边坡角度为20°、30°、40°、50°时，植被固坡效应使排土场边坡整体最小安全系数的提高率分别为9.31%、8.83%、7.84%。随着边坡角度的增大，这种由植被固坡效应引起的排土场边坡整体最小安全系数的提升程度逐渐减小。

由植被固坡效应存在引起的排土场边坡整体最小安全系数的变化率相对较小，而根据之前的分析可以发现植被固坡效应最为显著的区域为靠近边坡表层的中间部分。因此在靠近边坡表层的区域由排土场边坡角度和植被因素的叠加作用将会远大于对排土场边坡整体最小安全系数的影响。同时由图8.17中曲线分析可得，随着排土场边坡角度的增大，附加了多物种固坡效应的变化曲线与北排土场阴坡变化曲线之间的差异越来越小，即随着排土场边坡角度的增大，由植被固坡效应引起的固坡作用逐渐减弱。这可能是由于边坡角度增大引起的坡体所受重力沿坡面分力的增加程度远大于植被根系产生的附加黏聚力。

8.3.3.2　排土场边坡长度和植被因素的复合影响

在研究排土场边坡长度和植被因素对排土场边坡稳定性的叠加影响时，依然参照对排土场工程因素中边坡长度模拟的设置规则，分别构建了坡长为10 m、20 m、30 m、40 m和50 m的边坡极限平衡分析模型。在排土场边坡材料表层叠加有植被的固坡效应，采用

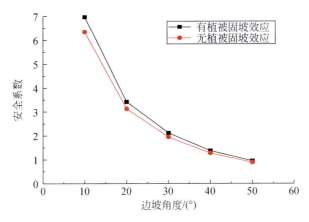

图 8.17　多物种根系固坡效应下的不同边坡角度的安全系数

简化的 Bishop 法计算边坡模型的稳定性安全系数并进行分析，具体结果见表 8.13。

表 8.13　植物固坡效应下不同边坡长度的安全系数

边坡长度/m	10	20	30	40	50
无植被固坡效应	3.439	2.342	1.996	1.812	1.669
有植被固坡效应	4.291	2.666	2.170	1.931	1.752

　　通过与无植被存在时北排土场阴坡的边坡稳定性整体最小安全系数随边坡长度的变化关系进行对比，可以对有植被固坡效应的边坡稳定性整体最小安全系数随边坡长度的变化趋势进行分析。在排土场边坡长度为 10 m 时，由多物种根系固坡效应引起的边坡整体最小安全系数提升了 24.62%。随着排土场边坡长度的增加，植被根系的固坡效应逐渐减小，在坡长为 20 m、30 m、40 m 和 50 m 时对应的边坡整体最小安全系数的提高率分别为 13.74%、8.66%、6.51% 和 4.91%。随着排土场边坡长度的增加，多物种固坡效应存在时的边坡稳定性安全系数与无植被存在时的北排土场阴坡安全系数曲线之间的差别越来越小，如图 8.18 所示。这说明由植被固坡效应引起的排土场边坡稳定性的提升程度小于由

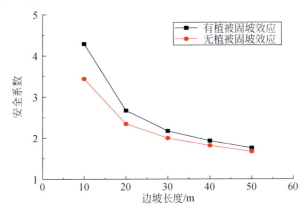

图 8.18　多物种根系固坡效应下的不同边坡长度的安全系数

边坡长度增加造成的排土场边坡稳定性的减弱程度。因此，通过适当地减小排土场边坡的长度可以有效地提高植被的固坡效应在提升边坡稳定性中的作用，从而更大程度地利用植被根系附加黏聚力的作用提高排土场边坡的稳定性。

8.3.3.3 排土场边坡覆土厚度和植被因素的复合影响

在研究排土场边坡覆土厚度和植被因素对排土场边坡稳定性的叠加影响时，依然参照对排土场工程因素中边坡覆土厚度的设置规则，为了不影响植被的正常生长状况不设置覆土厚度为 0 cm 的情况，分别构建了覆土厚度为 30 cm、60 cm、90 cm 和 120 cm 的边坡极限平衡分析模型。具体结果见表 8.14。

表 8.14 植物固坡效应下不同覆土厚度的安全系数

覆土厚度/cm	30	60	90	120
无植被固坡效应	1.996	1.979.	1.717	1.475
有植被固坡效应	2.170	2.175	2.167	2.158

在无植被固坡效应存在的情况下，排土场边坡稳定性安全系数随覆土厚度的增加而逐渐减小，即排土场边坡稳定性逐渐减弱。但是在有植被固坡效应存在的条件下，排土场边坡安全系数基本保持不变，即在植被存在的条件下，由植被根系附加黏聚力产生的固坡效应可以抵消由于表层覆土厚度增加而带来的使边坡稳定性降低的消极影响，从而保障了排土场边坡的稳定性。相对于无植被存在的情况下，在 30 cm、60 cm、90 cm 和 120 cm 条件下，对应的有植被存在时的安全系数分别提高了 8.71%、9.90%、26.21% 和 46.31%。由此可以得出，随着排土场边坡表层覆土厚度的增加，有植物固坡效应产生的对排土场边坡稳定性的提升作用越发趋于明显。具体变化趋势如图 8.19 所示。

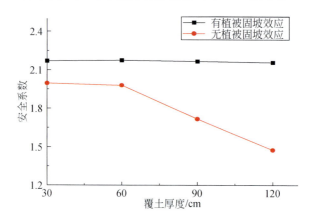

图 8.19 多物种根系固坡效应下的不同覆土厚度的安全系数

8.4　大型煤电基地生态稳定性评价

8.4.1　矿区排土场边坡稳定性

8.4.1.1　评价方法

以北电胜利矿区为例，基于煤电基地排土场边坡力学性质及根系生物力学特征，通过
SLIDE 软件与 Bishop 方法构建边坡稳定性安全系数 FOS，采用边坡稳定性安全系数 FOS 和
极限平衡理论模型对排土场边坡稳定性进行分析评价。其中，

$$\text{FOS} = \frac{\sum \{c'l + (W\cos\alpha - ul)\tan\varphi' + [(X_2 - X_1)\cos\alpha - (E_2 - E_1)\sin\alpha]\tan\varphi'\}}{\sum W\sin\alpha}$$

(8.2)

8.4.1.2　评价结果

从评价排土场边坡稳定性的整体最小安全系数来看（图 8.20，表 8.15），北排土场和
沿帮排土场的边坡稳定性没有显著差异，均接近于极稳定状态，而南排土场的边坡稳定性
程度较差。对边坡土壤样品的相关参数进行分析发现，土壤内摩擦角在本研究范围内对边
坡稳定性安全系数几乎没有影响。随着土壤容重的增加边坡稳定性安全系数趋于降低，而
土壤内摩擦角的增加则会使安全系数逐渐升高。通过对边坡表层安全系数进行分析发现，
边坡中部相对来说具有较高的稳定性，而边坡表面上不稳定的区域则集中在边坡中部的两

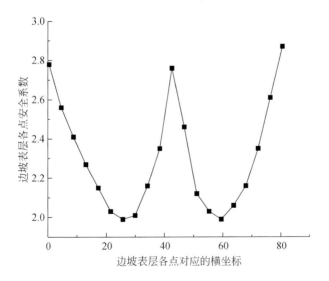

图 8.20　边坡表层安全系数变化曲线

侧部分，随着靠近边坡底部或顶部安全系数逐渐增大。因此在边坡稳定性提升过程中更需要集中关注靠近边坡中部的两侧区域。

表 8.15　排土场边坡安全系数计算结果

	北排阴坡	北排阳坡	南排阴坡	南排阳坡	沿帮阴坡	沿帮阳坡
安全系数	1.997	1.992	1.023	0.871	1.997	2.004

在对排土场边坡稳定性进行评价的基础上，通过模拟排土场边坡在不同工程和植被因素条件下安全系数的变化趋势来分析各种因素对排土场边坡稳定性的影响。在排土场边坡工程因素的模拟中，随着排土场边坡角度的逐渐增加，对应边坡的稳定性安全系数趋于降低，这种变化的趋势伴随边坡角度的增加而逐渐减弱。从排土场边坡长度对排土场边坡稳定性的影响来看，北排土场的边坡稳定性安全系数在 10~20 cm 的坡长范围内发生了非常明显的变化。从覆土厚度对排土场边坡稳定性安全系数的影响来看，北排土场阴坡的边坡稳定性安全系数在 0~60 cm 范围内变化时几乎不会对排土场边坡稳定性产生影响。从植被根系对排土场边坡稳定性安全系数的提升上来看，有植被边坡安全系数均大于无植被边坡。同时随着排土场边坡角度的增大，由植被固坡效应引起的固坡作用逐渐减弱。这可能是由于边坡角度增大引起的坡体所受重力沿坡面分力的增加程度远大于植被根系产生的附加黏聚力。

8.4.2　矿区排土场植物群落稳定性

8.4.2.1　评价方法

矿区生态修复的核心是矿区排土场的植被修复，植被修复对矿区水土流失的控制、土层结构的稳定、土壤质量的提高有着重要作用，同时也是保证系统可持续发展的重要方面。群落的稳定性是衡量一个植物群落对外界干扰的抵抗能力和受到干扰后回到稳定状态的恢复能力，是植物群落结构和功能的综合性特征。对植物群落稳定性进行评价可以较为直接地反映植被本身稳定性的特征和规律，为认识生态系统稳定性提供基础资料和实验证据，进而为矿区人工植被恢复提供科学依据。

M. Godron 指数法是经典的群落稳定性评价方法，是对草原植物群落稳定性进行测定和比较的一种实用方法。其原理是将目标群落中所有植物物种的相对频度按从大到小进行排列，将其与总种数的倒数分别进行累积，用百分数表示，以植物种倒数的累积百分数为 x 轴，以相对频度的累积百分数为 y 轴，建立曲线图，使之与直线 $y=100-x$ 相交，其交点 (x, y) 即为稳定性参考点，交点坐标与点（20，80）的距离称为欧氏距离，该距离越小说明植物群落越稳定，越大则越不稳定。郑元润和王鲜鲜对 M. Godron 法进行改进，认为在计算时用盖度代替频度更能体现群落空间稳定性，同时采用一元三次方程进行拟合更能提高拟合精度。因此，在本研究中采用优化后的 M. Godron 法来计算群落稳定性。计算方程如下：

种累积百分数（X）：

$$X = m/S \tag{8.3}$$

种累积盖度（Y）：

$$Y = \sum_{i=1}^{n} C_i \tag{8.4}$$

平滑曲线拟合方程：

$$y = ax^3 + bx^2 + cx + d \tag{8.5}$$

直线方程：

$$y = 100 - x \tag{8.6}$$

式中，m 为第 m 个物种；S 为群落中植物种数；C_i 为第 i 个物种的相对盖度；根据实际情况，求得平滑曲线与直线的交点，舍弃无效值，得到交点坐标（x, y）。

根据改进后的 M. Godron 稳定性测定方法，作排土场植物群落 M. Godron 稳定性拟合曲线（图 8.21），稳定性系数的变化可以较清楚地表明植被恢复和演替过程中植物的种间竞争，并在一定程度上体现群落抵抗自然环境压力和人为扰动的能力。

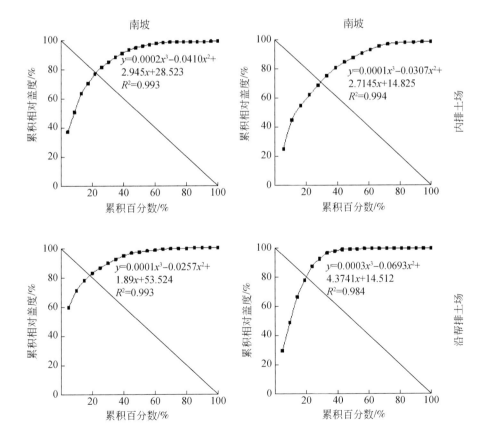

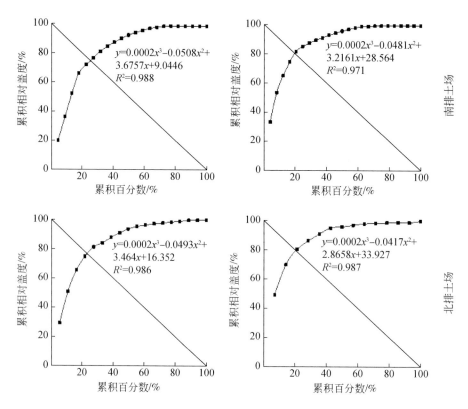

图 8.21 不同排土场 M. Godron 群落稳定性拟合曲线

8.4.2.2 评价结果

由表 8.16 可知，北坡中内排土场欧氏距离最大达 13.20，植被恢复年限越长，欧氏距离越小，稳定性越高。南坡欧氏距离为南排土场>北排土场>内排土场>沿帮排土场，北坡欧氏距离随着恢复年限增加整体呈减小趋势。对比同一排土场不同坡向欧氏距离，内排土场为南坡>北坡，其他排土场为北坡>南坡。

表 8.16 不同排土场群落稳定性

样地	坡向	拟合曲线	R^2	交点坐标	欧氏距离
内排	S	$y=0.0002x^3-0.0410x^2+2.945x+28.523$	0.993	(22.28, 77.71)	3.23
	N	$y=0.0001x^3-0.0307x^2+2.715x+14.825$	0.994	(29.34, 70.68)	13.20
沿帮	S	$y=0.0001x^3-0.0257x^2+1.890x+53.524$	0.993	(18.32, 81.68)	2.38
	N	$y=0.0003x^3-0.0692x^2+4.358x+14.512$	0.984	(20.00, 79.94)	1.68
南排	S	$y=0.0002x^3-0.0508x^2+3.676x+9.045$	0.988	(25.15, 74.84)	7.29
	N	$y=0.0002x^3-0.0481x^2+3.216x+28.564$	0.971	(19.79, 81.19)	1.53
北排	S	$y=0.0002x^3-0.0493x^2+3.464x+16.352$	0.986	(23.44, 76.51)	3.47
	N	$y=0.0002x^3-0.0417x^2+2.866x+33.927$	0.987	(20.52, 79.49)	0.73

　　稳定性结果表明（图 8.21），随着恢复年限的增加，排土场植物群落稳定性整体呈上升趋势，稳定性由南坡>北坡转变为北坡>南坡。排土场南坡稳定性较高很大程度上受水分的影响，水分作为养分流动、循环的载体是影响干旱和半干旱地区植物群落组成和演替的关键因素，对该地区生态恢复有很大影响，南坡由于太阳辐射较强，土壤表层温度较高，蒸发量大，同时立地环境较差，风化严重且土壤表层孔隙度较大，水分更容易蒸发和流失，导致土壤含水量较小，而北坡水分相对充足，温度适宜，营养物质也较充足，更适宜物种进行生存繁衍。不同坡向植物群落恢复效果及演替进程有差异，因此进行人工恢复时不仅要选取符合当地生境条件且具有相容性生态特征的本地物种进行恢复，同时应对不同坡向选取不同植被配置模式进行植被恢复及重建，从而达到更好的恢复效果。

8.4.3　大型煤电基地生态稳定性评价

　　大型煤电基地是一个复杂的开放系统，其稳定性取决于矿区生态系统中各要素的稳定性及其之间的相互联系。为了全面分析矿区生态系统稳定性，统筹水、土、气、生、景观等多要素，从景观生态、生态系统、生物群落等不同层次，结合矿区生态修复"宏观上可指导、中观上可控制、微观上可操作"的修复理念，建立科学、全面、有针对性的矿区生态系统稳定性评价体系，并采用定性与定量相结合的方法进行评价，突破传统的单要素分析法，完善现有的矿区生态稳定性研究。

8.4.3.1　生态稳定性评价方法

1. AHP 层次分析法

　　大型煤电基地稳定性评价属于多目标的系统评价，仅从定性角度进行分析的评价结果过于模糊，无法对其稳定性状况进行准确的判断。因此，具有多目标的复杂生态系统常采用定性与定量相结合的方法进行评价。层次分析法（AHP）最初由 Saaty1980 年提出，是定性与定量相结合的决策方法，同时是一种可以分析难量化、多目标、多准则复杂系统的方法。提出的评价指标体系具有层次结构，非常适合用层次分析法进行分析。灰色层次评价分析法是指由于人的认知具有不确定性，往往不能完全确定事物所处的状态，个人无法完全接受社会经济系统所提供的决策信息，而目前已有的层次分析法中，忽视了人对信息认知的灰色性，因而在构造判断矩阵时，不能确定地认为一个元素完全属于某个标度，而不属于其他标度，但由于个人对于决策信息已有一定的认识，因而可以指定一个大概范围，即给定一个标度的区间，也就是区间灰数，然后在这些区间灰数的基础上，对该决策进行再认识，对区间灰数进行白化处理。根据评价指标体系，按照从低层级到相应高层级的顺序，逐一对低层级的各指标较上一层级的重要性进行两两比较，采用专家打分法，构造指标间相对重要性判断矩阵，求出该判断矩阵的最大特征根 $\lambda_{\max}$ 及标准化特征向量 w，并将 w 归一化，即可得出各指标的重要性排序。基本步骤如下。

　　1）构造判断矩阵

　　判断矩阵见表 8.17。根据评价指标体系，对同一层级各因素较上一层级的相对重要性进行比较。例如准则层中 $A1$（自然因素）对要素层 $B1$（大气污染）、$B2$（地下水污染）

有支配作用，因此需要确定 B1、B2 相对于 A1 的重要性。

表 8.17　判断矩阵

A1	B1	B2	⋯	Bi
B1	1	P12	⋯	P1i
B2	P21	1	⋯	P2i
⋮	⋮	⋮	1	⋮
Bj	Pj1	Pj2	⋮	1

其中，建立判断矩阵时常采用 1～9 标度法来确定各影响因子相对于上一层次的重要性。其因子间相对重要性标度及含义见表 8.18。

表 8.18　因子间相对重要性标度及其含义

标度值	含义
1	两元素同等重要
3	两元素相比，其中一个元素较另一元素略为重要
5	两元素相比，其中一个元素较另一元素特别重要
7	两元素相比，其中一个元素较另一元素强烈重要
9	两元素相比，其中一个元素较另一元素极其重要
2、4、6、8	介于两相邻标度值之间

2）单层次排序及一致性检验

根据判断矩阵，求出判断矩阵的最大特征根 $\lambda_{\max}$ 及标准化特征向量 w，并将 w 归一化，即可得出各指标相对于上一层级中的重要性排序，该排序称为单层次排序。计算步骤如下：

将判断矩阵 A 各列数值进行归一化：

$$\bar{a}_{ij} = a_{ij} \Big/ \sum_{k=1}^{n} a_{ki} \cdots\cdots (i, j = 1, 2, \cdots, n) \tag{8.7}$$

求矩阵 A 各列元素的累积和：

$$\bar{w} = \sum_{j=i}^{n} a_{ij} \cdots\cdots (i = 1, 2, \cdots, n) \tag{8.8}$$

$\bar{w}$ 即为各指标权重值。

对向量 w 进行归一化处理：

$$w = w_i \Big/ \sum_{i=1}^{n} w_i \cdots\cdots (i = 1, 2, \cdots, n) \tag{8.9}$$

计算判断矩阵 A 的最大特征根 $\lambda_{\max}$：

$$\lambda_{\max} = \sum \frac{(AW)_i}{w_i} \Big/ n \tag{8.10}$$

3）一致性检验

一致性检验即检验该判断矩阵是否具有合理性及较合理的一致性，通过一致性检验公式进行检验，可消除主观评判可能出现的偏差。检验公式如下：

$$CI = \frac{\lambda_{max} - n}{n-1} \tag{8.11}$$

$$CR = \frac{CI}{RI} \tag{8.12}$$

式中，CI 为判断矩阵的偏离一致性；RI 为判断矩阵的平均随机一致性指标（表 8.19）；CR 为判断矩阵的基本一致性比率；n 为矩阵阶数。

当 CR<0.1 时，则证明该判断矩阵满足一致性检验，反之需重新考虑各指标的相对重要程度并重新进行打分评价，直至通过一致性检验。

表 8.19　平均随机一致性指标

n	1	2	3	4	5	6	7	8	9	10
RI	0	0	0.52	0.89	1.11	1.25	1.35	1.40	1.46	1.45

4）层次总排序

层次总排序是指在同一个层次中所有因素相对于最高层即总目标的相对重要性。该过程是由最高层级（目标层）向下（A–B–C）进行的。层次总排序的一致性检验顺序同样也是逐级向下进行的，当 CR<0.1 时，则证明该排序满足一致性检验，具有合理性，反之，需要重新考虑各指标的相对重要程度，并进行重新打分，直至通过一致性检验。

2. 综合评价法

在得到各评价指标的权重之后，采用综合评价法得出大型煤电基地稳定性评分值：

$$S = \sum_{i}^{n} \lambda_i \times B_i \quad (i = 1,2,\cdots,n) \tag{8.13}$$

式中，S 为大型煤电基地生态稳定性综合评价得分值；B 为各指标得分值；λ_i 为各因子权重值。

8.4.3.2　评价指标选取与体系构建

矿区生态系统是一个复杂的生态系统，不仅具有一般生态系统的特征，还具有矿区生态系统的特有属性。生态系统的整体性决定了系统中各要素均对生态系统整体状况有影响。矿区生态系统的稳定从本质上是指矿区生态系统中各要素的稳定。因此，在评价大型煤电基地生态稳定性时，要考虑矿区生态系统中各要素之间的相互联系及相互作用，立足于矿区生态功能进行综合性评价。

大型煤电基地中露天煤矿的大规模开采对地表产生巨大扰动，其中，排土场作为露天矿开采过程中废弃物的主要集中处置地，占据了露天煤矿用地的一半以上，严重破坏了区域原本的地形地貌及景观格局。排土场边坡高而陡，且结构松散，易造成土壤侵蚀和水土流失，同时对大气和水环境也造成不同程度的污染，严重破坏了矿区的生态环境。目前针对大型露天煤矿进行的生态恢复，如矿区土地复垦、水土流失治理、植被恢复重建、土壤修复等均是针对矿区排土场进行的，排土场的恢复效果直接关系到矿区生态系统的稳定性。因此建立大型煤电基地生态系统稳定性评价体系时,不仅需要考虑矿区整体稳定性的特征,同时需要聚焦排土场这个矿区生态修复的关键场所。

在充分参阅相关文献及进行实地调查分析后,针对大型煤电基地开采引发的大气污染、水污染、土壤重金属污染、植被破坏、土壤破坏、景观破坏等一系列生态环境问题,从生态整体性的角度出发,全面统筹水、土、气、生及景观等多要素,结合矿区生态修复的主要内容,从景观生态、生态系统、生物群落等不同层次选取评价指标,并对指标进行筛选归纳,确定影响大型煤电基地生态系统稳定性的主要因素为自然环境、土地整治、土壤重构、植被恢复和景观格局。每个影响因素受下一层级因素的影响,直至指标可以直接进行度量的层级,由此构成了大型煤电基地生态稳定性评价指标体系。

从结构上说(图 8.22),该体系基本层次分为目标层(S)、准则层(A)、要素层(B)和指标层(C)。

目标层(S):从整体上对大型煤电基地生态稳定性进行判断,表述煤电基地生态稳定性的总体状况,即是否稳定,稳定程度如何;

准则层(A):是标明目标层稳定性的不同方面;

要素层(B):从不同的侧面制约着准则层的稳定性状况;

指标层(C):指标层是大型煤电基地生态稳定性评价指标体系的最基本层次,可对准则层进行直接度量。

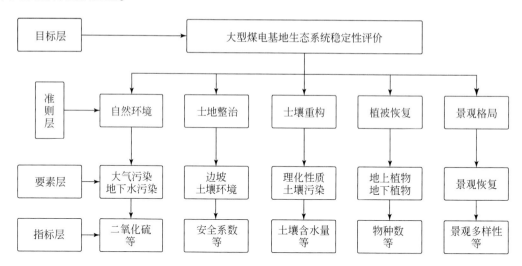

图 8.22　大型煤电基地生态稳定性评价体系结构

1. 生态稳定性评价体系构建

大型煤电基地生态稳定性评价指标体系是一个复杂、庞大且涉及内容广泛的定量式大纲,可以根据各个评价指标的特征和作用,对矿区生态系统的状态、进程和态势进行分析、判断和预测。然而,由于评价指标多样且繁杂,不同评价者、评价角度均会得到不同的评价指标体系。因此,大型煤电基地生态稳定性评价工作困难重重。根据科学性、全面性、可行性、可持续发展等原则,基于数据可得性和可行性,综合、全面地考虑了各因素对大型煤电基地生态稳定性的影响,从自然环境、土地整治、土壤重构、植被恢复、景观格局五个方面选取 40 个指标建立大型煤电基地生态稳定性评价体系。

1）自然环境

自然环境是矿区稳定性的重要因素，其中大气污染和地下水污染尤为明显。大型煤电基地采矿钻孔、爆破、运输、碾碎与筛分过程都会产生大量的粉尘和有害气体，造成大气污染，从而影响了植被的生长。煤电基地开采对地下水的影响主要表现为改变了含水层的结构，造成地下水位下降和水资源短缺，严重影响植被的恢复与重建。中大气污染选取 SO_2 日均浓度、NO_2 日均浓度、$PM_{2.5}$ 日均浓度、PM_{10} 日均浓度、TSP（总悬浮颗粒物）日均浓度等指标；地下水污染选取受采矿影响较大的地下水位变化量、pH、浊度和地下水总硬度等指标。

2）土地整治

土壤重构、植被恢复和土地整治是矿区修复的三种重要手段。其中土地整治主要表现为地形重塑和土地复垦，由于土地整治耗时长，见效慢，同时土地整治技术尚不完善，前人在矿区修复中多采取土壤重构和植被恢复的手段，对地形及土地复垦研究较少。露天采矿对地表环境和植物群落造成直接损坏，采矿产生的大量废土废渣形成了大面积的排土场，侵占了大量的土地资源，其松散的结构在自身重力、风蚀或水蚀等作用下极易形成侵蚀沟等坡体裂缝，引起地表塌陷、变形，促进了土壤水分垂直蒸发，加剧了土壤水分的损失，降低了土壤的持水能力，从而存在滑坡和水土流失等风险，对矿区生产和人身安全造成威胁。因此土地整治对矿区稳定性起着重要的作用。本研究从边坡和土壤环境两方面对土地整治进行分析，其中边坡指标选取排土场边坡安全系数、坡度和坡长因子，土壤环境指标选取土壤侵蚀模数和土壤流失率因子。

3）土壤重构

土壤重构是矿区生态修复的重要内容，土壤因子为植被生长提供养分，是植物生长的关键因素，同时土壤养分含量也是体现植被对土壤改良效果的重要指标。煤电基地的煤矸石中存在大量的重金属元素，对土壤环境造成不同程度的污染，同时在雨水冲刷和淋溶作用下渗入表层土壤造成污染，影响土壤的理化性质和生物特性，不利于植被生长。因此，土壤重构从土壤物理性质、化学性质及土壤污染三个方面进行评价。物理性质指标选取土壤含水率、容重及孔隙度。土壤化学性质指标选取土壤 pH、土壤有机质、土壤全氮、全磷、全钾含量。土壤中的有机质和养分含量是衡量土壤肥力的重要指标，植物群落通过掉落物分解过程改变土壤中营养库的大小，反过来，土壤肥力影响植物群落的生长。土壤污染选取 As、Zn、Pb、Ni、Cr、Cu、Cd、Hg 等重金属元素。

4）植被恢复

植被因子作为矿区生态系统的重要组成成分，其生长状况直接影响了矿区整体的稳定性。本研究从地上和地下植物两方面进行分析。地上植物选取物种多样性、盖度、物种数、地上生物量等指标。多样性是描述群落结构特征的数学语言，可反映群落的基本特征，在一定程度上体现了群落的发展阶段和稳定程度。盖度可以反映群落植被的茂密程度，同时植被盖度的大小于体现了植被的护坡性能，植被盖度较大的边坡可有效降低雨滴的冲击和侵蚀，对控制边坡稳定起着关键作用。物种数是表征群落结构组成的重要指标，研究表明一个群落的物种数越多并且物种数量越均匀，则群落越稳定。地上生物量在一定程度上反映了植物进行光合作用的能力，是检验草地健康状况、生产潜力及其生态环境优劣的重要指标。地下生物选取地下生物量指标，地下生物量是指植物地下部分即根的总干重，根是植物的重要器官，吸收土壤中的营养物质输送到植物地上部分，同时对植物的地上部分具有固定与支撑的作用。不同植物的根系强度等自身特征不同，对边坡产生不同的加固效应。研究表明地下生物量可反映植物根系的发达程度，且地下生物量越高植物根系越发达，植物长势越好，有利于群落稳定性的提高。

5）景观格局

景观生态评价是对研究区景观生态现状的评定，是区域生态修复和景观规划、管理和保护的基础。本研究从景观恢复入手，选取景观多样性、景观破碎度、景观均匀度和景观优势度进行评价。景观多样性体现了景观的异质性，景观破碎度可反映景观空间结构的复杂性，人类活动可加剧景观破碎化程度，景观均匀度指数可以比较景观在不同时期的多样性变化。景观优势度可反映景观由一个或少数几个景观嵌块支配的程度，见表 8.20。

表 8.20　大型煤电基地生态稳定性评价指标体系

目标层（S）	准则层（A）	要素层（B）	指标层（C）
大型煤电基地生态稳定性（S）	自然环境（A1）	大气污染（B1）	SO_2（C1）
			NO_2（C2）
			$PM_{2.5}$（C3）
			PM_{10}（C4）
			CO（C5）
		地下水污染（B2）	地下水位变化量（C6）
			pH（C7）
			浊度（C8）
			地下水总硬度（C9）
	土地整治（A2）	边坡（B3）	安全系数（C10）
			坡度（C11）
			坡长（C12）
		土壤环境（B4）	土壤侵蚀模数（C13）
			水土流失率（C14）
	土壤重构（A3）	物理性质（B5）	土壤含水率（C15）
			土壤容重（C16）
			土壤孔隙度（C17）
		化学性质（B6）	土壤 pH（C18）
			土壤有机质（C19）
			土壤全氮含量（C20）
			土壤全磷含量（C21）
			土壤全钾含量（C22）

续表

目标层（S）	准则层（A）	要素层（B）	指标层（C）
大型煤电基地生态稳定性（S）	土壤重构（A3）	土壤污染（B7）	As（C23）
			Zn（C24）
			Pb（C25）
			Ni（C26）
			Cr（C27）
			Cu（C28）
			Cd（C29）
			Hg（C30）
	植被恢复（A4）	地上植物（B8）	物种数（C31）
			盖度（C32）
			株数（C33）
			多样性指数（C34）
			地上生物量（C35）
		地下植物（B9）	地下生物量（C36）
	景观格局（A5）	景观恢复（B10）	景观多样性（C37）
			景观破碎度（C38）
			景观均匀度（C39）
			景观优势度（C40）

2. 生态稳定性评价等级划分

为了更直观地描述大型煤电基地生态稳定性，按照评价指标标准，对各评价指标进行打分。对于以国家、地方标准进行打分的指标，将区间内最优值赋值为 1，以背景值为标准的指标，将背景值赋值为 1，采用差值百分比法进行计算。得出矿区生态稳定性综合得分，将矿区生态稳定性分为一级（非常稳定）、二级（稳定）、三级（基本稳定）、四级（较不稳定）、五级（不稳定），分级标准见表 8.21。

表 8.21　矿区生态稳定性分级标准

分级	一级	二级	三级	四级	五级
稳定性综合评价	>80%	65%～80%	50%～65%	30%～50%	<30%

1）一级（非常稳定）

大型煤电基地处于非常稳定的状态。无大气污染和地下水污染，土地整治效果明显，矿区内土壤营养元素含量高，重金属含量不超过背景值，土壤质量可达到区域内受采矿影响较小的草原站的土壤质量，植被恢复效果优秀，植被多样性、盖度、物种数等可达到或优于草原站背景值，景观恢复效果优秀，较采矿初期景观有明显改善，与本地区自然生态景观有很高的契合度。在大型煤电基地及相关产业内具有极高的示范价值，可以为矿区生态修复工作提供宝贵经验。

2）二级（稳定）

大型煤电基地处于较稳定状态。大气环境和地下水环境恢复效果良好，土地整治效果较好，矿区内土壤营养元素含量较高，重金属含量不超标，土壤质量、植被恢复效果、景观恢复效果均较好，与自然区域有一定相似性，但恢复效果有人工参与痕迹。在大型煤电基地及相关产业内有一定的示范价值，可为矿区生态修复工作提供参考经验。

3）三级（基本稳定）

大型煤电基地处于基本稳定状态。大气环境和地下水环境恢复效果一般，土地整治效果一般，矿区内土壤营养元素含量基本满足植被生长需求，重金属含量基本不超标，土壤质量、植被恢复效果和景观恢复效果均一般，较自然区域有一定差距，但处于稳定的状态，有一定的抵抗力和恢复力，人工参与痕迹较强，与自然景观有一定区别。在大型煤电基地及相关产业内有一定的示范价值，可为矿区生态修复工作提供借鉴依据。

4）四级（较不稳定）

大型煤电基地处于较不稳定状态。自然环境质量较差，存在大气污染和地下水污染的情况，土地整治效果较差，有滑坡、土壤侵蚀、水土流失风险，矿区内土壤营养元素含量较低，或伴有重金属污染风险，植被恢复效果较差，群落多样性、盖度、物种数等与背景值差距较大，群落稳定性较低，景观恢复效果不明显。在大型煤电基地及相关产业内无示范价值，不能为矿区生态修复工作提供参考建议。

5）五级（不稳定）

大型煤电基地处于不稳定状态。自然环境质量非常差，存在大气、地下水等污染，土地整治效果差，矿区内土壤营养元素含量低，有重金属污染风险，不能满足植物生长需求，植被恢复效果差，群落物种组成单一，植被盖度、多样性等极低，人工恢复痕迹强，群落结构不稳定，景观恢复效果差，与周边自然生态景观不协调，系统基本不具备抵抗外界干扰能力，无示范价值。

8.4.3.3　大型煤电基地生态稳定性评价结果

1. 大型煤电基地生态稳定性指标权重

根据大型煤电基地生态稳定性评价指标体系（表8.22～表8.39），构建判断矩阵，采取专家打分法对各指标进行打分，形成判断矩阵如下。

表8.22　判断矩阵

矿区生态稳定性	自然环境	土地整治	土壤重构	植被恢复	景观格局
自然环境	1	1/3	1/4	1/5	3
土地整治	3	1	1/3	1/3	3
土壤重构	4	3	1	1/2	4
植被恢复	5	3	2	1	5
景观格局	1/3	1/3	1/4	1/5	1

表 8.23　判断矩阵（A1-B）

自然环境	大气污染	地下水污染
大气污染	1	1/3
地下水污染	3	1

表 8.24　判断矩阵（A2-B）

土地整治	边坡	土壤环境
边坡	1	1/3
土壤环境	3	1

表 8.25　判断矩阵（A3-B）

土壤重构	物理性质	化学性质	土壤污染
物理性质	1	1/3	1/3
化学性质	3	1	3
土壤污染	3	1/3	1

表 8.26　判断矩阵（A4-B）

植被恢复	地上植物	地下植物
地上植物	1	4
地下植物	1/4	1

表 8.27　判断矩阵（A5-B）

景观格局	景观恢复
景观恢复	1

表 8.28　判断矩阵（B1-C）

大气污染	SO_2	NO_2	PM_{10}	TSP
SO_2	1	3	3	5
NO_2	1/3	1	3	5
PM_{10}	1/3	1/3	1	3
TSP	1/5	1/5	1/3	1

表 8.29　判断矩阵（B2-C）

水污染	地下水位变化量	pH	COD$_5$	总硬度
地下水位变化量	1	5	5	5
pH	1/5	1	1/3	1/3
COD$_5$	1/5	3	1	1
总硬度	1/5	3	1	1

表 8.30　判断矩阵（B3-C）

边坡	安全系数	坡度	坡长
安全系数	1	3	4
坡度	1/3	1	3
坡长	1/4	1/3	1

表 8.31　判断矩阵（B4-C）

土壤环境	土壤侵蚀模数	水土流失率
土壤侵蚀模数	1	1/3
水土流失率	3	1

表 8.32　判断矩阵（B5-C）

物理性质	水分含量	容重	孔隙度
水分含量	1	3	5
容重	1/3	1	3
孔隙度	1/5	1/3	1

表 8.33　判断矩阵（B6-C）

化学性质	pH	OM	TN	TP	TK
pH	1	1/5	1/3	1/3	1/3
OM	5	1	3	4	4
TN	3	1/3	1	3	3
TP	3	1/4	1/3	1	2
TK	3	1/4	1/3	1/2	1

表 8.34 判断矩阵 （B7-C）

土壤污染	As	Zn	Pb	Ni	Cr	Cu	Cd	Hg
As	1	3	3	2	3	3	3	3
Zn	1/3	1	1	1/2	1	1	1	1
Pb	1/3	1	1	1/3	1	1	1	1
Ni	1/2	2	3	1	2	2	1	1
Cr	1/3	1	1	1/2	1	1	1	1
Cu	1/3	1	1	1/2	1	1	1	1
Cd	1/3	1	1	1	1	1	1	1
Hg	1/3	1	1	1	1	1	1	1

表 8.35 判断矩阵 （B8-C）

地上植物	多样性	盖度	物种数	生物量
多样性	1	3	3	3
盖度	1/3	1	1/2	1/3
物种数	1/3	2	1	1/3
生物量	1/3	3	3	1

表 8.36 判断矩阵 （B9-C）

地下植物	地下生物量
地下生物量	1

表 8.37 判断矩阵 （B10-C）

景观恢复	多样性	破碎度	均匀度	优势度
多样性	1	4	3	3
破碎度	1/4	1	1/3	1/3
均匀度	1/3	3	1	2
优势度	1/3	3	1/2	1

　　由层次分析法结果可知，准则层中植被恢复因子的权重值达 0.4097，是反映大型煤电基地生态稳定性的关键方面，在较大程度上影响了大型煤电基地生态稳定性的整体状态。指标层中地上生物量、多样性指数权重最高，其次为水土流失率、地下生物量、土壤有机质含量、物种数、盖度和地下水位变化量。权重越高的指标对大型煤电基地生态稳定性的影响越大，同时也是在进行矿区生态修复过程中需要重点关注的对象。

2. 大型煤电基地生态稳定性评价结果

1）目标层评价结果

目标层（S）稳定性评价结果即为大型露天煤矿生态系统稳定性综合评价结果，是对评价目标的综合评价。计算可得，北电胜利矿区 2017 年、2019 年生态稳定性得分分别为 70.67、70.49，均处于稳定（二级）状态，具有较强的抵抗力和恢复力，但生态系统结构和功能及生态环境等方面的协调度还有待提高，抵抗外界干扰的抵抗能力和恢复到原有稳定或新稳定状态的恢复能力需要进一步提升。

表 8.38　层次分析法权重

A	A 权重	B	B 权重	C	C 权重
自然环境	0.0921	大气污染	0.2500	SO_2	0.4219
				NO_2	0.2753
				$PM_{2.5}$	0.0943
				PM_{10}	0.0531
				CO	0.1555
		地下水污染	0.7500	地下水位变化量	0.6013
				pH	0.0748
				浊度	0.1619
				地下水总硬度	0.1619
土地整治	0.1558	边坡	0.2500	安全系数	0.6080
				坡度	0.2721
				坡长	0.1199
		土壤环境	0.7500	土壤侵蚀模数	0.2500
				水土流失率	0.7500
土壤重构	0.2852	物理性质	0.1399	土壤含水率	0.6333
				容重	0.2605
				孔隙度	0.1062
		化学性质	0.5736	土壤 pH	0.0603
				土壤有机质	0.4530
				TN	0.2388
				TP	0.1393
				TK	0.1086
		土壤污染	0.2860	As	0.2808
				Zn	0.0906
				Pb	0.0875
				Ni	0.1606
				Cr	0.0906
				Cu	0.0906
				Cd	0.0997
				Hg	0.0997

（左侧合并列：大型露天煤矿生态系统稳定性）

	A	A 权重	B	B 权重	C	C 权重
大型露天煤矿生态系统稳定性	植被恢复	0.4097	地上植物	0.8000	物种数	0.1717
					盖度	0.1375
					株数	0.0882
					多样性指数	0.3013
					地上生物量	0.3013
			地下植物	0.2000	地下生物量	1.0000
	景观格局	0.0571	景观恢复	1.0000	景观多样性	0.4949
					景观破碎度	0.0857
					景观均匀度	0.2423
					景观优势度	0.1770

表 8.39　大型煤电基地生态稳定性评价指标权重值

序号	指标	权重值	序号	指标	权重值
C1	SO_2	0.0097	C21	TP	0.0228
C2	NO_2	0.0063	C22	TK	0.0178
C3	$PM_{2.5}$	0.0022	C23	As	0.0229
C4	PM_{10}	0.0012	C24	Zn	0.0074
C5	CO	0.0036	C25	Pb	0.0071
C6	地下水位变化量	0.0416	C26	Ni	0.0131
C7	pH	0.0052	C27	Cr	0.0074
C8	浊度	0.0112	C28	Cu	0.0074
C9	地下水总硬度	0.0112	C29	Cd	0.0081
C10	安全系数	0.0237	C30	Hg	0.0081
C11	坡度	0.0106	C31	物种数	0.0563
C12	坡长	0.0047	C32	盖度	0.0451
C13	土壤侵蚀模数	0.0292	C33	株数	0.0289
C14	水土流失率	0.0877	C34	多样性指数	0.0988
C15	土壤含水率	0.0253	C35	地上生物量	0.0988
C16	容重	0.0104	C36	地下生物量	0.0819
C17	孔隙度	0.0042	C37	景观多样性	0.0283
C18	土壤 pH	0.0099	C38	景观破碎度	0.0049
C19	土壤有机质	0.0741	C39	景观均匀度	0.0138
C20	TN	0.0391	C40	景观优势度	0.0101

2）准则层评价结果

总体来看，准则层中（图 8.23），与 2017 年相比，2019 年的土壤重构得分下降，土地整治和植被恢复得分有所提升。其中植被恢复效果虽然有所提升，但仍处于基本稳定等级，植被恢复权重值在准则层中最大，为 0.4097，对矿区生态系统稳定性影响较大，因此，植被恢复效果已成为北电胜利矿区生态稳定性的主要限制因素。植被恢复的实质是植被与环境相互作用、相互影响的过程，植被的恢复效果在很大程度上影响了土壤的理化性质，2019 年植被恢复效果提升但土壤质量下降，可能是由于胜利矿区植被恢复为人工植被恢复，与矿区自然生态环境融合度不高，群落组成和结构不能完全适应矿区生态环境，导致植物群落的生态功能不强，仍处于演替进程中。因此为提高胜利矿区的稳定性，可考虑在人工植被恢复时选取符合当地生境且具有相容性生态特征的物种进行植被恢复，促进植被正向演替进程，提升群落稳定性。

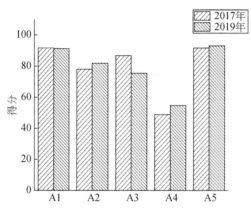

图 8.23　准则层评价结果

3）要素层评价结果

由图 8.24 可知，要素层中，2017 年和 2019 年大气污染和地下水污染因子均处于非常稳定（一级）状态，且得分均接近最优值，说明北电胜利矿区内大气环境和地下水环境质量较高，自然环境整体较优。此结论与高峰（2011）对胜利矿区大气环境质量回顾评价及王党朝等（2020）对胜利一号露天矿进行的生态环境影响评价中得出的结论一致。

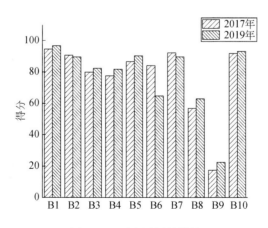

图 8.24　要素层评价结果

2019 年边坡因子和土壤环境因子由稳定状态（二级）提升到非常稳定（一级）状态。说明胜利矿区排土场边坡已达到稳定状态，土壤环境质量的提升为植物群落提供了更好的生存环境，促进植被的生长，同时，植被的大面积覆盖也可以起到防治水土流失、修复土壤环境的作用。

2017 年和 2019 年土壤物理性质因子均处于非常稳定（一级）状态，2019 年得分略高于 2017 年，变化不明显，2017 年化学性质因子处于非常稳定（一级）状态，2019 年化学性质得分骤降到基本稳定（三级）状态，说明北电胜利矿区土壤养分含量降低，土壤质量下降，稳定性降低。土壤污染因子在 2017 年和 2019 年均为非常稳定（一级）状态，此结论与宋森对北电胜利矿区土壤重金属污染及其潜在生态风险评价中得出的结论一致。

2017 年和 2019 年地上生物因子均处于基本稳定（三级）状态，地下生物因子均处于不稳定（五级）状态。说明北电胜利矿区植被恢复较差，较矿外受采矿影响较小的草原站群落的组成、结构等差别较大，人工恢复效果明显，与自然生态环境不协调。研究表明，在自然条件下，受到较大干扰的群落要恢复到原来较稳定的状态需要几十年甚至上百年的时间，因此，在北电胜利矿区生态恢复过程中，需要采用人工措施进行植被恢复，进而促进矿区生态稳定性的提升。

景观恢复因子在 2017 年和 2019 年均处于非常稳定（一级）状态。景观是由多个相互作用的生态系统组成的异质性地理单元，露天煤矿的开采会导致景观破碎、生态结构缺损、生态功能失调等景观生态问题，矿区景观生态修复主要是指生态系统的结构、功能与过程的恢复，通过以关键矿业单元——排土场的物质流控制、近自然地貌重塑等一系列景观生态修复技术，提高矿区景观与自然景观的衔接度。胜利矿区景观稳定性较强，景观恢复效果明显，与周边景观融合度和协调度较高。

4）指标层评价结果

总体来看（表 8.40），2017 年与 2019 年各指标因子稳定性评价等级基本相同。2019 年 PM$_{10}$ 含量、地下水总硬度、土壤孔隙度及植物株数等指标稳定性等级升高，土壤有机质、土壤全氮含量和土壤重金属 As 稳定性等级降低。土壤肥力有所下降，不利于植物的生长和发育；As 成为土壤重金属污染主要限制因子。胜利矿区各评价因子整体处于较稳定状态，仅全氮含量、植被盖度、株数及地上、地下生物量指标处于较不稳定或不稳定等级，说明矿区内土壤营养元素含量较低，植被恢复效果不佳，人工痕迹较强，与周边环境融合度较差，因此，土壤有机质和氮元素的提升和进行植被恢复是胜利矿区生态稳定性提升的关键环节。

评价结果与北电胜利矿区实际情况基本符合，因此本研究所建立评价指标体系准确合理，可在大型煤电基地稳定性评价工作中做进一步推广。

大型煤电基地生态稳定性一直是矿区生态修复研究中的重点和热点问题，同时也是尚未充分探讨和合理解决的难点问题，原因在于矿区生态系统自身的复杂性和人类对系统认知的局限性。本研究在对生态稳定性概念的内涵及外延进行充分理解，以及分析总结国内外学者在生态系统稳定性及稳定性评价研究工作的基础上，依据指标体系选取方法和指标体系构建原则，设计了大型煤电基地生态稳定性评价指标体系的基本结构，将评价体系分为目标层、准则层、要素层和指标层四个层次，为建立具体的大型煤电基地生态稳定性评

表 8.40 指标层评价结果

序号	指标	稳定级别		序号	指标	稳定级别	
		2017 年	2019 年			2017 年	2019 年
C1	SO_2	一级	一级	C21	TP	一级	一级
C2	NO_2	一级	一级	C22	TK	一级	一级
C3	$PM_{2.5}$	二级	二级	C23	As	二级	三级
C4	PM_{10}	三级	二级	C24	Zn	一级	一级
C5	CO	一级	一级	C25	Pb	一级	一级
C6	地下水位变化量	一级	一级	C26	Ni	一级	一级
C7	pH	一级	一级	C27	Cr	一级	一级
C8	浊度	二级	二级	C28	Cu	一级	一级
C9	地下水总硬度	二级	一级	C29	Cd	二级	二级
C10	安全系数	一级	一级	C30	Hg	一级	一级
C11	坡度	一级	一级	C31	物种数	一级	一级
C12	坡长	三级	三级	C32	盖度	四级	四级
C13	土壤侵蚀模数	二级	二级	C33	株数	四级	三级
C14	水土流失率	一级	一级	C34	多样性指数	一级	一级
C15	土壤含水率	一级	一级	C35	地上生物量	五级	五级
C16	容重	一级	一级	C36	地下生物量	五级	五级
C17	孔隙度	二级	一级	C37	景观多样性	一级	一级
C18	土壤 pH	一级	一级	C38	景观破碎度	二级	二级
C19	土壤有机质	一级	三级	C39	景观均匀度	一级	一级
C20	TN	三级	四级	C40	景观优势度	二级	二级

价体系起到导向作用。根据科学性、综合性、代表性、可操作性、稳定性等指标体系构建原则，从自然环境、土地整治、土壤重构、植被恢复和景观格局五个方面选取了年均降水量、年均蒸发量、地下水位下降量、边坡安全系数、土壤侵蚀模数、土壤水分含量、土壤营养元素含量、植被盖度、物种数、生物量、景观多样性指数等 40 个指标，建立了大型煤电基地生态稳定性评价体系。

根据所建体系对北电胜利矿区 2017～2019 年生态稳定性进行评价，评价结果与北电胜利矿区实际情况基本符合，因此本研究所建立评价指标体系准确合理，可在大型煤电基地稳定性评价工作中做进一步的推广。

第9章 大型煤电基地区域生态安全评价方法及控制因素

如何在生态承载力的基础上评价大型煤电基地生态系统的安全状况，寻求一种适应该生态系统所特有的生态安全调控模式，一直是大型煤电基地矿区生态安全研究中亟待解决的问题。本章以我国东部草原区大型煤电基地为研究对象，基于生态系统服务以及能源-自然-环境系统，开展东部草原区大型煤电基地及其影响区域的生态承载力评价，基于DPSIR（驱动力-压力-状态-影响-响应）模型，构建干旱半干旱草原煤电开发区域生态承载力评价指标体系，采用熵权法和综合求值法对区域生态承载力动态进行评价。针对矿区、城矿、区域三个尺度因生态稳定性下降、生态承载力降低产生的生态安全问题，耦合生态稳定性与生态承载力理论，构建多尺度生态安全评价体系并开展评价，划分生态安全等级、揭示生态安全格局、探明各尺度生态安全限制因子，针对性研发生态安全调控技术并形成应用推广模式，保障东部草原区煤电基地生态安全，促进矿区产业-区域的可持续发展。

9.1 生态承载力与生态安全概述

9.1.1 生态承载力概述

生态承载力的概念起源于承载力，而承载力的诞生源于马尔萨斯在18世纪末所发表的人口增长的相关理论，该理论被后人认为是承载力提出的基础。马尔萨斯认为，在无约束条件下，人口增长的规律是呈指数形式的，但这种增长趋势会受到自然资源的制约而减缓，进而达到上限。1838年，比利时数学家在马尔萨斯的资源限制理论基础上，首次提出了描述人口增长的数学方程，即逻辑斯谛增长方程：

$$\frac{\mathrm{d}N}{\mathrm{d}t} = rN\left(\frac{K-N}{K}\right) \tag{9.1}$$

式中，N为人口数量；r为增长率；K为人口承载力。

20世纪20年代，美国学者在生态学领域中首次将承载力概念定义为某种个体在某一特定环境条件下（往往是生活环境、热量与其他生态因素的组合）能够存活的最高数量。1922年，在观测驯鹿引入阿拉斯加所引发的生态效应时，针对草场生态系统的特征提出承载力的概念，即草场避免损害前提下所能够支持的牲畜的数量，这时人们已经注意到了动物种群和环境状态间的相互作用，此时承载力的重点由最大种群范围转移到了环境质量，从绝对数量转向了物种与环境间的相对平衡，突出了承载体的概念。1941年提出近似定义，认为承载力即为区域生态系统所存在能够支撑物种的密度的最大范围。1953 年，Odum 在其著作 *Fundamengtals of Ecology* 中，将人口增长的逻辑斯谛模型的 S 型曲线的上渐近线的常数称为承载能力，存在资源所能够支持的最优人口数量值。承载力概念的提出最初在畜牧业及牧场管理中得以广泛运用：在牧草和库存质量发生明显恶化之前，实现牧场上的最大放养，利于牧场的管理。

早期生态承载力的研究一般建立在生态系统能够承载的对象的容纳能力上，目的是保证生态系统的平衡状态不被损坏。这一时期，生态学家主要把承载力当作种群数量的最大容量，定义为"某一环境条件能够维持某单一种群个体的最大数量"的一种估量。就人类生存空间而言，地球所拥有的环境资源基础来源于能够提供各种服务的生态系统，而人类所进行的经济活动正是在这一基础上有序进行的，地球的承载能力受限于资源环境的有限性。对地球能够承载的人口容量进行了阐述，即自然限制因素与人类选择（包含经济、环境、文化等不同层面）共同决定了人口承载力，并提出地球人类承载力估算方法。事实上，承载力是依赖于科技发展、生产和消费结构处在不断变化当中的，同时，物理和生物环境也会对承载力造成影响。在人类社会系统中，承载力还会受到文化与经济发展水平的影响，而在现有的科技和消费水平下，当前社会经济架构下的人类创造力致使种群无法达到可持续的最大化状态。

一个区域的生态承载力受到生态系统、资源环境和人类活动等因素的影响，是多方面因素共同作用的结果。如何量化资源、环境的发展现状及其对社会经济系统的支撑能力是分析区域生态承载力的关键。现有国内外研究对生态承载力的评估已经愈发成熟，各领域涌现出多种评估方法，如生态足迹法、自然植被净第一性生产力测算法、模型预估法和综合评价法等多种评价方法。这些研究方法涵盖了从定性描述到建立模型进行定量分析评估，甚至扩展了其时间尺度，基于现有的发展模式，运用计算机仿真模拟等技术，对于该区域的未来发展情况进行合理的预测。生态承载力研究中常见的方法如下。

9.1.1.1　生态足迹法

生态足迹分析法于 20 世纪 90 年代被提出，这是一种基于土地面积量化的研究方法，对于区域或任意已知人口的生态足迹可定义为：为生产所有研究区域内人口需要消费的所有资源和吸纳其产生的废弃物，而需要的生物生产土地的总面积和水资源量，这是一种可度量可持续发展程度的计算方法。生态足迹分析法的计算通过比较需求面的生态足迹的大小与供给面生态承载力的大小，评价研究对象的可持续发展状况。生态足迹计算简单，且能够判断人类社会发展以及土地利用方式是否处在生态系统的承载力范围之内，具有较强的实用性。

由于该计算方法具有直观、简便的特征，许多学者在不同区域上使用该法计算生态足迹，分析研究区域的生态承载情况。陈栋为等（2009）将生态足迹法应用于广东省珠海市，对珠海市的水资源进行了生态承载力和消费生态足迹计算，分析得出珠海市水资源已出现生态承载力超载的现状，区域水资源的压力主要来自流动人口的增长。岳东霞等（2011）利用土地利用面积和土地生产力两个基本要素，运用生态足迹方法，对泾河流域进行了流域生态承载力分析；并在遥感、地理信息系统的空间分析技术和转移矩阵的分析方法的支撑下进行了空间化表达。结果表明泾河流域的生态承载力在空间分布上呈现不均匀特征，而这一空间异质性反映出流域生态系统的特性和人类活动影响的结果，进而为流域地区开展生态环境综合治理提供相关理论依据。从能源的角度出发，用生态足迹方法评估了印度尼西亚地区的 Sapeken 列岛的生态旅游调节能力。采用实证研究和定量分析，计算了三宝垄工业区的生态足迹大小，综合评估工业区的生态承载力与生态赤字/生态盈余。生态足迹法目前在区域生态承载力计算方面得到了广泛的应用，但该方法依然存在着以下问题：均衡因子选取的缺陷，产量因子在时空变化中未体现差异性，土地利用的可持续方式不够明确，能源的利用情景假设不科学，区域间足迹比较不合理，贸易调整缺少可持续性基础和忽略了社会因素影响。因此，尽管众多学者在改善方法及实证研究方面取得的成果十分显著，但生态足迹法的发展仍然有待进一步完善。

9.1.1.2　自然植被净第一性生产力测算法

自然植被净第一性生产力（NPP）是指绿色植物在单位面积和单位时间内所累积的有机物的数量。NPP 代表着地表植被从空气中吸收的纯碳量，体现了植被结构与功能的变化特征，反映出生态系统结构与功能特性。某一特定生态区域内的 NPP 指数往往不是固定的，而是围绕着某一中心位置进行上下波动。NPP 方法能够通过提供现有生态环境与本底值的偏离程度，作为自然体系下的生态承载力的指标。根据对第一性生产力模型中调控因子与对 NPP 的调控机理解释的侧重点有所区别，现有的自然植被第一性生产力的模型大致可分为三类：气候统计模型、过程模型和光能利用率模型。我国的研究中最常使用的模型为气候统计模型，周广胜等（1997）的自然植被第一性生产力模型被广泛应用于各个区域中，王家骥等（2000）对黑河流域生态承载力等估测水资源承载力的研究就是典型的一例。

9.1.1.3　供需平衡法

王中根和夏军（1999）提出区域生态环境承载力体现了某一社会发展强度下，人类在区域社会发展与人类需求方面的满足程度。这种发展根据人的物质生活水平的提高包括生存、发展和享乐需求，而这种人类需求的满足程度体现在区域环境生态系统的各种资源量与生态环境质量上。因此，根据以上定义，区域生态环境承载力的衡量应着重于探究该区域现有的各种资源量总和及生态环境质量与当前开发模式下社会经济系统对于资源量和生态环境质量的需求差值。这种分析方法具有一定的创新性，且计算过程简单易行，能够对区域生态环境承载力进行有效分析及预测，但目前尚不能计算出具体的承载力值。刘东等（2012）以我国县域作为分析单元，基于生态承载力供需平衡通过构建生态承载力供需平衡指数（ECCI），采用生态足迹分析和，核算并评估了 2007 年我国县域单元的生态承载力的供需关系，得出我国生态承载力在空间分布呈现不平衡特征的相关结论。

9.1.1.4　状态空间法

状态空间法是一种基于空间几何原理来定量进行系统状态分析和说明的有效方法，它突出了人类活动对于系统的影响，通常选取指示系统压力、承压性和潜力的相应指标来组成状态向量的三维空间轴。状态空间法对于定量分析和测度区域承载力其承载现状的优势十分突出，缺点则在于承载曲面的构建较为困难。熊建新等（2015）利用状态空间法，从生态弹性力、资源环境承载力和社会经济协调力三个角度选取指标，并采用层次分析法进行赋权，构建适于洞庭湖区的生态承载力评价体系，评估了洞庭湖区域 2001 年、2005 年和 2010 年 3 个时间断面的生态承载力大小。

9.1.1.5　综合评价法

高吉喜（2005）提出的生态承载力概念建立在承载体与承载对象的相互作用上，体现为承载体对承载对象的支持能力。生态系统能够承载取决于承载体的客观承载能力与被承载对象的压力大小。因此，这种描述特定区域生态系统的承载能力的研究往往建立在承压指数、压力指数和承压度的基础上，分别称为生态弹性指数、资源承载指数和环境承载指数。

该方法综合分析了生态系统的承载力和压力之间的相互作用，在现有的研究当中应用广泛。如朱晓丽等（2011）选择典型高寒牧区，运用 AHP（层次分析法），构建基于区域生态健康的生态承载力评价标准体系，结合 3S 技术的空间分析，对甘南地区进行生态承载力的评估与分析，并根据评估结果对研究区域高寒牧草区发展的可持续提供依据。崔旭等（2010）以黄土区大型露天煤矿作为研究对象，度量了其生态系统弹性力、资源环境承载力及生态系统压力，结合高吉喜提出的生态承载力综合评价方法，利用层次分析法求得各指标权重，对矿区的生态承载力进行时间和空间上的评价。金悦等（2015）以生态系统的各子系统为出发点，探讨资源型城市在环境、资源及人口发展等方面的发展特征，基于生态弹性力、承载体支撑力与承载对象压力三个层面构建资源型城市生态承载力指标体系，采用主客观相结合的赋权法，对唐山市 2001～2010 年期间的生态承载力进行了综合评价。

9.1.1.6　模型评价法

随着承载力研究的日渐深入与科学技术发展的提高，模型构建思维开始被用于生态承载力评价当中。在生态承载力研究范畴内涉及的模型包括从早期较为单一的线性规划模型到现在广泛应用的各种数理及统计学模型，其中应用较多的模型为系统动力学模型、DPSIR 模型等。

1. 系统动力学模型

系统动力学模型（system dynamics，SD）其最大优势在于该系统模型能够处理具有高阶性、非线性、多重反馈与复杂时间变化的系统问题。系统动力学方法能够将研究者或政策制定者提出的不同发展方案下的生态承载力变化趋势得以模拟分析，能够模拟区域的资源、社会及环境子系统协调发展状况。为了解决目前中国吉林省四平地区存在的水生态环境问题，采用系统动力学和层次分析法构建了四平地区水生态承载力（WECC）评价指标体系和区域系统动力学仿真模型；并根据不同的规划方案计算并评价了在 2008～2020 年该区域的区域水生态承载力。

2. "驱动力-压力-状态-影响-响应"模型

"驱动力-压力-状态-影响-响应"（DPSIR）模型描述了连接环境问题的最初起源与

最终结果的因果关系，该模型重点突出了人和环境系统的相互作用，作为广泛用于评价环境系统指标体系的构建的通用模型，能够有效组织环境的状态信息。周政达等（2014）基于 DPSIR 模型，选取锡林郭勒盟的大型煤电基地为研究对象，从社会经济、资源能源和生态环境三个子系统层面中选取 43 个指标，建立了适用于我国大型煤电基地的生态效应评估的完整指标体系。沈鹏等（2015）基于水生态承载力的产业结构调整进一步优化研究方法，根据对水生态系统的耦合作用的分析，以 DPSIR 模型为基本架构建立了流域水生态承载力综合评价模型，并基于水生态承载力对相关产业结构的演化情景进行了研究。

模型评估能够通过各系统内组分关系的组合分析，在一定程度上能够反映该区域生态系统的动态情况，能够通过仿真模拟实现决策者提出的区域发展方针下区域生态承载力的预测。但其缺点是参量不好把握，容易导致不合理结论。因此，模型评估的完善则需将重点放在加强生态承载力的动态模拟上，预测出某一状态下区域生态承载的潜力大小及未来可能的变化过程，以达到提升生态承载力研究的科学意义及现实意义。

总体而言，目前国内外关于生态承载力的研究还存在一些问题，如生态承载力概念模糊、研究对象内部作用机理不够明确，指标体系不够完善，忽视人类社会活动，量化方法不够成熟等。未来发展的主要方向，首先需要对生态承载力的机制理论进行完善，阐明当前社会经济系统面临问题的本质。其次，研究方法需要做到科学依据与技术可行并重，能够反映出当前区域生态系统多元性与动态性等基本特征。此外，还可以将其他学科和新兴技术手段（如结合地理信息系统、遥感和全球定位系统的"3S"技术等）融合到研究当中，致力于从更为客观、科学且全面的方面来对区域生态承载力进行评估。

9.1.2　生态安全概述

生态安全（ecological safety）是指一个国家或地区的生态环境状况能持续满足人类生存和发展需求，人类生存和发展不受或少受生态环境状况的制约与威胁的状态，反映着生态系统的完整性和健康的整体水平。从狭义来说，生态安全概念是指自然和半自然生态系统的安全，即生态系统完整性和健康的整体水平反映；从广义来说，生态安全概念以国际应用系统分析研究所（IIASA）1989 年提出的定义为准，是指在人的生活、健康、安乐、基本权利、生活保障来源、必要资源、社会秩序和人类适应环境变化的能力等方面不受威胁的状态，包括自然生态安全、经济生态安全和社会生态安全，组成一个复合人工生态安全系统。生态安全的空间尺度概念，必须考虑空间尺度的边界，包括范围内的环境安全、资源安全、生物安全、食物安全、人类健康乃至产业企业、人文生态系统的安全。自然体系的生态安全的空间大小是以自然生态系统为边界的。一般可以从特定生态系统–复合生态系统–区域–流域生态系统–生态区（生物地理区）–全球生态系统等不同的层次来研究生态安全。人类社会体系的生态安全的空间大小更多是以行政区域为边界的。由村—镇—县—市—国家—跨国—全球，形成不同的空间尺度范围。不同行政区域尺度的环境安全、资源安全、生物安全、食物安全、人类健康乃至产业企业、人文生态系统的安全都有不同的特征。与自然体系的生态安全一样，人类社会体系的不同生态安全尺度也是相互影响的。生态安全是一个动态概念，一个地方、区域和国家的生态安全不是不变化的，它随着环境变化而从安全变为不安全，也可以从不安全变为安全，即生态环境、生物等因子的变化，反馈给人类生活、生存和发展条件，导致安全程度的变化，甚至由安全变为不安全或反之。不同层次之间的生态安全也会相互转变，一个层次的生态安全促使另一层次生态安全的变化，往往是低尺度的生态不安全，影响高尺度的生态不安全。因此，生态安全是对维护和保障生态环境系统和社会经济系统之间协调、稳定、健康和可持续发展关系的探讨。生态安全评价是根据研究对象和研究目的，对特定时空范围内生态安全状况的定性和定量描述，若将生态安全与保障程度相联系，生态安全可以理解为人类在生产、生活和健康等方面不受生态损坏与环境污染等影响的保障程度。

1977 年，Eugene P. Odum 首次明确将环境变化的含义引入安全的概念，之后在其著作《建立一个持续发展的社会》中指出，现如今对人类安全的威胁，主要是自然变化对人类生存的影响，而来自国与国之间的较少，土壤侵蚀、生态系统退化以及化石能源储备的大量消耗，已经成为每个国家的安全隐患。1987 年，联合国世界环境与发展委员会（WCED）在《我们共同的未来》报告中首次使用"环境安全"一词，补充了"安全"的定义除了对国家主权的政治和军事威胁外，还要包括环境恶化和发展条件遭到的损坏。1989 年国际应用系统分析研究所（IIASA）在阐述全球生态安全检测系统问题上，首次提出了"生态安全"的概念。同年 Rolf Kloepfer 对戈尔巴乔夫提出的"全面安全"概念进行了延伸，他认为"全面安全"不仅包括关系人类发展的政治安全，还包括代表环境保护与合理利用自然资源的环境安全。20 世纪 90 年代期间，在生态安全方面，联合国以及以美国为首的北约等组织和研究机构开展了大量的实验性研究。经济合作与发展组织（OECD）首次提出了"压力–状态–响应"模型的概念框架，作为对生态安全评价中指标体系的约束，随后国内外学者在此评价模型基础上提出了一系列的改进方法。开展了哥伦比亚河谷盆地的生态系统管理研究。2000 年美国召开了"全球化与生态安全会议（Conference on Globalization and Ecological Security）"，会议集中讨论了未来全球生态安全的发展趋势及重点研究方向，主办方在随后进行的"哈里森计划"中将生态安全与可持续发展作为主要研究内容。进入 21 世纪以来，国外学术界对生态环境变化和生态安全的联系研究不断增多，且成果颇丰。基于水资源平衡模型研究了拉丁美洲水资源的可利用性和水环境安全问题。利用生态足迹法评估了 1961～1999 年奥地利、菲律宾和韩国三国的生态安全状况。从生态、社会和经济三方面，深入探讨了尼泊尔西部 Kali-Khola 流域的生态安全问题。借助遥感影像，选择土地覆被类别构建评价指标体系，对美国佐治亚州中西部的森林生态系统进行生态系统健康评估。从社会经济、生态和人口承载力三个方面构建评价指标体系，对新西伯利亚的各个行政区进行环境安全评价。

国外生态安全的相关研究集中于生态风险、生态系统健康和可持续发展方面，研究方向各有所长，评价方法也各有侧重。宏观层面上升到国家安全，注重生态安全与可持续发展的关系，微观研究渗透到了基因工程生物的生态安全和化学品对农业生态系统健康的影响等方面。

我国在 20 世纪 90 年代后期才开始涉及对生态安全的研究，直到 2000 年之后，随着社会经济的发展，生态环境变化日益严峻，人们越来越重视生态安全问题，关于生态安全的相关研究也呈现增长的趋势。2000 年 11 月，国务院正式发布了《全国生态环境保护纲要》，这是实现生态保护与污染防治的重大突破，纲要中明确指出了保障生态环境安全的目标、任务及措施。由此，生态环境问题逐渐为人所关注，生态安全也成为近年来的研究热点之一，众多学者在生态安全内涵、理论、评价方法等方面也做了大量的研究工作，并取得了长足的进展。

曲格平（2002）表明当前国家安全受生态安全的干扰，制约国家发展，应注重生态安全地位，以便掌握生态环境发展趋势，并指出我国在土地、水、生物和人体健康等方面的生态安全问题已突显出来，对于可能出现的生态环境灾害和社会安全威胁，需要建立预测和应急措施来及时应对。肖笃宁等（2002）把生态安全概括为人类在生产、生活和健康等方面不受生态损坏与环境污染等影响的保障程度。郭中伟（2001）认为生态安全包含两层含义，其一是生态系统自身结构是否完整，其二是生态系统所提供的服务是否能够满足人类的生存需要。

以行政区划为研究对象，李春燕和南灵（2015）对陕西省土地生态安全做出动态评价，从数量安全、质量安全、结构安全和安全保障这四个维度构建评价指标体系，并通过障碍模型诊断出主要障碍因子；张秀梅等（2011）以自然生态环境及经济社会发展特点为出发点，基于 PSR（压力-状态-响应）模型评估了煤炭资源型城市鄂尔多斯的生态安全状况；陈浩等（2003）研究了生态脆弱的荒漠化地区怀来县的安全状况，谢花林等（2015）在北京、上海、广州等各大城市开展生态安全研究，基于 PSR 模型构建了城市生态安全评价指标体系，并对结果进行了分析和探讨。以流域为研究对象，邹长新等（2010）综合分析了黑河流域 20 年来生态安全变化情况；解雪峰等（2014）揭示了东阳江流域生态安全的空间分布规律。以评价区域的生态系统属性为依据，顾艳红等（2017）对贵州、湖北、浙江、吉林、青海五省的森林生态安全状况进行了评价和对比，董振华（2017）对锡林郭勒盟典型草原生态安全进行评估和区划，高兴国等（2013）对我国目前海拔最高的亚高山沼泽化草甸湿地生态系统大包山湿地生态安全做了评价研究。从国家尺度上，欧阳志云等（2008）用灰色关联分析法对中国生态环境质量评价指标体系与方法进行了评价研究，构建了包含自然条件、人类胁迫、生态环境效益和社会响应四个方面的评价指标体系。张红旗等（2015）从水安全、土地安全、大气安全、生物质资源安全四个方面，构建了中国陆地生态环境安全评价体系，并根据评价结果对全国陆地生态环境安全状况进行了分区。

安全的生态系统是结构和功能完整的生态系统，即健康的生态系统，其承载力也是满足可持续发展的。生态系统的安全与风险也有紧密联系，生态系统安全意味着生态系统受某种风险因素的威胁较小，生态脆弱性则表明了特定风险对生态系统造成的损害程度。因此，有研究学者从表征生态系统安全性的生态系统健康、生态承载力、生态风险、生态脆弱性等方面进行了生态安全的相关研究。

总的来看，我国生态安全研究主要集中在区域层面上，全国和全球尺度的相对较少，而且大多数是针对生态安全指标体系和研究方法的探讨。在实践中，根据评价对象、评价目的及理论依据的不同，指标体系构建也不甚丰富，且均有一定的借鉴意义。

当前，生态安全评价是生态安全研究的一个重要研究方向。生态安全评价是基于生态系统为人类提供的服务功能和保障社会经济可持续发展的要求，对生态环境因子及生态系统整体进行的生态安全状况评估。国内外研究学者也对评价指标体系和评价方法，以及应用等方面开展了大量研究，但目前还没有统一的模式和标准，仍处于探索和实践之中。

评价指标的选取不仅要考虑区域生态安全的特征，而且要反映出对区域生态安全具有潜在影响的重要因素。对区域进行生态安全评价时的评价模型、理论依据和研究区实际情况都有所差异，构建的指标体系也是大同小异。但无论如何，生态系统安全评价的指标选择至关重要，要尽可能地考虑具体的评价目标、评价对象以及指标数据的代表性和可获得性，这对于生态系统安全评价指标体系的完善和丰富具有一定的参考意义。

目前国内外常用的生态安全评价模型有联合国经济合作开发署（OECD）提出的压力-状态-响应（PSR）模型，其基本含义是人类活动对环境施加压力（如煤矿开采），导致环境状态发生变化（如地下水污染、土地塌陷），采取措施对环境恶化做出响应（如制定环保政策）。之后，国内外学者相继对 PSR 框架模型做出了改进和扩展，如联合国可持续发展委员会（UNCSD）建立了驱动力-状态-响应（DSR）模型，欧洲环境署提出了驱动力-压力-状态-影响-响应（DPSIR）模型，国内学者左伟等（2003）在原 PSR 模型中扩展了生态环境系统变化"驱动力"的概念模块，即驱动力-PSR 模型，并指出生态安全既有来自人文社会方面的压力，也有来自自然界方面的压力。运用生态-经济模型研究了南非地区湿地生态安全和当地经济与社会发展之间的相互联系。陈浩等（2003）从土壤、植被、水分和风力四个方面构建出荒漠化地区的评价指标体系，阐述了生态脆弱型地区的生态安全状况。冯宁等（2010）从人类活动压力、湖库水体健康和湖库生态服务功能三方面建立综合评价模型，深入剖析了湖库流域生态安全的内涵，探讨了滇池的生态安全状况。

如何定量分析各指标的相互影响，以及各指标对生态系统的作用程度，是一个复杂的科学问题。现如今，对于生态安全的研究已由早期的定性评价发展为定量的精确分析。左伟等（2005）应用遥感和 GIS 方法，对常用的区域生态安全综合评价模型进行了优化，构建了更加贴近研究区域实际情况的层次分析-变权-模糊-灰色关联复合模型。邱微（2008）利用层次分析法确定指标权重，运用生态安全度模型对黑龙江省生态安全状况进行分级评价。杨秋林和郭亚兵（2010）构建了城市生态安全评价的模糊物元模型，对郑州市生态安全做出了综合评价。胡晓芬等（2017）以甘肃省为例，结合能值-生态足迹模型和 GIS 手段，分析了西北生态脆弱地区生态安全时空演化格局。有学者基于 TOPSIS 法（技术排序法）和灰色关联理论分析了城市环境承载力状况、生态安全格局方面的研究。

目前，已经有许多学者开展了煤矿区尺度的生态环境安全相关研究，但评价方法还存在一些不足，已有研究多采用综合加权指数评价法，指标权重确定了指标地位间的差异，加权求和得出评价对象的综合水平，但不能反映评价对象与理想状态之间的差距；指标安全阈值的划分标准难以统一，参照其他地区数值会导致评价结果可信度降低；部分研究仅对煤矿区生态安全整体做出评估，缺乏对影响因子的深入研究。在社会经济发展、自然资源利用、环境状态改变等方面影响下，大型煤电基地生态安全的最佳状况是呈动态变化的，最佳的大型煤电基地生态安全状态就是最接近生态安全最优状态，远离生态安全最劣状态，而关于多目标决策的 TOPSIS 法就是测度评价对象与正、负理想解的距离，该方法既有利于多指标之间的对比，也有利于不同年份之间的分析。熵权法是依据指标反映的客观信息来反映其相对重要程度，客观性较强，评价结果准确、可靠。鉴于此，选择我国东部草原区典型的大型煤电基地为研究对象，采用熵权 TOPSIS 法对大型煤电基地生态安全状况进行综合评价；同时，引入障碍度模型对影响大型煤电基地生态安全状况的主要障碍因素进行诊断，为提升大型煤电基地生态安全指明具体方向和着力点，以期为大型煤电基地管理决策和可持续发展规划提供依据。

9.2　基于生态承载力的生态安全评价方法

9.2.1　排土场生态安全评价理论基础

基于莫尔–库仑强度理论，通过测定计算边坡角、土壤抗剪强度、根系面积比率、根系附加凝聚力、根系抗拉强度，构建基于边坡生态稳定性的安全评价体系。

首先，结合莫尔–库仑强度理论，根据边坡损坏的边界条件，应用力学分析的方法，对可能发生的滑动面，在各种载荷作用下进行理论计算和抗滑强度的力学分析。通过反复计算和分析比较，对可能的滑动面给出边坡安全系数（factor of safety）。

$$\tau = c + \sigma\tan\phi \tag{9.2}$$

$$\mathrm{FOS} = \frac{抵抗力}{扰动力} = \frac{c'l + N'\tan\phi}{W\sin\alpha} \tag{9.3}$$

其中，τ 为土的抗剪强度（kPa）；c 为土的黏聚力（kPa）；σ 为剪切面上的法向应力（kPa）；ϕ 为土的内摩擦角（°）。

其次，根据现场条件，结合条分法、毕肖普法、简布法，并复合根系对土壤的加固效应模型，即将根系作为土壤加强结构，将根系拉力在根土复合体中转化为抗剪力。

$$\tau = c + c_R + \sigma\tan\phi \tag{9.4}$$

$$c_R = t_r(\cos\theta\tan\phi + \sin\theta) \tag{9.5}$$

其中，θ 为根系与剪切区域交界面的角度（°）；ϕ 为内摩擦角（°）；t_r 为单位面积土壤中根系的平均抗拉强度（kPa）。

9.2.2　生态安全评价指标体系构建

大型煤电基地城矿尺度生态安全评价指标体系见表 9.1。根据联合国经济合作开发署（OECD）提出的压力（pressure）–状态（state）–响应（response）的概念模型，并结合大型煤电基地实际情况，构建了包含 33 个指标的大型煤电基地生态安全评价指标体系，由目标层、准则层、要素层和指标层组成。目标层综合反映煤电基地生态安全总体水平。准则层包括压力、状态和响应三个子系统。要素层由生态环境和社会经济两属性构成。指标层根据煤电基地区域生态安全特点，选取了包括但不限于人均原煤产量、人均发电量等在内的 33 个指标。

表 9.1 大型煤电基地城矿尺度生态安全评价指标体系

目标层	准则层	要素层	指标层
大型煤电基地城矿尺度生态安全评价	压力系统	生态环境	人均原煤产量 p1
			人均发电量 p2
			煤电基地面积 p3
			工业废水排放量 p4
			工业废气排放量 p5
			工业 SO₂ 排放量 p6
			工业烟（粉）尘排放量 p7
			一般工业固废产生量 p8
		社会经济	人口密度 p9
			人口自然增长率 p10
			人均 GDP p11
			规模以上工业企业单位产值能耗 p12
			规模以上工业原煤消费量 p13
			煤炭采掘业产值占能源工业产值比重 p14
	状态系统	生态环境	人均草地面积 s1
			人均耕地面积 s2
			植被覆盖度 s3
			人均地表水资源 s4
			人均地下水资源 s5
			人均道路面积 s6
			空气质量优良率 s7
		社会经济	城镇居民人均可支配收入 s8
			农牧区居民人均可支配收入 s9
			城镇居民恩格尔系数 s10
			城镇化率 s11
	响应系统	生态环境	区域绿化覆盖率 r1
			一般工业固废综合利用率 r2
			城市污水处理率 r3
			生活垃圾无害化处理率 r4
			煤电基地生态环境治理面积 r5
		社会经济	耗煤发电指数 r6
			环保投资占 GDP 比重 r7
			第三产业占 GDP 比重 r8

9.2.3　生态安全评价方法

9.2.3.1　熵权 TOPSIS 法

TOPSIS（technique for order preference by similarity to ideal solution，逼近于理想值的排序方法）是一种多目标决策方法，将各指标的最优值和最劣值分别作为正理想解和负理想解，根据评价对象靠近正理想解和远离负理想解的程度来评估煤电基地生态安全水平。本标准将熵权法和 TOPSIS 法的运算理念相结合，对评价对象和正、负理想解的计算进行了改进，建立熵权 TOPSIS 模型，基于该模型对大型煤电基地进行生态安全评价。其计算步骤如下：

设有 n 个年份（$j=1$，2，$\cdots$，n）、m 个评价指标（$i=1$，2，$\cdots$，m），形成评价矩阵：

$$\boldsymbol{X}=\begin{bmatrix} x_{11} & x_{12} & \cdots & x_{1n} \\ x_{21} & x_{22} & \cdots & x_{2n} \\ \vdots & \vdots & & \vdots \\ x_{m1} & x_{m2} & \cdots & x_{mn} \end{bmatrix} \tag{9.6}$$

1. 指标标准化

各指标的单位不同，使数据之间的可比性较差，需对原始指标数据进行标准化处理。采用极差变换法将原始数据统一转化到 [0，1] 区间之内，得到标准化矩阵 $\boldsymbol{Y}$，其过程如下：

正向指标：

$$X_{ij}=\frac{x_{ij}-\min(x_{ij})}{\max(x_{ij})-\min(x_{ij})} \tag{9.7}$$

负向指标：

$$Y_{ij}=\frac{\max(x_{ij})-x_{ij}}{\max(x_{ij})-\min(x_{ij})} \tag{9.8}$$

式中，X_{ij}、Y_{ij} 为第 j 年第 i 指标的原始值和标准化值；$\min(x_{ij})$、$\max(x_{ij})$ 为各指标原始值中的最小值、最大值。

2. 指标权重计算及加权决策矩阵构建

指标权重向量 $\boldsymbol{W}=(W_1$，W_2，$\cdots$，$W_i)$，结合标准化矩阵 $\boldsymbol{Y}$，得到加权规范化矩阵 $\boldsymbol{V}$：

$$\boldsymbol{V}=\boldsymbol{YW}=[V_{ij}]_{m\times n} \tag{9.9}$$

3. 确定正理想解（V^+）和负理想解（V^-）

$$V_i^+=\{\max V_{ij}\,|\,i=1,2,\cdots,m\}=\{V_1^+,V_2^+,\cdots,V_m^+\} \tag{9.10}$$

$$V_i^-=\{\min V_{ij}\,|\,i=1,2,\cdots,m\}=\{V_1^-,V_2^-,\cdots,V_m^-\} \tag{9.11}$$

4. 各年份评价指标到正、负理想解的距离 T^+ 和 T^*

$$T_j^+ = \sqrt{\sum_{i=1}^m (V_{ij} - V_i^+)^2}, T_j^- = \sqrt{\sum_{i=1}^m (V_{ij} - V_i^-)^2} \tag{9.12}$$

5. 各年份评价对象与理想解的贴近度 C_j

$$C_j = \frac{T_j^-}{T_j^- + T_j^+} \tag{9.13}$$

用贴近度表示大型煤电基地区域生态安全指数。

9.2.3.2 障碍度模型

障碍度模型是建立在综合评价基础上的数学统计模型，其具体方法是引入因子贡献度（F_i）、指标偏离度（I_{ij}）和障碍度（O_{ij}、B_j）三个基本变量对障碍因素进行诊断，计算公式如下：

$$F_i = W_i \times U_k, I_{ij} = 1 - Y_{ij} \tag{9.14}$$

$$O_{ij} = \frac{F_i \times I_{ij}}{\sum_{i=1}^m (F_i \times I_{ij})} \times 100\%, B_j = \sum O_{ij} \tag{9.15}$$

式中，W_i 为单项指标权重；U_k 为单项指标所属准则层的权重（$k=1$，2，3）；F_i 为单项指标对总目标的贡献大小；I_{ij} 为单项指标实际值与最优目标值之差；O_{ij}、B_j 分别表示单项指标和子系统对保障大型煤电基地区域生态安全的阻碍程度。

9.2.3.3 灰色关联度分析

灰色关联度是指系统内部主要因素随时间变化的同步程度，即其他数列与参考数列之间的接近程度，它定量地刻画了系统内部结构之间的联系，描述了系统发展过程中因素间的相对变化情况，从时间序列找到灰信息间的关联性的度量方法。运用灰色关联分析，说明研究区煤炭开采量与其他指标因子之间变化趋势的相似或相异程度，灰色关联度系数计算如下：

$$r[x_0(k), x_i(k)] = \frac{\Delta(\min) + \rho\Delta(\max)}{\Delta 0_i(k) + \rho\Delta(\max)} \tag{9.16}$$

$$r(x_0, x_i) = \frac{1}{n} \sum_{k=1}^n r[x_0(k), x_i(k)] \tag{9.17}$$

式中，$r(x_0, x_i)$ 为关联度；x_0 为选定序参量；x_i 为第 i 个其他序参量；n 为年份数量；$r[x_0(k), x_i(k)]$ 为关联度系数；$\Delta(\min)$，$\Delta(\max)$ 为矩阵最小差和最大差；$\Delta 0_i(k)$ 为差序列；ρ 为分辨系数，取 0.5。

9.2.4 评价指标体系运行

9.2.4.1 模型构建及运算

构建并运行熵权 TOPSIS 模型。根据生态安全评价模型公式，输入所需的各项参数，进行分析统计及运算，包括但不限于指标标准化处理、确定指标权重、构建加权决策矩阵，以获取区域生态安全评价结果数据。

构建并运行障碍度模型。根据计算公式，获取生态安全障碍因素诊断结果。在指标层呈现每年份的主要障碍因子，在子系统层分析各子系统对生态安全水平的障碍程度及变化趋势。针对诊断结果，提出解决问题的对策。

9.2.4.2　生态安全等级划分

参考大型煤电基地生态安全等级划分的相关文献，结合各研究区实际情况，划分生态安全等级。

依据东部草原区大型煤电基地特点，将生态安全综合指数的数值从高到低排列，分布在 0~1 之间。结合东部草原区实际情况，将大型煤电基地生态安全综合指数等级划分为理想安全、较安全、临界安全、较不安全、很不安全五个等级，以反映大型煤电基地研究区域生态安全综合状况，确立生态安全分级标准，详见表 9.2。开展评价的大型煤电基地可结合本地实际对分级标准进一步优化和修正。

表 9.2　大型煤电基地城矿生态安全分级标准

安全等级	贴近度	等级含义
Ⅰ（理想安全）	[1~0.85]	生态环境系统基本未受干扰损坏，人与自然和谐相处，生态环境和社会经济协调发展，区域可持续发展能力强
Ⅱ（较安全）	(0.85~0.7]	生态环境受到较小损坏，生态环境系统结构和功能尚好，一般干扰下可恢复
Ⅲ（临界安全）	(0.7~0.5]	生态环境系统的服务功能已有退化，但尚可维持基本功能，受干扰后易恶化，生态问题显现
Ⅳ（较不安全）	(0.5~0.25]	生态环境受到较大损坏，生态环境系统结构和功能退化，受外界干扰后较难恢复，易发生生态灾害
Ⅴ（很不安全）	(0.25~0]	生态损坏和环境污染严重，生态环境系统结构残缺不全，功能丧失，生态恢复与重建困难，难以实现可持续发展

9.2.4.3　生态安全评价

基于计算结果数据，依据生态安全等级划分标准，对城矿进行生态安全等级评价。同时对大型煤电基地区域生态安全状况产生障碍的影响因子进行诊断和分析，为下一步生态安全调控做准备。

9.3　大型煤电基地区域生态安全评价

9.3.1　大型煤电基地矿区排土场尺度生态安全评价

根据大型煤电基地北电胜利露天煤矿排土场物理力学指标的分析结果，对排土场边坡的生态安全性进行模拟评价，分析排土场边坡在现有坡长、坡度、覆土厚度、土壤抗剪强度、土壤含水率等条件下的稳定程度，通过计算各排土场边坡稳定性安全系数，对各边坡现有稳定性和安全性给出定量的评价结果，并且以边坡模型的形式对其进行可视化的呈现。基底排弃物的力学指标参考相关研究及岩土力学的相关分类标准进行取值计算，如表 9.3 所示：

表 9.3　排土场基底排弃物力学性质

容重/(kN/m³)	黏聚力/kPa	内摩擦角/(°)
20	26	29

9.3.1.1　排土场土壤理化性质

通过对排土场土壤样品含水率的试验结果进行处理，分析各坡面土壤样品含水率的变化趋势。见表 9.4，从单个排土场来看，排土场阴坡和阳坡土壤含水率存在一定的差异（$p < 0.05$），其中，北排土场阴阳坡的土壤含水率存在显著差异，阴坡的平均含水率要比阳坡高出 4.19%，沿帮排土场阴坡的平均含水率比阳坡高出 3.96%，阴阳坡之间这种含水率的差异，主要是由于阴阳坡光照条件不同所造成的水分蒸发量不同。对于南排土场，我们发现其阳坡含水率反而高出阴坡含水率 4.22%，造成这种现象的原因是南排土场作为该矿区生态恢复的重点示范区，相关单位为其提供了完善的养护措施，尤其是对阳坡定期进行灌溉以至于其含水率明显高于阴坡。同时，各排土场之间的含水率也存在显著差异（$p < 0.05$）。在本研究中，含水率指标并没有作为表征边坡稳定性的直接相关指标，而是作为土壤容重、黏聚力和内摩擦角等指标测定的相关变量来进行应用。

表 9.4　排土场边坡土壤含水率

含水率/%	S1	S2	S3	S4	S5	Avg
北排土场阴坡	10.32	12.33	11.09	13.86	11.19	11.76
北排土场阳坡	7.33	9.46	6.88	7.08	7.11	7.57
南排土场阴坡	11.73	11.17	11.71	11.48	9.90	11.20
南排土场阳坡	13.52	15.27	18.07	14.82	15.42	15.42
沿帮排土场阴坡	19.13	15.95	18.91	15.52	18.09	17.52
沿帮排土场阳坡	11.83	15.32	15.74	12.33	12.56	13.56

对于各排土场坡面土壤的结构力学参数试验表明，见表 9.5、表 9.6，各排土场阴阳坡面土壤容重、黏聚力和内摩擦角的差异均不显著（$p > 0.05$），北排土场边坡土壤的密度相对较大，而南排土场边坡土壤容重的数值偏小可能是由频繁的人工干预所引起的表层土壤较为松散所导致的，这也造成了南排土场土壤样品的平均黏聚力明显小于北排土场和沿帮排土场。

表9.5　排土场边坡土壤样品容重

容重/(kN/m³)	S1	S2	S3	S4	S5	Avg
北排土场阴坡	16.49	17.95	15.26	14.98	16.31	16.19
北排土场阳坡	17.89	17.47	16.71	16.34	18.71	17.42
南排土场阴坡	15.54	15.76	15.83	15.34	15.31	15.55
南排土场阳坡	13.97	16.08	15.15	12.90	14.57	14.53
沿帮排土场阴坡	17.02	15.66	17.79	16.64	15.25	16.47
沿帮排土场阳坡	16.36	16.56	16.18	15.42	15.08	15.92

表9.6　排土场边坡土壤样品力学性质

	平均容重/(kN/m³)	平均黏聚力/kPa	平均内摩擦角/(°)
北排土场阴坡	16.19	5.01	14.93
北排土场阳坡	17.42	3.76	11.67
南排土场阴坡	15.55	0.62	12.02
南排土场阳坡	14.53	0.45	21.39
沿帮排土场阴坡	16.47	6.57	13.72
沿帮排土场阳坡	15.92	10.17	8.20

由于边坡表层覆盖土壤的厚度为30 cm，所以试验中所测土壤样品的指标数值仅代表对应的土壤坡体部分，对表层土壤下的排土场排弃物的相关结构力学指标的取值参考相关岩土力学分类标准数值及相关文献的试验结果来选取。在土壤容重增大的情况下会造成边坡土壤所受重力作用的影响增大，即边坡自身产生的扰动力也会增大，从而使边坡稳定性受到减弱。而在土壤黏聚力和内摩擦角增大的情况下会使边坡土壤具有较强的抗剪强度，直接提高了边坡的抵抗力因而会使边坡稳定性得到增强。

9.3.1.2　排土场边坡整体安全系数评价

通过计算得出，从阴坡安全系数来看，北排土场阴坡的边坡稳定性安全系数为1.997，南排土场阴坡的边坡稳定性安全系数也为1.997，即南北排土场的阴坡稳定性不存在差异。与此同时，南排土场阴坡的安全系数为明显较小的1.023。而从阳坡安全系数来看，北排土场阳坡的边坡稳定性安全系数为1.992，略低于其阴坡。沿帮排土场阳坡的边坡稳定性安全系数为2.004，略高于其阴坡。而南排土场阳坡的边坡稳定性安全系数为0.871。在本研究中将边坡稳定性安全系数按照大小不同划分为三个等级来表征排土场边坡的稳定性程度，见表9.7。

表 9.7　排土场边坡稳定性程度划分

边坡安全系数（FOS）	稳定性程度
FOS<1	不稳定
1≤FOS≤2	较稳定
FOS>2	极稳定

从边坡安全系数的计算结果（表 9.8）来看，北排土场在当前条件下处于较稳定状态且接近于极稳定状态；沿帮排土场阴坡处于较稳定状态，而其阳坡处于极稳定状态；南排土场阴坡处于较稳定状态但其阳坡则处于不稳定状态。北排土场和沿帮排土场边坡的边坡安全系数没有显著差别，其阴阳坡之间也不存在显著差异，这说明在土壤样品测试结果范围内，北排土场和沿帮排土场所测相关指标的差别对排土场边坡稳定性没有造成明显的影响。对于南排土场的模拟计算显示，南排土场边坡稳定性的安全系数远小于对应的其他两个排土场，其阴阳坡面之间也存在较大的差距。

表 9.8　排土场边坡安全系数计算结果

	北排土场阴坡	北排土场阳坡	南排土场阴坡	南排土场阳坡	沿帮排土场阴坡	沿帮排土场阳坡
安全系数	1.997	1.992	1.023	0.871	1.997	2.004

为深入分析各排土场之间边坡稳定性安全系数的差异，选择排土场边坡的典型坡面进行安全系数分布的模拟对比分析。基于北排土场和沿帮排土场边坡稳定性安全系数不存在显著差异，重点选取北排土场和南排土场进行比较研究。

从选取的排土场边坡模型的分析结果来看，北排土场阴坡和沿帮排土场阴坡的整体最小安全系数所在的滑动面均位于边坡坡体中基底排弃物所在的部分，而南排土场阴坡的整体最小安全系数则位于边坡表层的覆土部分。这说明南排土场阴坡的表层由于人为干扰等因素所产生的影响使得其表层结构趋于不稳定状态。南排土场阴坡 1.023 的安全系数已经接近于极限稳定状态下安全系数为 1 的状态。对南排土场阳坡模拟分析计算得到的边坡安全系数为 0.871，从极限平衡理论的分析来看，可以认为其阳坡在人为干扰下已经处于不稳定的状态。因此，南排土场为研究区域范围内最不稳定的排土场，生态安全性相对较差。

9.3.1.3　排土场边坡表层安全系数评价

在研究边坡稳定性评价中的生态因素时，其对边坡靠近坡面表层的安全系数的影响起到了至关重要的作用，而边坡植被因素所起到的固坡作用也主要集中在边坡表层。因此，需要对边坡上沿边坡表面的安全系数进行分析，我们通过使用各边坡力学性质的平均值为基准，以边坡模型的横坐标为 x 轴，以边坡安全系数为 y 轴，建立边坡表层各点对应安全系数的变化曲线如图 9.1 所示。通过对曲线的分析，可以发现沿坡面从下往上的安全系数的变化趋势，从边坡底部靠近边坡中部的过程中边坡安全系数大致以二次曲线的形式先减小后增大，在横坐标为 25 左右时达到最小值 2.0，之后安全系数逐渐增大，至横坐标为

45 左右时的 2.8，然后在横坐标为 60 时又以二次曲线形式减小至最低点，最后再逐渐增大至最高点。由此可以得出，边坡表层安全系数的分布呈现为坡面上下两侧和中部区域较高，而在其他区域则较低，以坡面中点为中心大致呈对称分布。在安全系数较低的区域也是稳定性提升中需要重点关注的区域。

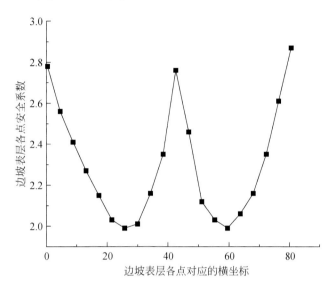

图 9.1　边坡表层安全系数变化曲线

9.3.1.4　排土场边坡安全系数力学因素分析

在以上分析中以实测数据的平均值作为模型参数，虽然代表了边坡稳定性的平均水平，但是缺乏一定的动态变化规律。因此，为充分利用所测指标数据研究其对边坡稳定性的影响，假设受人为干扰程度较小的北排土场和沿帮排土场的容重、黏聚力、内摩擦角等数据的平均值，在整体边坡范围内所有土壤和基底材料中的分布符合以该平均值为数学期望的正态分布，其相对最大值和相对最小值的取值为相对于平均值的变化值，为了使各参数符合正态分布的形式，至少应使标准差小于最小值或最大值的三倍，各参数具体取值见表 9.9。

表 9.9　排土场边坡安全系数计算结果

	分布形式	平均值	标准差	相对最小值	相对最大值
土壤容重/(kN/m³)	正态分布	15.91	2	12	6
土壤黏聚力/kPa	正态分布	4.64	1	4	8
土壤内摩擦角/(°)	正态分布	14	1	4	4
排弃物容重/(kN/m³)	正态分布	20	1	3	3
排弃物黏聚力/kPa	正态分布	26	1	3	3
排弃物内摩擦角/(°)	正态分布	29	1	3	3

通过 SLIDE 软件的概率分析功能，可以得到用来描述边坡稳定性的多个相关参数：①确定性安全系数（FS）为以所取指标的平均值为输入参数时所计算得到的整体最小边坡安全系数；②平均安全系数（FS）是指所有计算涉及的整体最小滑动面安全系数的平均值，通常可靠性指数需大于 3 才能保证边坡的稳定性。在本研究中，排土场边坡的确定性安全系数为 1.996，平均安全系数为 2.000。因此，在本研究所测指标数据的整体分布范围内，北排土场和沿帮排土场边坡的各概率稳定性参数均处于较高水平，即排土场边坡的稳定性较强。

通过建立安全系数分布直方图可以分析边坡稳定性安全系数在该概率分析范围内的分布情况，可以看出排土场边坡安全系数的分布主要集中在 1.88 ~ 2.12 之间，大致符合正态分布的拟合曲线见图 9.2。这说明在本研究所测指标数据的整体分布范围内排土场边坡的稳定性安全系数中分布集中于 2.00 附近区域，仅有极少的样本位于两侧区域，样本的最小安全系数为 1.77。这也说明本研究所测样本数据具有较强的代表性，可以说明北排土场和沿帮排土场的边坡具有较强的稳定性，表现出较好的生态安全性。

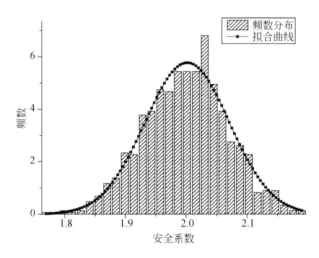

图 9.2　边坡安全系数分布图

在概率分析中，我们还分析了土壤容重、黏聚力、内摩擦角等参数的变化对边坡安全系数的影响程度，即安全系数对该参数的敏感程度。如图 9.3 所示，纵坐标为安全系数值，横坐标为相关参数的变化程度，横坐标为 50% 时代表相应变量的取值为其平均值，横坐标为 0 时表示变量取最小值，横坐标为 100% 时则代表取最大值。

通过对各参数敏感度曲线的分析可以看出，土壤的内摩擦角在本研究范围内对边坡稳定性安全系数几乎没有影响。随着容重增加边坡稳定性安全系数总是趋于降低的，而土壤黏聚力的增加则会使安全系数以一定的幅度逐渐升高。在边坡稳定性评价中，如果已知边坡土壤容重或者土壤内摩擦角，而其他变量保持不变的情况下，可以直接计算得到边坡的安全系数；同样地，在边坡的构建过程中，如果对边坡稳定性安全系数有定量的要求，也可以确定边坡土壤对应参数的取值要求。

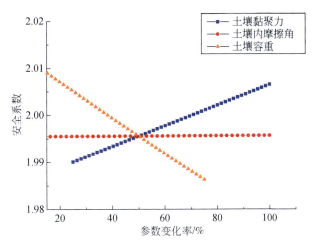

图 9.3　边坡安全系数敏感度曲线

9.3.2　大型煤电基地城矿尺度生态安全评价

9.3.2.1　煤炭资源开发与利用现状

锡林浩特市大型煤电基地煤炭产量占锡林郭勒盟 30.63%，以褐煤为主，主要分布在胜利和巴音宝力格两大矿区，其中胜利煤田是我国褐煤储量最大的煤田。胜利煤田共划定 11 个矿（井），包括胜利一号、西二号、西三号和胜利东一号、东二号、东三号这 6 个露天煤矿，胜利西一号井工矿、胜利东一号井工矿、锡凌矿井、巴彦温都尔矿井这 4 个井工矿，以及 1 个锗煤露天矿，即乌兰图嘎露天矿。从 2006 年起，大型煤电基地工业化进程逐渐加快，煤炭资源开始被大规模开发。2005 年大型煤电基地原煤产量还不到 200 万 t，2006 年、2007 年一直保持上升态势，2008 年原煤开采力度猛增，产量突破 2000 万 t，2011 年甚至突破 4000 万 t，产量达到 4597 万 t，2012 年之后煤炭开采强度才逐渐变小。与此同时，胜利煤田被列为国家大型煤电基地，自治区支持东部盟市振兴力度越来越大，为大型煤电基地区域实现又好又快发展提供了难得的历史机遇，在煤电一体化建设的指引下，发电行业有了较好的发展，2017 年发电量较 2008 年增长了 61%（图 9.4）。

9.3.2.2　评价指标体系及权重

结合大型煤电基地城矿的实际情况，构建了包含 33 个指标的煤炭资源型城市生态安全评价指标体系，见表 9.10。该指标体系特别设置了"耗煤发电指数"，即用规模以上工业企业火力发电量与原煤消耗量比值近似表示该地区煤电一体化建设效益，体现煤炭清洁高效利用的程度，还有"矿区生态环境治理面积"指标，这些都是煤炭资源型城市生态系统具有代表性的指标。另外，将"人均耕地面积"设置为负向指标，即认为该指标越小对该地区矿业城市生态安全越好，这是因为考虑到本地草原生态系统的原生性及稳定性，耕地设定为限制因子更为合理。熵权法的客观赋权方式避免了人为因素的干扰，使指标权重确定更具科学性。指标赋予的权重越大，其在生态安全综合评价中的作用就越大。从本研究中各指标权重来看，第三产业占 GDP 比重、矿区面积、城镇化率、城镇居民恩格尔系数和矿山生态环境治理面积的权重位居前五。第三产业占 GDP 比重的赋权最大，说明产业优化是提升区域生态安全的有效措施，体现了对资源型城市产业结构调整的重要性；大型煤电基地区域以露天煤炭开采为主，采矿作业区对当地草原生态系统造成了很大扰动和损坏，因而矿区面积权重值较大；城镇化率和城镇居民恩格尔系数分别反映了社会发展水平和人民生活质量，揭示了煤炭资源型城市中煤炭及相关产业发展带来的社会和经济效应，这两项指标的权重排名亦比较靠前；矿山生态环境治理面积指标位于权重前五，体现了当地政府对矿山生态环境保护和恢复的重视程度。

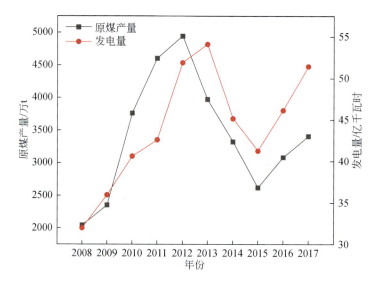

图 9.4　2008~2017 年大型煤电基地原煤产量和发电量

9.3.2.3　生态安全等级评判标准

根据各指标的安全标准值（表 9.11），以及原始数据指标权重，将各指标标准值的标准化值与原始数据权重进行加权求和，计算出大型煤电基地城矿对应的生态安全临界值为 0.39，城市生态安全值在 [0, 1] 范围内，因此，将煤炭资源型城市的生态安全评价等级具体划分为 5 个等级，结果见表 9.2。

9.3.2.4　生态安全评价结果

1. 总体生态安全状况

2008~2017 年大型煤电基地城矿生态安全综合值在 0.377~0.553 之间，生态安全状态从较不安全转为临界安全。城市生态安全状况演变可分为三个阶段。

表 9.10　大型煤电基地城矿尺度生态安全评价指标体系及权重

目标层	准则层	要素层	指标层	性质	权重
大型煤电基地城矿尺度生态安全	压力系统 (0.3995)	生态环境 (0.2521)	人均原煤产量 p1	−	0.0244
			人均发电量 p2	−	0.0243
			矿区面积 p3	−	0.0557
			工业废水排放量 p4	−	0.0305
			工业废气排放量 p5	−	0.0338
			工业 SO_2 排放量 p6	−	0.0396
			工业烟（粉）尘排放量 p7	−	0.0288
			一般工业固废产生量 p8	−	0.0150
		社会经济 (0.1474)	人口密度 p9	−	0.0320
			人口自然增长率 p10	−	0.0168
			人均 GDP p11	+	0.0313
			规模以上工业企业单位产值能耗 p12	−	0.0239
			规模以上工业原煤消费量 p13	−	0.0201
			煤炭采掘业产值占能源工业产值比重 p14	−	0.0234
	状态系统 (0.3516)	生态环境 (0.1833)	人均草地面积 s1	+	0.0258
			人均耕地面积 s2	−	0.0168
			植被覆盖度 s3	+	0.0252
			人均地表水资源 s4	+	0.0351
			人均地下水资源 s5	+	0.0351
			人均城市道路面积 s6	−	0.0153
			空气质量优良率 s7	+	0.0301
		社会经济 (0.1683)	城镇居民人均可支配收入 s8	+	0.0335
			农牧区居民人均可支配收入 s9	+	0.0351
			城镇居民恩格尔系数 s10	−	0.0467
			城镇化率 s11	+	0.0530
	响应系统 (0.2488)	生态环境 (0.1232)	建成区绿化覆盖率 r1	+	0.0141
			一般工业固废综合利用率 r2	+	0.0160
			城市污水处理率 r3	+	0.0289
			生活垃圾无害化处理率 r4	+	0.0200
			矿山生态环境治理面积 r5	+	0.0441
		社会经济 (0.1256)	耗煤发电指数 r6	+	0.0368
			环保投资占 GDP 比重 r7	+	0.0312
			第三产业占 GDP 比重 r8	+	0.0576

表 9.11　大型煤电基地城矿态安全评价指标标准值

指标层	标准值	确定依据
人均原煤产量/t p1	134.50	研究期内平均值
人均发电量/（kW·h）p2	17362.46	研究期内平均值
矿区面积/km² p3	52.50	研究期内平均值
工业废水排放量/万 t p4	8944	全国 31 个主要城市平均值
工业废气排放量/亿 m³ p5	4500	全国 31 个主要城市平均值
工业 SO_2 排放量/t p6	4500	国家级生态县建设指标
工业烟（粉）尘排放量/t p7	30336	全国 31 个主要城市平均值
一般工业固废产生量/万 t p8	62.65	研究期内平均值
人口密度/（人/km²）p9	193	我国人口密度
人口自然增长率/‰ p10	8	国家级生态县建设指标
人均 GDP/（元/人）p11	25000	国家级生态县建设指标
规模以上工业企业单位产值能耗/（吨标准煤/万元）p12	0.9	国家级生态县建设指标
规模以上工业原煤消费量/万 t p13	409.70	研究期内平均值
煤炭采掘业产值占能源工业产值比重/% p14	33.84	研究期内平均值
人均草地面积/km² s1	0.06	研究期内平均值
人均耕地面积/（hm²/人）s2	0.08	国际标准
植被覆盖度/% s3	50	王琦等
人均地表水资源/m³ s4	91.09	研究期内平均值
人均地下水资源/m³ s5	907.68	研究期内平均值
人均城市道路面积/m² s6	30	谢林花等
空气质量优良率/% s7	90	国家级生态县建设指标
城镇居民人均可支配收入/元 s8	29700	全国资源型城市可持续发展规划（2013～2020 年）
农牧区居民人均可支配收入/元 s9	14100	全国资源型城市可持续发展规划（2013～2020 年）
城镇居民恩格尔系数/% s10	40	小康社会标准
城镇化率/% s11	50	国家级生态县建设指标
建成区绿化覆盖率/% r1	30	国家园林城市标准
一般工业固废综合利用率/% r2	85	关小克等
城市污水处理率/% r3	60	国家级生态县建设指标
生活垃圾无害化处理率/% r4	100	国家级生态县建设指标
矿山生态环境治理面积/km² r5	5.32	研究期内平均值
耗煤发电指数/［（kW·h）/t］r6	777.91	研究期内平均值
环保投资占 GDP 比重/% r7	3.5	国家级生态县建设指标
第三产业占 GDP 比重/% r8	45	国家级生态县建设指标

第一阶段是 2008~2011 年，生态安全下降期。煤电基地城矿生态安全水平处于较不安全状态且安全水平逐年下降，生态安全综合指数降至研究期内最小值 0.377，年均递减率为 6.68%，该地区生态环境系统结构和功能有所退化，生态环境已经受到严重损害，这几年大型煤电基地处于由传统农牧业城市向新型资源型城市转型的过渡期，煤炭开采已成为该区域经济发展的主要动力，进而出现城市产业结构不合理、经济发展过度依赖资源和环境污染加剧等问题，城市可持续发展受到严峻挑战。

第二阶段是 2011~2015 年，生态安全快速上升期。城市生态安全状态有所好转，生态安全综合值从 2011 年的 0.377 逐步上升到 2015 年的 0.532，年均增长率为 8.94%，生态安全水平从较不安全水平显著提升到临界安全水平。究其原因，一方面因为 2012 年国内煤炭黄金十年结束，大型煤电基地煤炭开采强度有所收敛，2013 年煤炭开采量较 2012 年减少将近 1000 万 t，煤炭开采引发的生态环境问题也随之减弱；另一方面，该市矿山企业积极响应煤炭工业发展的 "十二五" 规划，按照建设环境友好型矿区的要求，积极开展矿山地质环境治理工作，成效显著，五年内共计投入治理资金 5.6 亿元，恢复治理面积达 17 km²，此外该市政府还从调结构、控新增、减存量三个方面入手，将燃煤锅炉整治、涉气企业脱硫和脱硝设施改造等纳入重点减排工作，努力完成减排目标任务。

第三阶段是 2015~2017 年，生态安全波动稳定期。城市生态安全水平呈波动变化且小幅上升，仍处于临界安全水平，未来年份生态安全值可能在 0.55 左右浮动。"十三五" 时期，国家优化煤炭生产开发布局，考虑到内蒙古东部生态环境脆弱，水资源短缺的问题，控制褐煤生产规模，限制远距离外运，主要保证锡林郭勒盟煤电基地用煤需求，煤炭工业发展规划的出台和本地矿山企业的认真落实，使得大型煤电基地城矿生态安全水平呈相对稳定趋势发展。目前，大型煤电基地城矿生态安全水平虽有好转，但仍属于低级别的临界安全等级，生态环境脆弱，生态安全水平有待进一步提高。

2. 各子系统生态安全状况

压力系统生态安全指数呈先下降后上升，再小幅下降的趋势，表明该市生态安全压力先增大后稍减小再稍微增大（负向指标，数值越小，生态安全压力越大），人类对生态系统的干扰很不稳定。根据压力指数的变化情况可分为 3 个阶段：第一阶段是 2008~2013 年，压力指数逐年下降，年均递减率为 9.10%。这期间，压力系统中人均原煤产量、人均发电量、矿区面积、规模以上工业原煤消费量、煤炭采掘业产值占能源工业产值比重都在持续增长，工业废弃物排放量大，虽然人均 GDP 有所提高，但也无法抵消煤炭工业快速发展给城市生态安全带来的负面影响。第二阶段是 2013~2015 年，压力指数逐年上升。这期间，人均原煤产量、工业废水排放量、工业烟（粉）尘排放量的减幅较明显，分别为 36.87%、60.45% 和 54.48%，虽然来自人口自然增长率方面的压力以 140.20% 的速率增长，但压力指数仍以年均 11.58% 的增长率上升，生态安全压力逐渐减小。第三阶段是 2015~2017 年，压力指数小幅下降，年均递减率仅达 0.60%。这期间，工业 SO_2 排放量和工业烟（粉）尘的排放量显著减少，减幅分别为 80.56% 和 91.84%，但受其他指标共同作用，该阶段压力系统对城市生态安全仍存在微弱的负面影响。

状态系统生态安全状况呈波动上升趋势，2008~2017 年状态指数以年均 0.97% 的速率上升。其中，生态环境方面的人均地表水资源量和人均地下水资源量逐年减少，人均草地面积在波动中减少，人均耕地面积变幅不大，人均城市道路面积增幅达 25.60%；来自社会经济方面的城镇居民人均可支配收入和农牧区居民人均可支配收入逐年增长，增幅分别高达 193.93% 和 275.55%，由此看来，该市社会经济发展对提升城市状态系统生态安全的贡献更大。

响应系统生态安全基本呈快速上升的变化趋势，由 2008 年的最小值 0.146 逐步提高到 2017 年的最大值 0.719，年均增长率为 19.41%，响应指数日益增大，有利于城市生态安全的提升。这 10 年间大型煤电基地区域政府加大了对生态环境保护的财政支持，环保投资占 GDP 比重由 1.36% 提高到 3.20%，同时也注重经济转型升级，合理进行产业布局，第三产业占 GDP 比重由 27.72% 提高到 49.20%，其中现代服务业比重明显上升；耗煤发电指数不断增大，10 年间增加了 0.6 倍，可见煤电一体化建设颇有成效；2017 年，该市建成区绿化覆盖率（36.19%）、一般工业固废综合利用率（100%）、城市污水处理率（94.69%）、生活垃圾无害化处理率（100%）均高于国家卫生城市标准，这些都有利于生态安全响应指数的整体提高。

9.3.2.5　生态障碍因子诊断

1. 单项指标的障碍度

表 9.12 给出了 2008～2017 年指标层障碍度排序前五位的因子。2008～2017 年阻碍大型煤电基地城矿生态安全状况的障碍因素中主要集中在压力系统和状态系统方面。2008 年阻碍城市生态安全的障碍因素主要包括城镇化率、第三产业占 GDP 比重、人均 GDP、农牧区居民人均可支配收入、城镇居民人均可支配收入等；2012 年阻碍城市生态安全状况的障碍因素主要包括城镇化率、城镇居民恩格尔系数、矿区面积、工业 SO_2 排放量、第三产业占 GDP 比重等；2017 年阻碍城市生态安全状况的障碍因素主要包括矿区面积、工业废气排放量、人口密度、人均地下水资源、人均地表水资源等。从单项指标变化趋势上看，2008～2017 年矿区面积、工业废气排放量、人口密度、人均地下水资源量和人均地表水资源量指标障碍度上升幅度较大。

表 9.12　2008～2017 年大型煤电基地城矿生态安全主要障碍因素排序

年份	项目	指标排序				
		1	2	3	4	5
2008	障碍因素	s11	r8	p11	s9	s8
	障碍度/%	10.45	8.26	7.20	7.11	6.80
2009	障碍因素	s11	r8	s9	p11	s8
	障碍度/%	9.56	7.16	6.24	6.13	5.74
2010	障碍因素	s11	s10	r8	p6	s9
	障碍度/%	9.39	8.27	6.74	6.08	5.45
2011	障碍因素	s11	s10	r8	p4	p6
	障碍度/%	7.60	7.41	6.38	5.86	5.66

续表

年份	项目	指标排序				
		1	2	3	4	5
2012	障碍因素	s11	s10	p3	p6	r8
	障碍度/%	8.71	7.86	7.53	7.30	6.55
2013	障碍因素	p3	p6	s10	r8	p7
	障碍度/%	10.59	8.65	8.20	6.50	6.29
2014	障碍因素	p3	p6	p5	s5	s4
	障碍度/%	12.82	8.08	7.49	6.35	6.05
2015	障碍因素	p3	p6	s5	s4	p9
	障碍度/%	14.58	9.34	7.55	7.35	7.34
2016	障碍因素	p3	p5	p9	s5	s4
	障碍度/%	13.86	7.69	7.54	7.39	7.28
2017	障碍因素	p3	p5	p9	s5	s4
	障碍度/%	14.77	8.96	8.48	8.19	7.89

2008~2012年排名第一的障碍因素是城镇化率，2012年前大型煤电基地城矿城镇化率基本保持在86%左右，阻碍了城市生态安全状况的改善。城镇化率越低，一方面说明地区社会经济发展薄弱，另一方面意味着人类活动范围广，进而对人类聚集区以外的自然生态环境干扰就越大，区域社会经济和生态环境方面的安全状况也就随之降低。2012年后该市城镇化率基本保持在90%左右，城镇化率的障碍度逐年降低，这是因为大型煤电基地区域大力推进新型城镇化，巩固锡林浩特市在锡林郭勒盟的主中心城市的引领地位。2012~2017年排名第一的障碍因素是矿区面积，这5年该市露天采矿面积以年均5.49%的增长速率不断扩大。草原露天开采区对草地生态系统的剧烈扰动将导致自然生态系统结构和功能的受损，加之城市化的快速推进，共同对区域环境质量、景观生态等产生重大影响。

2015~2017年矿区面积、人均地下水资源量、人均地表水资源量和人口密度均位于障碍因子前五的行列。具体表现为煤电基地大力建设过程中，工矿用地不断扩大；露天开采使地表沉陷，在一定程度上改变地面降水的径流与汇水条件，因此间接影响矿区周围的地表水量；煤炭挖掘深度加大，地下蓄水构造被破坏，同时矿井水污染地下水，导致地下水资源流失严重和污染加剧；煤电一体化发展提升了区域经济实力，人口快速聚集，人口密度增加，导致局部生态压力也随之增大。

2. 各子系统的障碍度

根据单项指标障碍度计算结果，进一步计算出大型煤电基地城矿生态安全各子系统的障碍度（图9.5）。2008~2017年压力系统障碍度最大，其次是状态系统、响应系统。可见，改善煤炭资源型城市生态安全状况必须从压力系统入手，同时注重提高状态系统和响应系统的生态安全水平。从各子系统的障碍度变化趋势来看，压力系统的障碍度大幅上升，状态系统的障碍度呈波动上升趋势，而响应系统的障碍度呈大幅下降趋势，其中，压力系统和状态系统的障碍度分别以年均 6.04% 和 2.11% 的速度增加, 响应系统的障碍度以年均 18.48% 的速度下降。

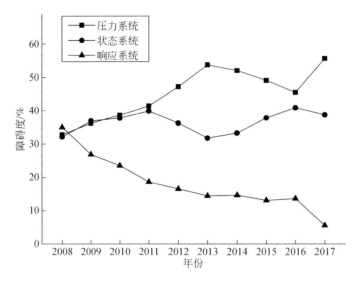

图 9.5　2008～2017 年大型煤电基地城矿各子系统障碍度

9.3.2.6　煤炭开采灰色关联分析

大型煤电基地正在逐步加快煤电开发一体化建设, 煤炭开采对城矿生态环境和经济发展的影响不可忽视, 通过对原煤产量与其他指标的关联度分析, 探讨煤炭开采对其他因子的影响程度。从表 9.13 可以看出, 煤炭采掘业产值占能源工业产值比重、人均发电量、规模以上工业原煤消费量、植被覆盖度、矿区生态环境治理面积、人均地表水资源量和人均地下水资源量的关联度在 0.8 以上, 说明煤炭开采对研究区煤炭工业发展、煤电建设、工业原煤消耗、地表植被和水环境的影响强烈, 也促进了政府对矿山生态环境治理的响应。与人均原煤产量关联度在 0.7～0.8 之间的指标因子占比为 62.5%, 因此, 总体上来看, 煤炭开采是影响研究区大部分生态安全评价指标的重要因素, 对城镇居民人均可支配收入、工业烟 (粉) 尘排放量、人口自然增长率、农牧区居民人均可支配收入的影响也很大, 但对工业废水排放量的影响相对较小。

表 9.13　大型煤电基地煤炭开采与其他指标的关联度

指标	关联度	指标	关联度
煤炭采掘业产值占能源工业产值比重	0.868	人均城市道路面积	0.761
人均发电量	0.829	工业废气排放量	0.755
规模以上工业原煤消费量	0.826	规模以上工业企业单位产值能耗	0.755
植被覆盖度	0.821	耗煤发电效益	0.750
矿山生态环境治理面积	0.808	工业 SO_2 排放量	0.750

指标	关联度	指标	关联度
人均地表水资源量	0.802	人均 GDP	0.741
人均地下水资源量	0.802	城市污水处理率	0.730
城镇居民恩格尔系数	0.799	矿区面积	0.723
人均耕地面积	0.795	环保投资占 GDP 比重	0.721
生活垃圾无害化处理率	0.795	第三产业占 GDP 比重	0.708
空气质量优良率	0.791	一般工业固废产生量	0.704
一般工业固废综合利用率	0.788	城镇居民人均可支配收入	0.690
人均草地面积	0.787	工业烟（粉）尘排放量	0.688
城镇化率	0.777	人口自然增长率	0.670
建成区绿化覆盖率	0.773	农牧区居民人均可支配收入	0.658
人口密度	0.772	工业废水排放量	0.484

9.3.2.7　基于 GM（1,1）预测模型的生态安全预测

以大型煤电基地城矿 2008～2017 年的城市生态安全综合值、压力系统安全值、状态系统安全值和响应系统安全值为基础数据，借助 MATLAB 软件编写灰色预测模型 GM（1,1）的计算程序，构建合格的预测模型，用于生态安全未来趋势的预测。

并进行模型精度检验，结果分别如表 9.14、见表 9.15、表 9.16 及表 9.17。

表 9.14　生态安全预测及模型检验

年份	实际值	拟合值	相对误差	模型精度
2008	0.464	0.464	0.0000	
2009	0.434	0.385	0.1121	
2010	0.398	0.403	−0.0135	
2011	0.377	0.422	−0.1180	
2012	0.407	0.442	−0.0851	$q = 0.0479$
2013	0.457	0.462	−0.0107	$C = 0.4674$
2014	0.517	0.484	0.0632	$p = 0.8$
2015	0.532	0.507	0.0472	$\rho = 0.0723$
2016	0.517	0.530	−0.0255	
2017	0.553	0.555	−0.0033	

表 9.15 压力系统预测及模型检验

年份	实际值	拟合值	相对误差	模型精度
2008	0.6100	0.6100	0.0000	
2009	0.5568	0.4980	0.1055	
2010	0.5195	0.4699	0.0954	
2011	0.4597	0.4620	−0.0050	$q = 0.0506$
2012	0.4294	0.4341	−0.0110	$C = 0.4500$
2013	0.3787	0.4114	−0.0865	$p = 0.80$
2014	0.4308	0.4588	−0.0651	$\rho = 0.0819$
2015	0.4714	0.4514	0.0425	
2016	0.4901	0.4740	0.0328	
2017	0.4658	0.4368	0.0622	

表 9.16 状态系统预测及模型检验

年份	实际值	拟合值	相对误差	模型精度
2008	0.4958	0.4958	0.0000	
2009	0.4517	0.4531	−0.0032	
2010	0.3788	0.4023	−0.0622	
2011	0.3253	0.3425	−0.0528	$q = 0.0495$
2012	0.3842	0.3936	−0.0246	$C = 0.4077$
2013	0.5110	0.4856	0.0497	$p = 0.90$
2014	0.5786	0.4976	0.1400	$\rho = 0.1431$
2015	0.5507	0.5245	0.0476	
2016	0.5053	0.5393	−0.0674	
2017	0.5407	0.5663	−0.0473	

表 9.17 响应系统预测及模型检验

年份	实际值	拟合值	相对误差	模型精度
2008	0.1457	0.1457	−0.0002	
2009	0.2020	0.2350	−0.1638	
2010	0.2513	0.2763	−0.0993	
2011	0.3277	0.3379	−0.0311	$q = 0.0545$
2012	0.4044	0.3886	0.0392	$C = 0.1277$
2013	0.5009	0.4870	0.0278	$p = 1.00$
2014	0.5685	0.5378	0.0539	$\rho = 0.0626$
2015	0.6068	0.5747	0.0529	
2016	0.5756	0.6087	−0.0575	
2017	0.7191	0.7333	−0.0197	

经检验，大型煤电基地城矿生态安全值预测模型的级比偏差、平均相对误差、后验差比值、小误差概率均在模型精度允许范围以内，因此，可采用该模型对大型煤电基地城矿未来生态安全进行有效预测。

9.3.2.8 生态安全预测

1. 城市生态安全综合预测

大型煤电基地城矿 2018～2022 年生态安全综合预测值分别为 0.5811、0.6083、0.6368、0.6665 和 0.6977。由图 9.6 可知，未来 5 年城市安全水平将逐年上升，2022 年生态安全水平达到"较安全"等级。大型煤电基地城矿区作为成长型煤炭资源城市，虽然今后经济和社会发展施加于周围环境的影响会越来越大，但人们在习近平生态文明思想指引下，环保理念不断深化，资源开发方式进一步规范，资源节约和综合利用水平日益提高，生态保护和环境整治工作有效推进，因而生态安全状况得以改善。此外，大型煤电基地城矿区通过培育壮大风能、太阳能等新能源产业，促进资源型城市多元产业协同发展，推进经济结构转型升级，为城市可持续发展、社会和谐稳定提供了强有力的保障。

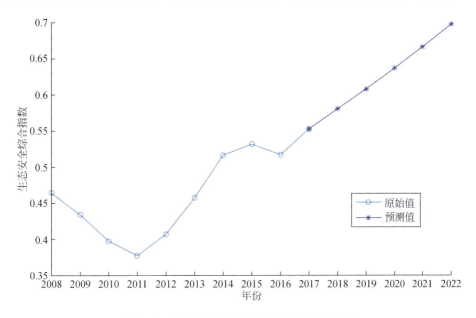

图 9.6 大型煤电基地城矿生态安全预测结果

2. 压力系统生态安全预测

大型煤电基地城矿 2018～2022 年压力系统安全指数分别为：0.4297、0.4420、0.4579、0.4685 和 0.4749。由图 9.7 可知，大型煤电基地城矿生态安全压力指数呈现逐年增加的趋势，意味着城市生态安全压力将会逐渐减小，说明未来大型煤电基地城矿生态安全压力朝积极的方向发展，生态压力得到一定缓解。2018～2020 年是"十三五"规划的中后期，是总结前期经验，深入剖析规划实施中的问题及原因，推动各项工作任务顺利完成的关键阶段，2021～2022 年是"十四五"规划的前期，要为规划长效实施奠定坚实的基础，这五年的生态安全压力指数预测值处于"临界安全"等级，因此，大型煤电基地仍需继续采取积极措施，使压力系统安全等级向更高水平演变。

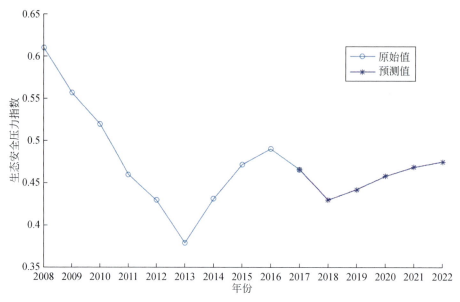

图 9.7　大型煤电基地城矿生态安全压力指数预测结果

3. 状态系统生态安全预测分析

大型煤电基地区域 2018～2022 年状态系统安全指数分别为：0.5947、0.6244、0.6555、0.6883 和 0.7226。由图 9.8 可知，大型煤电基地城矿生态安全状态指数呈现逐渐增加的趋势，2022 年状态系统安全达到"较安全"等级，表明未来城市生态安全状态向

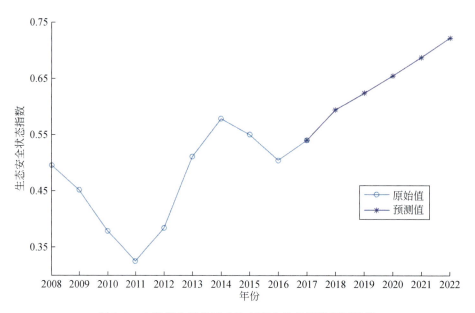

图 9.8　大型煤电基地城矿生态安全状态指数预测结果

好趋势发展。这说明大型煤电基地继续遵循可持续发展道路，推进绿色矿山建设，煤炭开发引发的生态退化、环境恶化问题得到有效遏制，生态环境状态明显改善，另外，经济结构的优化，推动了城市高质量发展，提高了城乡居民收入水平，经济社会状态也在不断变好。

4. 响应系统生态安全预测分析

大型煤电基地城矿 2018 ～ 2022 年响应系统安全指数分别为：0.8251、0.9119、1.0003、1.0964 和 1.2030。由图 9.9 可知，大型煤电基地城矿生态安全响应指数呈大幅增长的态势，达到"理想安全"等级。响应系统安全指数提升是城市生态安全向好发展的最主要推动力，未来几年，大型煤电基地将继续维护资源开发与城市发展之间的关系，推进煤炭安全绿色开发，发展清洁高效煤电，实施燃煤设备超低排放和节能改造，坚决打好污染防治攻坚战。日渐改善的资源环境条件，为地区依赖优势资源发展提供了长久保障。

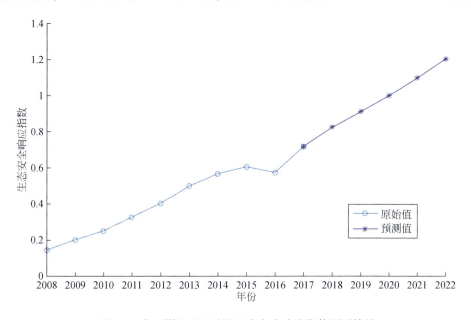

图 9.9　大型煤电基地城矿生态安全响应指数预测结果

9.3.3　大型煤电基地区域尺度生态安全评价

9.3.3.1　生态安全评价模型

依据系统性、代表性、实用性及数据的可获得性原则，综合考量区域生态安全的自然环境特征、人类干扰、潜在影响因素，从自然生态、干扰胁迫两个方面构建了锡林郭勒盟生态安全评价指标体系（表 9.18）。各个指标的分级见表内相关标准或参考文献，并利用 ArcGIS 的重分类功能从高到低将其分为 4 类，分别赋值为 1、2、3、4。运用 ArcGIS 的空间主成分分析模块，利用其能够最佳综合与简化高维变量的特性，将各主成分的特征值作为权重，采用栅格计算模块对 10 个主成分开展加权求和，从而获取锡林郭勒盟生态安全的空间分布。

表 9.18　区域尺度生态安全评价指标体系

指标	评价指标	单位	分级标准	分级赋值			
				1	2	3	4
自然属性	DEM	m	研究区情况	<1000	1000～1200	1200～1400	>1400
	坡度	无	相关文献	<7	7～15	15～25	>25
	土地利用类型	无	相关文献	林地、水库水面、河流水面、草地	坑塘水面、沙地	农田、果园、沟渠	交通用地、城市、建制镇、工矿用地
	土壤类型	无	实地调查	草甸土黑钙土	棕壤灰褐土	棕钙土栗钙土	沙地
	土壤侵蚀	t/(km²·a)	《土壤侵蚀分类分级标准》（SL190-2007）	<2500	2500～5000	5000～8000	>8000
	NDVI	无	相关文献	>0.65	0.5～0.65	0.35～0.5	<0.35
社会属性	距道路距离	m	相关文献	>2000	1000～2000	500～1000	<500
	距居民点距离	m	相关文献	>1500	1000～1500	500～1000	<500
	距水体距离	m	相关文献	<500	500～1000	1000～1500	>1500
	距工业用地距离	m	相关文献	>1500	1000～1500	500～1000	<500

9.3.3.2　空间局部自相关

空间局部自相关以 Moran's I 系数来评价相似和不相似样本的空间聚集程度。本研究借鉴此方法评价锡林郭勒盟生态安全的空间自相关程度。局部 Moran's I 系数的计算公式为

$$I_i = \frac{(x_i - x)}{s^2} \sum_j W_{ij}(x_j - x) \tag{9.18}$$

$$s^2 = \frac{1}{N} \sum_i (x_i - x)^2 \tag{9.19}$$

$$\bar{x} = \frac{1}{n} \sum_{i=1}^{n} x_i \tag{9.20}$$

式中，x_i 为景观观测值；$\bar{x}$ 为观测变量的平均数；W_{ij} 为权重矩阵。Moran's I 取值为 [-1，1]，正值表示生态安全等级趋于聚集，负值表示集聚性在空间上逐渐减少甚至消失，0 代表生态安全等级之间独立随机分布，无相关性。

9.3.3.3　重心迁移模型

生态安全重心迁移模型是在空间上描述不同生态安全等级的时间演变过程，表征重心空间变化趋势。生态安全重心是引用人口地理学中常见的人口分布重心原理求得的。重心

坐标一般以经纬度表示，其计算方法为

$$X_t = \sum_{i=1}^{m}(C_{ti}X_i)\bigg/\sum_{i=1}^{m}C_{ti} \tag{9.21}$$

$$Y_t = \sum_{i=1}^{m}(C_{ti}Y_i)\bigg/\sum_{i=1}^{m}C_{ti} \tag{9.22}$$

式中，X_t、Y_t 分别为第 t 年生态安全重心经纬度坐标；C_{ti} 为第 t 年第 i 个生态安全等级分区的面积；X_i、Y_i 分别为第 i 个生态安全斑块几何中心经纬度；m 为该种生态安全斑块总数。

生态安全重心空间区位年际移动距离的测度一般采用如下公式：

$$D_{t'-1} = C \times [(Y_t'-Y_t)^2 + (X_t'-X_t)^2]^{\frac{1}{2}} \tag{9.23}$$

式中，D 为两个不同年份间中心迁移的距离；t' 和 t 分别为不同年份；$(X_t'，Y_t')$、$(X_t，Y_t)$ 分别为第 t' 和 t 年的区域重心所在空间的地理坐标。

9.3.3.4　区域生态安全时间演变特征

区域生态安全指数计算结果见表 9.19。2000 年生态安全指数最低的区域分布在正蓝旗以及正镶白旗和苏尼特左旗交界处；生态安全指数较高的区域分布在东乌珠穆沁旗和西乌珠穆沁旗。2005 年，锡林郭勒盟生态安全格局发生明显变化，生态安全较高的区域增加了锡林浩特市北部，重心整体偏向于东乌珠穆沁旗；生态安全指数较低的区域增加了正蓝旗、太仆寺旗和镶黄旗，重心向南偏移。2015 年生态安全较高的区域又集中在东乌珠穆沁旗和西乌珠穆沁旗，生态安全指数较低的区域增加了苏尼特左旗北部和苏尼特右旗南部。2020 年生态安全较高的区域依然集中于东乌珠穆沁旗和西乌珠穆沁旗。综合上述，2000～2020 年锡林郭勒盟生态安全指数整体呈现先降后升的趋势；生态安全空间格局差异显著，高度安全区基本稳定，低度安全区面积先扩大后减小。究其原因，人口增长和快速城市化进程促使锡林郭勒盟土地利用/土地覆被发生变化，人为活动的影响迫使生态系统承受越来越大的压力，致使生态稳定性降低，生态安全指数下降。退耕还林还草工程、京津风沙源治理工程的实施改善了部分区域的生态安全指数，生态保护策略的积极实施将有助于提高区域生态安全水平。

表 9.19　大型煤电基地区域 2000～2020 年生态安全指数

年份	最小值	最大值	平均值	方差
2000	2.2651	6.5568	4.6742	0.5849
2010	1.4175	7.3925	4.1331	0.7954
2015	1.9551	8.3742	5.2667	0.8781
2020	1.9039	6.0778	3.9936	0.5810

9.3.3.5　区域生态安全等级划分

1. 不同安全等级面积变化

在 2000 年、2010 年、2015 年和 2020 年锡林郭勒盟生态安全评价的基础上，利用

ArcGIS 空间分析的自然断点法将生态安全划分为安全、较安全、一般安全、不安全 4 个等级（表 9.20）。2000 年，锡林郭勒盟生态安全以较安全和一般安全为主，分别占总面积的 29.56% 和 56.61%；2010 年，锡林郭勒盟生态安全等级下降，较安全和一般安全面积显著下降，导致不安全面积增大；2015 年，较安全和安全面积显著增加，其中较安全面积为 $4.43×10^4$ km²，不安全面积比例减少至 23.95%；2020 年，较安全和安全面积比例为 38.96%，呈现增加趋势。综合来看，2000~2020 年，生态安全等级总体提高。

表 9.20 大型煤电基地区域生态安全等级划分结果

安全等级	2000 年		2010 年	
	面积/10^4 km²	比例/%	面积/10^4 km²	比例/%
安全	1.23	6.13	1.22	6.02
较安全	5.94	29.56	2.67	13.18
一般安全	11.70	56.61	7.99	39.44
不安全	1.39	7.70	8.38	41.37

安全等级	2015 年		2020 年	
	面积/10^4 km²	比例/%	面积/10^4 km²	比例/%
安全	1.32	6.55	1.75	8.63
较安全	4.43	22.04	6.15	30.33
一般安全	9.70	47.46	9.33	46.06
不安全	4.81	23.95	3.03	14.98

2. 不同安全等级重心演变

利用重心模型计算了不同生态安全等级的重心坐标。锡林郭勒盟自西向东呈现出"不安全"→"一般安全"→"较安全"→"安全"的空间分布态势，与生态安全类型的空间分布一致，这表明锡林郭勒盟西南地区存在较大的生态安全问题，且重心集中在苏尼特左旗和阿巴嘎旗。2000~2010 年，不安全和一般安全有向北偏移的趋势，不安全重心向东北迁移 101.28 km，一般安全重心向西北迁移 40.98 km，较安全重心向南迁移 75.59 km，安全重心点向南迁移了 32.30 km。2010~2015 年，安全重心向东北迁移，依然在西乌珠穆沁旗，并且迁移到与东乌珠穆沁旗交界处；较安全重心继续向东北迁移；一般安全和不安全重心分别向东南和西南回迁，不安全重心迁移至阿巴嘎旗。2015~2020 年安全重心继续向北迁移，较安全中心迁移至锡林浩特北部，一般安全重心和不安全重心变化不大。

综合上述，不安全和一般安全重心北移之后又回迁，主要集中在苏尼特左旗和阿巴嘎旗境内，西南地区生态安全局势严峻；较安全和安全重心一直向东北迁移，西乌珠穆沁旗地位显著，整个东北地区生态安全度提高。西南地区苏尼特右旗在持续的退耕还林还草等管理政策支持下，生态安全水平有所上升。

第10章 大型煤电基地开发区域生态安全监测与风险评估

生态安全监测与评估是生态保护的重要内容,本章介绍生态安全风险关键胁迫因子识别、风险评估路径和评估方法,以及生态安全监测系统构架和模型,并介绍风险评估和预警平台的设计。监测体系和风险评估预警平台的构建整体依据东部草原区大型煤电基地的区位特点,应用环境物联网通用技术体系,构建适用于东部草原区大型煤电基地生态监测的物联网系统。针对大型煤电基地开发过程中的生态环境问题类型,提取影响和反映生态系统状态的关键因子,构建大型煤电基地开发区域生态监测与风险评估的监测指标体系和数据库。针对大型煤电基地开发生态影响的监测与管理需求,设计开发大型煤电基地生态系统监测与风险评估平台,通过有针对性的阈值设定,反映不同生态指标的风险程度。把多层次尺度基础地理信息和大型煤电基地开发生态风险评估专题信息集成到统一平台上,旨在为大型煤电基地开发的重点影响区域开展风险评估和环境动态监测提供技术支持。

10.1 草原区大型煤电基地开发生态安全风险因子识别与评估方法

10.1.1 草原区大型煤电基地开发生态安全风险关键胁迫因子识别

10.1.1.1 煤炭开采对土壤的扰动

我国95%以上的煤矿为井工开采,这种开采方式会破坏煤层覆岩的应力平衡状态,导致覆岩从下至上发生冒落、裂隙(缝)和弯曲下沉,使采空区上方地表发生大面积沉陷(张发旺等,2001)。采煤塌陷对土壤的破坏表现为:地表产生裂缝,导致采煤塌陷区土壤水分蒸发增强和养分渗漏流失加剧,引起土地贫瘠化、沙化以及土地生产力严重下降;使土壤剖面耕作层厚度减小,土壤各土层产生垮落、错动,甚至上下反转,改变土壤剖面构造,使土壤原有质量受到影响;引起土体下沉,增加了土壤密实度,从而使土壤的孔隙性状产生变化,土壤结构性发生变异,导致土壤物理性质恶化。

采煤塌陷对土壤结构造成破坏,土体发生下沉、团粒之间的孔隙发生改变,直接引起土壤容重的变化。由于我国各地区地质地貌、土壤类型、气候条件差异较大,沉陷对土壤容重的影响规律也各不相同。从目前的研究来看:在干旱半干旱区和风沙土壤地区,采煤沉陷使土壤结构变得疏松,容重下降(张发旺等,2003;马康等,2020);在东部高潜水位区,采煤沉陷造成土壤变得紧实化,容重增加。当土壤受压缩作用时,团粒间大孔隙容积降低，中等大小孔隙容积却有所增加。研究表明，风沙土地区采煤沉陷后土壤孔隙率有所增大，同时受降雨冲刷和风力侵蚀的影响，土壤物理性黏粒含量的流失也增大土壤孔隙率。土壤中的大孔隙（非毛管孔隙）能保持通气，小孔隙（毛管孔隙）能贮存水分。程林森等（2016）研究发现，土体在受沉陷扰动初期时，土壤含水量处于上升阶段。而随着沉陷加剧，由于土体非连续移动，地表出现裂缝，增加了土壤水蒸发面积，从而使土壤含水量下降。在土壤物理结构、持水性能发生改变的同时，土壤养分转化和运移、土壤酶活性以及微生物活动也随之发生变化。众多研究均证明，采煤沉陷造成土壤养分不同程度的降低，风沙土在沉陷后全氮和全磷含量显著下降，有机质和钾元素含量则变化不明显。土壤养分在沉陷的不同坡位变化不一，上中坡土壤养分降低较多，下坡因上中坡养分的流失集聚到下坡而有所升高。由于土壤水肥条件发生了变化，从而使微生物原有生存环境发生改变，造成土壤微生物数量减少甚至消失，土壤酶活性降低。王锐等（2016）研究发现，在裂缝两侧 0～40 cm 范围内土壤真菌、放线菌数量最少，随着距裂缝中心的距离增大，微生物的数量呈增加的趋势。

10.1.1.2 煤炭开采对植被群落的干扰

煤炭露天开采直接的植被剥离及井工开采造成地表沉陷，使得区域土壤养分流失、地表植被景观破碎及隔离程度严重。土壤含水率的变化抑制植被根系呼吸，影响植被对水分和养分吸收，抑制植被生长。地表形态的拉伸和压缩变形对植物根系产生的破断损伤影响，严重影响植物的生长发育。煤电基地原有的地表植株活体死亡，形成的枯枝落叶层给其他与环境相适应的物种提供了更好的生存环境，使得植被物种组成中原本的优势种消失或者发生演替，矿区植被生态系统内的组成和结构急剧退化。

10.1.1.3 煤炭开采对土壤–植被系统的影响

土壤养分、水分的可利用性是决定植物群落物种组成、分布及其多样性的主要环境因子，而植物又能通过物质循环的反馈作用对土壤养分的可利用性产生影响。土壤性质和群落多样性的响应和反馈可以作为表征区域生态环境变化的重要指标，同时也是区域生态恢复重建的重要理论基础。水分是土壤的重要组成部分，直接参与土壤与植物内部的物质转化过程，影响植物群落的物种组成；土壤中微生物系统将土壤中的有机质降解为便于植物吸收的成分，而植物反过来为土壤微生物提供营养物质；群落多样性中的丰富度指数和多样性指数与土壤养分也存在显著的相关关系。因此，煤电基地长期高强度开发一旦对土壤与植被之间的水分、养分循环过程造成干扰，将严重影响矿区生态系统正常的物质转换及能量流动过程，使整个生态系统结构和功能稳定性降低。

10.1.2 风险评估路径

当前区域生态风险评估，主要包括以下四个部分：①危害评价；②暴露评价；③受体分析；④风险表征。根据生态风险评估的框架结构，建立了区域生态风险评估的方法，其主要组成部分包括：①终点选取；②干扰源的定性和定量化描述，如污染源的空间分布和污染物排放量；③确定和描述可能受影响的区域环境；④运用恰当的环境模型模拟暴露的时空分布，定量确定区域环境中暴露与生物反应之间的相互关系；⑤根据上述步骤的评估结果得出最终风险评估。

在本研究中，根据前人研究和参考相关文献，建立大型煤电基地区域生态风险评价框架。将风险评估的方法概括为大型煤电基地开发干扰或污染区域的确定，大型煤电基地开发区域生态影响的机理分析，生态系统响应特征分析和响应因子选择，区域生态风险分析和评估几个部分。

1. 大型煤电基地开发干扰或污染区域的确定

在进行区域生态风险评估之前，要对所要评估大型煤电基地开发区域进行详细的调查和分析，在确定煤电基地开发影响的边界区域和时间尺度后对所选的区域生态系统响应规律和机理进行研究和分析。

2. 大型煤电基地开发区域生态影响的机理分析

主要是对大型煤电基地开发中可能对区域生态系统或其组分产生有害作用的因素进行辨别、分析和计算，识别风险源，根据评价内容找出具有潜在风险的开发行为和污染物。考虑具有产生有害生态影响可能性的开发行为，通过定性、定量的分析风险来源及其分布，达到对各种风险源有更为深入了解的目的。

3. 生态系统响应特征分析和响应因子选择

受体是大型煤电基地区域生态系统的生物体和非生物体受到来自不同风险源的有害作用的承受者。在进行生态风险评估的过程中，首先判断和分析研究煤电基地开发对区域生态系统的扰动情况，选取对大型煤电基地开发行为反应较为敏感或对区域维持生态系统稳定性具有重要作用的关键生态要素作为风险受体，用来分析、推断并表达大型煤电基地开发区域的生态风险。受体选择的原则：①可以反映区域生态系统的质量和稳定情况；②数据获取方便，计算和分析相对简单，便于理解。

4. 区域生态风险分析

主要描述和分析区域生态系统要素在大型煤电基地开发过程中的响应和变化过程，一般用数学或物理模型方法，以污染物的环境浓度或生态因子的浓度或数量等定量化的指标表示，通过模型预测或实验检测获取。

由于风险源和受体的空间差别特性较大，难以将不同种类或者级别的影响进行叠加复合，使得风险评估的暴露分析非常困难，也使得受体与风险源之间的关系更加复杂。本研究对于风险评估的危害分析，主要根据长期的实地观测，充分利用所收集到的材料和数据，挖掘数据的潜在关系，分析大型煤电基地开发行为对区域生态要素和因子作用机制，结合风险评估的相关技术进行评估，达到定量的分析潜在的生态风险的目的。

5. 区域生态风险评估

在大型煤电基地开发风险评价的过程中，充分利用地理学空间分析的方法，运用 RS 和 GIS 等先进的技术手段，实现评价结果的定性、定量和可视化表达，为大型煤电基地的生态系统管理提供可参考的依据。

10.1.3　大型煤电基地开发区域生态风险评估方法

有关风险评估方法学的研究是目前各种生态风险评估的主要内容之一，目的在于探讨、创造、选择、完善一套有效的科学评估标准方法。按其研究的精确程度，可以分为定性和定量研究两类，按其研究途径可分为"由底向上"和"由顶向下"两种方式。当前生态风险评估的物理方法主要包括比较暴露浓度与产生危害的阈值浓度来计算的商值法、概率风险分析两种方法。

其中，商值法是为保护某一种受体而设定的参照浓度阈值，然后用这个阈值与实测或者估测的环境浓度相比，如果污染物的环境浓度超过了参照浓度，则认为该区域存在潜在的风险，没有超过则认为是没有风险的。通过这种方法，提出 Hakanson 指数法，并实验分析不同区域环境中污染物风险大小。商值法具有实验简单、费用低的特点，能简要解释风险，在规模较小的项目风险评估中较为适用。其缺点是仅回答了风险的有和无，没有考虑污染物在环境中浓度的变异以及不同生物种耐受能力的差异，因此，不能用来确定危害物对生物产生危害的风险水平，被推荐在比较保守的、筛选级的生态风险评估或作为前期或底层的筛选阶段使用。

根据研究对象的特点，采用商值法作为大型煤电基地生态风险评估平台设计的主要评价方法，在实际应用上，结合研究内容和研究目标，对商值法进行了借鉴和改进，在实地调查、实验研究、数据分析和综合文献研究的基础上，对生态系统响应因子的风险评价标准设定了高、中、低的参考阈值，并根据不同生态指标的响应特征，进行有针对性的阈值设定，反映不同生态指标的风险程度。

10.2　大型煤电基地生态安全监测系统架构和模型

根据各露天矿生态环境治理特点以及遥感数据的获取能力，监测工作以购买最新时相的高分辨率遥感数据为原则，为监测调查提供更精准的数据支持，具体见表 10.1。

表 10.1　各矿遥感数据采集情况

调查区域	调查年度	数据类型	分辨率	数据时相
宝日希勒	2011 年	QuickBird	0.6	2011 年 8 月
	2012 年	资源一号 02C	2.5	2012 年 8 月
	2014 年	WorldView	0.5	2014 年 7 月
	2015 年	WorldView	0.5	2015 年 8 月
	2016 年	高分二号	1.0	2016 年 7 月
	2017 年	北京二号	0.8	2017 年 6 月
	2018 年	北京二号	0.8	2018 年 7 月
				2018 年 9 月
	2019 年	Pleiades	0.5	2019 年 5 月
				2019 年 6 月

调查区域	调查年度	数据类型	分辨率	数据时相
北电胜利	2007 年	航片	0.5	2007 年 8 月
	2010 年	QuickBird	0.5	2010 年 9 月
	2013 年	资源一号 02C	2.5	2013 年 6 月
	2015 年	WorldView	0.5	2015 年 8 月
	2017 年	高分二号	1.0	2017 年 6 月
	2018 年	北京二号	0.8	2018 年 8 月
	2019 年	北京二号	0.8	2019 年 8 月
扎尼河	2012 年	资源一号 02C	2.5	2012 年 10 月
	2013 年	资源一号 02C	2.5	2013 年 7 月
	2014 年	QuickBird	0.5	2014 年 7 月
	2015 年	WorldView	0.5	2015 年 7 月
	2016 年	高分二号	1.0	2016 年 7 月
	2017 年	高分二号	1.0	2017 年 10 月
	2018 年	北京二号	0.8	2018 年 9 月
	2019 年	北京二号	0.8	2019 年 7 月

参照《土地利用现状分类》(GB/T 21010—2007)，结合煤矿的土地利用特点，将煤矿的土地利用类型划分为耕地、林地、草地、城镇村、工矿用地、水域、交通用地、其他土地等八大类。根据研究区煤矿土地利用特点，将部分土地利用类型进行了细分，具体见表 10.2。

表 10.2　煤矿土地利用分类表

土地利用类别	类别编码	地类名称
耕地	01	耕地
林地	03	林地
草地	04	草地
城镇村	203	城镇村
工矿用地	204-1	露天采场
	204-2	排矸场
	204-3	排土场
	204-4	其他工矿用地
水域	111	河流
	113	水库
	114	坑塘
交通用地	101	铁路用地
	102	公路用地
其他土地	126	沙地
	127	裸地

10.2.1　大型煤电基地地表生态监测参数与风险评价模型

植被覆盖度是指植物群落总体或个体的地上部分的垂直投影面积与样方面积的百分比，是进行生态环境评价和监测的最重要参数。本项目采用遥感测算法反演矿区植被覆盖度，具体步骤如下：

（1）以卫星遥感数据为依据，采用归一化植被指数（NDVI）模型，依托 ENVI 遥感图像处理软件和 ArcGIS 软件平台，进行区域植被覆盖度遥感定量反演。

（2）归一化植被指数，即近红外通道与可见光通道反射率之差与之和的商。

计算公式为

$$\text{NDVI} = \frac{\text{DN}_{\text{NIR}} - \text{DN}_{\text{R}}}{\text{DN}_{\text{NIR}} + \text{DN}_{\text{R}}} \text{ 或 } \text{NDVI} = \frac{\rho_{\text{NIR}} - \rho_{\text{R}}}{\rho_{\text{NIR}} + \rho_{\text{R}}} \tag{10.1}$$

其中，NDVI 为植被指数；ρ_{NIR} 为近红外通道地表反射率；ρ_{R} 为红光通道地表反射率。

（3）植被覆盖度指数，是指植被（包括叶、茎、枝）在地面的垂直投影面积占统计区总面积的百分比。目前主要运用植被指数近似估算植被覆盖度，本项目采用基于归一化植被指数的改进的像元二分模型。

$$W = \frac{\text{NDVI} - \text{NDVI}_{\text{soil}}}{\text{NDVI}_{\text{veg}} + \text{NDVI}_{\text{soil}}} \tag{10.2}$$

其中，W 为植被覆盖度；$\text{NDVI}_{\text{soil}}$ 为无植被像元 NDVI 值；NDVI_{veg} 为纯植被像元的 NDVI 值。

（4）为满足《土地复垦质量控制标准》（TD/T 1036—2013）的评估需求，分别获取各排土场绿化复垦区平均植被覆盖度和矿区未扰动地段平均植被覆盖度。

土壤是生态环境的重要组成部分，而矿区开采过程免不了对地表土层的开挖，对土壤环境造成强烈影响。土壤中的水分、温度、电导率和水势等在土壤–湿地植物交互作用中起到关键作用，因此对矿区（排土场）及其周边地区（自然地表、湿地）的土壤环境进行监测，是研究矿区开发的生态环境胁迫效应的一项重要内容。

不同植被下土壤温湿度、盐分与水势数据是生态环境保护与建设工作中一个重要的参考指标，我们集成土壤性质（温度、湿度、电导、水势）传感器原位实时监测土壤环境指标，经测试可满足日常监测的需要，可为矿区土壤环境建立实时演变远程监测系统，提供可靠的数据来源。

1. 监测技术方法

监测设备方面，土壤温度、土壤湿度采用北京昆仑海岸公司的土壤温湿度仪，其中土壤温度传感器精度达到±0.5 ℃，量程达−20～60 ℃，土壤湿度传感器精度达±3%。土壤盐度采用 LSI 公司的土壤传感器，土壤盐度传感器精度达 3%。土壤水势采用英国 DELTAT 公司的土壤水势传感器，精度 5%。这些传感器的理论工作温度都是在−20～60 ℃，满足研究区气候条件。分别在 20 cm 和 60 cm 两个不同深度各布设一组传感器，用于监测土壤的土温、水分、水势和电导。该设备使用太阳能供电，利用 ZigBee 技术与数据采集中心的工控机进行数据通信（图 10.1）。

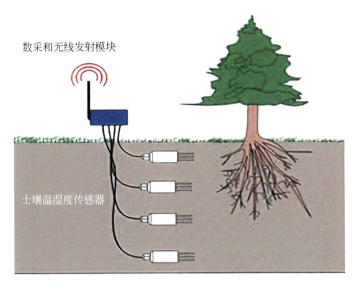

数采和无线发射模块

土壤温湿度传感器

图 10.1　土壤监测示意图

2. 监测系统的构成

土壤环境自动监测系统主要由前端土壤传感器（土壤温度、土壤水分、土壤水势、电导）、供电系统、数据采集系统、无线传输系统构成。

10.2.2　大型煤电基地气象监测参数与动态采集模式

10.2.2.1　监测技术方法

自动气象站是一种能自动存储气象观测数据的设备，主要由传感器、采集器、通信接口、系统电源等组成，随着气象要素值的变化，各种传感器的感应元件输出的电量产生变化，这种变化量被 CPU（中央处理器）实时控制的数据采集器所采集，经过线性化和定量化处理，实现工程量到要素量的转换，再对数据进行筛选，得出各个气象要素值。自动气象站的工作原理如图 10.2 所示。

10.2.2.2　监测系统的构成

监测系统主要由风速、风向、温度、相对湿度、大气压、太阳辐射、降雨量等大气物理参数的传感器，供电单元，数据采集单元，无线传输单元，软件处理单元构成（图10.3，表10.3）。

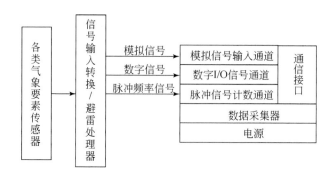

图 10.2 自动气象站工作原理

表 10.3 常规气象监测系统配置

类别	名称	数量	参数说明
传感器	风速	1 个	量程：0~70 m/s；分辨率：0.1 m/s；准确度：±（0.3+0.03v）m/s；起动风速：≤0.5 m/s
	风向	1 个	量程：0°~360°；分辨率：1°；准确度：±3°；起动风速：≤0.5 m/s
	大气温度	1 个	量程：−50~60 ℃；分辨率：0.1 ℃；准确度：±0.2 ℃
	大气湿度	1 个	量程：0~100% RH；分辨率：0.1% RH；准确度：±3% RH
	大气压力	1 个	量程：500~1100 hPa；分辨率：0.1 hPa；准确度：±0.3 hPa
	雨量	1 个	量程：0~999.9 mm；分辨率 0.2 mm；准确度：±4%；降雨强度：0~4 mm/min
	TBQ 总辐射	1 个	量程：0~2000 W/m²；分辨率：1 W/m²；准确度：±5%
	土壤温度	1 个	量程：−50~80 ℃；分辨率：0.1 ℃；准确度：±0.5 ℃
	土壤湿度	1 个	量程：0~100%；分辨率：0.1%；准确度：±3%
主机	数据采集仪	1 台	多通道数据采集仪，带 232 和 485 接口；中文 LCD（液晶显示）屏带背光，供电方式：220V 交流/12V 直流并存
通信	GPRS 通信系统	1 套	
附件	轻型百叶箱	1 个	放置气温、湿度、气压传感器
	安装支架	1 套	3.5m
	防护箱	1 套	用于安装采集仪或电源系统
	气象软件	1 张	

图 10.3　常规气象监测系统

10.2.3　大型煤电基地大气环境监测参数与动态采集模式

10.2.3.1　监测技术方法

考虑到研究区的极寒天气，需要有针对性地研制颗粒物监测仪。通过对监测区域的历史气象数据的分析，以呼伦贝尔市为例，该市全年最高温度在 7 月份，平均温度 27℃ 以下，最高峰值温度 35℃ 以下，而全年最低温度在 1 月份，平均温度−22℃，谷值−32℃；同时该地区还有冬天低日照、全年干燥、多风等特点。所以在设备研制过程中，充分考虑当地的气候环境，以确保设备工作性能稳定及数据的准确性。

本监测系统采用远程监测终端与云服务相结合的办法，通过 4G 通信网络，将监测终端的环境数据上传到云服务器，并通过云服务器对监测数据及设备进行管理，其系统逻辑图见图 10.4 所示。

10.2.3.2　监测系统的构成

结合当地的气候情况及监测设备的各个功能模块的工作性能情况，研制了 $PM_{2.5}$ 空气质量监测终端。在能源保障方面，采用高余量的太阳能板及锂电池；同时，将锂电池深埋

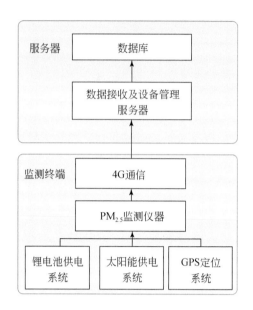

图 10.4　颗粒物监测系统逻辑

到冻土层以下，确保监测设备的电源系统稳定。在结构方面，设备结构不采用塑料结构，而全采用金属结构，确保低温条件下结构牢固性及抗风能力。在传感器及电路方面，首先采用保温棉对电路系统进行低温保护，同时采用适合户外监测的激光散射传感器，确保监测系统的寿命长久。

通过在服务器部署的数据接收软件，对监测设备终端的数据进行接收，并存储到数据库，以便后续科研过程中的数据调用，同时，通过该平台还可以实时监控设备的运行情况、设备的位置信息和环境信息，通过监测平台自动将数据保存到数据库。

10.3　草原区大型煤电基地生态安全风险评估与预警

生态系统监测与生态风险评估平台 V1.0 是集遥感和监测数据管理、空间和图表可视化、风险评估和指标管理于一体的 WebGIS 平台，旨在为大型煤电基地开发的重点影响区域开展风险评估和环境动态监测提供技术支持。把多层次尺度基础地理信息和大型煤电基地开发生态风险评估专题信息集成到统一平台上。包括基础地理信息和专题信息的显示、分析、管理和评估预警等。系统应具有良好的可移植性、安全性、可伸缩性、负载平衡能力和重用性。

平台系统的总体需求如下：

（1）建立大型煤电基地开发生态风险评估系统的专题数据库和相应的基础地理信息数据库。

（2）建立大型煤电基地开发生态风险评估系统，实现大型煤电基地开发的重点影响区域生态风险评估信息和基础地理信息的管理、查询、统计分析、空间显示、生态风险评估预警等功能。

结合大型煤电基地开发的区域生态系统稳定与环境保护的需要，采用可视化和空间数据库技术，以数据库为核心，建立一个集 GIS、MIS 等技术于一体，系统、准确、快速、规范的大型煤电基地开发区域生态风险评估管理系统。具体的目标有以下几个内容：

（1）建立基础环境与生态系统信息平台。基于物联网和遥感监测系统，结合实地调查采样分析，建立大型煤电开发区生态系统响应因子、主要环境胁迫因子及土地状况的动态数据库，提供实时的更新和查询功能，建立大型煤电基地开发区的生态环境基础信息平台，把多尺度、大区域、海量数据系统集成到空间数据和属性数据中，为大型煤电基地建设区域的生态风险管理提供数据支持。

（2）对潜在生态风险的评估和管理。针对大型煤电基地开发的主要生态影响风险建立动态数据库，全面掌握反映大型煤电基地生态系统的稳定性的基本情况，实现大型煤电基地各主要生态系统要素和环境因子的监测信息和风险等级信息的查询和监控。从历史数据中挖掘潜在的风险信息。

（3）建立大型煤电基地开发的风险评估模型，结合空间分析技术针对不同生态响应因子设定风险等级划分的阈值，对风险程度做出预警提示。

10.3.1　系统总体设计

10.3.1.1　系统总体设计思路

综合应用物联网、地理信息系统、计算机网络等多种技术，集成大型煤电基地开发生态风险评估与污染控制关键技术，建立基于生态累积效应响应因子和风险阈值的大型煤电基地生态系统动态监测与风险评估平台，实现对大型煤电基地开发的生态影响和风险的动态评估。通过对大型煤电基地开发影响区域生态风险关键胁迫因子的监测、风险评估和预警提示，实现对大型煤电基地开发区域生态系统与环境信息的科学有序的管理，协助企业、地方环境管理部门准确、及时地了解该区域生态系统质量的变化趋势、潜在生态风险程度，为科学指导大型煤电基地开发区的生态建设、维护区域生态系统稳定提供技术支持。

大型煤电基地生态风险评估与预警系统具有以下特点：

（1）空间和属性数据库为基础。系统数据库从属性上可分为空间数据和属性数据两大类。其中最主要的就是空间数据库的建设。属性数据和空间数据通过地名或者变量名来匹配和关联。

（2）图、表格、专题图三种表现形式为载体。一般的数据可视化表示方式是表格和图两种方式。表格可以精确地表示数据的信息，但是不能表示数据的关联和潜在的关系；统计图以直观的图形和形状来表示信息的内容和数量，但是大型煤电基地的生态系统监测数据同时具有空间位置特性，这个特性不能在统计图上表达出来。利用专题图展示结果既继承了图的直观性优点，又克服了表格和统计图的不能表达空间信息的缺陷，将数据中与空间相关的信息挖掘出来以更加形象的方式展示出来。本系统以空间地图为中心，整合表格数据、统计图、专题数据等各种信息材料，根据数据特点选择统计图、表格和专题图多样的显示方式。

（3）集成多种技术。该系统集成了物联网监测技术、GIS 技术、计算机技术、生态风险评估技术、计算机网络技术、生态应用分析等多门技术，综合生态风险评估和预警为一体，实现生态风险评估与预警的流程化操作。

10.3.1.2　系统总体结构

在大型煤电基地生态风险评估系统中，把功能建设分成了三个层次结构，分别是表示层、业务层（业务逻辑层）和数据层。

表示层是应用的用户接口部分，是用户与应用间的对话桥梁。它的作用在于检查用户从键盘等输入的数据是否正确并显示应用输出的数据。对于用户的直观操作，一般要使用图形用户接口来实现，操作简单、易学易用。在需要变更用户接口时，只需改写显示控制和数据检查程序，而不影响其他层。检查的内容也只限于数据的形式和值的范围，不包括有关业务本身的处理逻辑。图形界面的结构是不固定的，这便于以后能灵活地进行变更。按功能分割窗口，以便使每个窗口的功能简捷。

业务层的主要作用是将具体的业务处理以逻辑的形式编写成程序。一般业务层中包含有确认用户对应用和数据库存取权限的功能以及记录系统处理日志。表示层和业务层之间的数据交往应当尽可能地简洁。

数据层就是数据库，负责管理对数据库中数据的读和写。为了能快速地执行大量数据的更新和检索，一般从业务层传达到数据层的要求都是通过语句实现。

10.3.1.3　系统详细设计

1. 系统开发环境

本系统开发基于 Vue+SpringBoot 前后端框架，开发语言要使用 JavaScript 和 Java，部分计算模块采用了 Python 语言，结构化数据库采用 MySQL，空间数据库使用 PostgreSQL，地图发布和中间件使用 GeoServer+PostGIS。

2. 数据库设计

数据库设计是指在计算机的支持下，按照应用需求为某一部门或组织设计一个结构良好、使用方便、效率高的数据库及其应用系统。而开发则是指基于数据库系统、采用一定的数据库访问技术而进行的软件开发。

数据是生态风险评估与预警管理信息系统的核心，一般说来，数据库设计和建设的工作量及经费投入较大，一般都能占整个系统的 70%。整个系统建设的质量的关键就在数据库质量的好坏，所以数据库设计是系统设计的关键。数据库设计是在概念结构设计的基础上进行逻辑结构和物理结构两个方面的设计。一般数据库设计过程包括四个阶段：数据需求分析阶段、概念化设计阶段、逻辑结构设计阶段、物理结构设计阶段。如图 10.5 所示。

1）遥感影像数据库

采用 PostgreSQL 作为数据库，存储系统的影像数据，系统通过 ArcSDE 数据引擎读取、显示空间影像数据和图形数据，属性数据通过微软公司的 ADO（ActiveX Data Object）数

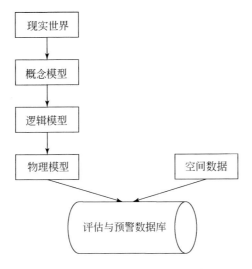

图 10.5　风险评估系统数据库设计过程

据库引擎获取。通过内部制定的编码规范，分别对影像库、矢量库、栅格数据库、环境监测数据库、社会经济数据库等进行操作。

多尺度遥感影像数据库的功能实现关系如图 10.6 所示。

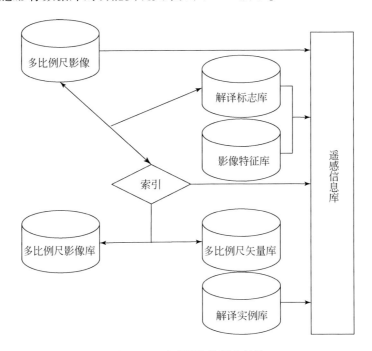

图 10.6　遥感影像数据库结构

2）栅格数据库

栅格数据库划分为两种不同类型：面向数据管理与分析的栅格数据库和面向数据表现

的栅格数据库。本系统中，有一个关键性的原则——"所出即所入"原则，也就是要保证两种类型的栅格数据的严格完整性。每一幅栅格数据在入库后，再从库中导出，前后的栅格数据应该严格保持一致，这样才能符合数据产品管理的基本要求，满足高精度空间分析的基本条件。本系统的栅格数据库主要是研究区 DEM（数字高程模型）栅格数据图（图10.7）、LUCC（土地利用与土地覆盖变化）栅格数据图（图10.8）和 NDVI 栅格数据图（图10.9）。

图10.7　研究区 DEM

图10.8　研究区 LUCC 土地利用与土地覆盖变化

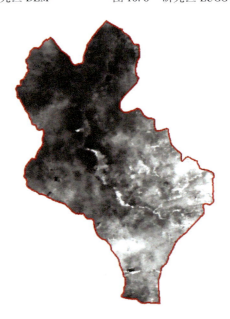

图10.9　研究区 NDVI

3）矢量数据库

本数据库中的空间数据为覆盖研究区全要素矢量数据，数据包含了交通、植被、水系、地貌、居民地、境界六大类的地物信息（图 10.10）。矢量数据主要通过地图数字化进行采集，经过适当的整理检查，使之符合事先制定好的入库要求，包括满足正确的拓扑关系、满足正确的数据分层结构等。

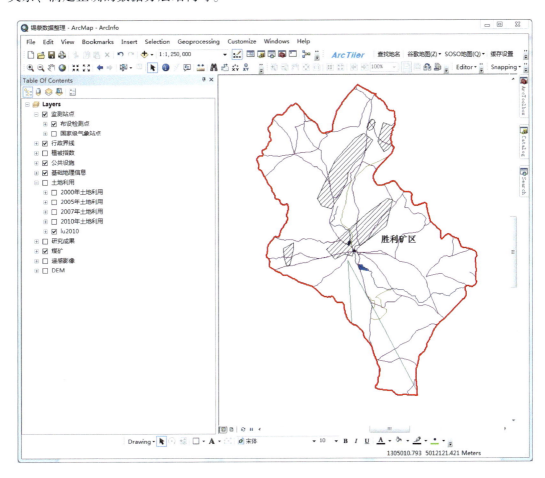

图 10.10　研究区矢量数据库

4）环境监测数据库

为满足环境质量监测数据存储需要，预先建立的数据中环境监测内容包括土壤监测、常规气象监测、水环境监测、空气质量监测。监测点可以是水监测断面、排污口、污水处理厂、自动监测站等。监测数据可通过网络从各级监测站获得。空气质量监测部分，可实现对各种污染指标监测数据的查询，显示监测点位置分布，查询某监测站点（或全部站点）的某项指标随时间变化的情况，并以二维图形的形式表现等功能，同时也对简单的超标情况做评价（图 10.11）。

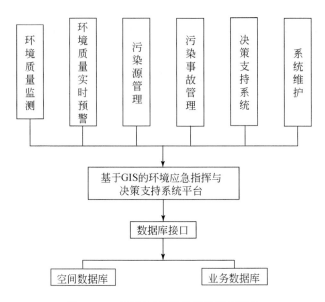

图 10.11　研究区环境监测数据库结构

　　数据采用二维关系型数据库 Microsoft SQL Server 2008 R2 进行存储，数据库安装于独立服务器中，表设计满足第三范式，针对气象参数数据库的设计见表 10.4、表 10.5，针对土壤参数数据库的设计见表 10.6、表 10.7。

表 10.4　气象参数表结构

表头	字段	数据类型
序号	ID	int
风速	WS	real
风向	WD	real
大气温度	AT	real
大气湿度	AH	real
大气压力	AP	real
雨量	PR	real
总辐射	GR	real
土壤温度	ST	real
土壤湿度	SH	real
时间	TM	datetime

表 10.5　气象站点信息表结构

表头	字段	数据类型
序号	ID	int
地点	LOCATION	varchar（50）

续表

表头	字段	数据类型
经度	LON	real
纬度	LAT	real
高程	ALT	real
名字	NAME	varchar（50）
备注	COMMENT	varchar（50）

表 10.6 土壤参数表结构

表头	字段	数据类型
序号	ID	int
大气温度	AT	real
大气湿度	AH	real
土壤温度	ST	real
土壤湿度	SH	real
时间	TM	datetime

表 10.7 土壤监测站点信息表结构

表头	字段	数据类型
序号	ID	int
地点	LOCATION	varchar（50）
经度	LON	real
纬度	LAT	real
高程	ALT	real
名字	NAME	varchar（50）
备注	COMMENT	varchar（50）

考虑到不同站点的参数可能不一致，对每一个站点的数据独立建表，表名使用 SITE_ 作为前缀加上站点的位置标示，标示字符串存于站点信息表中，与 LOCATION 字段统一。这样设计的优点是便于站点表的添加和管理，并且在单表数据量过大时，可以方便地进行分表设计，而不影响原先的程序设计。

10.3.1.4 系统功能模块的设计

本研究的设计理念就是集成 GIS 技术和生态风险评估模型，模型主要负责风险评估，GIS 主要完成空间的查看、查询和分析操作，同时也提供空间数据库与属性数据的关联。系统结构图如图 10.12 所示。

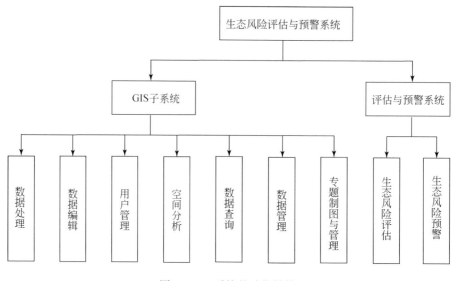

图 10. 12　系统的功能结构

10.3.2　系统功能及应用

10.3.2.1　数据库及其管理

空间数据库是本系统建设的重点，是系统中所有数据的空间载体，直接关系到系统建设的成败，地理数据的来源应合法、权威，符合国家和地区的相关规定。空间数据对象层主要分为以下几个层次。

（1）基础地形图：基础地形图包括了研究区基本地形图、行政区划图、河流分布图、土地利用图、土壤类型图等。

（2）矿区分布图：通过遥感影像数据信息的提取和矢量化，生成矿区在空间区域的分布面状图。

（3）采样与监测点位图：使用实地定位得到的采样与监测点数据。

（4）遥感影像图：使用大型煤电基地开发影响区域不同格式、不同尺度的影像数据。

（5）专题地图：根据实际需求而制作。

属性数据是本研究中通过实际采样、监测获取的环境数据（图 10.13），这些数据是采用表格的形式表示，而且这些数据都包含了采样点的表示码，在系统中，我们通过表示码在空间数据和属性数据之间建立连接。

10.3.2.2　环境数据动态监测与分析

对实时监测的环境数据进行输入、数据统计分析和图形化显示。本研究中包括对胜利、宝煤、敏东一矿的空气颗粒物、土壤理化性质、基本气象数据、土壤水分、土壤重金属的数据的获取及分析，如图 10.14 所示。

图 10.13　系统中的属性数据管理界面

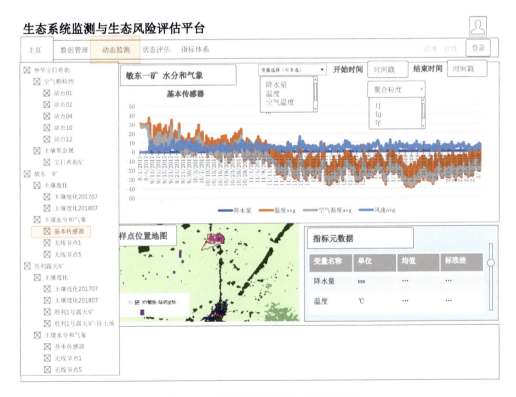

图 10.14　监测数据的查询与显示界面

10.3.2.3　生态风险评估功能

根据研究对象的特点，采用商值法作为大型煤电基地生态风险评估的方法，在实地调查、实验研究、数据分析和综合文献研究的基础上，对生态系统响应因子的风险评价标准设定了高、中、低的参考阈值，并根据不同生态指标的响应特征，进行有针对性的阈值设定，反映不同生态指标的风险程度。利用地理信息系统技术和可视化技术，采用曲线图和直方图的形式，直观展示监测数据和生态评估数据的变化情况。一旦某项指标超过风险等级设定的阈值，系统自动报警提示，实现生态风险预警功能，如图 10.15 所示。

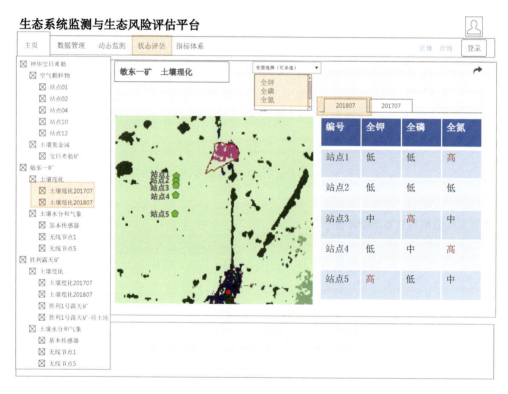

图 10.15　生态风险评估预警功能界面

结 束 语

依托国家重点研发计划项目（2016YFC0501100），以东部草原区煤电基地为对象，通过研究大型煤电基地长期高强度开发对草原生态（水、土壤、植被）的影响机理及生态累积效应、生态稳定性与区域生态安全协调机制等科学问题，重点解决了煤电规模化开发的生态影响规律、生态退化机理、生态协同机制等问题。创建了多层次、多要素、多尺度、长时序大型煤电基地生态系统监测体系；创建了煤电基地开发生态累积效应定量化分析与评价方法，获得了大型煤电基地开发生态影响规律和累积效应，创建了煤电基地生态稳定性维持机制与区域生态安全评价方法；研发了生态减损型采排复一体化技术、生态多要素一体化修复技术、农牧矿区景观功能提升技术、区域生态安全评价与调控技术；建成了胜利露天矿示范区、敏东一矿井工矿示范区、宝日希勒露天矿示范区；形成了东部草原区大型煤电基地开发系统减损与生态修复模式。

通过对大型煤电基地生态损伤规律与生态安全协调机制进一步研究，构建基于采前设计优化、采中过程控制、采后修复工程实施的减损技术体系，提取减损开采与修复工艺关键参数，建立损伤程度与修复质量智能预测技术，实现由开采方案到损伤程度、修复方案到修复质量的科学预测。建立覆岩–地表–生态要素总资产价值核算方法，以群智能优化法对最佳方案参数（如修复时间窗口、植被类型组合、土壤改良参数等）进行搜索优化，决定开采减损与修复不同场景要求下的最佳修复方案，研制煤炭开采减损与生态修复智能监测与决策平台，实现大型煤电基地开发与生态环境建设协调发展。

本书是我国第一部聚焦大型煤电基地生态安全理论与方法的专著，在研究过程中得到了科技部、中国21世纪议程管理中心、国家能源投资集团有限责任公司、中国矿业大学（北京）、中国矿业大学、清华大学、中国科学院生态环境研究中心、中国煤炭科工集团有限公司、中国环境科学研究院、神华北电胜利能源有限公司、国能宝日希勒能源有限公司、国神能源投资集团公司和内蒙古蒙东能源有限公司等单位的全力支持；得到彭苏萍、傅伯杰、顾大钊、蔡美峰、康红普、王双明等院士，李秀彬、赵学勇、卜正富、云涛、周金星、宁堆虎、贺佑国、严登华、吴钢、吴建国等生态领域专家和刘峰、朱德仁、王家臣、许家林、张瑞新等煤炭领域专家的悉心指导。此外，参与本书相关研究工作的人员还有：张润亭、鞠兴军、苏慎忠、张周爱、宋仁忠、韩兴、马正龙、宋金海、王志宇、温建忠、佘长超、杨英明、张国军、赵勇强、邢朕国、宋子恒、白璐、王菲、高思华、李雁飞、赵会国、王志刚、李向磊、杨惠惠、胡钦程、龚云丽、李梦琪、殷齐琪、屈翰霆、夏嘉南、王鹏、许木桑、刘英、田雨、陈航、刘振国、鹿晴晴、杨德军、李治国、戴玉玲、王藏娇、李心慧、邢龙飞、熊集兵、冯超、陈航、覃昕、宋淼、王瑶、张梦利、刘丹等，在此一并表示衷心感谢。

大型煤电基地是具有中国能源开发特色的重要模式，生态文明建设也是区域经济与社会可持续发展的重要内容。希望我国能源和生态等领域的广大科研工作者继续携手共同努力，积极探索适于我国国情的大型煤电基地科学开发路径、基本理论和方法，为国家能源安全供给与区域生态安全保障提供理论支撑。

参 考 文 献

阿荣，毕其格，董振华，2019. 基于 MODIS/NDVI 的锡林郭勒草原植被变化及其归因. 资源科学，41（7）：1374-1386.

安超平，王兴，宋乃平，等，2016. 荒漠草原中间锦鸡儿林土壤养分效应对群落组分和多样性的影响. 西北植物学报，36（9）：1872-1881.

敖敦高娃，宝音陶格涛，2015. 不同时期放牧对典型草原群落地上生产力的影响. 中国草地学报，37（2）：28-34.

毕银丽，邹慧，彭超，2014. 采煤沉陷对沙地土壤水分运移的影响. 煤炭学报，39（S2）：490-496.

蔡利平，李钢，史文中，2013. 增地节地型露天矿排土场优化设计. 煤炭学报，38（12）：2208-2214.

曹孟磊，肖继东，陈爱京，2016. 伊犁地区不同草地类型植被指数与气候因子的关系. 沙漠与绿洲气象，10（6）：73-80.

柴旭荣，黄元仿，苑小勇，2007. 用高程辅助提高土壤属性的空间预测精度. 中国农业科学，（12）：2766-2773.

陈栋为，陈晓宏，孔兰，2009. 基于生态足迹法的区域水资源生态承载力计算与评价——以珠海市为例. 生态环境学报，18（6）：2224-2229.

陈浩，周金星，陆中臣，2003. 荒漠化地区生态安全评价——以首都圈怀来县为例. 水土保持学报，（1）：58-62.

程林森，雷少刚，卞正富，2016. 半干旱区煤炭开采对土壤含水量的影响. 生态与农村环境学报，32（2）：219-223.

春风，赵萌莉，张继权，2016. 内蒙古巴音华煤矿区自然定居植物群落物种多样性变化分析. 生态环境学报，25（7）：1211-1216.

崔迪，2015. 露天煤矿开采对地下水环境的影响研究. 呼和浩特：内蒙古大学.

崔东，闫俊杰，王楠，等，2018. 伊犁河谷煤矿开采对土壤重金属污染、养分及酶活性的影响. 华中师范大学学报（自然科学版），52（3）：416-423.

崔旭，葛元英，白中科，2010. 黄土区大型露天煤矿区生态承载力评价研究——以平朔安太堡露天煤矿为例. 中国生态农业学报，18（2）：422-427.

董振华，2017. 基于 DPSIRM 和 SD 模型的草原生态安全评价研究. 长春：东北师范大学.

冯春涛，2002. 美国环境影响评价制度（EIA）评介. 国土资源，（6）：56-58.

冯宁，毛锋，李晓阳，2010. 滇池生态安全综合评估研究. 环境科学，31（2）：282-286.

冯跃华，胡瑞芝，张杨珠，等，2005. 几种粉煤灰对磷素吸附与解吸特性的研究. 应用生态学报，16（9）：1756-1760.

高峰，2011. 草原区露天煤矿大气环境影响后评——以神华胜利一号露天矿为例. 呼和浩特：内蒙古大学.

高凤杰，侯大伟，马泉来，2016. 退耕还林背景下寒地山区土地生态安全演变研究. 干旱区地理，39（4）：800-808.

高兴国，王磊，齐代华，2013. 基于 PSR 模型的湿地生态安全评价——以大山包湿地为例. 湖南师范大学自然科学学报，36（1）：86-90.

顾艳红, 张大红, 2017. 省域森林生态安全评价——基于 5 省的经验数据. 生态学报, 37 (18): 6229-6239.

郭中伟, 2001. 建设国家生态安全预警系统与维护体系——面对严重的生态危机的对策. 科技导报, (1): 54-56.

韩煜, 王琦, 赵伟, 2019. 草原区露天煤矿开采对土壤性质和植物群落的影响. 生态学杂志, 38 (11): 3425-3433.

何云玲, 李同艳, 熊巧利, 2018. 2000—2016 年云南地区植被覆盖时空变化及其对水热因子的响应. 生态学报, 38 (24): 8813-8821.

胡晓芬, 陈兴鹏, 逯承鹏, 2017. 西北生态脆弱地区甘肃的生态安全时空演化格局. 生态科学, 36 (6): 165-172.

黄宝荣, 欧阳志云, 张慧智, 2008. 中国省级行政区生态环境可持续性评价. 生态学报, (1): 327-337.

姬广青, 张树礼, 李静, 2011. 北方煤矿区疏干水排放对地下水水位的影响. 北方环境, 23 (8): 6-8.

金立群, 李希来, 孙华方, 等, 2019. 不同恢复年限对高寒露天煤矿区渣山植被和土壤特性的影响. 生态学杂志, 38 (1): 121-128.

金悦, 陆兆华, 檀菲菲, 2015. 典型资源型城市生态承载力评价——以唐山市为例. 生态学报, 35 (14): 4852-4859.

李春燕, 南灵, 2015. 陕西省土地生态安全动态评价及障碍因子诊断. 中国土地科学, 29 (4): 72-81.

李林达, 李正绪, 孙实源, 等, 2017. 电力变压器短路累积效应研究综述. 变压器, 54 (2): 24-31.

林桂兰, 左玉辉, 2006. 海湾资源开发的累积生态效应研究. 自然资源学报, 21 (3): 432-440.

刘东, 封志明, 杨艳昭, 2012. 基于生态足迹的中国生态承载力供需平衡分析. 自然资源学报, 27 (4): 614-624.

刘娇, 付晓莉, 李学章, 2018. 黄土高原北部生长季土壤氮素矿化对植被和地形的响应. 中国生态农业学报, 26 (2): 231-241.

刘孝阳, 2018. 露天煤矿区人工扰动土壤质量时空变化研究. 北京: 中国地质大学 (北京).

刘杨波, 李素清, 2020. 潞安矿区煤矸石山复垦地不同植被下草本植物群落特征. 应用与环境生物学报, 26 (6): 1392-1399.

刘育红, 魏卫东, 杨元武, 2018. 高寒草甸退化草地植被与土壤因子关系冗余分析. 西北农业学报, 27 (4): 480-490.

刘增文, 王乃江, 李雅素, 2006. 森林生态系统稳定性的养分原理. 西北农林科技大学学报 (自然科学版), (12): 129-134.

柳新伟, 周厚诚, 李萍, 等. 2004. 生态系统稳定性定义剖析. 生态学报, 24 (11): 2635-2640.

马康, 杨帆, 张玉秀, 2020. 西北干旱半干旱区煤炭井工开采对土壤肥力质量的影响研究进展. 中国科学院大学学报, 37 (4): 442-449.

聂小军, 高爽, 陈永亮, 等, 2018. 西北风积沙区采煤扰动下土壤侵蚀与养分演变特征. 农业工程学报, 34 (2): 127-134.

潘德成, 孟宪华, 吴祥云, 2014. 不同气象因子及植被类型对矿区排土场扬尘的影响. 干旱区资源与环境, 28 (1): 136-141.

邱微, 2008. 黑龙江省资源与生态承载力和生态安全评估研究. 哈尔滨: 哈尔滨工业大学.

曲格平, 2002. 关注生态安全之三: 中国生态安全的战略重点和措施. 环境保护, (8): 3-5.

陕永杰, 郝蓉, 白中科, 等, 2001. 矿区复合生态系统中土壤演替和植被演替的互相影响. 煤矿环境保护, 15 (5): 28-30.

沈鹏, 傅泽强, 杨俊峰, 2015. 基于水生态承载力的产业结构优化研究综述. 生态经济, 31 (11):

23-26.

石玉林，张红旗，许尔琪，2015. 中国陆地生态环境安全分区综合评价. 中国工程科学, 17 (8)：62-69.

宋鹏飞，季民，李刚，2018. 山东省近 10 年植被覆盖度变化与气候因子相关性分析. 测绘通报, (12)：
　　109-113.

苏日娜，祖佳星，金花，等，2017. 内蒙古草地生产力及载畜量变化分析. 生态环境学报, 26 (4)：
　　605-612.

台晓丽，胡振琪，陈超，2016. 西部风沙区不同采煤沉陷区位土壤水分中子仪监测. 农业工程学报,
　　32 (15)：225-231.

王长庭，龙瑞军，丁路明，2004. 高寒草甸不同草地类型功能群多样性及组成对植物群落生产力的影响.
　　生物多样性, (4)：403-409.

王党朝，申莹莹，杨震，2020. 胜利一号露天煤矿开发建设对生态环境的影响评价. 中国煤炭, 46 (1)：
　　58-66.

王冬梅，孟兴民，邢钊，等，2012. 基于 RS 的武都区植被覆盖度动态变化及其驱动力分析. 干旱区资源
　　与环境, 26 (11)：92-97.

王刚，2020. 北山露天煤矿边坡稳定性评价及防治措施. 露天采矿技术, 35 (6)：94-97.

王广成，闫旭骞，2008. 分形理论在矿区生态系统稳定性评价中的应用. 煤炭学报, (4)：427-430.

王国宏，2002. 再论生物多样性与生态系统的稳定性. 生物多样性, (1)：126-134.

王海云，王振华，2011. 水利工程建设生态环境影响评价范围的研究, 中国农村水利水电, (9)：39-42.

王家骥，姚小红，李京荣，2000. 黑河流域生态承载力估测. 环境科学研究, (2)：44-48.

王金满，杨睿璇，白中科，2012. 草原区露天煤矿排土场复垦土壤质量演替规律与模型. 农业工程学报,
　　28 (14)：229-235.

王金满，郭凌俐，白中科，等，2013. 黄土区露天煤矿排土场复垦后土壤与植被的演变规律. 农业工程
　　学报, 29 (21)：223-232.

王理德，王方琳，郭春秀，等，2016. 土壤酶学研究进展. 土壤, 48 (1)：12-21.

王琦，全占军，韩煜，等，2013. 采煤塌陷对风沙区土壤性质的影响. 中国水土保持科学, 11 (6)：
　　110-118.

王琦，全占军，韩煜，2014. 风沙区采煤塌陷不同恢复年限土壤理化性质变化. 水土保持学报, 28 (2)：
　　118-122+126.

王琦，叶瑶，韩煜，2016. 半干旱采煤塌陷区植被土壤碳循环及源、汇功能转换特征. 水土保持学报,
　　30 (4)：166-172+205.

王锐，马守臣，张合兵，等，2016. 干旱区高强度开采地表裂缝对土壤微生物学特性和植物群落的影响.
　　环境科学研究, 29 (9)：1249-1255.

王双明，杜华栋，王生全，2017. 神木北部采煤塌陷区土壤与植被损害过程及机理分析. 煤炭学报,
　　41 (1)：17-26.

王涛，李静，君珊，等，2012. 露天煤矿地下水环境影响后评估探讨——以胜利西一号露天煤矿为例.
　　北方环境, 6：43-46.

王宇航，赵鸣飞，康慕谊，2016. 内蒙古草原植物群落分布格局及其主导环境因子解释. 北京师范大学
　　学报（自然科学版）, 52 (1)：83-90+2.

王中根，夏军，1999. 区域生态环境承载力的量化方法研究. 长江职工大学学报, (4)：9-12.

王子玉，许端阳，杨华，等，2014. 1981—2010 年气候变化和人类活动对内蒙古地区植被动态影响的定量
　　研究. 地理科学进展, 33 (6)：825-834.

乌仁其其格，张德平，雷霆，等，2016. 呼伦贝尔草原采煤塌陷区植物群落变化分析——以内蒙古宝日

希勒煤矿区为例. 干旱区资源与环境, 30 (12): 141-145.

邬建国, 1996. 生态学范式变迁综论. 生态学报, (5): 449-459.

吴富勤, 陶晶, 华朝朗, 2019. 箐花甸国家湿地公园植物多样性调查研究. 林业调查规划, 44 (1): 138-142+183.

项文昕, 周闯, 2015. 煤矿废弃地不同植被模式生态稳定性评价. 防护林科技, (7): 57-102.

肖笃宁, 陈文波, 郭福良, 2002. 论生态安全的基本概念和研究内容. 应用生态学报, (3): 354-358.

谢花林, 刘曲, 姚冠荣, 2015. 基于 PSR 模型的区域土地利用可持续性水平测度——以鄱阳湖生态经济区为例. 资源科学, 37 (3): 449-457.

谢江, 王金安, 孙阳, 2020. 基于改进 AHP 方法的西露天矿区地质稳定性评价. 矿业研究与开发, 40 (11): 21-27.

解雪峰, 吴涛, 肖翠, 2014. 基于 PSR 模型的东阳江流域生态安全评价. 资源科学, 36 (8): 1702-1711.

邢存旺, 黄选瑞, 李玉灵, 2014. 黄羊滩人工固沙林生态稳定性评价. 林业科学, 50 (5): 101-108.

熊建新, 陈端吕, 彭保发, 2015. 生态承载力调控下洞庭湖区域协调发展策略研究. 武陵学刊, 40 (3): 20-27.

徐良骥, 许善文, 杨秀芳, 等, 2012. 粉煤灰充填复垦地理化特性与重金属分布特征研究——以淮南洛河电厂粉煤灰复垦地为例. 农业环境科学学报, 31 (12): 2352-2360.

杨洪斌, 张云海, 邹旭东, 等, 2017. 烟塔合一项目大气评价等级和评价范围估算的季节选择. 气象与环境学报, 33 (5): 103-107.

杨秋林, 郭亚兵, 2010. 基于熵权的模糊物元模型在城市生态安全评价中的应用. 数学的实践与认识, 40 (19): 62-67.

杨玉海, 蒋平安, 翟军, 2008. 干旱区绿洲苜蓿地土壤微生物特性及其影响因子. 水土保持学报, 22 (6): 153-157.

于昊辰, 牟守国, 卞正富, 等, 2019. 北方草原露天煤矿区植被退化因素分析. 生态与农村环境学报, 35 (1): 1-8.

袁沫汐, 邹玲, 林爱文, 2016. 湖北省地区植被覆盖变化及其对气候因子的响应. 生态学报, 36 (17): 5315-5323.

岳东霞, 杜军, 刘俊艳, 2011. 基于 RS 和转移矩阵的泾河流域生态承载力时空动态评价. 生态学报, 31 (9): 2550-2558.

岳天祥, 马世骏, 1991. 生态系统稳定性研究. 生态学报, (4): 361-366.

曾德慧, 姜凤岐, 范志平, 1996. 樟子松人工固沙林稳定性的研究. 应用生态学报, (4): 337-343.

张翀, 李强, 李忠峰, 2014. 三江源地区人类活动对植被覆盖的影响. 中国人口·资源与环境, 24 (5): 139-144.

张发旺, 侯新伟, 韩占涛, 2001. 煤矿引起水土环境演化及其调控技术. 地球学报, 22 (4): 345-350.

张发旺, 侯新伟, 韩占涛, 等, 2003. 采煤塌陷对土壤质量的影响效应及保护技术. 地理与地理信息科学, 19 (3): 67-70.

张发旺, 赵红梅, 宋亚新, 等, 2007. 神府东胜矿区采煤塌陷对水环境影响效应研究. 地球学报, 28 (6): 521-527.

张凤杰, 乌云娜, 杨宝灵, 2009. 呼伦贝尔草原土壤养分与植物群落数量特征的空间异质性. 西北农业学报, 18 (2): 173-177+183.

张金萍, 张静, 孙素艳, 2006. 灰色关联分析在绿洲生态稳定性评价中的应用. 资源科学, (4): 195-200.

张立存, 昝玉亭, 张华明, 等, 2018. 粉煤灰性质及生态环境效应研究进展评述. 江西水利科技, 44 (5): 330-333.

张丽娟, 王海邻, 胡斌, 等, 2007. 煤矿塌陷区土壤酶活性与养分分布及相关研究: 以焦作韩王庄矿塌陷区为例. 环境科学与管理, 32 (1): 126-129.

张向晖, 高吉喜, 董伟, 2005. 生态安全研究评述. 环境保护, (13): 48-50+54.

张秀梅, 张征, 王举位, 2011. 基于 PSR 模型的煤炭资源型城市生态安全评价研究——以鄂尔多斯市为例. 安徽农业科学, 39 (17): 10420-10422+10490.

张兆彤, 王金满, 张佳瑞, 2018. 矿区复垦土壤与植被交互影响的研究进展. 土壤, 50 (2): 239-247.

赵敏, 赵锐锋, 张丽华, 2019. 基于盐分梯度的黑河中游湿地植物多样性及其与土壤因子的关系. 生态学报, 39 (11): 4116-4126.

赵韵美, 樊金拴, 苏锐, 2014. 阜新矿区不同植被恢复模式下煤矿废弃地土壤养分特征. 西北农业学报, 23 (8): 210-216.

郑优男, 2016. 淮南矿区生态环境演变分析及质量评价. 合肥: 合肥工业大学.

钟诚, 何宗宜, 刘淑珍, 2005. 西藏生态环境稳定性评价研究. 地理科学, (5): 63-68.

周广胜, 张新时, 郑元润, 1997. 中国陆地生态系统对全球变化的反应模式研究进展. 地球科学进展, (3): 270-275.

周政达, 王辰星, 付晓, 2014. 基于 DPSIR 模型的国家大型煤电基地生态效应评估指标体系. 生态学报, 34 (11): 2830-2836.

朱文泉, 潘耀忠, 刘鑫, 等, 2006. 中国东北样带植被净初级生产力时空动态及其对气候变化的响应 (英文). 林业研究: 英文版, (2): 93-98+171.

朱文泉, 潘耀忠, 张锦水, 2007. 中国陆地植被净初级生产力遥感估算. 植物生态学报, (3): 413-424.

朱晓丽, 李文龙, 薛中正, 2011. 基于 3S 技术的甘南州生态健康与生态承载力耦合. 草业科学, 28 (6): 939-945.

邹长新, 沈渭寿, 张慧, 2010. 内陆河流域重要生态功能区生态安全评价研究——以黑河流域为例. 环境监控与预警, 2 (3): 9-13.

左伟, 周慧珍, 王桥, 2003. 区域生态安全评价指标体系选取的概念框架研究. 土壤, (1): 2-7.

左伟, 王桥, 王文杰, 2005. 区域生态安全综合评价模型分析. 地理科学, (2): 209-214.

Bell F G, Bullock S E T, Halbich T F J, et al., 2001. Environmental impacts associated with an abandoned mine in the Witbank Coalfield, South Africa. International Journal Coal Geology, 45: 195-216.

Bian Z F, Lei S G, Inyang H, et al., 2009. Integrated method of RS and GPS for monitoring the changes in soil moisture and ground water environment due to underground coal mining. Environmental Geology, 57 (1): 131-142.

Bragg V C, 1963. Cumulative effects of repeated exposure to high- intensity tones upon recovery of auditory sensitivity. Research Report Naval School of Aviation Medicine, 30: 1-13.

Catford J A, Daehler C C, Murphy H T, et al., 2012. The intermediate disturbance hypothesis and plant invasions: implications for species richness and management. Perspectives in Plant Ecology, Evolution and Systematics, 14 (3): 231-241.

Chen H, Shao M, Li Y, 2008. Soil desiccation in the loess Plateau of China. Geoderma, 143 (1): 91-100.

Cosh M H, Jackson T J, Morans S, et al., 2008. Temporal persistence and stability of surface soil moisture in a semi- arid watershed. Remote Sensing of Environment, 112 (2): 304-313.

Council on Environmental Quality (CEQ), 1997. Considering cumulative effects under the national environmental policy act. Environmental Policy Collection, 176 (4031): 453.

Davies R G, Orme C D L, Olson V, et al., 2006. Human impacts and the global distribution of extinction risk. Proceedings of the Royal Society B- Biological Sciences, 273 (1598): 2127-2133.

Deck O, Alheib M, Honand F, 2003. Taking the soil-structure interaction into account in assessing the loading of a structure in a mining subsidence area. Engineering Structure, 25 (4): 435-448.

Dumbrell A J, Ashton P D, Aziz N, et al., 2011. Distinct seasonal assemblages of arbuscular mycorrhizal fungi revealed by massively parallel pyrosequencing. New Phytologist, 190 (3): 794-804.

Gang C, Zhou W, Chen Y, et al., 2014. Quantitative assessment of the contributions of climate change and human activities on global grassland degradation. Environmental Earth Sciences, 72 (11): 4273-4282.

Gates J B, Scanlon B R, Mu X, et al., 2011. Impacts of soil conservation on groundwater recharge in the semi-arid loess Plateau, China. Hydrogeology Journal, 19 (4): 865-875.

Geerken R, Ilaiwi M, 2004. Assessment of rangeland degradation and development of a strategy for rehabilitation. Remote Sensing of Environment, 90 (4): 490-504.

Geppert R R, Lorenz C W, Larson A G, 1984. Cumulative effects of forest practices on the environment: a state of the knowledge. Washington: Washington Forest Practices Board: 208.

Haberl H, Krausmann F, Erb K H, et al., 2002. Human appropriation of net primary production. Science, 296 (5575): 1968-1969.

Haberl H, Erb K H, Krausmann F, et al., 2007. Quantifying and mapping the human appropriation of net primary production in earth's terrestrial ecosystems. Proc Natl Acad Sci USA, 104 (31): 12942-12947.

Huang P M, Wang S L, Zou Y M, et al., 2013. Physicochemical and biological interfacial interactions: impacts on soil ecosystem and biodiversity. Environmental Earth Sciences, 68 (8): 2199-2209.

Leinweber P, Meissner R, Eekhardt K U, et al., 1999. Management effects on forms of phosphorus in soil and leaching losses. European Journal of Soil Science, 50: 413-424.

Li S, Zheng Y, Luo P, et al., 2007. Desertification in western Hainan Island, China (1959 to 2003). Land Degradation & Development, 18 (5): 473-485.

Lourdes M C, William R S, 2002. Cumulative effects assessment: review of UK environmental impact statements. Environmental Impact Assessment Review, 22 (4): 415-439.

Ma Y, Fan S, Zhou L, et al., 2007. The temporal change of driving factors during the course of land desertification in arid region of North China: the case of Minqin County. Environmental Geology, 51 (6): 999-1008.

Mao D, Wang Z, Li L, et al., 2014. Quantitative assessment of human-induced impacts on marshes in Northeast China from 2000 to 2011. Ecological Engineering, 68: 97-104.

Monique G D, 2003. Cumulative effect assessment in Canada: a regional framework for aquatic ecosystems. Environmental Impact Assessment Review, 23 (6): 723-745.

O'Neill D W, Tyedmers P H, Beazley K F, 2006. Human appropriation of net primary production (HANPP) in Nova Scotia, Canada. Regional Environmental Change, 7 (1): 1-14.

Pandey B H, Mukherjee A R, Agrawal M A, et al., 2017. Assessment of seasonal and site-specific variations in soil physical, chemical and biological properties around opencast coal mines. Pedosphere, 29 (5): 642-655.

Porritt N, 1931. Cumulative effects of infinitesimal doses of Lead. British Medical Journal, 2 (3680): 92-94.

Porter M, Franks D M, Everingham J A, 2013. Cultivating collaboration: lessons from initiatives to understand and manage cumulative impacts in Australian resource regions. Resources Policy, 38 (4): 657-669.

Sheil D, 1999. Tropical forest diversity, environmental change and species augmentation: after the intermediate disturbance hypothesis. Journal of Vegetation Science, 10 (6): 851-860.

Shrestha R K, Lal R, 2010. Carbon and nitrogen pools in reclaimed land under forest and pasture ecosystems in Ohio, USA. Geoderma, 157 (3-4): 196-205.

Shukla M K, Lal R, Underwood J, et al., 2004. Physical and hydrological characteristics of reclaimed minesoils in southeastern Ohio. Soil Science Society of America Journal, 68 (4): 1352-1359.

Tikhonchuk V S, 1978. Cumulative effect in microwave irradiation. Biology Bulletin of the Academy of Sciences of the USSR, 5 (3): 351.

Treweek J R, Hankard P, Roy D B, et al., 1998. Scope for strategic ecological assessment of trunk- road development in England with respect to potential impacts on lowland heathland, the Dartford warbler (Sylvia undata) and the sand Lizard (Lacerta agilis). Journal of Environmental Management, 53 (2): 147-163.

Turner B L, Hayarth P M, 2000. Phosphorus form sand concentrations in leachate under four grassland soil types. Soil Science Society of America Journal, 64: 1090-1099.

Warren S L, Whipple G H, 1923. Roentgen ray intoxication: Ⅱ. the cumulative effect or summation of X- ray exposures given at varying intervals. Journal of Experimental Medicine, 38 (6): 725.

Wessels K J, Prince S D, Malherbe J, et al., 2007. Can human-induced land degradation be distinguished from the effects of rainfall variability? A case study in South Africa. Journal of Arid Environments, 68 (2): 271-297.

William A R, 1998. Cumulative effects assessment: learning from Canadian case studies. Impact Assessment and Project Appraisal, 16 (4): 267-276.

Xu D Y, Kang X W, Zhuang D F, et al., 2010. Multi- scale quantitative assessment of the relative roles of climate change and human activities in desertification—a case study of the Ordos Plateau, China. Journal of Arid Environments, 74 (4): 498-507.

Yang Z N, Zhu Q, Zhan W, et al., 2018. The linkage between vegetation and soil nutrients and their variation under different grazing intensities in an alpine meadow on the eastern Qinghai- Tibetan Plateau. Ecological Engineering: The Journal of Ecotechnology, 110: 128-136.

Zhang M K, He Z L, Calvert D V, et al., 2002. Release potential of phosphorus in Florida sandy soils in relation to phosphorus fractions and adsorption capacity. Journal of Environmental Science and Health, 37: 793-809.

Zhou D W, Wu K, Cheng G L, et al., 2015. Mechanism of mining subsidence in coal mining area with thick alluvium soil in China. Arabian Journal of Geosciences, 8 (4): 1855-1867.